Siegfried Kreuzer

Die Frühgeschichte Israels
in Bekenntnis und Verkündigung
des Alten Testaments

Siegfried Kreuzer

Die Frühgeschichte Israels
in Bekenntnis und Verkündigung
des Alten Testaments

Walter de Gruyter · Berlin · New York
1989

Beiheft zur Zeitschrift für die alttestamentliche Wissenschaft

Herausgegeben von Otto Kaiser

178

BS
1199
.H5
K7
1989

Gedruckt auf säurefreiem Papier
(alterungsbeständig − pH 7, neutral)

CIP-Titelaufnahme der Deutschen Bibliothek

Kreuzer, Siegfried:
Die Frühgeschichte Israels in Bekenntnis und Verkündigung des
Alten Testaments / Siegfried Kreuzer. − Berlin ; New York : de
Gruyter, 1989
   (Beiheft zur Zeitschrift für die alttestamentliche Wissenschaft ;
178)
   Zugl.: Wien, Univ., Habil.-Schr., 1986
   ISBN 3-11-011736-3
NE: Zeitschrift für die alttestamentliche Wissenschaft / Beiheft

ISSN 0934-2575

Vorwort

Die vorliegende Arbeit wurde im Studienjahr 1986/87 als Habilitationsschrift für das Fach ‚Alttestamentliche Wissenschaft und Biblische Archäologie' an der Evangelisch-Theologischen Fakultät der Universität Wien angenommen. Neben kleinen Ergänzungen wurde für den Druck ein Stellenregister hinzugefügt.

Gerne sage ich wiederum vielfachen Dank: Zunächst meinem verehrten Lehrer, Herrn Professor Dr. Georg Sauer, für mancherlei Förderung in meinem Werdegang und die gewährte Freiheit zur und in der Forschung. Ihm und Herrn Professor Dr. Kurt Niederwimmer danke ich auch für die Erstellung der Gutachten.

Herrn Professor Dr. Otto Kaiser gilt mein Dank nicht nur für die Aufnahme der Arbeit in die ‚Beihefte zur Zeitschrift für die Alttestamentliche Wissenschaft', sondern auch noch für die schöne und förderliche Zeit im Sommersemester 1985 als Gast in Marburg. Dem Verlag danke ich für die sorgfältige Betreuung der Arbeit.

Frau Ing. Inge Hofstätter danke ich wieder für die Erstellung des Manuskripts bzw. der Druckvorlage und den verschiedenen Mitarbeitern am Institut für diverse Mithilfe, ebenso wie Bibliotheksleitung und Mitarbeitern für Unterstützung und Geduld.

Besonders danke ich meiner Frau Elisabeth für die Ermunterung, mit der sie meine Arbeit begleitete, und für den Verzicht, den diese für sie bedeutete.

In und über allem gilt mein Dank dem, dessen Wirken die untersuchten Texte auf je ihre Art bekennen und bezeugen wollen.

Wien, Juni 1988   Siegfried Kreuzer

Inhaltsverzeichnis

Vergleich

Ergebnisse und Folgerungen

Einleitung

Die Geschichtsbezogenheit des im Alten Testament bezeugten Gottesglaubens gehört zu seinen hervorstechendsten und bedeutsamsten Kennzeichen. Dementsprechend sind weite Teile des Alten Testaments Geschichtsdarstellung, und sind darüber hinaus Bezugnahmen auf Geschichte auch außerhalb der Geschichtsbücher zu finden.

Die vorliegende Arbeit hat das Ziel, einen bestimmten Ausschnitt der alttestamentlichen Geschichtsüberlieferungen, nämlich die sogenannten Credotexte bzw. Geschichtssummarien, im Blick auf ihre Aussagen und Bedeutung und im Blick auf ihre Tragfähigkeit für bestimmte Theorien über die alttestamentliche Geschichtsüberlieferung und die Pentateuchentstehung zu untersuchen.

Im ersten Teil wird die Forschungsgeschichte dargestellt, wobei besonders die gegenwärtig kaum mehr bewußten Anfänge der diesbezüglichen Fragestellung und Theoriebildung und weiters die mit den verschiedenen Modellen verbundenen methodischen und sachlichen Voraussetzungen herausgestellt werden.

Im zweiten Teil soll durch eine, die verschiedenen exegetischen Methoden berücksichtigende Analyse der Texte deren Situation und Intention aufgezeigt werden, wobei neben der Frage des Alters die Frage der überlieferungs- und traditionsgeschichtlichen Voraussetzungen besonders zu beachten ist. Die Auswahl der in dieser Weise detailliert untersuchten Texte beschränkt sich auf Texte in den Büchern Genesis bis Josua, weil das nicht nur die forschungsgeschichtlich, sondern auch sachlich wichtigen Texte sind. Nur hier finden sich Texte, für die vordeuteronomistisches Alter in Anspruch genommen werden könnte und wurde. Andererseits wurde neben dem in diesem Zusammenhang nur selten berücksichtigten Text Gen 15,13-16 die jahwistische und elohistische Erzählung der Berufung des Mose in Ex 3 herangezogen. Hier zeigen sich traditionsgeschichtliche und formkritische Gegebenheiten, die für die anderen Geschichtssummarien von Bedeutung sind. Darüber hinaus rechtfertigt die literarische Bezugnahme von Dtn 26 auf Ex 3 die Berücksichtigung dieses Textes. Die Anordnung bleibt bewußt bei der Reihenfolge der Texte im Kanon, um nicht den Eindruck einer scheinbar linearen und chronologischen Anordnung zu erwecken, was weder dem Nebeneinander der traditionsgeschichtlichen Linien noch der Mehrschichtigkeit der Texte entsprechen würde.

Im dritten Teil werden die gewonnenen Ergebnisse in einen größeren Rahmen gestellt. Der Vergleich mit den Geschichtstraditionen

bei den Propheten des 8.Jh. dient der Überprüfung und Stützung des
für die Geschichtssummarien gewonnenen zeitlichen Ansatzes und läßt
zugleich die jeweiligen Charakteristika des Umgangs mit Geschichte
hervortreten. (Die Darstellung der Geschichtstraditionen bei den
Propheten des 6.Jh.s hätte über das Anliegen dieses Kapitels hinaus-
geführt. Die beim Michabuch erörterten sekundären Texte zeigen
paradigmatisch den Umgang mit den Geschichtstraditionen im 6.Jh.)
Der Vergleich mit der Geschichtsdarstellung in den Psalmen zeigt, wie
in der nachexilischen Zeit auch hier die Geschichte in Bekenntnis und
Lobpreis aufgenommen und neu zu Gehör gebracht wird.

In der abschließenden Zusammenfassung werden die Hauptlinien
der Ergebnisse des forschungsgeschichtlichen, exegetischen und
vergleichenden Teiles aufgegriffen und einige Folgerungen für das
Werden der alttestamentlichen Geschichtstradition und für die
Rezeption der Geschichte im Glauben Israels dargelegt.

Zur formalen Gestaltung ist zu sagen, daß die Literaturangaben
beim ersten Vorkommen überhaupt oder innerhalb eines größeren
Abschnittes ausführlich und später abgekürzt geboten werden. Die
Abkürzungen sind die üblichen (z.B. Abkürzungsverzeichnis der
'Theologischen Realenzyklopädie'). Die Schreibung der biblischen
Eigennamen folgt, bis auf wenige Ausnahmen und natürlich außer in
Zitaten, der Lutherbibel 1964/84, die ihrerseits weithin den 'Loccumer
Richtlinien' folgt.

Forschungsgeschichte

1. Die Anfänge der Fragestellung

Die in dieser Arbeit zu behandelnde Fragestellung ist zum guten Teil eine formgeschichtliche und wurde auch immer wieder als solche aufgefaßt. Das zeigt sich besonders an dem von Gerhard von Rad gewählten Titel "Das formgeschichtliche Problem des Hexateuch". Während üblicherweise und durchaus zurecht der Alttestamentler Hermann Gunkel als Initiator der Formgeschichte gilt[1], dessen Werk dann auch die neutestamentliche Forschung beeinflußte[2], begegnen wir hier einer Art von formgeschichtlicher Fragestellung, die ein Neutestamentler geprägt hatte, nämlich Alfred Seeberg mit seiner Schrift "Der Katechismus der Urchristenheit". Während - vereinfacht gesagt - Hermann Gunkel die kleine Einheit, die Einzelerzählung, betrachtet, fragt Alfred Seeberg nach der Gesamtdarstellung. Diese spezifische Art der Formgeschichte bestimmte in ihrer Vermittlung durch Anton Jirku und in ihrer Entfaltung bei Gerhard von Rad die alttestamentliche Forschung des 20.Jh. nicht unwesentlich, bis hin zu den Folgerungen für die Geschichte Israels, wie sie etwa Martin Noth zog.

1.1. Die "lehrhaften Darstellungen" nach Anton Jirku

A. Jirkus Abhandlung "Die älteste Geschichte Israels im Rahmen lehrhafter Darstellungen" erschien in geschichtlich ungünstiger Stunde kurz vor dem Ende des ersten Weltkriegs.[3] In der Darlegung des Problems und der Absicht seiner Untersuchung geht Jirku ausdrücklich von der Schrift seines Lehrers A.Seeberg "Der

---

1 Vgl. dazu u.a. H.P.Müller, Formgeschichte/Formkritik I. Altes Testament, TRE 11, 273: "Gunkel war der eigentliche Begründer einer bibelwissenschaftlichen Gattungsforschung."

2 Vgl. dazu u.a. H.Köster, Formgeschichte/Formkritik II. Neues Testament, TRE 11, 288: "Dieses Werk [sc. der Kommentar zur Genesis] ist auch für die formgeschichtliche Arbeit am Neuen Testament vorbildlich geworden."

3 Bei A.Deichert, Leipzig 1917.

Katechismus der Urchristenheit" (1903)[4] aus. Seeberg hatte in der
neutestamentlichen und frühchristlichen Literatur eine – je nach
Situation und Intention teils vollständig, teils fragmentarisch zitierte
– christologische Aussagenreihe gefunden, die hinsichtlich ihres Alters
allen neutestamentlichen Schriften vorausliegt.

A.Jirku bekennt sich ausdrücklich zu diesem Vorbild: "Im
Sommersemester 1912 war es mir vergönnt, an der Universität
Rostock in einer Vorlesung über 'Biblische Theologie des Neuen
Testaments' den Ausführungen A.Seebergs über das eben kurz
dargestellte Problem zu lauschen. Während einer jener Stunden
drängte sich mir plötzlich die Überzeugung auf, daß wir eine ähnliche
Erscheinung wie den von A.Seeberg geforderten 'Katechismus der
Urchristenheit' auch innerhalb des Alten Testamentes besitzen, und
zwar in einer noch greifbaren und sofort ins Auge springenden
äußeren Form. Ich meine die lehrhaften Darstellungen der ältesten
Geschichte Israels, beginnend mit Mose (bzw. Abraham) und schließend
mit dem Einzuge in Kana^can. Dieselben finden sich überall im Alten
Testamente, in historischen, prophetischen und poetischen Schriften.
Sie fanden später Eingang in die Apokryphen und Pseudepigraphen des
Judentums und kehren wieder bei Josephus, im Neuen Testamente wie
in den Schriften der Patristik.

Manchmal sind diese lehrhaften Darstellungen der ältesten
Geschichte Israels breiter, manchmal enger; immer aber ist es derselbe
Stoff, der wiederkehrt. Man vergl. z.B. Jos 24. Ps 78. Ps 105. Dt 29."
(S.2f).

Unter der Überschrift "Der Gedanke der Tradition" fragt Jirku
zunächst – der Sache nach – nach dem möglichen 'Sitz im Leben' der
anschließend zu untersuchenden lehrhaften Aussagen. Hierbei steht die
Weitergabe von Tradition innerhalb der Familie (belegt mit Joel 1,2f)
und die Weitergabe an Schüler (belegt mit Jes 8,16) voran. Aus Joel
1,2f ergibt sich, wie auch aus Jer 6,16 (in Verbindung mit 18,15), eine
verbreitete Kenntnis der "alte(n) Traditionen über die ältesten
Schicksale des Volkes" (S.6).

Erst nun erwähnt Jirku mündliche Überlieferung in Zusammenhang der Erklärung eines kultischen Brauches (Einsetzung des Passah),
wie sie in Ex 12,26f und 13,8.14 belegt ist. Es folgt der Beleg für die
Überlieferung einer ätiologischen Bemerkung (Jos 4,6f; die zwölf

---

4   Ebenfalls bei A.Deichert, Leipzig, 1903. Jetzt als Nachdruck in ThB 26, 1966, mit
      einer Einführung von F.Hahn.

Steine) und dann eine größere Zahl Belege für die Weitergabe kultischer und [!] rechtlicher Traditionen: Dtn 6,20f; Ex 10,1f; Dtn 4,9; 32,45f; 6,6f; 11,18f; Ps 78,1-4; 44,2; 48,13ff; Dtn 32,7. An allen diesen Stellen sind die Väter und/oder Kinder bzw. vergangene oder künftige Geschlechter erwähnt. Sie alle verraten deutlich das Vorhandensein einer mündlichen Überlieferung. "Der Gedanke, der in ihnen vorherrscht, ist überall der gleiche: das, was die Väter erzählt haben, soll auch den Kindern auf dem gleichen Wege immer wieder mitgeteilt werden. Und immer ist der letzte Zweck eine Verehrung Gottes; das, was den folgenden Generationen mitgeteilt werden soll, dient letztlich dazu, in ihnen das Gefühl der Ehrfurcht vor dem lebendigen Gotte wach zu erhalten." (S.10).

Als Belege für das hohe Alter dieses Anliegens der Tradition führt Jirku neben Jesaja, Jeremia und dem (als ziemlich alt betrachteten) Lied des Mose, Dtn 32, insbesondere Ri 5,11 an. Dort wird im Rahmen des allgemein zu den ältesten Texten des Alten Testaments gerechneten Debora-Liedes, das "die Verhältnisse der Richterzeit wiederspiegelt" (S.11), berichtet, wie man "zwischen den Schöpfrinnen ... die Rechtserweisungen Jahwes an seine Bauernschaft in Israel" erzählt. (Womit übrigens ein weiterer Traditionsort und Tradentenkreis erschlossen wird).[5]

Im Blick auf die Diskussion der folgenden Jahrzehnte ist an dieser Grundlegung vor allem bemerkenswert, daß hier ein kultischer 'Sitz im Leben' für diesen Überlieferungsvorgang nur einmal, nämlich beim Passah, und auch dort eher am Rand[6] auftaucht. Weiters bezieht sich die von Jirku genannte Überlieferung zwischen Eltern und Kindern und zwischen Lehrer und Schüler[7] sowohl auf die Geschichte

---

5 Das erstmals bei David erwähnte Amt des mazkir bezeichnet für A.Jirku "das eines Mannes, dem die Pflege der [bis dahin?] mündlichen Überlieferung obliegt" (S.11). Doch kann diese schwierige Frage hier nur angedeutet werden. Vgl. dazu J.Begrich, Sofer und Mazkir, ZAW 58 (1949/41), 1-29; H.Eising, zkr, ThWAT II, 584f.

6 Zudem ist das Passahfest anders als die großen (Wallfahrts)feste, um die die Diskussion später kreiste, ein eher familiäres, von der kleineren Gruppe gefeiertes Fest.

7 Die hier gemeinte Beziehung zwischen Lehrer und Schüler hat dabei ihren Hintergrund eher in einem Famulussystem als in einem Schulsystem. Zur Unterscheidung dieser beiden Möglichkeiten vgl. F.W.Golka, Die israelitische Weisheitsschule ..., VT 33(1983), 257-270.

als auch auf die Gebote.

In den ansatzweise formkritischen Ausführungen unter dem
Titel "Die lehrhaften Darstellungen der ältesten Geschichte Israels
nach ihrer äußeren Form", unterscheidet Jirku vier Hauptgruppen: a.)
Darstellungen, die in einer breiten Form gehalten sind; b.) kürzere,
bei denen meist nur der Auszug aus Ägypten und die Einwanderung in
Kanaan erwähnt werden; c.) Bruchteile solcher lehrhafter Darstellungen (wie sie in a.) vorliegen), deren rudimentärer Charakter sich
vielfach aus einer bestimmten Tendenz erklärt; d.) einzelne historische
Angaben, bei denen formelhafte Wendungen die innere Verwandtschaft
mit den lehrhaften Darstellungen deutlich machen.

Zu a.) (S.18-42) gehören drei Psalmen: Ps 105, in dem "der
Dichter in V. 15.38.39.41. einer dem Tetrateuch gegenüber selbstän-
digen Überlieferung gefolgt sein muß." (S.21). Ps 78, dessen Thema die
"Verstoßung Ephraims mit seinem Hauptheiligtum Silo und der
Erwählung Judas mit Jerusalem" (V.9-11.56-72) ist (S.21), mit einer
eingefügten lehrhaften Darstellung der ältesten Geschichte. Wegen des
Themas (Silo) und des Fehlens von Spuren der Reichsteilung setzt
Jirku den Psalm in die Davidszeit. Ps. 106, der nach V.46f in die Zeit
des Exils gehört (S.25). Die Exilssituation spiegelt sich darin, daß die
Darstellung auch die Zeit von der (unvollständigen) Eroberung bis zur
Exilierung umfaßt (V.34-42) und diese Zeit mit dtr Termini als Zeit
fortwährenden Abfalls und folgender Bestrafung schildert. (S.29).

In den Geschichtsbüchern nennt Jirku zunächst Jos 24,2b-12.
Hier stellt sich die Frage nach dem Verhältnis zum Tetrateuch: "Wenn
man von allen lehrhaften Darstellungen der ältesten Geschichte
behaupten wollte, daß sie auf die Geschichtsdarstellung des Tetrateuchs zurückgingen, so kann man doch entschieden nicht bei Jos 24
diesen Standpunkt festhalten. Denn V.2, cf. 14.f, die Nachricht über
den Götzendienst der Vorfahren Abrahams, sucht man vergeblich in
den betreffenden Abschnitten der Genesis. Und diese Nachricht ist
nicht derart, daß sie später absichtlich erfunden worden sein könnte."
(S.31). Sie dürfte eher in der Genesis unterdrückt worden sein,
während sie auch außer Jos 24 noch gelegentlich vorkommt. (ebd.)
Eine andere Merkwürdigkeit ist die Zusammenziehung der Wüstener-
eignisse "in dem einen kurzen Satz 7c: 'Sodann verweiltet ihr geraume
Zeit in der Steppe'", was Jirku mit dem anders gelagerten "Haupt-
interesse des Verfassers" erklärt (S.31f). Eine ähnliche Beobachtung
ergibt sich bei Neh 9, wo sich wiederum die geläufigen Anfangs- und
Endpunkte des Schemas finden, während die Reihenfolge der Wüsten-

ereignisse etwas variiert. Neh 9 hat mit Ps 106 (und weiters mit Judit 5,6-18; s. dazu S.35-37) gemeinsam, daß die Darstellung bis in die Exilszeit fortgeführt wird, allerdings in anderem Stil. "Die sog. Deuteronomisten fanden demnach das Schema der lehrhaften Darstellungen der ältesten Geschichte schon vor und übernahmen es, ohne die ihnen originellen Gedanken in dasselbe einzuarbeiten" (S.37). Schließlich behandelt Jirku noch Apg. 7,2-47 und Apostolische Konstitutionen (!) VIII, 12,1-15.[8]

Unter "lehrhafte Darstellungen der ältesten Geschichte in zusammengefaßter Form" (S.42-53) behandelt Jirku: Jos 2,10; 9,9f; Ps 135.136; Dtn 29,4-7; Ri 6,8bf; 1 Sam 12,8; Dtn 11,1f.3-6; Ps 114,1-8; Dtn 26,5b-10; Mi 6,4f; schließlich Apg 13,17-22; Hebr. 11,23-32.

In der - im Kontext unnötigen - Erwähnung von Dathan und Abiram in Dtn 11,6 und von "von Sittim bis Gilgal" in Mi 6,5 sieht Jirku wieder "ein Beispiel dafür, wie fest umgrenzt der Stoff war, der zu der lehrhaften Darstellung in ihrer breiteren Form gehörte". (S.47; ähnlich S.50f). In diesem Sinn ist auch die Nennung von Mose, Aaron und Mirjam in Mi 6,4 auffallend: "Diese ausdrückliche Hervorhebung Mirjams läßt den Schluß zu, daß dieselbe in der ältesten Tradition eine bedeutend größere Rolle gespielt haben wird, als dies aus den Erzählungen des Tetrateuchs ersichtlich ist" (S.51).

Im Blick auf den späteren Gang der Forschung ist interessant, daß Dtn 26,5b-10 erst als vorletzter Beleg aus dem Alten Testament genannt wird. Jirkus kurze Bemerkung zu diesen Versen bedeutet die Ablehnung eines (ursprünglich) kultischen 'Sitzes im Leben' des "kleinen geschichtlichen Credo" ebenso wie eine ansatzweise Bestimmung des deuteronomistischen Anteils: "Es ist klar, daß zuerst die Vorschrift über die Abgabe der Erstlinge an Gott für sich bestand. In die Darbringungsformel wurde unsere sich überall im Alten Testamente findende lehrhafte Darstellung eingeflochten. Daß dabei dieselbe durch den sogenannten deuteronomistischen Stil erweitert worden sein konnte, ist nicht ausgeschlossen. V.7 'so schrien wir zu Jahwe' könnte ein derartiger Fall sein." (S.49)

Unter "Bruchteile von lehrhaften Darstellungen" versteht Jirku nicht Texte, die aus sich heraus literarisch unvollständig wirken, sondern solche, die nicht den ganzen Bogen von Exodus bis Land-

---

8   In der gelegentlichen und sicher allzu optimistischen Heranziehung so - vom Alten Testament aus betrachtet - später Stellen zeigt sich der Einfluß des neutestamentlichen Vorbildes für diese Fragestellung.

nahme umfassen. Dazu gehören: Ez 20,5-26; Dtn 9,7b-10; Dtn 1-3
(unter Auslassung diverser Glossen); Ex 15,1-18 (entstanden aus)
15,21; schließlich: 3 Makk 2,6-8; 6; Sap. Sal. 10-19; 4 Esra 3;
5 Esra 1; Apost. Const. VI, 3; VI 20; u.a.

Schon die von Jirku als älteste bezeichnete Stelle Ez 20 ist
erst nachexilisch. Er sagt selbst: "Ferner hat man bei den nun
folgenden Stellen oft das Gefühl einer vorliegenden sekundären
Entwicklung." (S.54) Die Belege sind daher wohl nur als Zeugnisse
durch die jeweiligen Verfasser zu sehen. Von Bedeutung erscheint
jedoch, daß in dem nicht ganz unselbständigen Text Ez 20 Geschichte
und Gebote eng verbunden sind (V.11-13.16.19f.21-24).

In Vorarbeit zur inhaltlichen Auswertung sammelt Jirku einzeln
stehende geschichtliche Angaben und besondere formelhafte Wendungen, wie etwa die Erwähnung "der Zahl von 70 Seelen" die nach
Ägypten zogen (Dtn 10,22) oder von Israel in Ägypten als den 2
Frauen, die dort Hurerei trieben (Ez 23,2ff), die Bezeichnung Ägyptens als Eisenschmelzofen (Jer 11,3bf), oder den Kampf mit Sihon
(erwähnt in Ri 11; Jos 12; 13; Dtn 4; 31,4).

An zusammenfassenden Beobachtungen ergibt sich, daß die
"lehrhaften Darstellungen" einen festen Anfangspunkt beim Exodus
und einen festen Endpunkt bei der Landnahme haben, während "bei
dem in der Mitte liegenden Stoff nicht immer die richtige Reihenfolge
eingehalten wurde." (S.94) Jirku bewertet diese Verschiedenheit sehr
gering, "eine besondere Bedeutung für unsere Erörterung hat sie auf
keinen Fall; sie ist nichts anderes als eine äußere Eigentümlichkeit,
die auf den jeweiligen Verfasser zurückzuführen sein wird." (ebd.)-
M.E. ist diese Beobachtung, sobald man sie nicht mehr durch die
Annahme eines einheitlichen Urmodells der lehrhaften Darstellungen
oder eines festgeformten Credotextes abwertet, von großer Bedeutung
und ein Hinweis auf eine andere Lösung für das sogenannte "geschichtliche Credo".

Das Fehlen bestimmter Einzelheiten, wie etwa der Wolken- und
Feuersäule in Ps 106, wird ebenfalls aus der Intention des jeweiligen
Verfassers erklärt. Dagegen wird das für die spätere Diskussion so
bedeutende und für die Sache selbst viel gewichtigere Fehlen des
Sinai auf der einen Seite und das Fehlen (einer ausführlichen
Nennung) des Exodus auf der anderen Seite (z.B. Dtn 1-3 oder Dtn
9,7: "... in der Wüste, von dem Tag an, wo ihr aus Ägypten weg-
zogt...") nicht bemerkt. Dieses Übersehen hängt sicher wieder mit dem
Konzept eines für jeden Verfasser immer präsenten Gesamtbildes
zusammen, während bei v.Rad und Noth aus dieser Beobachtung die
bekannten weitreichenden historischen und theologischen Folgerungen

gezogen wurden bzw. hier die Kontroverse um das Verhältnis von Exodus und Sinai entstand.

Nicht unwichtig ist folgende Bemerkung: "Bei manchen lehrhaften Darstellungen konnten wir beobachten, daß sie in kurzer Form, nur unter Nennung der allerwichtigsten Ereignisse, bis zum Exil fortgeführt wurden." S.94) Dabei ist immer ein stilistischer Bruch und die Fortführung im deuteronomistischen Stil zu beobachten, woraus folgt, "daß dieses Schema der lehrhaften Darstellungen nicht erst unter dem Einfluße der deuteronomistischen Geschichtsauffassung entstanden sein kann, sondern, da von letzterer verwendet, älter als diese sein muß." (S.95) - Eine Behauptung, die angesichts der neueren Pentateuchdiskussion noch bedeutsamer ist als zur Zeit Jirkus, und die eine genaue Überprüfung verlangt.

Für die Auswertung der soweit gesammelten Beobachtungen will sich Jirku zunächst ausdrücklich vom Schema der Pentateuchquellen freihalten. Er bezeichnet daher Parallelversionen zunächst neutral mit Q_1, Q_2, Q_3, gegebenenfalls auch mit Q_4, Q_5 und führt die Gleichsetzung (z.B. Q_1 - J) nur dort durch, wo sie ihm wahrscheinlich erscheint.Trotz gewisser Abweichungen gegenüber den Untersuchungen von Eerdmans und Greßmann zur Pentateuchfrage "berührt bei diesen beiden Untersuchungen dies so angenehm, daß sie sich nicht mehr sklavisch vor dem Schema der Dreiquellentheorie beugen, sondern auch darüberhinaus ihre eigenen Wege zu gehen wissen." (S.106)

Weitere, mit diesem Thema zusammenhängende Sätze Jirkus könnten fast ebenso um 1970 wie 1917 geschrieben worden sein: "Es ist wohl überflüssig zu betonen, daß es die Meinung jedes ernsthaften Forschers ist, daß im Tetrateuch über ein und denselben Gegenstand öfters zwei oder mehrere Berichte nebeneinander herlaufen, oder miteinander verbunden sind. Dies ist Gemeingut der Wissenschaft. Nur werden in den letzten Jahren immer mehr Zweifel laut, und zwar solche von völlig ernst zu nehmender Seite, die meinen, daß etwas an der bisherigen Literarkritik am Pentateuch nicht stimmt." (S.161) "Das, was die moderne Pentateuchkritik bislang trotz allem noch nicht einwandfrei feststellen konnte, ist das Vorhandensein dreier verschiedener S c h r i f t s t e l l e r , deren fertige Schriften auf eine einzig dastehende Art und Weise miteinander verbunden wurden. Und nachdem sich innerhalb der einzelnen angenommenen Schriftsteller Widersprüche ergaben, Wiederholungen u. dgl., und man zu dem Hilfsmittel der Schulen greifen mußte, aus denen diese Schriften hervorgegangen sind, suchte man die Einheitlichkeit der drei Schriften dennoch dadurch zu retten, daß man sie in dem einheitlichen Geiste eines Verfassers geschrieben sein ließ, wobei man dann freilich berechtigt ist zu fragen, was dann dabei von den einzelnen Schriften

noch übrig bleibt? Verfallen diese Schriften dadurch nicht vielmehr
einer völligen Selbstauflösung? Die Mannigfaltigkeit der Überlieferungen und ihre Widersprüche wird niemand leugnen wollen; allein warum
sollen es gerade nur drei Schriftsteller bzw. Schulen gewesen sein,
und warum nicht fünf oder noch mehr? Warum literarische Ineinan-
derarbeitung fertiger Schriften und nicht Kristallisation verschiedener
Überlieferungen zu einem Ganzen?" (S.163)

Der Umfang des geschichtlichen Stoffes, der dabei in Frage
kommt, betrifft "die Zeit von dem Auszuge aus Ägypten bis zur
Einwanderung in Kana^can" (S.105). Zwar werden "manchmal noch
mehrere Ereignisse erwähnt, die in die Zeit vor Mose fallen, darunter
vor allem die Berufung Abrahams aus Mesopotamien, der Untergang
Sodoms und Gomorrhas und der Zug Jakobs nach Ägypten. Die
Erwähnung dieser Daten ist nur eine verhältnismäßig seltene. Vielmehr
lehrten uns die Ausführungen des 3. Kap., daß den Grundstock
wenigstens der uns vorliegenden lehrhaften Darstellungen eine
Schilderung vom Auszuge aus Ägypten bis zum Einzuge in Kana^can
bildet. Demnach sind wir auch berechtigt, die Schilderungen dieses
Zeitraums als eine Einheit anzusehen." (ebd.) - Damit stehen wir vor
dem, was G.v.Rad später als die Exodus-Landnahme Tradition bzw. das
kleine geschichtliche Credo bezeichnete.

Von den Einzelheiten sei lediglich genannt, daß Jirku bezüglich
der ägyptischen Plagen eine Übereinstimmung zwischen Ps 78 und dem
Jahwisten feststellt, woraus er ein entsprechendes Alter von Ps 78
folgert. Wohl noch bedeutsamer ist, daß Jirku die inhaltlichen
Darlegungen mit der Bileam-Episode und dem Abfall zum Baal-Peor
abschließt. D.h. die eigentlichen Inhalte der "lehrhaften Darstel-
lung(en)" entsprechen nur dem Tetrateuch bzw. den mittleren Büchern
des Pentateuch, Exodus-(Levitikus-) Numeri.[9] "In kurzer, abschließen-
der Form erwähnen die meisten lehrhaften Darstellungen den Einzug
ins gelobte Land." (S.154). Diese Variabilität des Endes (und auch des
Anfangs, nämlich bezüglich der Inhalte der Genesis) bedeutet eine
beträchtliche Unsicherheit für die weiteren Folgerungen, die aber von
Jirku offensichtlich nicht bemerkt wird, weil er von einer festen
Größe "lehrhafte Darstellung(en)" ausgeht, die gegebenenfalls bzw.
meistens nur auszugsweise benützt worden war.[10]

---

9   Dem entspricht die Rede von der "mosaischen Zeit", z.B. 154.

10   Eine genau entsprechende Unsicherheit besteht später bei v.Rads geschichtlichem
     Credo, nicht nur bezüglich des in den Texten beträchtlich variierenden Einsatz-
     punktes, sondern auch bezüglich des Endes mit der Landnahmetradition, die dann

Aus dem Bisherigen ist deutlich, daß für Jirku die lehrhafte Darstellung sachlich wie zeitlich den Pentateuchquellen vorausliegt. Für die chronologische Einordnung geht er aber nicht von dieser Relation als dem terminus ad quem aus, sondern er fragt zunächst nach dem terminus a quo, indem er vom Inhalt und der Intention der Überlieferung ausgeht und ihr (der Sache nach) einen 'Sitz im Leben' zuordnet.

Als Zweck der lehrhaften Darstellung zeigt sich, "im Volke die Erinnerung an die große mosaische Zeit lebendig (zu) erhalten" (S.154). Unmittelbar nach dem Einzug in Kanaan wird es noch "an der nötigen Friedenszeit und Einheit gefehlt haben", daß "derartige dichterische Gebilde entstanden sein könnten." "Aber mit der beginnenden Festigung der Herrschaft und der engeren Verbindung der Stämme untereinander kann leicht der Wunsch nach einer derartigen Verherrlichung der Vorzeit entstanden sein. Dies führt uns in die Tage Sauls und Davids, als das ganze Volk unter einem mächtigen Szepter vereinigt war." (ebd.).[11]

Damit schreibt Jirku der frühen Königszeit jene traditions- und konzeptionsschaffende Kraft zu, die M.Noth später für die Amphiktyonie der Richterzeit in Anspruch nimmt. Und während es bei Jirku in der Schwebe bleibt, ob diese lehrhafte(n) Darstellung(en) in mündlicher oder schriftlicher Form oder (so ist wohl am ehesten seine Vorstellung) beides nebeneinander existierte, vermerkt Noth später ausdrücklich die Unmöglichkeit einer Entscheidung und verwendet Noth den diesbezüglich neutralen Begriff "gemeinsame Grundlage" (und nicht etwa Grundschrift oder Grundsage).

---

inhaltlich doch nicht die Eroberung des Landes, sondern nur die in Gilgal, gleich nach der Überschreitung des Jordan, stattfindende Landzuteilung beinhaltet.

11 Nun erst folgt die Frage nach dem terminus ad quem. Eine Bestätigung der vorgenommenen Einordnung ergibt sich u.a. aus den Besonderheiten des Ps 78, in dem nicht nur "altes Material vorliegt" und der "viele altertümliche Züge trägt", sondern in dem "auch ... jeglicher Hinweis auf den Zerfall Israels in ein Nord- und Südreich" fehlt. Der Dichter habe sein Hauptthema, die "Erwähnung Judas mit Jerusalem", "zur Bekräftigung seiner Worte durch das Schema der lehrhaften Darstellung erweitert" (155). "Wir können, wie gesagt, nur Vermutungen äußern; für den oben vorgeschlagenen Zeitraum spricht aber auch vor allem, daß ... diese lehrhaften Darstellungen eine Form der Überlieferung besitzen, die früher anzusetzen ist als die im Tetrateuch vorliegende." (ebd.).

Wie stellt sich Jirku die weitere Überlieferung vor? Es "träte
dann an die Stelle stiller, literarischer Arbeit der mündliche, im
Gottesdienste oder in der Volksversammlung verwendete Vortrag. Bei
derartigen kurzen, schematischen Schilderungen wie unseren lehrhaften Darstellungen war es ein leichtes, wenn der Vortragende verschiedene Versionen einer und derselben Sache kannte, daß er sie
gegenseitig ergänzte. So entstand allmählich der Grundstock unseres
Tetrateuchs mit allen seinen Wiederholungen und Widersprüchen,
d e r   d a n n   b e i   d e m   Ü b e r g a n g e   v o n
d e m   k u r z e n , l e h r h a f t e n   S t i l e   z u   d e m
b r e i t e r e n   d e r   E r z ä h l u n g   s e i n e   g e -
g e n w ä r t i g e   G e s t a l t   e r h i e l t ." (S.167;
Hervorhebung von Jirku).

Hier taucht – angesichts der bisherigen Ausführungen etwas
überraschend – der Gedanke des öffentlichen Vortrags im Gottesdienst
oder (!) in der Volksversammlung auf, ein Gedanke, dem später im
Kontext der kultgeschichtlichen Überlegungen etwa bei G.v.Rad und
bei Weiser eine tragende Rolle zukam. Der letzte Satz aber impliziert
ein Problem, das in der Folgezeit nur selten bedacht und kaum je
gelöst wurde, nämlich wie denn der "Übergang" von der kurzen
lehrhaften Darstellung zur breiten ausgeführten Erzählung konkret
vorzustellen sei, oder ob er überhaupt möglich war.

Im Einfluß der lehrhaften Darstellungen auf die Einzelüberlie-
ferung sieht Jirku nun sogar eine Alternative zur Annahme von
Quellenschriften überhaupt: "Durch das Schema der lehrhaften
Darstellungen konnte es andererseits geschehen, daß manche Überlie-
ferungen über   v e r s c h i e d e n e   Ereignisse gewisse gemein-
same Züge aufweisen, aus welchen ganz geringen Spuren die moderne
Pentateuchkritik ihre "Schriftsteller" J, E und P rekonstruierte."
(S.168) – Ob Jirku damit die redaktions- und kompositionsgeschicht-
lichen Beobachtungen bezüglich der Quellen ausreichend erklärt hat,
ist, ebenso wie bei neueren Infragestellungen, sehr zweifelhaft.
Andererseits bietet sich hier ein Ansatzpunkt zur Erklärung der
Beobachtung, daß viele alttestamentliche Erzählungen von ähnlichen
Motiven gestaltet sind.

A.Jirku hatte letztlich das Konzept einer zwar mündlich
überlieferten aber doch umfassenden Quelle vor Augen, und dadurch
war ihm der Blick für die äußerst schwache Verbindung der Ereignisse
der Mosezeit (Exodus – Numeri) mit den Inhalten der Genesis und den
westjordanischen Landnahmetraditionen verstellt. Sonst hätte er sich
nämlich nicht nur vom Konzept verschiedener literarischer Quellen (J,
E, P), sondern vom Konzept umfassender Darstellungen überhaupt
lösen und beinahe ebensogut zu dem kommen können, was neuerdings

polemisch als "Themendogma" bezeichnet wurde. Einer der letzten Sätze der Untersuchung öffnet den Raum dafür: "Welche grundlegende Bedeutung hat es dann heute noch, ob der Tetrateuch aus den Werken von vier 'Schriftstellern' entstanden ist oder ob wir die einzelnen Sagen und Sagenkränze als solche zergliedern? Sicher nur die eine, daß wir auf letzterem Wege um eine schwer verständliche Hypothese herumkommen." (S.169).

Es war aber nicht nur Inkonsequenz, sondern doch auch ein Beachten der untersuchten Texte, das zu diesem Bild führte,[12] und bei diesen ersten Schritten in eine neue Richtung hatte sich der "spürbare Isolationseffekt"[13] der traditionsgeschichtlichen Methode noch nicht in der Weise entfalten können, wie etwa später bei Martin Noths "Überlieferungsgeschichte des Pentateuch". Vielmehr betrieb Jirku im Grunde die Form- und Motivgeschichte noch mit dem Rüstzeug und den Vorstellungen der Literarkritik. Auch darin blieb er - und nach ihm manche, die das kaum mehr wußten - ein Schüler Alfred Seebergs.[14]

1.2. Kurt Galling: Die Erwählungstraditionen Israels

Diese knappe, 1928 erschienene Studie[15] ist nicht, wie der Titel vermuten lassen könnte, eine Untersuchung der mit בחר verbundenen Traditionen, sondern eine umfassende Darstellung "der verschiedensten Bilder und Formeln", in denen "die Verbundenheit des

---

12 Bezeichnenderweise hat G.v.Rads "formgeschichtliches Problem des Hexateuch", dem dieselben Texte wie bei A.Jirku zugrundeliegen, zwar bezüglich der Trennung von Exodus und Sinai bei M.Noths "Überlieferungsgeschichte des Pentateuch" kräftige Resonanz gefunden, dagegen viel weniger bezüglich der mehrere Themen umfassenden "Exodus-Landnahmetradition".

13 Zum Begriff und zur Sache siehe W.Zimmerli, Alttestamentliche Traditionsgeschichte und Theologie, 10f.

14 Für eine ausführlichere Darstellung und Würdigung siehe: S.Kreuzer, Anton Jirkus Beitrag zum 'formgeschichtlichen Problem' des Tetrateuch, Archiv für Orientforschung, 33, 1986, 65-76.

15 BZAW 48.

israelitischen Volkes mit Jahwe ... zum Ausdruck gebracht" (S.2)
wird.[16] Für unsere Fragen ist das Werk nicht nur wegen des forschungsgeschichtlich interessanten Stichwortes "Traditionen" relevant,
sondern weil es ein wichtiges Zwischenstück zwischen A.Jirku und
G.v.Rad darstellt.

K.Galling sieht die Erwählungstraditionen in zwei großen
Zusammenhängen gegeben, die er entsprechend in ziemlich genau
gleichem Umfang darstellt, nämlich "die Auszugstradition" (S.5-37) und
"die Erzvätertradition" (S.37-63). Dem schließt sich "das literarische
und historische Problem" (S.63-94) im Sinn des Verhältnisses und der
Verbindung dieser beiden Traditionen in der Volksgeschichte an.

Bei dieser Aufteilung zerfällt nun die "Auszugstradition" in die
beiden Themen "Auszug und Einzug" einerseits und "der Bund am
Sinai" andererseits. Den Vorrang hat dabei für K.Galling die Tradition
vom Auszug und Einzug, während die Sinaitradition (und die mit ihr
verbundene "Bundesvorstellung") literargeschichtlich wie sachlich
zweitrangig ist: "Wir fassen zusammen: Der Bund vom Sinai tritt
quellenmäßig stark gegen die Erwähnung des Auszugs zurück. Er ist
nicht selbständige Erwählungstradition, sondern gehört mit dem
Auszug zusammen. Erwählung ist er nur insoweit, als man in mehr
oder minder massiver Form die Selbstbindung der Gottheit (im
Widerspruch zu der G e g e n s e i t i g k e i t der Verpflichtung) hervorhebt. Das tut besonders der Volksglaube; vgl. Jes 28 und
Jer 14.

Bei der berith-Vorstellung steht die Frage nach der A r t
des Verhältnisses weit mehr im Vordergrund als die nach dem (geschichtlichen) Einleitungsakt, so daß wir außer bei J, E, D, P gar
nicht mit Bestimmtheit sagen können, ob man sich dabei des Sinai
erinnerte." (S.36f).

Deutlich ist in diesen Sätzen nicht nur die Wertung von Seiten
des Volksglaubens, sondern auch von Seiten K.Gallings.[17] Ansatzweise
wird aber auch schon die Besonderheit der Sinaitradition erkannt, wie

---

16   Siehe dazu die Vielzahl der S.2-4 aufgeführten Begriffe für dieses Verhältnis.

17   Im Grunde sind es jene theologischen Bedenken, Gott in eine wechselseitige
      "Abhängigkeit" geraten zu lassen, wie sie immer wieder gegen den Bundesbegriff
      ins Feld geführt wurden und die verschiedentlich zur Abkehr von diesem Begriff
      führten; vgl. E.Kutsch, Neues Testament - Neuer Bund? Eine Fehlübersetzung wird
      korrigiert; ders., Bund I. Altes Testament, TRE 7, 397-403.

sie später unter dem Aspekt der kultischen Vergegenwärtigung diskutiert wurde. Für K.Galling "gehört" sie noch "mit dem Auszug zusammen" (S.36), wie nicht zuletzt die Erörterung unter der Überschrift "Auszugstradition" zeigt.

Vorrang aber hat jenes Geschehen, dessen Eckpfeiler mit Auszug und Einzug genannt sind. "Die e i n e große Tat, die Jahwe in der heiligen Vorzeit mit eigener Hand getan, die Tat freier väterlicher Gnade, ist Israels Trost und Kraft, Freude und Stolz gewesen und geblieben durch die Jahrhunderte seiner wechselvollen Geschichte, die das AT widerspiegelt.

Vom Mirjamlied, das dem Ereignis selbst zeitlich unmittelbar folgte, ... bis in die Tage der Makkabäer läßt sich das auf den Auszug gegründete Erwählungsbewußtsein verfolgen. Unter den vielen Namen, die man Jahwe gab, wird keiner so häufig und so ehrfürchtig genannt, wie der, dem Hosea die klassische Formung gab:
Hos 12,10: Ich bin Jahwe, Dein Gott,
vom Lande Land Ägypten her."
(S.25f; Hervorhebung von K.Galling).

Als Belege für diese Tradition behandelt K.Galling - ausdrücklich in chronologischer Ordnung - Ex 15,21; 15,7-18; Ri 5,31; Ps 114,2 (Zeit nach der Reichsteilung, gegenüber dem aus der davidischen Zeit stammenden Text Ex 15,7ff); Dtn 26,5-10; 11,1; 6,1; 12,10; Mi 6,3-5; Jes 1,2 über Jer 2,2-6; Ez 20,5f; Jes 43,16-19 bis hin zu Ps 78; 105f; 135 und dem nach K.Galling aus der Makkabäerzeit stammenden Ps 74,12-18. Bei manchen dieser Texte wird etwas großzügig verfahren, in Ri 5,31 ist der Auszug ebenso schwer zu finden, wie in Ps 74,[18] das Gewicht der Auszugstradition aber ist deutlich erwiesen.

Hatten wir bei A.Jirku ein Schwanken in der Rede von der oder den "lehrhaften Darstellung(en)" und bezüglich der Bestimmung des Umfangs beobachten können, so finden wir auch hier eine gewisse Ambivalenz: K.Galling hebt "die e i n e große Tat" hervor, stellt

---

18 Ps 74,12ff bezieht sich eindeutig auf die Schöpfung. Die Begrifflichkeit ist jene des Gott-Königtums Jahwes und der Schöpfungsmythologie. Zudem wäre der Auszug nach K.Galling in V.12-15 schon vor der "Aufstellung" von Sonne und Mond und vor der Festlegung der Tages- und Jahreszeiten erwähnt, was doch etwas schwierig ist. Ps 74 ist eher ein Beleg dafür, daß neue Heilstaten von Seiten Jahwes in der nachexilischen Zeit nicht nur wegen seiner Machterweise beim Auszug, sondern auch wegen seiner Mächtigkeit als Schöpfer erwartet werden konnten, was seit DtJes nicht überraschend ist.

aber die Texte unter die Überschrift "Auszug und Einzug" , ja er subsumiert unter "Auszugstradition" auch den "Bund am Sinai". Nicht zuletzt ist bei manchen der zitierten Texte die Schöpfungsthematik einbezogen. Entgegen diesen Unschärfen betont K.Galling das Fehlen der Erzväterthematik, und zwar nicht nur bei den späten Psalmen Ps 135 und 136, sondern ausdrücklich auch in Dtn 26 ("Nichterwähnung der Erzväter"; S.7)[19].

Damit ist die zweite große Tradition aufgezeigt, die Erzvätertradition. Diese wird - im Gegensatz zur Auszugstradition- zunächst nur an den Pentateuchquellen vorgeführt. Erst nach den Texten von L (K.Galling folgt ausdrücklich O.Eißfeldt), J, E, D und P, werden andere, d.h. ausschließlich exilische und nachexilische Texte zitiert: Ez 33,24; Jes 51,2; 41,8-10; Neh 9; Ps 105 u.a. Daraus ergibt sich für K.Galling, daß die "Verknüpfung des Erwählungsbewußtseins mit den Erzvätern" das Kennzeichen der Prosaerzählung im Pentateuch ist. "Hier ist sie geradezu der rote Faden des Ganzen. Außerhalb dieser Geschichtsdarstellungen werden die Erzväter erst in dem jüngeren Schrifttum und auch da nur vereinzelt genannt." (S.56).

Für die Verhältnisbestimmung dieser beiden großen Traditionen argumentiert K.Galling: "Es ist schlechterdings undenkbar, daß man der großartigen Geschichtsbetrachtung, die die Erwählung des Volkes im Ahnherrn in der U r z e i t erkennt und sie in einen weltweiten Rahmen stellt (so L und J), eine zweite entgegensetzte, die in jüngster Vergangenheit und mit den Worten "Untergang" (Dtn 26,5), und 'Haus der Knechtschaft'(Ex 20,2) beginnt." (S.63) D.h., auch wenn der Stoff der Genesis (älteres) Volksgut darstellt, die Erzvätertradition (als ganze) ist jünger und vor allem: sie ist bewußte Schöpfung. "Ihre Existenz wird zur Frage nach ihrem Schöpfer und dem Grund ihrer Schöpfung." (S.64) Die "entscheidende Formung, man kann auch sagen: Umformung, die ist g e w o l l t ,   g e s c h a f f e n . Sie ist darum auch ein erstmalig-einmalig vollzogener literarischer Akt, sie läßt sich nur in der Person eines Schöpfers, in der schöpferischen Persönlichkeit denken. Der Name dieses ersten ist verschollen, mag man ihn nur den (ersten) Jahwisten (oder mit Eißfeldt L nennen ... Dieser Namenlose ist d e r   S c h ö p f e r d e r   E r z v ä t e r t r a d i t i o n ." (S.64f; Hervorhebung von K.Galling).

Damit stehen wir vor der "theologischen Leistung des Jahwisten", wie G.v.Rad es später ausdrückte, allerdings mit dem Unter-

---

19   Trotz V.5 und V.7 (Gott unserer Väter)!

schied, daß G.v.Rad die Nennung der Väter in Dtn 26 höher veranschlagt und daher (nur) vom "Ausbau der Vätergeschichte"[20] spricht.

Ein weiterer, wichtiger Schritt von A.Jirku zu G.v.Rad ist die Hervorhebung von Dtn 26,5ff. Zwar diskutiert K.Galling die Wendung "mit starker Hand und ausgestrecktem Arm" (V.8), aber: "Das Bild ist schwerlich von dem Deuteronomisten entworfen, sondern geht auf prophetische Wendungen eines Jesaja (5,25; 9,11.16.20) zurück. Das absolute Alter wird sich nicht ermitteln lassen". (S.7 A.3). Auch für den Gesamttext soll gelten: "Die literarische Überlieferung innerhalb des Deuteronomiums gibt für die Datierung nur einen terminus ante quem." (S.7) Indizien für vordtn Ansetzung wären weiters das Laienopfer und die speziell gegenüber den Einleitungsreden des Dtn auffallende Nichterwähnung der Erzväter. Schließlich aber: "Beweisend ist folgendes: Die vorherrschende Meinung, daß der Ahnherr von Dtn 26 der Jakob der Genesis sei, ist unhaltbar. Schwerlich hätte ein Israelit den von den Vätern her Gesegneten (Gen 27,28) einen ʼobēd ʼarammî genannt. Das Lied kennt den Aufenthalt der Erzväter im gelobten Lande nicht. Es ist daher – mindestens mit der in ihr niedergelegten Tradition – älter als die Genesisüberlieferung. Aber es kann auch in der vorliegenden Fassung sehr wohl vor dem 9.Jh. entstanden sein. In Anbetracht der Tatsache, daß die Israeliten und die Aramäer seit Salomos Zeiten in bitterster Feindschaft lebten, könnte man die Entstehung des Gebetes noch weiter zurückverlegen, doch wird man dafür keinen Beweis liefern können." (S.8).

Nicht unwichtig und gewissermaßen wegweisend für manche spätere Handhabung der traditionsgeschichtlichen Fragestellung ist folgende methodische Bemerkung: "Das Urteil über die zeitliche Ansetzung der 'ältesten' Stücke mag im einzelnen fraglich bleiben, jedoch wird sich zeigen, daß das Alter der Tradition als solcher davon unabhängig erschlossen werden kann, sodaß eine andere Datierung eine Umgruppierung der Stücke, nicht aber eine Verschiebung des Traditionsalters zur Folge hat." (S.5). Offen bleibt, ob es neben dieser Ablösung des "Traditionsalters" vom literarischen Alter auch positive Kriterien zu dessen Bestimmung gibt. Liegen sie in einer Argumentationsreihe, wie sie oben zu Dtn 26 referiert wurde? Verständlich ist jedenfalls, warum später G.v.Rad sich nicht weiter veranlaßt sah, "die Entfernung der deuteronomischen Übermalung" des kleinen geschichtlichen Credo zu versuchen.

---

20 Im Unterschied zu "Vorbau der Urgeschichte".

2. Die Entfaltung des Themas bei Gerhard von Rad und die Weiterführung bei Martin Noth

2.1 Gerhard von Rad: Das formgeschichtliche Problem des Hexateuch[1].

G.v.Rad setzte mit seinen Überlegungen bei der seiner Meinung nach zu seiner Zeit zu beobachtenden "Forschungsmüdigkeit" hinsichtlich des Hexateuchs ein, deren Grund er darin findet, daß all die durchgeführten literarischen und inhaltlichen Fragestellungen zu einem zwar interessanten Auflösungsprozeß, - "aber eben ein Auflösungsprozeß" - geführt hatten, in dem "die Letztgestalt des Hexateuchs zu dem keiner besonderen Diskussion werten Ausgangspunkt gemacht worden (war), von dem die Erörterung möglichst schnell wegzukommen habe". (S.9)

Hier will v.Rad weiterführen, indem er "an einer bemerkenswerten Lücke in der Erforschung des Hexateuchs einsetzt, an einer Frage, die merkwürdigerweise noch nicht gestellt ist, deren Lösung uns aber vielleicht ein Stück über den toten Punkt hinüberführen kann." (S.10) Diese Frage ist praktisch die Frage nach der Gattung und nach dem Sitz im Leben des Hexateuchs. Nach v.Rad ist der Hexateuch Credo. "Diese Sätze - (einige Sätze, mit denen v.Rad den Inhalt des Hexateuchs rekapituliert) -, die den Inhalt des Hexateuchs umreißen, sind im Sinn der Quellen hauptsächlich Glaubenssätze. Mag von ihnen noch so viel historisch 'Glaubwürdiges' umschrieben sein; so, wie nun einmal die Daten der hexateuchischen Geschichte aufgezählt sind, sind sie allein und ausschließlich vom Glauben Israels gesprochen. Was hier ... berichtet wird, ist Heilsgeschichte; man könnte es auch ein Credo nennen." (S.10)[2] V.Rad sieht nun die Geschichte (des Werdens) des Hexateuchs als die Geschichte dieses Credos. In dieser sei "mit einem stabilen und einem variablen Element zu rechnen. Stabil ist das geschichtliche Credo als solches; das ist von den ältesten Zeiten an gegeben und wird in seinem Grundbestand

---

1   BWANT 78 (1938); zitiert nach: ders., Gesammelte Studien zum Alten Testament (1958), 9-86.

2   Liest man diese Sätze aufmerksam, so ist hier in nuce schon das später im Zusammenhang mit dem Erscheinen der "Theologie des Alten Testaments" aufgebrochene Problem des Verhältnisses von geschehener Geschichte und geglaubter Geschichte vorhanden.

keiner Wandlung unterworfen[3]. Variabel aber ist die Ausformung, die
äußere Gestalt, doch nicht nur das Äußere, sondern vor allem das Maß
der inneren theologischen Durchdringung und Verarbeitung des
traditionell Gegebenen. Die Beantwortung dieser Frage hätte den
Vorzug, daß sie uns in einem organisch-theologischen Fortgang der
Forschung ... wieder auf die End- und Letztgestalt des Hexateuchs
zurückführt." (S.11)

Die Durchführung dieser Thematik beginnt mit dem Blick auf
"das kleine geschichtliche Credo", dessen ältere Form v.Rad in Dtn 26
findet, weiters auch in Dtn 6,20-24 und Jos 24,2b-13 (S.11-16). Die
weiteren Texte, 1 Sam 12,8; Ps 78; Ps 135; Neh 9; Ps 106, werden
bereits unter dem Titel "Freie Abwandlungen des Credo in der
Kultlyrik" (S.16-20) behandelt. Hierbei betont v.Rad, daß bei aller
Auffüllung des Grundschemas mit diversen Einzelereignissen die
Sinaitradition immer übergangen wird und erst im großen Gebet Neh
9,6ff und Ps 106 auftaucht. Die Sonderstellung der Sinaitradition, die
angenommene Verankerung im Kult und die geschichtliche Herkunft
des betreffenden Festes beherrschen den Mittelteil (S.20-48), d.h. ein
gutes Drittel der Untersuchung. Erst danach wird der Faden des
"geschichtlichen Credo" wieder aufgenommen, und zwar nunmehr unter
dem Stichwort "Landnahmetradition", deren Herkunft - und das heißt
für v.Rad: deren kultgeschichtliche Zuordnung - nun eruiert werden
soll. Trotz der Einschränkung, "daß die Landnahmetradition ja keine
Überlieferung sein kann, die in toto eine kultische Begehung um-
schließt" (S.49), "so kann (sc. wegen der Verbundenheit des Credos in
Dtn 26 mit einer kultischen Begehung) an der Tatsache an sich, daß
wir die Wurzel (!) auch dieser Überlieferung im Kultus zu suchen
haben, wohl kein Zweifel aufkommen." (ebd.)[4] Der Bestimmung des
kultischen Ortes der Landnahmetradition folgt die Betrachtung der
Literaturwerdung (S.55-58), d.h. dann in concreto des Jahwisten. Für
v.Rad ist dabei sehr wichtig eine Phase des Übergangs, in der "die
Zeiten endgültig vorbei (waren), in denen man solche Stoffe grundsätzlich nur im geistigen Raum kultischen Geschehens zu verstehen

---

3   Diese Behauptung ist merkwürdig im Blick darauf, daß wenige Seiten später das
     Fehlen der Sinaitradition thematisiert und später der "Einbau der Sinaitradition"
     und der "Vorbau der Urgeschichte" erörtert werden.

4   Hier zeigt sich eine äußerst intensive und auch etwas überraschende Durchführung
     der kultgeschichtlichen Fragestellung, wenn ein bestimmter Kult, ein bestimmtes
     Fest, nicht nur zum Ort und zum Sitz im Leben, sondern zur Wurzel einer
     Überlieferung erklärt wird.

und zu erleben imstande war." (S.56) "Der Jahwist hat die sich vom Kultus lösenden Stoffe aufgefangen und in der strengen Klammer seiner historischen Komposition gehalten. Man kann nur ahnen, was für einen Auflösungsprozeß er damit hintangehalten hat." (S.57f) Die "strenge Klammer" bewirkt für das "von den ältesten Zeiten an gegeben[e] und ... in seinem Grundbestand keinen Wandlungen unterworfen[e]"(!) geschichtliche Credo (S.11) immerhin a) den "Einbau der Sinaitradition" (S.60-62), b) den "Ausbau der Vätergeschichte" (S.62-70) und c) den "Vorbau der Urgeschichte" (S.71-75). Es folgt "das theologische Problem des Jahwisten" (S.75-81), wobei es vor allem um "jene(s) neu(e) Verständnis des heimlichen Wirkens Gottes in der Geschichte" und um die "Aktualität der alten territorialen Postulate für die davidische und nachdavidische Zeit" geht (S.80)[5]. In den "Schlußbemerkungen" (S.81-86) gibt v.Rad einen kurzen Ausblick auf die Eigenart des Elohisten und der Priesterschrift, auf das "Dazukommen von E und P zu J"! und auf die Endgestalt des Hexateuch.

Dieser Überblick macht deutlich, daß nach v.Rad vor der Kombination durch den Jahwisten zwei getrennte und selbständige Themenkreise existieren, der der Geschichte und der Gebote[6]. Beide haben ihre eigene kultische Verankerung. V.Rad untersucht auch beide für sich, und die Sinaitradition ist in seiner Untersuchung praktisch ebenso ein Einschub(S.20-48), wie nach seiner Theorie im Pentateuch. Versuchen wir, v.Rad's Überlegungen zu diesen beiden Themen nachzuvollziehen:

V.Rad stellt mit vollem Gewicht "das kleine geschichtliche Credo" (Dtn 26,5b-9) voran, von dem er ohne ernstliche Bedenken drei Aspekte für evident hält: a) das Credo ist alt, jedenfalls

---

5   Damit ist die zeitliche und sachliche Verbindung des Jahwisten mit der angenommenen, sog. "salomonischen Aufklärung" ausgesprochen, der v.Rad zeitlebens treu geblieben ist.

6   Abgesehen von den Stoffen der Urgeschichte, deren Zusammenfügung nach v.Rad auf den Jahwisten zurückgeht. "Daß die Einzelstoffe weithin dem kanaanäischen Religionskreis entnommen sind, steht fest; aber die Annahme, daß auch ihre Komposition auf ein nichtisraelitisches 'Kontrastvorbild' zurückgehe, scheint uns doch zu unsicher." 72, A.97; gegen J.Hempel.

vordeuteronomisch[7], b) es bezeugt eine wirkliche kultische Begehung[8] und c) es ist, obwohl von einem Einzelnen gesprochen, praktisch eine kollektive Äußerung[9]. Daraus ergibt sich weiters "das Vorhandensein einer schon kanonisch gewordenen Form der Heilsgeschichte", weil "eine solche Rekapitulation der Heilsdaten im Kultus ... ja keine freie Besinnung auf geschichtlche Ereignisse" ist (S.13)[10].

Diese ersten Überlegungen werden gestützt mit dem Hinweis auf eine andere Stelle des Dtn, nämlich 6,20-24. Hier wird - im Rahmen der Unterweisung des Sohnes! - ebenfalls kurz die Heilsgeschichte rekapituliert; dabei ist das Fehlen der Sinaiereignisse, das schon bei c.26 auffiel (S.13), hier noch merkwürdiger, weil die Ausgangsfrage auf die Bewandtnis der göttlichen Gebote und Satzungen gegangen war. "Der Deuteronomiker hatte also noch ein deutliches Wissen von der hohen sakralen Bedeutung dieser Formel, die er in der religiösen Unterweisung verwendet haben wollte." (S.14)

---

7   "Die Frage der deuteronomischen Überarbeitung, ja selbst die (allerdings ganz unnötige) Annahme, wir hätten es hier nur mit Nachstilisierungen zu tun, ist von geringem Gewicht gegenüber der Tatsache, daß hier nach Form und Inhalt zwei [G.v.Rad bezieht sich auch auf das zweite in Dtn 26 erwähnte Gebet, V.13ff] wirkliche kultische Begehungen deutlich sichtbar werden."(11). Der vordtn. Charakter wird noch dadurch untermauert, daß es besonders im zweiten Gebet um die kultische Integrität des Zehntengebers gehe, während sonst "das ganze Interesse des Deuteronomiums im Falle des Zehntjahres dem Zehntempfänger zugewandt ist." (ebd., A.2.). Demgegenüber wäre darauf hinzuweisen, daß in c.12, wo die bekannte Formel "und du sollst fröhlich sein" sechsmal vorkommt (vgl, 26, 11) es ebenfalls um die kultische Legitimität und nicht um die caritative Verwendung geht. Leider hat v.Rad "die Entfernung der deuteronomischen Übermalung und eine versuchsweise Herausarbeitung der ursprünglichen Form", die "wohl keine allzu gewagte Sache" wäre (12), nicht versucht (auch nicht im Kommentar, ATD, z.St.,113f).

8   Siehe A.2, erstes Zitat; weiters: "Es muß also im Kultus eine Stelle gegeben haben, an der der Einzelne eine kurze Form der Heilsgeschichte nach Art eines Bekenntnisses rezitierte." (13).

9   "Der Sprechende entäußert sich aller individueller Anliegen, er reiht sich ganz ein in die Gemeinde, ja er identifiziert sich mit ihr; er ist in diesem Augenblick ihr Mund" (12).

10   Hier taucht das Problem "Vorform oder nachträgliche Zusammenfassung" von Ferne auf!

Der dritte Grundtext ist die Rede Josuas auf dem Landtag zu Sichem, und zwar zunächst "der Exkurs in die Geschichte Jos 24,2b-13." (S.14) V.Rad sieht diesen "Text mit allerlei Floskeln und Zutaten durchsetzt, deren Herkunft aus der hexateuchischen Geschichtsdarstellung sofort erkenntlich ist", die Rede ist aber "gattungsmäßig gewiß keine literarische Schöpfung ad hoc" (ebd.). In Anbetracht der kleinen Einfügungen in das Grundschema (Bileam, die Hornisse, die die 12 Könige der Amoriter vertreibt) fällt das Fehlen der Sinaiereignisse umso mehr auf: "das Grundschema scheint sie nicht gekannt zu haben; und so stehen wir vor der merkwürdigen Tatsache, daß die Gattung wohl die Freiheit zur Einfügung kleiner Details gab, aber doch nicht zu einer so tief gehenden Veränderung, wie sie die Aufnahme der Sinaiereignisse mit sich gebracht hätte." (S.15)

Auf Grund dieser drei "wenn auch nur kurz besprochenen Texte" (ebd.) formuliert nun v.Rad sein "vorläufige[s] Ergebnis" (ebd.): "In jedem der drei Fälle handelte es sich nicht um eine beiläufige Erinnerung an Geschichtliches, sondern vielmehr um eine Rezitation in gehobener, konzentrierter Form und vorgetragen in einer Situation von gehobener Bedeutung, nämlich durchaus im Rahmen einer kultischen Begehung. Inhaltlich waren alle drei Texte sichtlich nach einem Schema aufgebaut, was besonders in dem Fehlen der ganzen Sinaigeschichte deutlich wurde ... Der Schluß ist nun gewiß nicht zu gewagt, wenn wir sagen: Die feierliche Rezitaion der Hauptdaten der Heilsgeschichte, sei es als direktes Credo oder als paränetische Rede an die Gemeinde, muß einen festen Bestandteil des altisraelitischen Kultus gebildet haben." (ebd.) Im Grunde ist hier schon alles fertig angelegt, "und man kann schon Jos 24,1-13 als einen Hexateuch in kleinster Form bezeichnen". Es bleibt nur mehr die Aufgabe, "den Ausbau dieser kultischen Rezitation bis zu unserem Hexateuch wenigstens in seinen Hauptphasen darzustellen." (S.16)

Nachdem hier in der Tat der Gund gelegt ist und die Weichen gestellt sind und Neues erst beim Werk des Jahwisten in den Blick kommt, halten wir hier inne für einige Beobachtungen und Fragen:

1.) Von den drei genannten Texten kommt letztlich Dtn 26 die ganze Beweislast zu, denn Dtn 6 steht auch nach v.Rad nicht in kultischem Kontext (Belehrurg des Sohnes durch den Vater, familiäre Unterweisung) und ist literarisch jung (dtr Predigt), und Jos 24 ist nach v.Rad mit Zutaten aus der hexateuchischen (!) Geschichtsdarstellung durchsetzt, also zumindest jünger als der Jahwist[11].

2.) Die Darbringung der Erstlinge durch einen Einzelnen wird zu einer Feier der - im Text nirgendwo erwähnten - Glaubensgemeinde, zu deren Mund der Betreffende wird. - D.h. er wird zum Sprecher der Kultgemeinde. Kann das ein beliebiger israelitischer Bauer sein? Der Text läßt nichts davon erkennen.

3.) Wenn es sich um ein Fest der Kultgemeinde handelt, so müssen viele, wenn nicht alle Bauern (des Einzugsbereichs des Heiligtums) ihre Gaben abliefern. Denn wer hätte denn - ausgerechnet während der Ernte - mehr oder weniger täglich die Zeit, um sich am Heiligtum zu versammeln und gemeinsam die Kultgemeinde für jeweils einen Bauern, der seine Erstlinge abliefert, zu bilden? Es deutet aber schlechterdings nichts in Dtn 26 auf eine solche kollektive Darbringung hin. Zudem wäre auf den Singular hinzuweisen ("...war *mein* Vater"), der gerade gegenüber dem Plural in 6,21 ("wir waren Knechte") und Jos 24 ("eure Väter") relevant erscheint.

4.) Es spricht also alles in Dtn 26,2ff (wie auch in V.12ff) für eine individuelle (bzw. vielleicht familiäre) kultische Begehung und nicht für ein Fest der ganzen Kultgemeinde. Der eigentliche Träger der Überlieferung des Bekenntnisinhaltes ist dann auch nicht die Kultgemeinde, zu deren Mund ein gewöhnlicher israelitischer Bauer, wird bzw. "der Kultus", der sich durch diesen Mund verbalisiert, sondern letztlich der Priester, der dieses Bekenntnis "abhört". Schon dieses "Abhören" ist ein Bestandteil von Unterweisung, und das ganze Kapitel ist zutiefst Unterweisung "du sollst nehmen ... und kommen ... und sollst sagen" (V.2f.5.13).

5.) Neben der Frage nach dem Sitz im Leben der Gattung ist auch ihr Inhalt zu bedenken. Bei v.Rad liegt alles Gewicht auf dem Fehlen der Sinaiperikope. Darüber werden alle Unterschiede auf der anderen Seite vernachlässigt und die Unveränderlichkeit des geschichtlichen Credo postuliert. Doch schon die drei Grundtexte divergieren beträchtlich: Der Aramäer von Dtn 26 irrt - wo eigentlich? - umher, die Väter von Jos 24 dienten jenseits (!) des Euphrat ihren Göttern und in Dtn 6 fehlt die Vätergeschichte völlig. Schließlich fehlt die Schöpfung bzw. die Urgeschichte in allen drei Texten.

6.) Dieses Fehlen der Schöpfung und diese Differenzen bei der

---

11   Ganz abgesehen von der Ungereimtheit, daß "der Exkurs in die Geschichte Jos 24,2b-13" ausgerechnet auf jenem Fest in Sichem geschieht, wo die völlig getrennte Sinaitradition ihren Sitz im Leben hat.

Vätergeschichte - bis hin zu ihrem Fehlen - müßten ebenso beachtet werden, wie das Fehlen der Sinaigeschichte. Diese Beobachtungen lassen darauf schließen, daß in dieser Tradition des sog. geschichtlichen Credo ähnliche Entwicklungen vor sich gegangen sind, wie v.Rad sie der theologischen Leistung des Jahwisten zuschreibt - ohne zunächst Aussagen über Abhängigkeit oder zeitliches Verhältnis machen zu wollen.

Dem zuletzt genannten Problem der Entwicklung der Gattung wird implizit Rechnung getragen in dem oben erwähnten Abschnitt "Freie Abwandlungen des Credo in der Kultlyrik", bei dem allerdings wieder der Schwerpunkt auf dem Fehlen bzw. dem sehr späten Auftauchen der Sinaitradition (erst im Gebet Neh 9!) liegt. Eher beiläufig wird zu 1 Sam 12 erwähnt, daß der Credotext dort in dtr Formulierungen zur Gegenwart fortgeführt wird (S.16f). Aus dieser Beobachtung, die Jirku[12] noch an einigen weiteren Texten gemacht hatte, hatte dieser auf die vordeuteronomistische Herkunft der Gattung geschlossen. - Ein Schluß, der bei dem von v.Rad angenommenen hohen Alter von Dtn 26 nebensächlich wird, der aber beim Wegfall dieser Annahme sehr bedeutsam werden kann.

Nicht unwesentlich ist schließlich, daß von allen hier genannten Texten nur in Ps 135.136 und in Neh 9 die Darstellung mit der Schöpfung bzw. mit dem Wirken Jahwes in der Schöpfung einsetzt. V.Rad vermerkt zwar bei Ps 136, daß dieser Einsatz neu ist (S.17). Die Verwunderung über das Fehlen des Sinai in den recht jungen Pss 78, 105, 106 (S.19) müßte aber ausgedehnt werden auf das Fehlen der Schöpfung. Denn dieses Manko ist ein halbes Jahrtausend nach der Abfassung der jahwistischen Schöpfungsgeschichte[13] ebenso verwunderlich, wie das Fehlen der Sinaiperikope. Ps 135, 136 sind kaum viel älter als Neh 9.

Nach der Behandlung der Sinaitradition und der nochmaligen Feststellung der Unvereinbarkeit der beiden Traditionskreise nimmt v.Rad den Faden wieder auf und fragt nach der "Herkunft der Landnahmetradition", d.h. nach der chronologischen und geographischen Heimat des entsprechenden Kultes. "Wir sind nun in der glücklichen Lage, daß die mutmaßlich älteste Fassung unseres Credo, nämlich die in Dt 26, selbst eine organische Verbundenheit dieser

---

12   Die älteste Geschichte Israels im Rahmen lehrhafter Darstellungen, (1917), vgl. oben.

13   Natürlich im Sinn der Datierung in die salomonische Zeit.

Tradition mit einer kultischen Begehung zeigt" (S.49). Diese ist nun
eben die Darbringung der Erstlinge. "Leider geht nun aus der Stelle
nicht hervor, an welchem Zeitpunkt im Lauf des Jahres dieser Ritus
am Heiligtum stattfand, ja nicht einmal das ist ersichtlich, ob es sich
überhaupt um eine einmalige kalendarisch festliegende Feier handelt
und nicht vielmehr um eine Kulthandlung, die zu einem beliebigen
Zeitpunkt vorgenommen werden konnte." (ebd.) Da aber der Jahwekult
"gerade in den ältesten Zeiten ganz und gar nicht Privatsache" war,
und außerdem das Individuum nicht von sich aus den Vollzug der
Landnahme bekennen kann (ebd.), bleibt nur die Aufgabe, eine
entsprechende gemeinschaftliche Begehung zu finden. Weil "sich die
Dt 26 vorgesehene Naturalabgabe mit den בכורים von Ex 23,16; 34,22;
Lev 23,17 deckt[14], so fällt der in Frage stehende Ritus gerade nach
der alt-israelitischen Kultordnung auf das Wochenfest. Damit ist
unsere These schon formuliert: Das Credo, wie es uns in Dt 26,5ff
vorliegt, ist die Festlegende des Wochenfestes" (S.50)[15].

Das ursprünglich nichtisraelitische Wochenfest wurde durch
Historisierung, d.h. Bezug auf die Landnahmetradition, mit dem
Jahweglauben verbunden. Unbeschadet der bleibenden Bedeutung der
Landnahmetradition muß sie doch "da ihren ersten geschichtlichen Sitz
und Entstehungsort haben ..., wo die Frage des Landbesitzes eine
aktuelle Frage war. ... Das hieße dann, daß wir von vornherein darauf
gewiesen werden, dieser Überlieferung ein sehr hohes Alter zuzuschreiben." (S.51)

Damit ist eine zweifache chronologische Fixierung gegeben:
Einerseits im Jahreskreislauf im Wochenfest, andererseits in der
Geschichte Israels am bzw. bald nach dem Ende der Landnahme.
Allerdings fällt auf, daß hier v.Rad (nur mehr) von der Landnahmetra-
dition spricht, während doch die erwähnten Grundtexte ausführlich
vom Exodus, teils auch von den Erzvätern, sprechen.

---

14   Dies mit Verweis auf O.Eißfeldt, Erstlinge und Zehnten, wonach בכורים hier
     Erstlinge, nicht wie Dtn 18,4 das Beste bedeutet.

15   G.v.Rad räumt selbst ein, daß für das Dtn schon die freiere Übung der Darbrin-
     gung der בכורים zwischen Wochenfest und Herbstfest (so nach Mischna Bikkurim
     I,10) gegolten haben könne, "und daß sich von da aus das Fehlen der Zeitangabe
     erklärt. Für uns, die wir nach der in Dtn 26 enthaltenen alten Tradition fragen,
     würde sich dadurch nichts ändern; denn Ex 23,16 und 34,22 sprechen es ganz
     deutlich aus, daß in den alten Zeiten die Abgabe der בכורים auf das Wochenfest
     fiel." (50 A.56).

Der geographischen Frage, "dem Problem der eigentlichen Herkunft der Landnahmetradition", versucht v.Rad durch die Frage nach dem "geographischen End- und Zielpunkt" beizukommen. Dieser ist nun nicht Sichem, wie das Josuabuch und besonders Jos 24 vermuten lassen, sondern es ist Gilgal, wie Sellin an Hand verschiedener Beobachtungen und Argumente gezeigt hatte[16]. "So ist also die Geschichte Josuas ganz ähnlich unverbunden wie an anderem Ort die Sinaiperikope in die Landnahmetradition sekundär eingelegt." (S.53)

"Nein, beantworten wir die Frage nach dem eigentlichen Haftpunkt der Landnahmeüberlieferung methodisch richtig, d.h. organisch aus der Tradition selbst heraus, so weist sie uns eindeutig auf das Heiligtum von Gilgal bei Jericho. Dieses ist in der Tat durchaus ihr End- und Zielpunkt." (ebd.) Dafür spricht, daß Israel nach der Überschreitung des Jordan auf Gilgal zustrebt, daß dort das Heiligtum errichtet und das Volk dort bschnitten wird, daß auch weiterhin dort das Lager ist und schließlich - die Hauptsache -, daß Josua dort die Landverteilung vorgenommen hat[17], und "am Schluß der Tradition ... der Standort Israels wieder Gilgal" ist (S.53)[18].

Am Schluß stellt v.Rad zwei merkwürdige Überlegungen an. Zum einen: "Der Schlußpunkt der Landnahmetradition sind die Ereignisse in Gilgal. Man könnte also genauer sagen, ihr eigentlicher scopus ist weniger die Landnahme als die Landzuweisung an die Stämme durch den Willensentscheid Jahwes" und "die innere Legitimität ... aus einer Kundgebung des Willens Jahwes zu erweisen." (S.54). - Damit tritt aber die geschichtliche Dimension des Credo (über das erwähnte Absehen vom Exodus hinaus) noch weiter zurück.

Zum anderen erhebt v.Rad selber Bedenken über "das nicht einheitliche Ergebnis betreffs der kultischen Verwurzelung der Landnahmetradition (Legende des Wochenfestes, Herkunft aus Gilgal)" (S.54f) und sieht er weiters das Problem, daß das Heiligtum von Gilgal unseres Wissens nach nur in der Zeit Samuels und Sauls eine größere Rolle gespielt hat (S.55). Die Erwägungen hatten aber "gewiß in viel ältere Zeit hinauf[ge]führt" (ebd.), sodaß v.Rad an der frühen Datierung unmittelbar nach der Landnahme festhält. Wie sieht der Ausgleich des "nicht einheitlichen Ergebnisses" aus? "Die Verwachsung

---

16   E.Sellin, Gilgal (1917).

17   Verweis auf Jos 14,6-14 und (vor der priesterschriflichen Bearbeitung) 18,2-10.

18   Verweis auf Ri 1 und 2,1.

der Landnahmeüberlieferung mit dem Wochenfest wird Gilgal gegenüber sekundär gewesen sein." (S.55) - Das kann aber doch nichts anderes heißen, als daß der so feste Ausgangspunkt Dtn 26, wo zudem nichts anderes geschieht als "ein nachträgliches In-Worte-Fassen einer Sache, die den ganzen Kult durchwaltet" (S.13) sekundär ist! Dann wäre auch von dieser Seite her, nicht nur von der Überlegung der Historisierung her, die ebenfalls diese Konsequenz hätte, "die jetzige Verbindung des Gebetes mit der Darbringung der Erstlinge" doch nicht ursprünglich, sondern nachträglich vollzogen, wie Jirku behauptet und v.Rad abgelehnt hatte (S.12). Nachdem aber die, wie bemerkt, gegenüber der Landnahmetradition zurückgetretene Exodus- und Vätertradition auch nicht notwendigerweise an Gilgal haftet, ist die Frage nach deren ursprünglichem Sitz im Leben (und ob dieser ein "kultischer" war) wieder offen.

An dieser Stelle ist die Erörterung der Sinaitradition anzuschließen. Die Argumente für ihre Sonderrolle sind oben dargelegt. V.Rad verweist zunächst noch auf "längst Erarbeitetes" (S.20) im Bereich der Hexateuchexegese, derzufolge auch im Erzählgang des Hexateuch bzw. seiner Quellen die Sinaitradition einen Einschub bilde, indem die "Digression zum Sinai" (Wellhausen)[19] die Kadescherzählungen Ex 17-18 und Num 10-14 auseinandertrennt (S.21). Nur der Kadeschsagenkranz "ist aufs engste mit der Auszugsüberlieferung verwoben" (S.21). Weiters hebt v.Rad den wichtigsten sachlichen Anstoß hervor (S.22), nämlich die Notitz von Ex 15,25: "Dort gab er (= Mose) ihm (= Israel) Satzung und Recht, und dort erprobte er es." Diese und die hinter Ex 18 erkennbare Rechtstradition bezeugt die sakrale Rechtstradition von Kadesch, womit "die Duplizität der Überlieferung außer allem Zweifel steht" (ebd.).

Allerdings ist die Folgerung nicht ganz klar, wenn der nächste Satz lautet: "Wie könnte auch dieser Bericht von der Übermittlung des Gottesrechts an die Gemeinde neben der Sinaiperikope ursprünglich sein, die von ihm doch um ihre Einzigkeit und Ausschließlichkeit gebracht wird?" (ebd.) Heißt das, "die Aussage vom Empfang des Gottesrechts in Kades" (ebd) ist gegenüber dem Sinai doch sekundär? - Das wäre gegen den anfänglichen Duktus der Überlegung (S.21f) und ganz gewiß gegen v.Rads Gewährsleute Wellhausen und Greßmann[20].

---

19   J.Wellhausen, Prolegomena, 1899[5], 348 = 1927[6](=1981) 341.

20   J.Wellhausen, Prolegomena, 349: "Die wahre und alte Bedeutung des Sinai ist ganz unabhängig von der Gesetzgebung." H.Greßmann, Mose, 177 im Blick auf Kult und Rechtsprechung in Kadesch nach Ex 18: "Die Verlegung der Sagen nach dem

Wenn v.Rad im Blick auf die scheinbare Geringfügigkeit der Notitz Ex 15,25 bemerkt, daß eben bei der "Zusammenarbeitung der beiden Überlieferungen die eine der anderen weichen mußte" (S.22), so muß das die Kadeschüberlieferung gewesen sein. Diese hätte dann ursprünglich eine bedeutende Rolle gespielt. Dann aber hätte in der Grundgestalt der Hexateucherzählung der Exodus auf Kadesch mit seiner "sakralen Rechtstradition" hingeführt. Diese Folgerung wird umgangen, wenn als Inhalt der Offenbarung von Ex 3 und 6 nur "das Gelingen des Auszuges und der Landnahme", für das sich Jahwe hier verbürge, angesehen wird (S.22). Nur unter Außerachtlassung dieser Kadeschtradition wird man "nicht sagen können, daß sich ihr (sc. der Exodus- und Landnahmetradition) die Sinaioffenbarung leicht und verständlich angliedere." (S.22f)

Es folgt nun eine Analyse der Sinaiperikope, die zu folgendem "Tatbestand" führt: "In der hexateuchischen Sinaiperikope dominiert ohne Frage die Erzählung von der Theophanie und dem Bund. Das ist nach Inhalt und Aufbau ein in sich geschlossener Traditionskreis. Ihm angegliedert sind verschiedene kleinere Überlieferungsstoffe kultätiologischer Art, die zu jenem Bericht von der Theophanie und dem Bund stoffgeschichtlich ohne Bezug waren, ja, die gewiß selbst untereinander erst sekundär literarisch verbunden sind." (S.25) Dabei sind diese Einzelstoffe in Ex 32 und 33 (die v.Rad von "der Überlieferung von Theophanie und Bundesschluß" abgesetzt wissen will!, S.25 A.18) stärker mit der Auszugstradition "vermengt, als der Bericht von der Theophanie und dem Bund[21], der durch sein mächtiges Eigengewicht und die Dringlichkeit seiner Anliegen einer solchen Übermalung und Durchsetzung viel größeren Widerstand leistete." (S.25) Nochmals wird die Differenz auf einen eindrücklichen Nenner gebracht: Die Auszugstradition, die "ursprünglich und organisch" mit dem Ziel, der Landnahme, verbunden ist (Ex 3,7f) ist *Heilsgeschichte*, während die Sinaitradition, die den offenbar gewordenen Rechtwillen Gottes und die Verpflichtung darauf bezeugt, *Gesetz* ist (S.26).

Diese Sinaitradition ist nun eine "sakrale Tradition", der gegenüber ihr literarischer Niederschlag in J und E erst als "ein später Vorgang in ihrer langen Geschichte, ja vielleicht als ein Endstadium [!] anzusehen ist. Ähnlich wie zum heilsgeschichtlichen Credo wird nun wieder gefolgert: "solche Stoffe leben nun nicht in

---

Gottesberge ist demnach einem späteren Redaktor zuzuschreiben."

21   Hiermit ist offensichtlich Ex 19-24, besonders nach E (24), gemeint.

irgendeinem anonymen Bereich der Frömmigkeit, sind nicht Gegenstand mehr oder minder privater religiöser Liebhabereien, sondern sie gehören dem offiziellen Glaubensleben an, sie sind ja geradezu die Fundamente der Glaubensgemeinde, und deshalb spielen sie ihre Rolle da, wo sich die Glaubensgemeinde öffentlich religiös betätigt, das heißt im Kultus" (S.28). Gegensätzlich zum heilsgeschichtlichen Credo, das als ein "nachträgliches In-Worte-Fassen" der den Kult durchwaltenden Sache erklärt wurde (S.13), ist "die Sinaiperikope in ihrer kanonischen Gestalt ... dem Kult *vor*geordnet"[22], "... d.h. die Sinaiperikope ist die Festlegende einer bestimmten kultischen Feier ... hier war die Legende ohne Frage das dem Kultus Vorgegebene" (S.29). In Fortführung von Gedanken Mowinckels findet v.Rad in Ps 50 und 81 eine Widerspiegelung dieser Kultfeier; auch wenn sie (siehe besonders die Kritik am materiellen Opferdienst in Ps 50) sich "innerlich schon vom Kultus gelöst" (S.30) haben, "so lassen sie doch zusammen mit der Sinaiperikope mit hinreichender Deutlichkeit einen großen Kultakt erkennen." (S.31) "So muß also die Verlesung von göttlichen Geboten und die Verpflichtung darauf einen Hauptbestandteil eines althebräischen Festes gebildet haben!" (S.32) Neben der Gesetzesverlesung in Neh 8 verweist v.Rad auf Dtn 31,10f, wo "der Brauch als solcher ... gewiß nicht ad hoc erfunden (ist), sondern ... in viel ältere Zeiten zurück(reicht)" (ebd.), ein Brauch, den v.Rad sogar als Hintergrund für Jesajas Vision von der Völkerwallfahrt zum Zion (um Jahwes Weisungen zu hören) vermutet (S.33).

Hier fragt nun v.Rad nach dem Formproblem des Deuteronomiums, und zwar bewußt in dessen Gesamt- und damit Endgestalt. In dem Aufbau 1.) Geschichtliche Darstellung der Sinaivorgänge und Paränese (Dtn 1-11) 2.) Gesetzesvortrag (Dtn 12-26,15) 3.) Bundesverpflichtung (Dtn 26,16-19) 4.) Segen und Fluch (Dtn 27ff) sieht er eine Parallele zum Aufbau der Sinaiperikope 1.)Paränese (Ex 19,4-6) und geschichtliche Darstellung der Sinaivorgänge (Ex 19f) 2.) Gesetzesvortrag (Dekalog und Bundesbuch) 3.) Segensverheißung (Ex 23,20ff) 4.) Bundesschluß (Ex 24). "In diesen vier Teilen erkennen wir die Grundzüge einer ehedem rein kultischen Begehung wieder und zwar offensichtlich desselben Festes" (S.35). Dabei soll sich der Aufriß in Dtn besser erhalten haben, während dieses andererseits "zweifellos jünger und der spezifisch kultischen Wirklichkeit ferner (ist)" (ebd.). In dem so häufigen und leidenschaftlichen "heute" des Dtn soll aber nun doch auch wieder "noch ganz jene leidenschaftliche Aktualisierung der heilsgeschichtlichen Ereignisse, wie sie nur der Kultus ...

---

22 Hervorhebung von G.v.Rad.

zustande bringt" atmen (S.36.). Mit diesen "heilsgeschichtlichen Ereignisse[n]" meint v.Rad nun allerdings die Sinaivorgänge (S.36f) - womit die erwähnte strenge Alternative Heilsgeschichte - Gesetz (S.20[23] u.ä.) doch wohl wieder aufgehoben ist!

Es bleibt nun wieder, nach dem Fest und seiner geschichtlichen Herkunft zu fragen. Die sich von Ex 19,1 her anbietende Datierung auf das Wochenfest dürfte erst ziemlich jung sein, während die bereits erwähnte Stelle Dtn 31,10f von einer Gesetzesverlesung "alle sieben Jahre zur Zeit des Erlaßjahres, am Laubhüttenfest" spricht. Und auch wenn die Verlesung eines *Buches* erst eine späte Sache sein kann, so ist doch "klar, daß ... der dahinterliegende Brauch eines Vortrages von Gottesgeboten eine sehr alte kultische Praxis gewesen sein muß." (S.42) Von hier kommt nun v.Rad in einem interessanten Bogen zu einer überraschenden Folgerung: "Das Laubhüttenfest war ja überhaupt in älteren Zeiten das Fest, zu dem die Gemeinde wallfahrte[24]. So ist es doch gar nicht anders denkbar, als daß das Fest der Bundeserneuerung zwischen Jahwe und dem Volk mit eben diesem Fest identisch ist." (ebd.) Die am Laubhüttenfest des 7. Jahres ausgerufene agrarische Brache berührt sich weiters mit der theologischen Motivierung des Bundeserneuerungsfestes und d.h. mit dem "Bekenntnis zu Gott als dem alleinigen Besitzherren des Ackerlandes." (S.43) Der kultische Akt, zu dem die Gemeinde zusammentritt (v.Rad läßt es offen, ob dies nur alle sieben Jahre oder, wie er annehmen möchte, jährlich geschieht), bezweckt nichts anderes, als das alleinige Eigentumsrecht Jahwes an den Boden herauszustellen. Eben dieser Gedanke des alleinigen Eigentumsrechtes Jahwes ist aber in der Bundesverpflichtungsfeier auf die anwesende, aus allen Gauen zusammenkommende Kultgemeinde angewendet. In diesem Fest verwirklicht Jahwe wieder neu sein Eigentumsrecht an Israel. Die Gemeinde bejaht das Besitzverhältnis und die Beschlagnahme, die Gott durch seine Gebote ausgesprochen hat" (S.43).

Damit sind wir aber in große Nähe zur Bestimmung des hinter dem kleinen geschichtlichen Credo bzw. der Landnahmetradition angenommenen Festes geraten: Denn die Darbringung der Erstlinge und das Bekenntnis zu Jahwe als dem Geber des Landes ist doch kaum zu unterscheiden von dem "Bekenntnis zu Gott als dem alleinigen Besitzherren des Acker[!]landes". Und dieses Bekenntnis ist zugleich

---

23   Dort hieß es "hier wie dort ... ganz verschiedene Stoffe"!

24   Ohne Angabe von Belegen.

doch nichts anderes als die Kehrseite jener anderen, nach v.Rad noch
älteren Verankerung der Landnahmetradition in Gilgal, deren "scopus
... weniger die Landnahme als die Landzuweisung an die Stämme durch
den Willensentscheid Jahwes" (S.54) ist.

Trotz dieser auffälligen - bei v.Rad allerdings nicht bedachten - Nähe der beiden Feste findet v.Rad für die Sinaitradition auch
eine andere geographische Verankerung. Die den Höhepunkt dieser
Kulttradition bildende Verkündigung des göttlichen Rechtswillens
findet ihre Entsprechung in dem, was für Sichem, besonders bei dem
sogenannten Landtag von Sichem (Jos 24), bezeugt ist. Neben Jos 24
weisen bestimmte Überlieferungselemente in der deuteronomistischen
Literatur auf das gleiche Fest: Dtn 27; 11,29f; Jos 8,30ff. Auf die
Entsprechung von Sichembundesfeier und Sinaibund hatte schon Sellin
hingewiesen[25], allerdings unter gemeinsamer Zuweisung von Jos 8,30ff
und 24,1ff zu E. V.Rad sieht darin zwei voneinander "unabhängige
Einzelelemente" und kommt zu folgendem Bild der Sichemfeier:
Paränese Josuas (24,14f) - Zustimmung des Volkes (24,16f.24) -
Verkündigung des Gesetzes (24,25; Dtn 27,15ff) - Bundesschluß (24,27)
- Segen und Fluch (Dtn 27,12f; Jos 8,34) (S.45f).

Der Vergleich mit Ex 19f (sic!) und mit dem Dtn bestätigt und
legitimiert die Kombination: "Wir meinen, daß damit unsere These, daß
die Sinaitradition ihren kultischen Sitz in dem alten Bundesfest von
Sichem habe, das Maß an Sicherheit erreicht hat, das in solchen
Dingen erreicht werden kann." (S.46) - Mit dieser großzügigen
Behauptung enthebt sich v.Rad nicht nur des weiteren Nachweises der
Kombinationsfähigkeit der beiden Textreihen[26], sondern auch der
Berechtigung der Umstellungen innerhalb der Texte. Besonders
merkwürdig ist schließlich, daß sowohl beim Aufriß der Sinaiperikope
als des Dtn unter "1.)" neben bzw. vor der Paränese das Stichwort
"geschichtliche Darstellung" stand, während es zu Jos 24 fehlt und
kein Wort darüber verloren wird, warum hier der Text erst ab V.14
angeführt wird. Dies doch wohl deswegen, weil V.2-13 einen der drei
Grundtexte für das geschichtliche Credo bildete und das Eingeständnis

---

25   Gilgal, 52f.

26   Hier würde ihm die neuere Exegese entgegen kommen, die Jos 24 und Dtn 27 zwar
      nicht wie E.Sellin unter "elohistisch", dafür aber unter "deuteronomistisch" zu
      verbinden geneigt ist.

der Zusammengehörigkeit von V.2-13 und 14f[27] die Grundthese von den beiden so streng getrennten Traditionen (zumindest bei dem postulierten hohen Alter von Jos 24) von Haus aus unmöglich gemacht hätte.

Auf ein anderes Problem verweist v.Rad selber, nämlich daß P.Volz, S.Mowinckel und H.Schmidt eine ganz andere inhaltliche Darstellung des israelitischen Laubhüttenfestes gegeben hatten: "Vor allem sind es die kosmischen Elemente, Chaoskampf, Weltschöpfung, aber auch Thronbesteigung Jahwes, Unterwerfung der Völker usw., die die alte Sinaitradition nicht kennt." (S.46) Die Lösung sieht er darin, daß die Elemente der kanaanäischen Religion erst allmählich in Israel eindrangen, "als das sichemitische Bundesfest mit seiner Kulttradition längst - Literatur geworden war." (S.47)

Damit stehen wir, wie bei der Betrachtung der heilsgeschichtlichen bzw. Landnahmetradition an der Schwelle der Literaturwerdung in Gestalt des Jahwisten. Dieser Teil steht schon außerhalb unseres eigentlichen Themas. Für unsere Überlegungen zu erwähnen ist daraus, daß v.Rad dem Jahwisten doch nicht nur den Einbau der Sinaitradition, sondern auch den Vorbau der Schöpfungsgeschichte zuschreibt, ein unter dem Gesichtspunkt der Einführung eines neuen Themas gleich umwälzender Schritt. Auch der Ausbau der Vätertradition und die Aufnahme der "in allem Wesentlichen fertigen" (!) Josefsnovelle (S.67) ist ein folgenreicher Schritt für das "in seiner Grundgestalt keiner Wandlung unterworfene" (S.11) geschichtliche Credo, aus dem andererseits später der Elohist die Schöpfung, Ps 136 sogar die Erzväter, auch wieder auslassen konnte.

Versuchen wir, einige wesentliche Punkte neben den bereits genannten Überlegungen und Anfragen hervorzuheben:

Wir haben die Arbeit G.v.Rad's so ausführlich behandelt, weil er hiermit 1.) wesentliche neue Überlegungen vorgetragen hat, 2.) die von ihm eingeschlagenen Wege sowohl in der Textauswahl als in der im wesentlichen kultgeschichtlich orientierten Methodik sowohl für seine Nachfolger als auch für seine Kritiker bestimmend wurden und 3.) weil seine Gedanken und Ergebnisse zum Fundament weitreichender literarischer und theologischer Folgerungen für den Hexateuch als auch weitreichender historischer Folgerungen für die Frühgeschichte Israels gemacht wurden.

---

27 Vgl. dazu nur die Aufnahme des Stichwortes vom Götzendienst der Väter aus V.2 in V.13.

Positive Bedeutung kommt dem Ansatz v.Rad's vor allem darin zu, daß er die Fragestellung der Formgeschichte auf den Hexateuch als Ganzheit anwendet und damit einerseits sich zeitlich weit hinter die literarischen Quellen zurücktastet, und andererseits ein Gesamtbild der Hexateuchentstehung sowohl nach der formalen wie nach der inhaltlichen Seite hin entfalten kann.

Kritisch anzumerken ist, daß v.Rad die von Jirku (s.o.) gemachten Beobachtungen scheinbar problemlos in den Horizont kultgeschichtlicher Theorien überträgt und die seinem Bild widerstrebenden Beobachtungen - etwa die Frage des Alters der wenigen Schlüsseltexte; der sehr ähnliche Inhalt der beiden so getrennten Feste; die starken Veränderungen der von Anfang an angeblich fixen Tradition - allzu leicht übergeht.

2.2.   Weiterführung und Folgerungen bei Martin Noth

Eine weitgehende Zustimmung zu den Thesen v.Rads findet sich bei Martin Noth, und zwar im Blick auf das Werden des Pentateuch in der "Überlieferungsgeschichte des Pentateuch" (1948), mit weitreichenden Folgerungen für die Frühgeschichte Israels in der "Geschichte Israels" (1950). Diese Zustimmung - aber auch Weiterführung - spiegelt sich wiederum in v.Rads Vorwort zu seinen "Gesammelten Studien" (1958), wo er sagt: "...hätte heute vieles anders formuliert werden müssen. Das gilt vor allem für 'Das formgeschichtliche Problem des Hexateuch', das jetzt mit der fortführenden 'Überlieferungsgeschichte des Pentateuch' von M.Noth zusammenzunehmen ist."[28]

Noths Interesse ist, wie bei v.Rad, "wesentlich dem vorliterarischen Stadium" des Pentateuch zugewandt (S.4), seine Arbeit setzt aber doch mit einer ausführlichen Betrachtung der literarischen Gegebenheiten ein und bringt eine Darbietung seiner Ergebnisse der Durcharbeitung des Pentateuchmaterials bis hin zur genauen Auflistung der P und E zuzuweisenden Texte[29]. Noth geht also nicht wie v.Rad mit Hilfe kultgeschichtlicher Erwägungen zurück in die ferne Vergangenheit kultisch tradierter Bekenntnisse und von dort zum Jahwisten, sondern er tut vom Jahwisten und Elohisten aus den Schritt zurück. Das führt ihn sogleich aus verschiedenen Gründen zur

---

28   Übrigens soweit ich sehe das einzige Zugeständnis einer Korrektur bei G.v.Rad.

29   P: 17-19; J: 19-35; E: 38f.

Annahme einer "gemeinsamen Grundlage" G als Zwischenglied zwischen der im Kult tradierten Überlieferung und den literarischen Quellen, wobei die Alternative "mündlich oder schriftlich?" bewußt offenbleibt (S.41f)[30]. Daraus folgt nun, daß "das Werden des Pentateuch eben doch nicht so ruckweise erfolgt, wie es v.Rad mit der Zuweisung einer so vielfältigen epochemachenden überlieferungsgeschichtlichen Rolle an den Jahwisten glauben machen will. Es handelt sich vielmehr um ein Schritt für Schritt erfolgtes Wachsen." (S.43) Auch die folgenden Sätze enthalten einerseits eine Zustimmung, nämlich zur Bedeutung einzelner Personen, wie etwa in v.Rads Sinn des "Jahwisten", andererseits eine deutliche Kritik gegen die Annahme allzu kollektiv-anonymer Faktoren[31]: "Natürlich nicht als ob an einen Vorgang von namhafter Notwendigkeit gedacht werden dürfte, in dessen Verlauf sich nur weiter entwickelt hätte, was keimhaft schon alles im ersten Anfang vorhanden war, wir haben es vielmehr mit jeweils geschichtlich einmaligen und daher letztlich unableitbaren Wirkungen von Menschen, und zwar nicht von anonymen Menschengruppen, sondern von begnadeten Einzelmenschen, zu tun, deren Namen wir freilich so wenig kennen wie den des 'Jahwisten', der ganz gewiß in der Entstehungsgeschichte des Pentateuch eine bedeutsame Stelle einnimmt, aber doch nicht allein der Autor der meisten entscheidenden Weiterbildungen im Prozeß der Pentateuchentstehung gewesen ist, sondern nur einer von vielen, und vor den andern vor allem den Vorteil hat, daß wir seinen Anteil an diesem Prozeß genauer fixieren können als den der meisten anderen. Viele haben vor ihm und neben ihm und nach ihm auch ihren Anteil daran gehabt. Die Ermittlung der für J und E gemeinsamen Grundlage G hat neben ihrer rein literarkritischen auch die allgemeine überlieferungsgeschichtliche Bedeutung, auf eben diesen Sachverhalt konkret und deutlich hinzuweisen." (S.43f) Nach Noth ist von den bei v.Rad genannten Neuerungen nur der Vorbau der Urgeschichte dem Jahwisten zuzuschreiben, während der Einbau der Sinaitradition und der "grundsätzliche

---

30 Daher auch die Bezeichnung "Grundlage", nicht "Grundschrift". Anders als etwa G.Fohrer, Einleitung in das Alte Testament, 142, der eine schriftliche Grunderzählung für J und E annimmt.

31 Vgl. etwa Formulierungen wie jene vom "nachträglichen In-Worte-Fassen einer Sache, die den ganzen Kult durchwaltet", G.v.Rad, Credo, 13, oder "solche Stoffe ... sind nicht Gegenstand mehr oder minder privater religiöser Liebhabereien, sondern ..." ebd.,28.

Ausbau" der Vätertradition bereits aus G stammen[32]. Allerdings wird
man "sich doch hüten müssen, allzu viel konkretes über G noch
wissen zu wollen." (S.42)

Ein wesentlicher Unterschied zu v.Rad ist, daß Noth nicht vom
Hexateuch sondern vom Pentateuch spricht. Ausdrücklich gehören die
Überlieferungen des Josuabuches nicht mehr dazu, auch nicht die
Anfangskapitel mit der Gilgaltradition. Zwar stimmt Noth der Verbin-
dung von Dtn 26,1-11 (in dieser Abgrenzung!) mit der Ablieferung der
Erstlinge zu, aber nicht der Verbindung mit Gilgal, denn "diese These
beruht allein auf der, wie mir scheint, unhaltbaren literarkritischen
Voraussetzung, daß der alte Bestand des Buches Josua mit seinen an
Gilgal haftenden benjamitischen Erzählungen Fortsetzung und Ab-
schluß der Erzählung des alten Pentateuchgutes bilde." (S.55 A.170)
Vielmehr war der Kulturlandbesitz in der vorstaatlichen Zeit "ständig
in einem mehr oder weniger aktuellen Zustand des Behauptetwerden-
müssens ... und diese Behauptung bedurfte der inneren Kraft der
Vergewisserung ... und so mag denn einigermaßen allgemein zu der
Ablieferung der Erstlingsfrüchte das Bekenntnis zu der von Jahwe
gewollten Inbesitznahme des Kulturlandes gehört haben." (S.55)

In diesem Bekenntnis - zu dessen kultischer Verankerung Noth
sich nicht äußert, und das in diesem Sinn auch in Rahmen eines
Stammes oder einer Sippe möglich wäre - "hätten wir es danach noch
mit einer gesamtisraelitischen Angelegenheit zu tun. In der *erzählenden Ausführung* jedoch, die auch das Bekenntnis mit konkretem
Erzählungsstoff ausstatten mußte, konnten sich die Wege nur trennen.
Denn eine *gesamt*israelitische Landnahmeerinnerung konnte es nicht
geben, weil es keine gesamtisraelitischen Landnahme als geschichtlichen Vorgang gegeben hatte... Jede Stämmegruppe mußte also das
Thema 'Hereinführung in das Kulturland' von ihrem Gesichtspunkt ...
aus zunächst auf ihre besondere Weise erzählen bzw. sich erzählen
lassen." (S.55) - Die von v.Rad so konkret dargelegte und eingeord-
nete gesamtisraelitische Landnahmetradition schrumpft damit auf das
bloße "Daß" des Ins-Land-gekommen-Seins.

Nach Noth war aber das Bekenntnis zur "Herausführung aus
Ägypten" alsbald so sehr ein gesamtisraelitisches Gut geworden (siehe

---

32   43. Mit dem Wort "grundsätzlicher Ausbau" soll dieser Schritt abgehoben werden
      von der auch später noch möglichen und etwa von M.Noth bei J auch behandelten
      weiteren Sammlung und Ausgestaltung von Vätertraditionen, z.B. 114 zu Gen 26.
      Immerhin ist aber nach M.Noth etwa die Reihe Abraham-Isaak-Jakob schon
      gesichert (42 A.146).

dazu im Weiteren), daß auch die Landnahme nur mehr gesamtisraelitisch gedacht werden konnte (S.56). Von den verschiedenen Landnahmetraditionen hat jene der mittelpalästinischen Stämmegruppe sich durchgesetzt, weil diese "in ihrem Bereich das gemeinsame amphiktyonische Bundesheiligtum der Lade hütete und durch ihre zentralen Sitze und offenbar auch durch ihre Bedeutung und Kraft eine führende Rolle spielte." (S.57) Dies hatte zur Folge, daß der Anmarschweg dieser Stämmegruppe östlich des Jordan aus der Richtung des südlichen Ostjordanlandes das verbindlich gewordene Bild von der Landnahme prägte, "während die süd- und nordpalästinischen Stämme unzweifelhaft auf anderen und eigenen Wegen ihre späteren Kulturlandwohnsitze erreicht haben." (S.57)

Damit ist die Grenze zwischen Auszugs- und Landnahmeüberlieferung ziemlich weit gewissermaßen in die "Wüste" zurückgeschoben bzw. die Nahtstelle fällt notwendigerweise mit dem Ende des Pentateuch oder mit der Überschreitung des Jordan zusammen . Noth sieht diese Nahtstelle offensichtlich jenseits des südlichen Ostjordanlandes gelegen. "Einen glatten Anschluß hat die erzählende Ausführung des Themas 'Hineinführung in das Kulturland' an die Erzählung von der Herausführung aus Ägypten nicht gefunden. Die Frage, warum die istraelitischen Stämme sich plötzlich im südlichen Ostjordanland befinden und hier das Edomitergebiet umgehen, um von da aus dann den Weg zu ihren späteren Wohnsitzen zu nehmen, wird am Anschluß an die Erzählung von der Rettung aus der Hand der Ägypter in gar keiner Weise beantwortet und die hier klaffende sachliche Lücke auch ... später ... nur sehr unvollkommen verhüllt." (S.57)

So bleibt für ihn als das Grundthema des Pentateuch die Herausführung aus Ägypten, die in prophetischen Texten ebenso wie im "kleinen geschichtlichen Credo" und anderswo den Anfang der Geschichte Israels darstellt. "Wir haben es bei der 'Herausführung aus Ägypten' mit einem - in mehr oder weniger streng hymnischer Form ausgesprochenen - *Urbekenntnis Israels* zu tun und zugleich mit der Keimzelle der ganzen großen späteren Pentateuchüberlieferung." (S.52) Dieses Bekenntnis ist das *gemeinsame* Bekenntnis von Gesamtisrael, die Frage innerhalb welcher "Stämmegruppe es seine Erzeugung oder wenigstens die besondere Art seiner Gestaltung gefunden habe" ist hier, anders als bei den anderen Traditionen, noch nicht am Platz (S.52), und es ist auch nicht auf einen bestimmten "Sitz im Leben" festzulegen, "denn dieses Bekenntnis war von zu allgemeinem Belang, als daß es nicht bei *jeder* kultischen Gelegenheit, die überhaupt einen Hymnus zuließ, hätte ausgesprochen werden können und müssen." (ebd.) Den historischen Hintergrund, daß dieses Bekenntnis zum grundlegenden Glaubensbesitz aller Stämme wurde, sieht Noth darin gegeben, daß dessen Träger, "die Sippen, die die Dinge in Ägypten und am Meer erlebt hatten", sich in verschiedene der sich erst bei der Landnahme richtig bildenden Stämme eingliederten bzw. sich eingegliedert hatten (S.53).

Fragen wir an dieser Stelle nach der zwischen dieser Frühphase und den schriftlchen Pentateuchquellen liegenden "gemeinsamen Grundlage", so kommen wir in die Frühzeit nach der Landnahme, die für Noth den terminus a quo darstellt. Diese Zeit des "Israel der zwölf Stämme" ist die Zeit des produktiven Stadiums, wo die Überlieferung "innerhalb der anonymen Gesamtheit der Stämme und ihrer einzelnen Sippen bei deren Zusammenkünften, und d.h. in erster Linie bei Gelegenheit kultischer Begehungen[33], im Munde von 'Erzählern' entstand und wuchs und weitergegeben wurde." (S.47) Hier wurden die einzelnen Themen Zug um Zug aneinandergereiht. Hier erwuchs G, zu der die Sinaiperikope "erst recht" (S.43) schon gehört.

Dazu steht nun doch die - in Zustimmung zu v.Rad formulierte - Aussage in Spannung, daß die Sinaitradition erst "sekundär und spät in das große Ganze der Pentateuchüberlieferung einbezogen worden ist" (S.63f). Insbesondere ist zu fragen, ob das irgendwo zwischen Dtn 6,20-24; Ps 78; 105 und 136 einerseits und Neh 9 andererseits zu ortende Auftauchen der Sinaiperikope[34] Argumente für das Werden von G - über ein halbes Jahrtausend früher und mit den Pentateuchquellen dazwischen! - liefern kann. Immerhin erwähnt auch Noth manche Schwierigkeiten. Etwa, warum wir über jenes Fest der Bundeserneuerung, "das man doch für eine Begehung von zentraler und fundamentaler Bedeutung halten sollte, so wenig Bestimmtes" erfahren (S.64), oder warum man bei der Historisierung des Laubhüttenfestes in Lev 23,43 dann die Exodus- statt der Sinaitradition heranzog (ebd.)[35]. Noth hält die Sinaitraition für sehr alt, sie sei dann durch die neueren und aktuelleren Themen der "Herausführung aus Ägypten" und der "Hineinführung in das Kulturland" in den

---

33   Vgl. auch 57: "vor allem bei Gelegenheit der Zusammenkünfte am zentralen Heiligtum."

34   So die Überlegung bei G.v.Rad, vgl. M.Noth 63.

35   Die Kehrseite dieser Überlegung ist die bei G.v.Rad angeschnittene, aber ebenfalls nicht erklärte Beobachtung, daß die Sinaiereignisse im Pentateuch, nicht wie von der Bundesfesttheorie her zu erwarten, mit dem Laubhütten-, sondern mit dem Wochenfest verbunden wurden (Ex 19,1); G.v.Rad, a.a.O., 41.

Schatten gestellt worden (S.66). Bei dem Fest "müßte es sich wohl bei dem Thema 'Offenbarung am Sinai' um eine ursprünglich und wesenhaft gesamtisraelitische Überlieferung handeln." (S.64) Die gesamtisraelitische Verbreitung erklärt Noth überraschend ähnlich jener der Exodustradition durch Gruppen, die den verschiedenen landnehmenden Stämme - d.h. doch wohl *vor* der Landnahme - die Sinaitradition vermittelt hätten (S.66).

Wesentlich ist schließlich die Überlegung, daß jedes dieser Themen des Pentateuch, "sofern es nicht nur im Zusammenhang einer kultisch bestimmten hymnischen Formulierung rein als Thema bekenntnismäßig ausgesprochen, sondern als Mitteilung einer Begebenheit konkret und anschaulich und mit dem Anspruch auf Anteilnahme und Interesse *erzählt* werden sollte, ein Mindestmaß an erzählendem Stoff ein(schloß), der die schlichte Darbietung des Themas, dessen Inhalt jeweils nicht ein abstrakter Satz sondern die Mitteilung dieses Vorganges war, ausmachte." (S.67) Diese Grunderzählung wurde dann mit verschiedenen Einzelüberlieferungnen, die dem jeweiligen Thema zugehörig erschienen, ausgestaltet, wobei die Abgrenzung zwischen Grundbestand und Ausgestaltung nicht immer sicher zu vollziehen, aber im großen und ganzen doch möglich ist (ebd.)[36]

So ergibt sich ein Dreischritt, bei dem zunächst das Gewicht auf den wohl kurzen und einfachen Erzählungen der Einzelthemen lag, in der zweiten Phase dann auf den im amphiktyonischen Kult gesprochenen Bekenntnissen, wobei sich hier das Zusammenwachsen vollzog, und schließlich die erzählerische Ausgestaltung des nun thematisch gegebenen Rahmens wieder in den Vordergrund trat. Damit gehen die kultisch bestimmte hymnische Formulierung des Themas und seine erzählerische Darbietung ständig Hand in Hand, nur daß sich das Gewicht zeitweise verlagert. Zu dieser Sicht war Noth auf ganz anderen Wegen gelangt als v.Rad. Beiden gemeinsam ist eine große Bedeutung der Kultübung des amphiktyonischen Zwölfstämmevolkes, wobei allerdings für v.Rad die jahreszeitliche und geographische Differenzierung der Feste wichtig ist, während für Noth diese Fragen nebensächlich sind gegenüber der verbindenden Wirkung des Schmelztiegels des amphiktyonischen Zwölfstämmevolkes, auch wenn dieser sich in den gemeinsamen Kultvollzügen am stärksten auswirkt.

Es fällt nun auf, daß dort, wo Noth am deutlichsten Ergebnisse von v.Rad übernimmt - nämlich die Trennung von Exodus- und

---

36   Diese "Auffüllung des thematisch gegebenen Rahmens mit Erzählungsstoffen" macht den folgenden, umfangreichen Teil des Buches aus (67-160).

Sinaitraditon und die Spätdatierung des Einbaus der letzteren -, trotz des ganz anderen Anmarschweges sich ganz ähnliche Probleme einstellen: Bei v.rad hatte die inhaltliche Bestimmung der beiden angenommenen Feste zu praktisch demselben Ergebnis geführt. Bei Noth hatte sich für beide - und wiederum nur für diese beiden! - Themen ihre gesamtisraelitische Bedeutung ergeben, und zwar auf ganz analoge Weise durch Integration entsprechender Sippen in die sich zur Landnahme anschickenden und sich dabei konsolidierenden Stämme. Es erscheint kaum denkbar, daß die Exodus- und die Sinaigruppen zwar jeweils zu den Vorfahren der sich bildenden Stämme so intensiven Kontakt hatten, daß diese die Bekenntnisse übernahmen, diese Gruppen aber ohne Kontakt untereinander gewesen wären. Selbst dann hätte jeder der Stämme, der zunächst jeweils für sich Elemente beider Gruppen und damit beide Traditionen integriert hatte, spätestens jetzt zu einer Verhältnisbestimmung der beiden Traditionen kommen müssen.

Daraus ergibt sich folgender Schluß: Die erzählerische Form der Pentateuchtraditon tritt uns von Anfang an - selbst in der von Noth angenommenen "gemeinsamen Grundlage" - nur unter Einschluß der Sinaithematik entgegen, während in den heilsgeschichtlichen Summarien in der Tat die Sinaithematik erst in der nachexilischen Zeit integriert erscheint. Es erscheint methodisch bedenklich, diesen Vorgang der nachexilischen Zeit über ein halbes Jahrtausend und in eine ganz andere historische Situation zurückzuverlegen und einfach additiv an die Spitze der Pentateuchentstehung zu stellen. Dementsprechend ergaben sich sowohl bei der kultgeschichtlichen (v.Rad) wie bei der literarisch-historisch (Noth) bestimmten Argumentationsreihe Inkonzinnitäten bzw. gerieten die beiden angeblich getrennten Themen in große Nähe zueinander. Man wird also die erwähnte Divergenz der beiden Überlieferungsformen auf andere Weise erklären müssen, wobei die Verschiedenheit der Gattungen nicht gering zu veranschlagen sein wird.

M.Noth hat nun aber nicht nur die Abhebung der Sinaitraditon von v.Rad übernommen, sondern umgekehrt auch den scheinbar geschlossenen Block von Exodus- und Landnahmetradition (und Wüstentradition) aufgeteilt und ein "nicht so ruckartiges" Werden des Pentateuch angenommen. Dies entspricht dem oben in der Kritik an v.Rad erwähnten offensichtlichen Werden des "kleinen geschichtlichen Credo"[37].

Die These G.v.Rads fand in den folgenden Jahrzehnten weite Verbreitung und Aufnahme. Die Bezeichnung "das (kleine) (heils)geschichtliche Credo" wurde zum geflügelten Wort und das Konzept fand weite Verbreitung, auch dort, wo man der Trennung von Exodus- und Sinaitradition nicht folgte[38]. Neben vielfacher Zustimmung gab es auch vehemente Kritik vor allem an der Trennung von Exodus- und Sinaitradition. Dieser Trennung konnte man von zwei Seiten her zu Leibe Rücken: Entweder durch Infragestellung der kultgeschichtlichen Voraussetzungen (Verankerung in zwei verschiedenen Festen) oder durch Spätdatierung des für v.Rad wichtigsten und ältesten Textes Dtn 26. Die ganze folgende Diskussion dreht sich um diese beiden Pole.

---

37 Eine Stellungnahme G.v.Rad's zu M.Noth findet sich in: Hexateuch oder Pentateuch?, VF 1947/48, Lfg. 1/2, erschienen 1949, 52-56, und: Literarkritische und Überlieferungsgeschichtliche Forschung im Alten Testament, VF 1948/49 (= 4.Jg.), Lfg. 3, erschienen 1950, 172-194, besonders 173-180.

38 Beispiele für diese weite Verbreitung bringt J.P.Hyatt, Were There an Ancient Historical Credo in Israel and an Independant Sinai Tradition?, 155f.

3. Kritik auf der gemeinsamen Basis kultgeschichtlicher Theorien

3.1. Arthur Weiser: Der Bundesfestkult

Die Diskussion eröffnete Arthur Weiser[1] 1948, und zwar, der Forschungstendenz der Zeit entsprechend, auf der kultgeschichtlichen Ebene. Weiser fragt ebenfalls nach dem "Sitz im Leben" der Entstehung des Pentateuch, und zwar in einem möglichst umfassenden Sinn. "Dann aber ist die Frage nicht zu umgehen: Aus welchen Motiven, an welchem geistigen Ort, für welche Bedürfnisse des israelitischen Lebens ist die Komposition der Überlieferungen des Pentateuch und seiner Quellen entstanden, aufgezeichnet und in fortlaufender Tradition erhalten worden. Die literarische Fixierung ist hierbei nur *ein* - und nicht einmal das wichtigste - Glied in einer längeren Kette von Entwicklungen, die zur Entstehung und Erhaltung der Pentateuchquellen geführt haben; und die Frage der Entstehung der Pentateuchquellen wird nicht primär als ein Vorgang des literarischen Schaffens, sondern eines viel weiter greifenden und tiefer fundierten Lebensbereiches zu beurteilen sein." (S.80) - Der ganze Duktus dieser Sätze zielt auf die umfassende Bedeutung des Kultus. Hatten sich bei v.Rad die beiden Blöcke der Exodus-Landnahme- und der Sinaitradition bereits aus dem Kult gelöst und waren in dieser mehr oder weniger kultfreien Form vom Jahwisten aufgefangen worden, so hat für Weiser der ganze Prozeß der Pentateuchwerdung seinen Sitz im Leben, damit auch seine Motive und Triebkräfte, im Kult. Damit wird die Grenze der Verschriftung unwichtig ("nur ein - und nicht einmal das wichtigste - Glied"), was daran erinnert, daß Noth zwar den Inhalt von G recht genau angeben konnte, nicht aber, ob G schriftlich oder nur mündlich existierte. Dem Weg von Noth folgt Weiser auch insofern, als er an v.Rad kritisiert, "daß er anstatt vom Pentateuch oder seinen Quellen als Ganzem auszugehen und sich von da zurückzutasten, das sog. 'Credo' (Dt 26,5ff) zum Ausgangspunkt seiner Untersuchung gewählt (hat) und von dieser unsicheren Basis aus nicht ohne eine gewisse gewaltsame Vereinfachung die Geschichtsüberlieferung der Landnahme und die Sinaitradition der Bundeserneuerung voneinander trennt und jede einem besonderen Fest und Heiligtum zuweist." (S.83)

Weiser wendet sich auf der Basis der von v.Rad selbst zitierten Arbeit O.Eißfeldts, Erstlinge und Zehnten im Alten Testa-

---

1 Einleitung in das Alte Testament, 1948[2]. Im Folgenden zitiert nach der 5. Auflage 1963, wo auch die Position von M.Noth mit behandelt ist, besonders 80-94.

ment, gegen die Fixierung der Darbringung auf einen bestimmten
Termin und betrachtet Dtn 26,1ff als Versuch der Ablösung des
Brauches vom "ursprünglich fremdreligiösen Mutterboden" (S.82). Diese
Ablösung und Übernahme geschah durch die "'historisierende' Begründung" (ebd.), was jedoch heißt, daß beide Elemente ursprünglich
getrennt, aber auch daß beide älter sind als ihre Kombination: "Dabei
wird die heilsgeschichtliche Tradition des Jahweglaubens bereits
vorausgesetzt, sie kann also nicht in dem Dt 26,1ff erwähnten Brauch
ihren ursprünglichen Sitz im Leben gehabt haben. Die formgeschichtliche Untersuchung der Pentateuchfrage muß demnach an einem
anderen Punkt dieser heilsgeschichtlichen Überlieferung einsetzen als
bei dem 'Credo' von Dt 26,5ff." (ebd.)

Einem solchen geeigneteren "anderen Punkt" dieser - offensichtlich auch von Weiser angenommenen - Gattung der "heilsgeschichtlichen Überlieferung" nähert sich Weiser, indem er zunächst
v.Rad's Hauptargument für die Trennung der beiden Traditionsblöcke,
das Fehlen des Sinai in der heilsgeschichtlichen Tradition, ausräumt.
"Denn die Nichterwähnung der Sinaitradition in den Aufzählungen der
geschichtlichen Heilstaten Jahwes ... ist keinesfalls so auffallend, wie
er meint, wenn man sich vor Augen hält - was v.Rad zwar selbst an
anderer Stelle erkannt, aber an diesem Punkt seiner Beweisführung
unberücksichtigt gelassen hat -, daß nämlich der Inhalt der Sinaiüberlieferung nicht geschichtliches Ereignis in demselben Sinn ist wie die
geschichtlichen Ereignisse beim Auszug und Einzug, sondern Gottesbegegnung, die auf die Verpflichtung des Volkes auf die in Geboten
enthaltene Willenskundgebung Gottes hinausläuft, somit im Rahmen
des Kults einen besonderen Akt des Festablaufs darstellt und darum
nicht in einem Atem mit den Heilstaten Jahwes genannt wird in
Texten, wo nur diese ins Auge gefaßt werden." (S.83) Das Fehlen der
Sinaitradition kann daher "nicht als argumentum e silentio für die
Rekonstruktion des Gesamtinhalts des Festkultes verwendet werden"
(S.83f), sondern die einzelnen Texte, sowohl das Bekenntnis Dtn 26,5ff
als auch die Hymnen (Ex 15; Ps 105; 136 u.a.) sind von ihrer jeweiligen Situation und Abzweckung her zu verstehen. Die Hymnen sind
dabei als Teilstücke der Festliturgie zu sehen. "Von solchen Teil-
stücken der Festliturgie wird man nicht erwarten können, daß sie den
Gesamtinhalt der Festaufführung darbieten" (S.84). "Die Nichterwähnung der Sinaitradtion an den angeführten Stellen besagt also nicht,
daß die Landnahme- und die Sinaitradition in demselben Festkultus
nebeneinander unmöglich gewesen seien und deshalb auf zwei verschiedene Feste und Heiligtümer zu verteilen sind." (ebd.)

Den geeigneteren anderen Ansatzpunkt sieht Weiser nun in
Jos 24, wo tatsächlich die heilsgeschichtliche Tradition (V.2-13) *und*

die Bundesverpflichtung des Volkes (V.14-26) "miteinander vereinigt sind und offenbar auch als sachlich zusammengehörig, weil einander ergänzend, betrachtet werden." (S.85) - Merkwürdigerweise hatte v.Rad für die Ausscheidung des Geschichtsrückblickes aus dem ja auch für ihn so wichtigen und in Jos 24 bezeugten Sichembundfest[2] keinerlei Begründung gegeben, obwohl das denselben Kultvorgang spiegelnde Dtn in c.1-11 eine ausführliche geschichtliche Einleitung enthält. - Daraus ergibt sich für Weiser: "Diese gegenüber Dt 26 ursprüngliche Stilform, die sich in Jos 24 noch erhalten hat (vgl. Ps 81,9ff), zeigt also den ursprünglichen *Zusammenhang* zwischen der *Wesensoffenbarung Gottes in seinen Heilstaten* in der Geschichte *und seiner Willensoffenbarung, die auf die Verpflichtung der Gemeinde hinausläuft*; zugleich erklärt sich daraus das 'kanonische Gewicht', das diese Manifestation Gottes in 'Geschichte und Gesetz' für die Ausgestaltung der literarischen Überlieferung des Pentateuch gehabt hat." (ebd.)

Der Ort dieses Geschehens ist das für Weiser bekanntlich so wichtige (und auf fast alle Teile des Alten Testaments ausstrahlende) "Bundesfest, das wahrscheinlich im Herbst stattfand" (ebd.); und an bedeutsamer Stelle, am Abschluß des Hexateuch, "erscheint die alte, vielleicht älteste Nachricht über den nationalkultischen Zusammenschluß der Stämme am Heiligtum zu Sichem Jos 24, hinter welcher wohl die historischen Ereignisse stehen, die zur Gründung des sakralen Zwölfstämmeverbandes in Palästina geführt haben." (S.80)

Die Darstellung zeigt, daß Weiser mit v.Rad und besonders mit Noth viele gemeinsame Prämissen hat und in der Frage der kultischen Verankerung und in der kultischen Verwurzelung und Ausgestaltung weit über jene hinausgeht. Er greift die Annahme einer heilsgeschichtlichen Überlieferung durchaus positiv auf und versteht diese Gattung als Teil der auf die Erneuerung der Sinaiverpflichtung hinführenden Liturgie des Bundesfestes.

Allerdings ist es doch merkwürdig, daß die in die Liturgie eingebettete heilsgeschichtliche Überlieferung, die dadurch praktisch zur Festlegende wird, gerade das Urbild des Bundesfestes, eben die Sinaiereignisse, nicht erwähnt. Selbst im Blick auf die Pentateuchquellen, die nach Weiser dieselbe Funktion haben, fällt es auf, wie unverbunden und scharf abgegrenzt die "Digression zum Sinai" trotz des langdauernden kultischen Gebrauchs erhalten blieb.

---

2   A.a.O., 44ff.

Zweifellos richtig ist die Beobachtung, daß die Variation der Gattung der heilsgeschichtlichen Überlieferung durch ihre jeweilige Verwendung beeinflußt sind. So ist etwa, wie wir später sehen werden, in Ps 136 das Thema Schöpfung einbezogen, weil der Dank für die Speise ("der Speise gibt allem (!) Fleisch", V.25) dem Lob des Schöpfers korrespondiert. Diese Variationsmöglichkeit läßt aber auch die soeben erwähnte Unverbundenheit der Sinaitradition noch deutlicher hervortreten.

Weiser hat der Kleingattung "heilsgeschichtliches Credo" (eine Bezeichnung, die er allerdings, wie wir sahen, meidet) einen einleuchtenden Platz im Bundesfest zugewiesen. Hat in diesem Gehäuse aber auch die Großgattung "Pentateuchquelle" (bzw. der ganze Pentateuch) Platz? Gerade Weiser hatte gegen v.Rad die Erklärung des Übergangs und das Aufzeigen von Zwischengliedern moniert (S.82). Weiser betrachtet die Pentateuchquellen als "eine Art Lektionarien" (S.92), deren Perikopen im Bundesfest vorgetragen wurden; sicher hätte die Verlesung auch nur des ganzen Jahwisten jedes Bundesfest gesprengt. Aber bei jährlich einem (!) Bundesfest und perikopenweiser Lesung hätte die vollständige Verlesung Jahre beansprucht. Damit überwiegen auf jeden Fall die außerkultischen Gestaltungskräfte am Pentateuch. Der Unterschied zwischen der Kleingattung und der Großgattung ist durch die Verankerung im Bundesfest nicht zu überbrücken, sondern bleibt aufrecht, und auch bei Weiser fehlen Zwischenglieder.

3.2.   Vasallenverträge und Bundesformular

Die von Weiser vorgetragene Verhältnisbestimmung von Exodus - Landnahmeüberlieferung und Sinaiüberlieferung blieb trotz vieler Variationen in Einzelfragen das grundlegende Modell für die Erklärung des Fehlens der Sinaitradition. Diese Sicht stützte sich insbesondere auf die Analogie in den seit George E.Mendenhall, Law and Convenant in Israel and in the Ancient Near East (1954 und 1955) zunehmend bekanntgewordenen hethitischen Vasallenverträgen. In diesen Texten geht dem Bundesschluß mit den Vertragsbestimmungen ein historischer Prolog mit Rückblick auf die bisherige Beziehung voraus, was genau der von Weiser vorgetragenen Kombination entspricht. Im deutschsprachigen Bereich wurde dieses Thema vor allem durch Klaus Baltzer,

Das Bundesformular (1960) bekannt gemacht.[3]

Folgerungen für unser Thema - in Auseinandersetzung mit v.Rad, op. cit., und unter späterer ausdrücklicher Zustimmung von Seiten Weisers[4] - zog W.Beyerlin, Herkunft und Geschichte der ältesten Sinaitradition (1961). So etwa zusammenfassend zur Untersuchung des Dekalogs: "Alles in allem ist zu sagen: Die Übereinstimmung zwischen den angeführten hethitischen Bundesverträgen und dem israelitischen Dekalog sind so zahlreich und auffallend, daß man kaum umhin kann, anzunehmen, die Zehn Gebote seien - in formaler Hinsicht - nach dieser aus den Vasallenverträgen der Hethiter bekannt gewordenen und vermutlich im Nahen Osten des 2. Jahrtausends v. Chr. allgemein gängigen Bundesform gestaltet worden." (S.65) Und im Rahmen des Gesamtergebnisses zu unserer Frage: "Was ihr Verhältnis (sc. der Sinaitradition) zur Exodusüberlieferung anlangt, so ist abschließend festzustellen, daß beide von den Anfängen des Jahwebundes an miteinander verknüpft gewesen sein werden: Die schon in hethitischen Staatsverträgen des 14. und 13. Jhdts. v. Chr. bezeugte Bundesform, die auch dem Dekalog, dem Grundgesetz des Sinaibundes, zugrundeliegt, umfaßt einen geschichtlichen Prolog, der die zuvorkommenden Wohltaten des Bundesstifters vor Augen führt. Ist diese Verwendung gekommen, so hat sie in ihrer Präambel sogleich auf Jahwes Heilstat der Herausführung aus Ägypten Bezug nehmen lassen. Auch in der Traditionseinheit Ex 19,3b-8, die im vorstaatlichen Stämmebund Israel wurzelte, sind, durch dieselbe Bundesform zusammengehalten, die Exodus- und Sinaiüberlieferungen vereinigt... Nach allem sind also unter dem Einfluß einer alten, bis in die vormosaische Zeit zurückgehenden Bundesform schon in den frühesten Stadien israelitischer Traditionsbildung und nicht erst in der Spätzeit der Literaturwerdung[5] die Überlieferungen von der Herausführung aus Ägypten und vom Sinaigeschehen miteinander verknüpft und so die für das Alte Testament charakteristische Verbindung von Gesetz und Geschichte hergestellt gewesen." (S.190f)

---

3   Das Thema wurde viel verhandelt, etwa: J.Muilenburg: The Form and Structure of the Convenantal Formulations, VT 9 (1959), 347-356. Weiters siehe J.Hempel, Bund II. im AT, RGG I, 1513-1516; und E.Kutsch, Bund I. Altes Testament, TRE 7, 397-403.

4   Einl. AT, 85 A.1.

5   Hier ausdrücklicher Hinweis auf G.v.Rad, op. cit., 60ff, 55ff (Literaturwerdung und Arbeit des Jahwisten).

Ganz auf dieser Linie liegt der Beitrag von H.B.Huffmon, The Exodus, Sinai and the Credo (1965).[6] Das hethitische Bundesformular, speziell dessen historischer Prolog, "clarifies the nature and role of the Credo, because the Credo, in origin, is precisely the prologue of the covenant. For example, one of von Rad's stock examples of the Credo is found in Jos 24,2b-13. But Jos 24 is also a very clear example of a covenant (ceremony) which follows the so-called Hittite pattern as pointed out by Mendenhall, James Muilenberg, Klaus Baltzer and others. (It is probably not a question of Hittite pattern, but of the Hittite use of a form which was international by definition and which was widely used, although second millenium treaty texts are preserved only from Boghazkoy, Alalakh and Ras Shamra. Note that several preserved treaties involve Amurru or Ugarit, and that one is between Hattusilis III and Ramesses II, the pharaoh of the Exodus.)" (S.104).

Neben dem zuletzt erwähnten Argument für die weite Verbreitung der Gattung (auch über den hethitischen Bereich hinaus) und neben dem ausdrücklichen Hinweis auf Jos 24 liegt der besondere Wert von Huffmon's Aufsatz in der genauen Betrachtung und Differenzierung des Materials der Vertragstexte. Dabei zeigt sich, daß bei den Vasallenverträgen immer ein historischer Prolog vorliegt, wo die "beneficial acts, favors, and partialities which he (sc. the vassal) has already recieved from the great king" erwähnt und dann zum Grund für die Verpflichtung zur "immerwährenden Dankbarkeit" gemacht werden (S.105), während der historische Prolog in den Verträgen mit eher gleichrangigen Partnern (parity treaty) naturgemäß reduziert sein kann (S.110 A.41). Möglicherweise gibt jener einzelne Vertrag, in dem der Prolog völlig fehlt, der bezeichnenderweise aber auch ein parity treaty ist und der aus dem 15.Jh. stammt, einen terminus post quem für die "normale" Form der Gattung an (ebd.)[7]. Wichtig im Blick auf die spätere Kritik am (angenommenen hohen Alter) des Bundesformulars bzw. der israelitischen Bundestheologie ist, daß "the historical prologue, fundamental to the concept of the suzerainity treaty, is so far known only in treaties from the fourteenth-thirteenth centuries B.C. and is not found in any of the later treaties." (S.109). The omission of the historical prologue (and the tendency for more elaborate and colorful curses) in first millenium treaties represents a

---

6   CBQ 27(1965), 101-113.

7   Die zuletzt genannte Überlegung stammt von L.Moran, Biblica 43(1962), 104, Rez. zu K.Baltzer, Bundesformular.

basic change in the concept of the treaty relationship (power replaces persuasion), such that although the treaty form continues to be the same in many respects, it is misleading to state that the treaties remained basically unchanged"[8] (ebd.A.41) – Sofern man überhaupt Vergleiche zwischen alttestamentlichen und außeralttestamentlichen Texten ziehen will, sind das wichtige Detailbeobachtungen.

Interessant für Weisers Lösungsvorschlag ist die Beobachtung: "If one examines the more than thirty international treaties... it is striking that the historical prologue does not specify that the granting of a treaty is one of the suzerain's favors and never mentions the place where the treaty was concluded." (S.107) "...there is nothing to indicate that the granting of a treaty was itself considered one of the gracious acts of the suzerain that could be cited in the prologue..." (S.108). "This is also why Sinai, which represents law giving...based upon prior gracious acts of the suzerain, is not part of the Credo." (ebd.) Jedoch ist es nicht unwichtig, daß frühere Verträge immerhin indirekt erwähnt werden durch Bezugnahme auf die jährlichen Tributleistungen (vgl. ebd.). Huffmon hält es im Gegensatz zu v.Rad für auffällig, daß in Neh 9 der Sinai dann doch ins Credo hineinkommt (S.112), und erklärt dies in Anlehnung an S.Loewenstamm[9] von der nachexilischen Gesetzesfrömmigkeit her, in der "the giving of the divine law was regarded as a benefit no less striking than the bestowing of manna and water in the desert." (S.109. A.35)[10]

Huffmon macht weiters aufmerksam auf "another important feature of the historical prologue ... that it brings the favors of the king down to the time of the treaty being made, as is only to be expected since they serve to motivate the vassal." (S.109) – In der Tat eine zu erwartende Selbstverständlichkeit, die allerdings zur

---

8   Gegen D.J.Wiseman, The Vassal-Treatius of Esarhaddon, Iraq 20(1958), 28 und
     Dennis J.McCarthy, Treaty and Covenant, A Study in Form in the Ancient
     Oriental Documents and in the Old Testament, AnBib 21, 1963; 21a, 1981[2].

9   IEJ 12(1962), 162, in einer Rez. zu W.Beyerlin, Sinaitradition.

10   Den Einschub der Sinaitradition in die Kadeschüberlieferung im Exodusbuch erklärt
     H. in Zustimmung zu J.Gray, The Desert Sojourn of the Hebrews and the Sinai-
     Horeb Tradition, VT 4 (1954), 151 und zu W.Beyerlin, Sinaitradition, 165f, mit
     einer Wallfahrt von Kadesch zum Sinai (111 und A.44). Zu einem ähnlichen
     Gesamtbild kommt neuerdings S.Herrmann, Geschichte Israels, 100ff, bes. 108-110.

Unterscheidung von Sinaibund und Sichembund führen müßte, weil ja
der historische Prolog nur bis zum Ereignis des Bundesschlusses
führen kann und in Jos 24 die Ereignisse bis zur Landnahme fortgeführt werden (ebd.)[11]. Andererseits müßte auf dieser Basis für jede
noch weiter führende Formulierung ein neuer Bundesschluß bzw. eine
Bundeserneuerung postuliert werden, bzw. wird es besonders auffallend
und erklärungsbedürftig sein, wenn das Ende des Rückblicks und die
vermutliche Abfassungszeit sich nicht decken.

Sosehr Huffmons genaue Beobachtungen zu würdigen sind, und
er auch zwischen Jos 24,2ff und V.16-18 unterscheidet, müßte er auch
in der Verwendung des Begriffs "Credo" zurückhaltender sein, denn
der "historical prologue" ist das Wort des Großkönigs und nicht des
Vasallen, wie auch Jos 24,2ff Gottesrede ist im Gegensatz zur
Antwort des Volkes in V.16-18. Der Sprachgebrauch ist hier offensichtlich von der Opposition zu v.Rad bestimmt, während die Sache
(auch im Blick auf die weiteren "Credo"-texte v.Rad's) differenziert
wird (S.106f). Es bleibt aber doch die Frage, ob damit das Fehlen der
Sinaiperikope erklärt ist.

3.3.   Weitere Modelle für das Verhältnis von Exodus und Sinai

Die hier nach Weiser, Beyerlin und Huffmon referierte
Argumentation kehrt - mit Variationen im Detail - verschiedentlich
wieder. Wenn man etwa nicht gerade annehmen will, die Exodusgruppe
bzw. Mose habe nach dem Auszug am Sinai das Bundesfest "erfunden",
so ergibt sich, daß die Exodusgruppe in den bestehenden Sinaikult
eintrat und diesen mit ihrem Bekenntnis durchdrang oder diese beiden
zunächst für sich bestehenden Überlieferungen auf andere Weise
(später) verknüpft wurden. Auf der erstgenannten Linie argumentiert
H.Seebaß, Mose und Aaron, Sinai und Gottesberg (1962), demzufolge
Mirjam in einem "Akt sachgemäßer Verwaltung der Sinai-Offenbarung"
(S.133) "in dem Handeln der theophanen Macht am Meer die Hand
Jahwes erkannte und in prophetischer Vollmacht verkündete: Der das
tat ist Jahwe! Hochgelobt sei Jahwe!" (S.132f). Auf der anderen Linie
liegt A.H.J.Gunneweg, Mose in Midian,[12] der Hinweise auf einen
präisraelitisch-midianitischen Sinaikult findet, demgegenüber das

---

11   Eine beachtliche Differenzierung gegenüber der Ineinssetzung von Sinai- und
      Sichembund bzw. -tradition!

12   ZThK 61 (1964), 1-9, jetzt in: ders., Sola Scriptura (1983) 36-44.

Exodusthema ursprünglich selbständig war und erst später durch die Midianschicht verbunden wurde.[13]

Hatte Gunneweg die ursprüngliche Selbständigkeit von Sinai und Exodus angenommen, wenn auch nicht mit dem Argument der Credoformulierungen, so sah er in diesen offensichtlich doch eine Voraussetzung und eine Bestätigung seiner These, wie die ausdrückliche Zustimmung zu v.Rad zeigt.[14] Auf andere Art bezieht sich auch Seebass ausdrücklich auf v.Rad: "Damit ergibt sich auch die Lösung für ein Problem, das die Pentateuchforschung beschäftigt, und das neuerdings durch G.v.Rad, Formgeschichte des Hexateuch ... scharf gestellt wurde: Warum steht der Sinai literarisch so verhältnismäßig isoliert im Zusammenhang der anderen Überlieferungen? Warum taucht er erst in den Spätformen des sogenannten geschichtlichen Credo auf?"[15] Für Seebass erklärt sich die Beobachtung aus der zunehmenden Verdrängung der Sinaitradition durch die Meerwundertradition. - Angesichts der Unterbrechung in der Kadeschtradition, die die 'Digression zum Sinai' bewirkt, und angesichts des späten Auftauchens des Sinai in den Credoformulierungen ist das eine recht paradoxe Erklärung, aber das hohe Alter der Sinaitradition scheint damit gerettet.

---

13   Damit ist gegen W.Beyerlin u.a. und mit M.Noth "an der ursprünglichen Selbständigkeit des Themas 'Herausführung' und des Themas 'Sinai' ... festzuhalten." (S.44). Die Verbindung und damit die "heutige Gestalt" der Sinaitradition (S.42) "dürfte weitgehend durch den amphiktyonischen Kult Israels geprägt sein (ebd., A.17).

14   G.v.Rad, das formgeschichtliche Problem, ist das erste in diesem Aufsatz zitierte Werk und repräsentiert zusammen mit M.Noth, Überlieferungsgeschichte, die Traditionskritik, durch die "auch die Erforschung des Moseproblems in eine neue Phase getreten" ist (36). Später insistiert A.Gunneweg gegenüber W.Beyerlin auf "konsequent traditionsgeschichtlicher Sicht" (38.8), wie er auch in seiner Geschichte Israels (1979³) ausdrücklich von der "Destruktion des Pentateuchrahmens" (18f) ausgeht. Damit nähert sich A.Gunneweg der Sicht von M.Noth auch insofern, als dadurch die Amphiktyonie(hypothese) unverzichtbar wird.

15   Mose und Aaron, S.133.

4. Die Bestreitung einer eigenen Gattung und des hohen Alters der Texte.

4.1. Die Ansätze zur Kritik bei Adam Simon v.d.Woude, C.H.W.Brekelmans und Theodor Christian Vriezen.

Die andere Möglichkeit, Gerhard v.Rads literarische Beobachtungen und Martin Noths historische Folgerungen der Trennung von Exodus und Sinai anzugreifen, ist die Bestreitung des Alters und damit der Relevanz des 'geschichtlichen Credos'. Naturgemäß erhält diese Linie erst dort Bedeutung, wo die kultgeschichtlichen Überlegungen wieder zurückzutreten beginnen, bzw. bei Forschern, die primär literarkritisch arbeiten.

Einen Schritt in diese Richtung tat bereits A.S.v.d.Woude, Uittocht en Sinai, (1960)[1]. Er zeigte, daß die Sinaiperikope eigentlich kein Credo enthält und bestreitet im weiteren die Existenz einer entsprechenden Gattung. Damit gewinnt er die Freiheit, die Texte je für sich zu betrachten, und v.Rads Schlüsseltext Dtn 26 ist damit nicht mehr als die historische Motivierung der Darbringung der Erstlinge.[2]

In ähnlicher Weise bestreitet C.H.W.Brekelmans, Het 'historische Credo' van Israel (1963)[3] die Existenz einer solchen Gattung und betrachtet die einzelnen Texte als katechetische Formulierungen, während er Jos 24,2b-13 im Sinn der These vom Bundesformular (Baltzer, Beyerlin u.a.) als den entsprechenden historischen Prolog versteht. In ähnliche Richtung geht Th.Ch.Vriezen, The Credo in the Old Testament, (1963)[4], der die Texte der scheinbaren Gattung "Credo" wegen der deuteronomistischen Begrifflichkeit als späte Bildungen betrachtet und - etwa von Dtn 6,20-24 her - als Katechismen für Kinder (!) erklärt.

---

1   Antrittsvorlesung an der Rijkuniversitet te Groningen, gehalten am 8. Nov. 1960; gedruckt erschienen o.J. (1961).

2   Exodus und Sinai betrachtet A.S.v.d.Woude besonders wegen der gemeinsamen geographischen Nähe zu Kadesch als von Haus aus miteinander verbunden. Ebd., 11.

3   TvT 3 (1963), 1-10.

4   In: Studies on the Psalms, Potchefstrom 1963, 5-17.

4.2.   Die literarische Analyse des kleinen Credo durch Leonhard Rost und Günter Waßermann

Leonhard Rost, Das kleine geschichtliche Credo (1965)[5], konzentrierte und beschränkte sich erstmals auf eine literarische Analyse von v.Rads Schlüsseltext, Dtn 26: Rost erwähnt zunächst die weite Verbreitung der Thesen von v.Rad und Noth und sieht einen Hauptgrund dafür in dem "unbesehen weitergegebenen Hinweis v.Rads auf das Alter des Credo" (S.11). Und auch in der Theologie des AT, Bd.I "schreibt v.Rad: 'Das Wichtigste unter ihnen ist das Credo von Dt 26,5-9 mit allen Anzeichen eines hohen Alters'. Es bleibt bei dieser unbestimmten Angabe, die es dem Leser im besten Fall überläßt, sich über die Entstehungszeit selbst Gedanken zu machen, oder, was sicher richtiger ist, selbst diese Behauptung nachzuprüfen." (ebd.) - Diese Überprüfung will Rost durchführen, denn nicht zuletzt ist sie auch nach v.Rads Meinung möglich, "wenn er sagt: 'Die Entfernung der deuteronomischen Übermalung und eine versuchsweise Herausarbeitung der ursprünglichen Form wäre wohl keine allzu gewagte Sache!" (ebd.)

Rost geht auf zweierlei Weise vor, "einmal mit einer sprachgeschichtlichen Untersuchung, zum anderen mit einer motivgeschichtlichen Klärung" (S.12). Bei der sprachgeschichtlichen Beobachtung "zeigt es sich sofort, daß einige Wörter und Wendungen nur in späten Texten auftreten. Dazu gehört die Wendung במתי מעת, die nur noch Dt 28,62 begegnet. גוי גדול עצום ורב findet sich nur hier, während das kürzere גוי גדול ועצום Gen 18,18 (J[2]); Nu 14,12 (JE) und im Plural Dt 4,38; 9,1; 11,23; Jos 23,9 vorkommt. Die Verbindung רב ועצום begegnet schon bei J Ex 1,9, in umgekehrter Anordnung Dt 9,14, im Plural Dt 7,1; mit עם Joel 2,2 und aufgelöst als עמים רבים וגוים עצומים Sach 8,22. רע [sic!] Hif. wird nur hier und 1 Sam 25,34 mit dem Acc. konstruiert, Nu 20,15 und Jos 24,20 dagegen mit ל. ענה im Piel in der Bedeutung 'demütigen, mißhandeln' begegnet schon beim Jahwisten Gen 16,6 und E Gen 15,13; 31,50 und im Richterbuch, fällt also für eine nähere Bestimmung aus. Dagegen ist עבדה קשה mit Ausnahme von 1 Kön 12,4 nur bei P Ex 1,14; 6,9 anzutreffen. זעק und שמע als Schreien von Menschen und als Hören Gottes finden sich nebeneinander nur Jer 11,11; 16,25; Sach 7,13; Ps

---

5   Erstmals erschienen in L.Rost, Das kleine Credo und andere Studien zum Alten Testament, 1965, 11-25; laut Datierung des Vorwortes fertiggestellt spätestens 1964, noch unter Kenntnisnahme von C.W.H.Brekelmans, a.a.O., vgl. S.25 A.36.

7,18. Dagegen ist schon seit J bezeugt, daß Jahwe auf die Stimme des Menschen hört, wenn auch diese Wendung vor allem in den Einleitungs- und Schlußreden des Deuteronomiums und im Buch Jeremia gehäuft auftritt. נתן על ist seit E gebräuchlich und wird in P eine Allerweltsformel, die sich immer dann einstellt, wenn die Art der Applikation mehr oder minder in der Schwebe gehalten werden soll. וירד מצרימה ist seit J im Gebrauch, ebenso וייגר שם. Aber bei dieser letztgenannten Verbindung ist doch zu beachten, daß es bei 15 Gesamtvorkommen noch einmal in Dt 18,6 und dann 8mal in der Baruchbiographie auftritt, also dort geradezu eine bevorzugte Wendung ist. אלהי אבותינו ist Ex 4,5 bei J, Ex 3,13.15.16 bei E vorhanden, häufig jedoch in den Einleitungs- und Schlußreden des Deuteronomiums, und sonst nur in deuteronomistischen oder nachexilischen Stellen, vor allem im chronistischen Geschichtswerk belegt.

Daß Gott das Elend des Menschen sieht, sagt schon J; aber das Nebeneinander von עמל und עני findet sich nur Ps 25,18, das von עמל und לחץ nur Ps 44,25, während die 3 Wörter allein im kleinen Credo nebeneinanderstehen. Die Herausführung aus Ägypten ist Gemeingut aller Pentateuchquellen. Aber wiederum sind es die Einleitungsreden des Deuteronomiums, die in umgewöhnlicher Häufigkeit auf dieses Theologumenon hinweisen. Daß diese Gottestat ביד חזקה ובזרוע נטויה geschah, wird außer im Credo noch viermal in den Einleitungsreden betont, neben doppeltem Vorkommen je in Jeremia und Ezechiel und Ps 135,12 sowie 2.Chr 6,32. במורא גדול tritt sonst nur Dt 4,34; 34,12 und Jer 32,21 auf. באתות ובמופתים findet sich noch siebenmal in den Rahmenreden, sonst nur selten. Daß Jahwe das Volk an diesen Ort gebracht hat, ist zwar eine schon von J bezeugte Aussage. Aber wiederum häufen sich die Vorkommen in den Rahmenreden, und nicht anders verhält es sich mit der Wendung von dem Land, das von Milch und Honig fließt." (S:12f)

Durch diese Zusammenstellung sieht Rost zunächst v.Rads Eindruck einer 'deuteronomischen Übermalung' bestätigt und sieht er insbesondere die Möglichkeit einer genaueren Datierung gegeben. Auf Grund der Verwandtschaft mit der Baruchbiographie einerseits und den Rahmenreden des Dtn, die Rost in der Josiazeit ansetzt (S.14), andererseits, ergibt sich, daß die erwähnte 'Übermalung' am engsten mit Texten verwandt ist, "die kurz vor oder erst im Exil entstanden sind." (ebd.)

Dadurch ist aus Dtn 26,5-10 zunächst V.6-9 als deuteronomisch bestimmt. Rost wendet sich nun dem Rahmen, V.5 und 10, zu. Beide Verse zeichnen sich durch die vom Sprecher hergestellte persönliche Beziehung einerseits zum Ahnherrn ("Ein dem Untergang naher Aramäer war mein Ahnherr", V.5a), andererseits zu dem von Jahwe

gegebenen Ackerboden ("Und jetzt siehe, ich bringe die Erstlings-
frucht des Ackerbodens dar, den du, Jahwe, mir gegeben hast, -...",
V.10).[6] Demgegenüber fällt das "wir" in V.6-9 auf. V.5 aβγb bildet den
Übergang zwischen den beiden Einheiten und könnte sowohl dem alten
Rahmen als auch V.6-9 zugerechnet werden, wobei Rost letzteres für
wahrscheinlicher hält (S.15).

Zur motivgeschichtlichen Klärung meint Rost: "Man könnte
einen entfernten Vorläufer in Gen 15,13-16 finden. Das Verbum ענה
findet sich hier wie dort, dem עבד in Gen 15,14 entspricht קשה עבדה
von Dt 26,6 und dem יצא von Gen 15,14 antwortet in Dt 26,8
ויוציאנו. Nimmt man die Andeutung der Landnahme in Gn 15,16
dazu, dann hat man wesentliche Bestandteile des Credo ausgebildet:
Die Bedrückung in Ägypten, den harten Dienst, den Auszug und die
Landnahme." (S.16) Dagegen fehlt hier noch das Schreien des Volkes.
Dtn 6,20-24 "ist in den Ausdrücken weithin parallel Dt 26,5-10, ohne
allerdings das Schreien des Volkes zu Jahwe zu erwähnen. Auch Jos
24,2b-13 nennt es nicht. Dagegen spielt das Schreien des Volkes in
großer Not und Drangsal eine wichtige Rolle in den geschichtstheologischen Umrahmungen der Richtergeschichten... Damit ist nun auch
der noch fehlende Zug im Geschichtsbild des kleinen Credo aufgezeigt. Gen 15,13ff., Ri 2,6ff., Dt 6,20ff, das sind die für uns greifbaren Komponenten, aus denen der sich geschlossene Geschichtsaufriß
Dt 26,6-9 entwickelt worden ist. (S.16) "Man wird also dem kleinen
Credo gerade in diesem Punkt (sc. eindringliche Beschreibung der Not
und des Schreiens des Volkes) eine gewisse Eigenständigkeit in der
Verknüpfung von Traditionen zugestehen müssen." (ebd.)

Das Ergebnis ist, "daß Dt 26,6-9 eine in sich fest gefügte,
stilistisch einheitliche, verschiedenartige Traditionen in eigentümlicher
Weise verknüpfende Darstellung der Geschichte des Volkes von der
Bedrückung in Ägypten an bis zur Landnahme bildet." (ebd.) - Woher
kommt diese Darstellung? Hier antwortet Rost überraschend apodik-
tisch: "Diese konsequente Gestaltung der Verse kann nicht im Laufe
einer anonymen Traditionsformung entstanden sein, sondern hinter ihr
wird ein Einzelner, uns freilich nicht mit Namen bekannter Verfasser
sichtbar, der diese Verse geformt hat." (S.16f) Und dann noch
schärfer: "Traditionselemente so verschiedener Art ordnen sich nicht

---

6   L.Rost behandelt die Frage der Einheitlichkeit von V.10 (in Druck auf S.16
     offensichtlich vorausgesetzt) nicht, trotz der typisch deuteronomistischen Wendung
     "Jahwe, dein(em) Gott" in V.10b; allerdings argumentiert er, wenn er von V.10
     spricht, nur mit Inhalten von V.10a.

von selbst. Viel leichter werden sie zerredet und zersagt. Es ist mehr als wahrscheinlich, daß hier ein Einzelner dieses Bekenntnis zur geschichtlichen Macht Jahwes formuliert hat" (S.17) – Diese Einschätzung der gestaltenden Kräfte eines Textes ist ziemlich genau das eklatante Gegenteil zu dem, was Noth der Amphiktyonie für die Traditionen der Frühzeit und was Weiser dem Bundesfestkult für große Teile des Alten Testaments insgesamt zugetraut hatte! Diese unterschiedliche Bewertung erklärt sich schwerlich aus dem konkreten Text sondern wohl nur aus der jeweiligen Intention, die hier eben darin besteht, den Text mit der Entstehung des Dtn zu verbinden.[7]

Wie bereits erwähnt, rechnet Rost auch V.5aßγb, die Erwähnung vom Zug Jakobs nach Ägypten, zu V.6-9. "Beschränkt man diese Urformel auf die Aussage in V.5: 'ein dem Untergang naher Aramäer war mein Vater', dann schließt sich V.10 glatt an: 'jetzt aber habe ich die Erstlingsfrucht des Ackerbodens dargebracht, den du, Jahwe mir gegeben hast'. Damit liegt dieser Darbringungsformel der Gegensatz zwischen dem landlosen, nomadisierenden und daher ständig einer Katastrophe nahen aramäischen Vater und dem zu Landbesitz gekommenen Bauernnachfahren zugrunde, der der Gottheit mit den von ihm angebauten Früchten danken kann." (S.18)[8] Rost sieht sich an das Gebet des Jakob am Jabbok (Gen 32,11,J) und dessen Grundstimmung "Jahwe kann überschwenglich segnen" erinnert und ordnet "diese schlichte alte Formel der Richterzeit oder frühen Königszeit" zu (S.19).

Nach umfangreichen Ausführungen über die assyrische Überfremdung zur Zeit (Hiskijas und) Manasses und die Restauration unter

---

7   Vorausgesetzt ist dabei, daß die Entstehung des Dtn wesentlich auf Einzelpersonen zurückgeht, während in jüngster Zeit überwiegend die Herleitung von 'Kreisen' und 'Schulen' und eine große Vielschichtigkeit des Dtn vertreten wird. Vgl. H.D.Preuss, Deuteronomium, EdF 164, 1982.

8   Zu einem sehr ähnlichen Ergebnis kam die etwa gleichzeitige bzw. etwas frühere Arbeit von H.Seebass, Der Erzvater Israel (Habilitationsschrift Bonn 1963; Vorwort zur Druckfassung als BZAW 98 September 1964; erschienen 1966): "Daher wird man sagen müssen, daß die eigentliche Spannung im Text von Dtn 26,5ff. zwischen dem Zugrundegehen des Vaters und der reichen Landgabe liegt, die mit der Darbringung der Erstlinge gefeiert wird ... Da nun die beiden Heilstaten (sc. Exodus und Landgabe) sehr wahrscheinlich ursprünglich selbständig waren, ist der Schluß kaum zu umgehen, daß ihnen als Rahmen die Beziehung zwischen dem verelendeten Vater und dem reichen Kulturland vorgegeben war." (4f)

Josia (S.19-22) schließt Rost mit der Bestimmung des historischen Ortes unseres Textes: "Da [sc. in dieser Situation unter Josia und in Anlehnung an die Anliegen der Hosea und des (Ur)Dtn] lag es nahe, alte Kultformeln durch den Einsatz von Aussagen über die Heilsnähe Jahwes in der Wüstenzeit oder schon beim Auszug zu erweitern, wie es tatsächlich Dtn 26,5ff geschehen ist, weniger als Bekenntnis, denn als ständige Erinnerung an das Heilswerk Jahwes und als immer neue Mahnung, diese Großtaten Jahwes nicht zu vergessen, wie es die der Generation Josuas folgenden Geschlechter getan hatten." (S.22)

Rosts Untersuchung ist von großer Bedeutung, weil er erstmals eine genauere Bestimmung der 'Übermalung' versucht und dabei nicht von übergreifenden Theorien, sondern von Beobachtungen am konkreten Text ausgeht. Dabei wird nun allerdings aus der "deuteronomischen Übermalung" der geschlossene Block eines deuteronomischen Einschubes in eine dazu vergleichsweise recht knappe Dankesformel. Dieser Einschub besitzt demgegenüber eher den Charakter der Belehrung als des Bekenntnisses.[9]

Deutlich zeigt sich jedoch die Schwierigkeit der sprachgeschichtlichen Einordung: Viele der genannten Parallelen beginnen beim Jahwisten und erstrecken sich bis in die exilische und nachexilische Zeit. Ferner ist die Bezeichnung "großes und starkes Volk" bzw. "zahlreiches und starkes Volk" außer in Dtn 9,14 (wo Gott anstelle Israels aus Mose ein zahlreiches und starkes Volk machen will) nur in Texten von J und JE auf Israel bezogen, während alle dtn/dtr Belege den Begriff im Plural verwenden und damit die Heidenvölker meinen, die Israel vertreiben wird.

Merkwürdig ist, daß Rost nicht die Frage nach der inneren Einheitlichkeit von V.6-9 stellt, womit wohl auch zusammenhängt, daß er trotz aller Hinweise auf Vorstufen, besonders in Gen 15, die traditionsgeschichtliche Frage bewußt ausblendet bzw. beiseite schiebt. Umgekehrt sollte Rost gegenüber der angenommenen Motivation des Verfassers durch die Linie Hosea-Dtn und durch die Vorstellung von der idealen Wüstenzeit (S.21f) doch das völlige Fehlen der Wüstenzeit vermerkt haben.

Ungeklärt bleibt schließlich das Verhältnis zwischen der Bestimmung unseres Textes als "kurze Epitome der Frühgeschichte"

---

9 Diese Beobachtung L.Rost's trifft sich mit der oben, gegenüber G.v.Rad vorgebrachten Bemerkung zur didaktischen Dimension und rückt Dtn 26 stärker auf die Linie von Dtn 6 und Jos 24.

(S.17) und der Feststellung, "daß Dt 26,6-9 eine ... verschiedenartige Traditionen in eigentümlicher Weise verknüpfende Darstellung der Geschichte des Volkes ... bildet." (S.16) Darf man bei der angenommenen "nur ... lose(n) Anlehnung an mündliche und schriftliche Überlieferungen" (S.17) noch von 'Epitome' sprechen? Abgesehen davon, daß 'Epitome' den Aspekt der Kürzung einschließt, während gerade hier Rost nur mit in etwa gleich langen Texten (Gen 15; Jos 24; Dtn 6) vergleicht.

Während neben und nach Rosts Aufsatz verschiedene Beiträge zur Frage der Verbindung mit dtr Texten erschienen, die später zu erörtern sind, schließt G.Waßermann, Das kleine geschichtliche Credo (Deut 26,5ff) und seine deuteronomische Übermalung (1970),[10] unmittelbar an die soeben aufgezeigte Problematik der sprachgeschichtlichen Einordnung und der Ausblendung der traditionsgeschichtlichen Fragestellung an: "Bei einer eingehenden Nachprüfung der Stilanalyse und der motivgeschichtlichen Untersuchung Leonhard Rosts sind mir aber in zunehmendem Maße Zweifel an der Zuverlässigkeit der Schlußfolgerungen gekommen. Angesichts der Bedeutung diese Textes in der gegenwärtigen Fachdiskussion scheint es mir geboten zu sein, das kleine geschichtliche Credo einer nochmaligen Stilanalyse zu unterziehen." (S.28)

Waßermann wendet sich zunächst dem Rahmen des Credo zu. Er betrachtet mit der Mehrzahl der Kommentatoren die Verse 3 und 4 als eine "literarische Interpolation" (S.28), weil sie "ein für das ganze Deuteronomium ungewöhnliches Interesse an den zeremoniellen Einzelheiten des Opferkultes" verraten (S.29), weil V.3b wie ein Resümee von V.5-9 wirkt und weil das Stichwort "Priester" im Dtn außer in 18,1.3 sekundär bzw. umstritten ist (S.28f). Zum "eigentlichen Rahmen des Credo" gehören somit 26,1.2.5a.10.11, wobei V.1.2.10a.11, wohl aber auch V.5 und 10b[11] Dt bzw. Dt-G[12] zuzuordnen sind (S.29).

"Nun ist eine agendarische Anweisung der Deuteronomiker für das kultische Zeremoniell der Erstlingsabgaben, die nur die Verse

---

10   Theologische Versuche II (1970), 27-46 (Abgeschlossen Mai 1968).

11   G.Waßermann differenziert also - anders als L.Rost, vgl. oben A.19 - zwischen V.10a und b.

12   Dt = Dtn 4,44 - 30,10 ohne die sekundären Stücke; Dt-G = Gesetzeskorpus des Dtn = c.12-26, ohne den sekundären Charakter einzelner Stücke auszuschließen, vgl. a.a.O., 39f A.16.

1.2.5a.10.11 umfaßt, als literarische Einheit ohne weiteres vorstellbar und läßt nicht unbedingt etwas vermissen. Inwieweit die Verfasser bei ihrer Anweisung auf bestimmte kultische Gepflogenheiten in der Vergangenheit Israels bzw. ihrer Gegenwart Bezug nahmen, ist nicht mehr sicher zu ermitteln (vgl. aber Lev 23,10) und soll hier auch nicht weiter untersucht werden. Was den Text Deut 26,5-9 betrifft, so darf man zunächst vermuten, daß die Deuteronomiker entsprechend ihrer auch in den anderen Kapiteln festzustellenden Arbeitsweise hier ein altes, fest fixiertes Summarium der Heilstaten Jahwes aufgenommen haben, es durch Nachstilisierungen und paränetische Einschübe explizierten und schließlich mit dem genannten agendarischen Rahmen versahen. Diese Annahme aber wird durch die Stilanalyse der Verse 5a-9 insofern bestätigt, als sich innerhalb des Credotextes fest fixierte, traditionelle und in einer bestimmten Terminologie auftretende Formulierungen nachweisen lassen, die eindeutig vordeuteronomisch sind. Diesen Formulierungen gegenüber erweisen sich die Verse 1.2.5a.10 und 11 als ein sekundärer Rahmen der Deuteronomiker." (ebd.)[13]

Der Unterscheidung zwischen vordeuteronomischem Bestand und deuteronomischer Übermalung (vgl. den Titel des Aufsatzes!) gilt das weitere Bemühen. In einer gegenüber Rost wesentlich umfangreicheren und mehr Begriffe und Vergleichsmaterial einbeziehenden Analyse (S.30-34 mit A.32-73) kommt Waßermann zu dem Ergebnis, daß folgende Teile von V.5-9 als vordeuteronomisch zu bezeichnen sind:

V.5 'Ein vom Untergang bedrohter Aramäer war mein Vater;
     und er zog nach Ägypten hinab;
     und er wurde dort zu einem großen Volk.
V.6 Und die Ägypter mißhandelten uns;
V.7 Da schrien wir zu Jahwe,
     und Jahwe hörte unsere Stimme;
V.8 Und Jahwe führte uns aus Ägypten heraus,
V.9 Und er führte uns hinein;
     und er gab uns dieses Land'. (vgl. S.30)

---

13   Hier taucht nun in der Fußnote zum letzten Satz dieses Zitates erstmals seit G.v.Rad (1938) wieder ein Hinweis und ein Originalzitat aus A.Jirku, Die ältere Geschichte Israels im Rahmen lehrhafter Darstellungen (1917) auf: "Er (sc. Jirku) führt den Text Deut 26,5-9 als eine ursprünglich selbständige 'lehrhafte Darstellung' der Heilstaten Jahwes an. Dabei zieht auch er schon in Betracht, daß diese ursprünglich selbständige 'lehrhafte Darstellung' der Heilstaten Jahwes 'durch den sogenannten deuteronomistischen Stil' erweitert worden sein könnte." G.Waßermann, 42A.30, A.Jirku, 49.

Dies ist etwas mehr als die Hälfte des gesamten Textes, während der andere Teil (abgesehen von einigen unsicheren Wendungen) die 'deuteronomistische Übermalung' darstellt. Waßermann kommt zu diesem Ergebnis, weil er Begriffe, die in den alten Quellen und in dtn/dtr Texten vorkommen, deshalb noch nicht gleich als deuteronomisch betrachtet, sondern auch die Vorstellung und die Intention in der jeweiligen Verwendung der Begriffe betrachtet. Jedoch verfährt er keineswegs unkritisch, sondern wertet etwa das häufige Vorkommen von "und er ließ sich dort als ein Fremdling nieder" (V.5b) im "sogenannten Baruch-Bericht" ebenso wie Rost[14] und läßt - anders als Rost - auch einige Entscheidungen offen.

Sachlich ist bedeutsam, daß der angenommene Grundbestand sich bezüglich der angesprochenen Themen mit dem Gesamttext deckt, d.h. der Bogen spannt sich vom aramäischen Vater über Ägypten bis zur Landnahme. Diese Frage ist bei V.9 angedeutet: "Größte Schwierigkeiten bereiten in der Beurteilung die Aussagen vom V.9, da hier die Hineinführung in das palästinische Kulturland und die Landgabe mit dem Exodusthema verbunden vorliegen... Obgleich gerade die Landgabe das besondere Thema und Anliegen der Deuteronomiker ist, wird man hier aus mehreren Gründen nicht vorschnell urteilen dürfen. Innerhalb der Credoaussagen ist die Landgabe kaum zu entbehren. Ferner bietet diese Formulierung keine deuteronomischen Merkmale." (S.33)

Waßermann will sein Ergebnis durch Vergleich mit zwei Texten erhärten, nämlich Num 20,15-16 und Jos 24,2a-13a. Für Num 20,15f kommt er zu folgendem 'Grundtext':
"V.15 Unsere Väter zogen hinab nach Ägypten
　　　(und wir wohnten lange Zeit in Ägypten)[15],
　　　und die Ägypter mißhandelten uns...
V.16 Da schrien wir zu Jahwe,
　　　und er hörte unsere Stimme
　　　...
　　　und er führte uns aus Ägypten heraus." (S.35)

Im Vergleich zu Dtn 26 ergibt sich: "Dieser Text bildet bis in die Formulierungen hinein eine genaue Parallele zu unserer Grund-

---

14　Gegenüber L.Rost kommt noch das Argument dazu, daß diese Wendung außer in DtJes (52,4) nie im Zusammenhang mit dem Exodusthema auftaucht (s.31).

15　Die Klammer bezeichnet den möglicherweise sekundären Charakter dieses Passus.

form." (S.35) Allerdings gibt es einen merkwürdigen Unterschied: "Es fehlt freilich in diesem Stück die Aussage von der Landnahme", was Waßermann so erklärt: "dafür bildet aber der ganze Abschnitt Num 20,14ff den Beginn der Landnahmeerzählungen innerhalb des Pentateuchs. Es ist sehr wohl möglich, daß hier der Schluß weggebrochen wurde zugunsten der Erzählung." (ebd.) – Eine Vermutung, die zutreffen kann, weil sonst die Erzählung in Zukunftsansage übergehen müßte (was anderwärts, z.B. Gen 15; Ex 6, immerhin vorkommt), die aber doch hypothetisch bleibt und die auch zeigt, daß der Umfang des Textes nicht so festgelegt war, wie Waßermann annimmt.

"Die einzige beachtenswerte Differenz" sieht Waßermann "zwischen dem 'aramäischen Urahnen' dort und den 'Vätern' hier. Dieses überlieferungsgeschichtlich bedingte Phänomen könnte ein Hinweis darauf sein, daß die Grundform unseres Credo ältere – auch historisch zuverlässigere? – Überlieferungen bewahrt hat." (ebd.) Der Gewinn dieses Vergleichs ist vor allem, daß hier das "Schreien zu Jahwe" im Kontext des Exodus belegt ist, wodurch Rosts Herleitung von Ri 2,6ff unnötig wird und damit auch die Altersbestimmung als deuteronomistisch. "Das 'Schreien zu Jahwe' erweist sich in der Grundform des Credo und in diesem Text im Gegensatz zu Jos 24,7 als ein altes und ursprüngliches Glied innerhalb der übrigen Bekenntnisaussagen." (S.36)

Auch in Jos 24,2ff findet Waßermann einen Grundbestand mit "beachtenswerte(n) Parallelen zu der Grundform des kleinen geschichtlichen Credo" (ebd.), allerdings ist die Thematik in breitem paränetischen Stil dargeboten und zeigt sich "hier schon ein gewisses Zersagen der alten Bekenntnisaussagen." (ebd.)

Überraschenderweise bestreitet Waßermann Entsprechungen zum Credo in Gen 15,13-16 (S.37), während er Dtn 6,21-24 nicht für älter als Dtn 26,5-9 hält, sondern eher für eine deuteronomische Nachstilisierung (also nicht: Übermalung) des älteren Credotextes. (ebd.)

Aus dem allen ergibt sich: "Mit diesen Ergebnissen scheint mir die Kompositionsthese von Leonhard Rost widerlegt zu sein, denn weder die Grundform des Credo noch die beiden Vergleichstexte Num 20,15f und Jos 24,2ff machen den Eindruck einer literarischen Kombination der verschiedenen Glaubensthemen. Daß solche Texte im Laufe der Überlieferung zahlreiche Überarbeitungen und Glossierungen erfuhren, hat sich vor allen Dingen in Deut 26,5ff und in Jos 24,2ff gezeigt. Angesichts dieser Ergebnisse ist mir die ursprüngliche Existenz einer solchen Grundform, deren Wortlaut nur annähernd bestimmt werden konnte, nicht mehr zweifelhaft. Daß dabei viele Unsicherheitsfaktoren bleiben, liegt einmal daran, daß uns dafür nur

die biblischen Texte zur Verfügung stehen, und zum anderen, daß wir
es bei dieser Grundform des Credo vermutlich mit der ältesten uns
erhaltenen Repetition der Heilstaten Jahwes zu tun haben." (S.37f).
Dieses hohe Alter begründet Waßermann mit dem "alliterierenden
Charakter des Credoanfangs: 'arami 'obed 'abi" (S.38) – den auch Rost
als sehr alt (Richterzeit oder frühe Königszeit!) betrachtet, allerdings
dem Rahmen zugerechnet hatte – und mit dem Inhalt, weil die Rede
vom "vom Untergang bedrohten Aramäer" nicht zur Genesisüberlieferung (und auch nicht zur Vorstellung der Deuteronomisten) paßt, wo
Jakob der reichgesegnete Ahnherr ist. "Diese Überlieferung des Credo
ist daher sehr wahrscheinlich älter als die der Genesis." (S.38)

Damit stehen wir – wenn auch erstmals ausführlich nach
verschiedenen Seiten hin begründet – ganz in der Nähe v.Rads,
allerdings ohne dessen kultgeschichtliche Einbettung des Credo, ohne
dessen Folgerungen zu Exodus und Sinai und ohne dessen Hypothesen
zur Entstehung des Pentateuch bzw. dessen Quellen.

4.3.   Weitere kritische Stimmen

Zu einer genau entgegengesetzten Ansicht kommt gleichzeitig
J.Ph.Hyatt: Were there an Ancient Historical Credo in Israel and an
Independent Sinai Tradition? (1970)[16] Wie schon der Titel vermuten
läßt, fällt Hyatts Antwort negativ aus. Der zweite Teil des Titels
verrät auch das (oder zumindest ein) wesentliche(s) Anliegen, nämlich
die Bestreitung der Trennung von Exodus und Sinai (vgl. S.167). Hyatt
referiert zunächst v.Rads These und Noths Folgerungen, weiters, daß
im amerikanischen Bereich die Annahme einer Gattung "historisches
Credo" Zustimmung und Verbreitung gefunden hat, selbst etwa durch
G.E.Wright, daß die Folgerungen zur Sinaitradition aber meist
abgelehnt wurden (S.155)[17] Hyatt will hier weitergehen und referiert
unter weitgehender Zustimmung Rosts Analyse von Dtn 26 mit dem
Ergebnis: "... what is left is not a 'historical Credo' which could have
formed the nucleus of the Hexateuch. Deut 26,5-9 is a late summary
of traditions rather than a very early nucleus of traditions." (S.159)
Hyatt stützt sich weiters auf die Kritik von Brekelmans (s.u.),

---

16   In: Translating and Understanding the Old Testament (1970), 152-170.

17   G.E.Wright, Recent European Study in the Pentateuch, in: The Journal of Bible
and Religion XVIII (1950), 216-225; ders., The Faith of Israel, Interpreters Bible I,
350f und ders., Exegesis of Deuteronomy, Interpreters Bible II, 483-485.

derzufolge v.Rad nur dadurch zu einer eigenen Gattung gekommen sei, daß er die Texte vom jeweiligen Kontext isoliert habe. "When put into context, the passages must be considered as belonging to other Gattungen." (S.160) Verwandte Passagen zeigen ein Frage-Antwort-Schema, wodurch sie nach Brekelmans "as catechesis or catechetical instruction rather than as historical Credo" erscheinen (S.162). Wiederum im Gefolge von Brekelmans wird jedoch Jos 24,2b-13 als historischer Prolog für das Bundeserneuerungsfest in Sichem ("cere-mony of convenant renewal at Shechem") in Anspruch genommen (S.162). Nach der anfänglichen Zustimmung zu Rost wird sodann Dtn 26 zum Bundesfestprolog [!] Jos 24 gestellt, während Dtn 6 die katechetische Tradition repräsentieren soll.

Aus diesem etwas eklektischen Mosaik von Argumenten ergibt sich für Hyatt, "that von Rad has not successfully isolated a *Gattung* that can be correctly called 'historical Credo'. What he calls by this name are in fact historical summaries, short or long, embeddied within *Gattungen* that should be designated as catechesis, convenant formulary..., or prayer to be made with the offering of first fruits." (S.164)

Nach nochmaligem Rekurs auf die Sinaifrage und Noths Ansicht dazu zeigt sich Hyatts Anliegen: "If the arguments given above against the antiquity of the so-called historical Credo are valid, then the omission of the Sinai tradition from the Credo cannot be used as evidence for the isolation of that tradition from the others." (S.165)

Das Gesamtergebnis ist: "The above arguments have success-fully shown, I believe, that (1) the passages which von Rad designa-ted as 'ancient historical Credos' are not really ancient; that is, they did not originate in the period before J, or before the Grundlage that lay behind J and E; (2) the "historical Credo" did not exist as an independent Gattung; and (3) omission of the Sinai tradition from the 'historical Credos' does not prove that the Sinai tradition developed in isolation from the other traditions, and indeed there are reasons for believing that it developed along whith those traditions." (S.167)

Schließlich zur zeitlichen Einordnung: "The date of many of these historical summaries is the seventh or sixth century B.C." (S.168) und nach der Erwähnung der Nähe dieser "historical summa-ries" zum starken Geschichtsbewußtsein der deuteronomisch - deutero-nomistischen Schreiber wieder etwas einschränkend: "It would be a mistake to suppose that such ideas originated in the seventh-sixth centuries, but they became especially strong at that time." (S.168)

Neben den Beiträgen von Waßermann und Hyatt, die in ganz

gegensätzlicher Weise an Rost anknüpfen, gibt es noch einige teils frühere, teils spätere Beiträge, die alle Rosts Untersuchung voraussetzen und die im Kontext der in den Sechzigerjahren zunehmenden Einordnung vieler alttestamentlicher Texte als "deuteronomistisch" zu verstehen sind.[18]

Interessant ist, daß nun, nachdem das "kleine geschichtliche Credo" zu einem Produkt der deuteronomisch/deuteronomistischen Literatur geworden war, (nur mehr) katholische Exegeten das Thema positiv aufnehmen, wobei deutlich und zum Teil ausdrücklich Fragestellungen des 2.Vatikanischen Konzils (etwa Glaube-Geschichte-Gottesvolk oder("alter") Glaube und ("neues") Bekenntnis) im Hintergrund stehen.

4.4.   Kurzformel und Systembildung

J.Schreiner, Die Entwicklung des israelitischen 'Credo' (1966)[19] setzt ein mit dem Hinweis auf die Geschichtsbezogenheit der alttestamentlichen Offenbarung und Glaubenssätze. "Als der in Tat und Wort lebendig handelnde Gott offenbarte sich Jahwe seinem Volk ... Wollte sich das Bundesvolk zu Jahwe bekennen, war es geradezu gezwungen, sein Heilshandeln zu rühmen ... Die ganze alte Überlieferung des Jahwevolkes, wie sie sich im Pentateuch niedergeschlagen hat, ist ein weit ausladendes Rühmen göttlichen Wirkens. Gottes Volk hat aber auch schon in früher Zeit in knappe Sätze einzufangen versucht, was Jahwe ihm oder für es getan hatte." (S.757)

Diese "knappen Sätze", die - zeitlich - offensichtlich neben und nicht wie bei v.Rad vor dem Pentateuch gedacht werden, sind andererseits nicht erst deuteronomisch wie bei Rost, sondern schon in "früher Zeit" vorhanden. Bei aller Zustimmung zu Rosts Datierung des kleinen Credo, kann Schreiner zu diesem Gesamtbild kommen, weil er erstmals einen neuen Bereich der Credothematik aufgreift und diesen zeitlich voranstellt, nämlich kürzere, formelhafte Aussagen über Ereignisse der Frühzeit Israels. Damit ergibt sich folgendes Gesamt-

---

18   B.S.Childs: Deuteronomic Formula of the Exodus Traditions, VTS 16 (1967), 30-39; J.A.Thompson: The Cultic Credo and the Sinai Tradition, RTR 27 (1968), 53-64; C.Carmichael: A New View of the Origin of the Deuteronomic Credo, VT 19 (1969), 273-289; Dennis J.McCarthy: What was Israel Creed?, LexTQ 4 (1969), 46-53.

19   Concilium 2 (1966), 757-762.

bild: "1.Urtümliche, von der Glaubenserfahrung Israels geprägte Formeln" (S.757f); "2.Der kultische 'Sitz im Leben'" (S.759); "3.'Das kleine geschichtliche Credo'" (S.759f); "4.Die Entfaltung in Gebet und Paränese" (S.760f).

Unter "1." stellt Schreiner das Exodusbekenntnis und die ins Bekenntnis transponierte Bundesformel voran: "Eine der ältesten Formulierungen, über die der bekennende Glaube Israels verfügte, ist die Aussage: Jahwe hat uns aus Ägypten geführt. In dieser oder ähnlicher Art findet sie sich in allen Schichten des Alten Testaments. Sie steht schon beinahe formelhaft und wie das unerläßliche Zitat einer grundlegenden Wahrheit in den alten Bileamsprüchen (Nm 23,22; 24,8) und am Anfang des Dekalogs (Ex 20,2; Dt 5,6). Wahrscheinlich entsprang dieser Satz dem unmittelbaren Erleben in der Stunde der Errettung, mag er nun vom beteiligten Volk geprägt oder von Moses als Deutung des Geschehens ausgerufen worden sein. Der Ausruf, der das erlösende Eingreifen des Herrn pries, wurde zum Urbekenntnis Israels. Kein anderes Ereignis und kein späteres Aufleuchten göttlicher Herrlichkeit und Willenskundgabe konnte diesen Glaubenssatz von seinem Platz verdrängen. Weder die alles Heil umfassende Gabe des Bundes noch das unerhörte Geschenk der Gottesgegenwart im Heiligtum erhielten in den Glaubensaussagen ein größeres Gewicht. Selbst Jerobeam I. sah sich genötigt, auf diesen Satz von der Herausführung aus ägyptischer Knechtschaft zurückzugreifen (1Kg 12,28), als er die Reichsheiligtümer in Dan und Bethel einrichtete. Konnte man Jahwe verehren, ohne sich zu seiner Rettungstat am Schilfmeer zu bekennen?" (S.757f).

Daneben oder gleich danach steht die andere Aussage: "Kaum jünger ist jene andere Formel, in der Israel mit kürzester Prägnanz seine Gottesbeziehung aussagte: Jahwe ist unser Gott! Diese Worte ertönen schier unzählige Male in den alttestamentlichen Texten oder klingen in ihnen nach. Sie fassen alles zusammen, was zwischen Jahwe und Israel vor sich gegangen ist. Insbesondere sind Erwählung und Bund eingeschlossen. Das Gericht ist keineswegs ausgeklammert. Der Ton aber liegt auf dem göttlichen Heilsverleih. Denn der Herr hatte sich dieses Volkes angenommen, daß er ihm in Huld und Treue Gutes tue. Eigentlich müßte - so möchte man meinen - die Wendung "Jahwe ist unser Gott" für ein vollgültiges Glaubensbekenntnis genügen. Denn sie spricht in letzter Tiefe und Schlichtheit aus, was Israel von Gott zu sagen wußte. Zudem erinnert sie als bekenntnishafte Umprägung der Bundesformel "Ich euer Gott; ihr mein Volk" an die Grundgegebenheit des Gottesbundes, die den ganzen Menschen umgreift samt seinem Denken und Wollen. Was sollte er anderes und mehr tun als in dieses Bekenntniswort sein Vertrauen und seine ganze Hingabe hineinzulegen? - Das Jahwevolk aber hatte an dem Grundwort, das die Bundeswirklichkeit bekannte, nicht genug, wenn es seinen Gott feiern wollte. Es mußte wenigstens in großen Zügen aussprechen, was er getan." (S.758).

Solche verdeutlichende, "feststehende Ausdrücke" wurden etwa die Rede vom 'schönen und weiten Land', das der 'Herr verliehen hatte', oder das Jahwe bereits 'den Vätern zu geben geschworen hatte', daß die Väter 'nach Ägypten hinabgestiegen' und sie dort 'zahlreich' geworden waren. "Doch auch der Name Jahwe ... wurde erfahrbar gemacht" (!; S.758) durch aus der Umwelt übertragene und neu gefüllte Gottesprädikate, etwa der 'lebendige Gott', der 'höchste Gott', 'Schöpfer Himmels und der Erde', 'König' usw. Wer Jahwe war, wurde schließlich auch ausgedrückt mit Sätzen wie "'Jahwe, Jahwe, ein gnädiger und barmherziger Gott langmütig und reich an Gnade...' (Ex 34,6f)".

"So hat das altbundliche Gottesvolk ... Sätze formuliert, die seinem Glauben Ausdruck verliehen. Es erhebt sich die Frage, wodurch es zur Ausformung solcher Glaubenssätze gedrängt wurde und welche Situation sie ermöglichte." (ebd.)

Dieser gesuchte Quellgrund ist der Kult, "der Gottesdienst des Jahwevolkes, die Bundesfeier der Gemeinde, die der Herr sich erwählt hat. Hier sprach Israel über die Grundlagen seiner Existenz und rühmte lobpreisend seinen Gott. Dabei mußte es notwendig der göttlichen Heilstaten gedenken; denn durch sie war das Volk des Herrn geschaffen worden (Ex 15,16). Dies forderte das sogenannte Bundesformular (vgl. Jos 24,2b-13), das sich das Zwölfstämmevolk in richtigem Empfinden für die Grundstruktur und Grundtatsachen seines Seins angeeignet hatte, um mit diesem Schema den Gottesbund zu vergegenwärtigen." (S.759) Hier nun, "in diesem ständigen Rühmen haben sich die Glaubensaussagen geformt, die es (sc. Israel) als sein Bekenntnis zu Gott betrachtete." (ebd.) Der Kult ist aber nach Schreiner zugleich der Grund für die Konstanz *und* die Flexibilität der Aussagen: "Man darf jedoch nicht übersehen, daß der Kult, der alle Traditionen bewahrt, zugleich lebendiger Vollzug ist. Das galt auch für den israelitischen Gottesdienst. Er drängte darauf, das Bleibende für die gegenwärtige Stunde neu auszusagen." (ebd.)[20] So ergibt sich:

---

20   Um die Dimension und Intention dieses Satzes zu erkennen, muß man sich wohl auch an die Diskussion um die Liturgiereform auf dem 2. Vatikanischen Konzil erinnern.

"Mit dem kultischen 'Sitz im Leben' hängt es also zusammen, daß sich das israelitische Glaubensbekenntnis bildete, aber eine wörtliche Festlegung nicht erreichte. Seine Grundstruktur jedoch erhielt eine feste Form." (ebd)

Erst hier folgt nun der Hinweis auf das Credo, und zwar in Gestalt der drei für v.Rad wichtigen Grundtexte. Zu Dtn 26 stehen unausgeglichen nebeneinander ein Zitat aus v.Rad über das Alter des Bekenntnisses ('vermutlich das ältere, das uns erkennbar ist') und der Hinweis auf die Arbeit von Rost. Weiters wird v.Rads Beobachtung über das Fehlen des Sinai erwähnt und dies mit dem Hinweis auf "das Bundesformular Jos 24" (S.760) erklärt: "...[Es] fehlt jede Nachricht über die Gottesbegegnung am Sinai. Wahrscheinlich ist sie absichtlich fortgelassen ... Die Teilnehmer [sc. am Sichembund von Jos 24] aber sollten sich nicht wie Unbeteiligte auf ein fernes, vergangenes Geschehen berufen, sondern hier und heute existentiell in das Bundesverhältnis hineingenommen sein ... Das Glaubensbekenntnis, das das Jahwevolk in seiner Frühzeit vom Bundesformular abgelesen und ausgeformt hat, enthielt deswegen kein Wort vom Sinaibund, damit Gottes Heilstaten aktuell auf die Lebenden bezogen und die gegenwärtige Gemeinde unausweichlich in den Gottesbund hineingestellt werde." (ebd.)

Im letzten Teil zeigt Schreiner "die Entfaltung in Gebet und Paränese" an jenen Texten (Ps 136;135;78...Neh 9), die v.Rad als "freie Abwandlungen des Credo in der Kultlyrik" bezeichnet hatte, und sagt am Ende betont: "Schließlich muß gesagt werden, daß der ganze Pentateuch letzten Endes eine weit ausladende Entfaltung des alten Credo ist." (S.761)

Dieser Aufsatz, der durch die Einbeziehung und Voranstellung der Kurzformeln einen weiterführenden neuen Aspekt einbringt, ist leider in den Datierungsfragen inkonsequent und ungenau und differenziert auch bei den genannten "Formeln" zu wenig. Er wirkt wie 'die große Versöhnung' von v.Rad, Noth, Weiser, Huffmon und Rost, die aber doch nicht so einfach ist, wie der nähere Blick auf das zunächst so einleuchtend wirkende Bild erkennen läßt. (Die Frage der Kurzformeln wird nach dem nächsten Beitrag erörtert).

Das bei Schreiner aufgetauchte Element der Kurzformeln hat W.Richter, Beobachtungen zur theologischen Systembildung in der alttestamentlichen Literatur anhand des 'kleinen geschichtlichen

Credo' (1967[21]) gründlich untersucht. Richter setzt ein mit Reflexionen über das damals aktuelle Nebeneinander der Theologien des Alten Testaments von W.Eichrodt und G.v.Rad, wobei er die letztere in ihrer Gestalt[22] von dem von v.Rad angenommenen "kleinen geschichtlichen Credo" bestimmt sieht. Während gegenüber der Systematik Eichrodts der späte (d.h. deuteronomistische) Charakter des "allgemeine(n) Prinzip(s) des Bundes" (S.176) ins Feld geführt wurde, erhebt sich durch die Untersuchung von Rost (s.o.) gegenüber v.Rads Verhältnisbestimmung von Glaube und Geschichte der dringende Verdacht, daß die theologische Systembildung im 'Credo' ähnlich wie die theologische Vorstellung des Bundes erst ein Werk der deuteronomischen Bewegung zur Zeit des Königs Josia sei" (S.177). "Von Rad hat es unterlassen, dem zahlreichen und weitverzweigten Material zum 'kleinen Credo' in extenso nachzugehen." (S.178) Dies und besonders die Untersuchung der Vorgeschichte unternimmt Richter unter folgenden Aspekten: "1. Die Herausführungsformel" (S.178-188); "2. Erste Verbindungen der Herausführungsformel mit Gliedern anderen Inhalts" (S.188-190); "3. Die Bildung von Schemata" (S.190-202); "4. Die Landverheißung an die Patriarchen" (S.202-208); "5. Die Verbindung von Landverheißung an die Väter und Herausführung aus Ägypten" (S.208-210); "Ausschau" (S.210-212).

Die "Herausführungsformel" ist der Satz "Jahwe/Elohim/El hat Israel/die Söhne Israels aus Ägypten herausgeführt/heraufgeführt", wobei die Aussage in leicht veränderter Form, etwa auch partizipial, gemacht werden kann. "Schließt man aus der statistischen Häufigkeit, dann enthält die Formel das wichtigste Theologumenon Israels. Die Formel kann isoliert stehen, sie ist somit nicht nur als Glied des 'kleinen Credo' überliefert. Die Frage wird also nicht übergangen werden dürfen, ob die Formel primär isoliert oder verbunden mit anderen Formeln existiert habe." (S.178).

Aus dem festgeprägten Bezug auf die Größe "Israel" schließt Richter, daß die Idee von Gesamt-Israel vorauszusetzen ist, womit sich zeitlich "ein gewisser Abstand zu dieser Geschichte" [sc. des Exodus selber] ergibt (S.179). Nach der "für sich stehende[n] Ausprägung der Herausführungsformel im Bileamspruch" (Num 24,8J = Num 23,22E) und der Anspielung auf einen "König Israels" (Num 24,7) müßte "die Formulierung des Spruches in der Königszeit erfolgt sein...

---

21 In: Wahrheit und Verkündigung, FS Michael Schmaus, Bd. I (1967) 175-212.

22 Diese Feststellung ist wohl nur auf Bd. I zu beziehen.

Ob dabei an Saul oder das Nordreich nach der Spaltung gedacht werden muß, hängt ab von der Datierung des J." (ebd.) In der relativen Seltenheit der Belege bei "den großen Schriftstellern"[23] vor den großen Schriftpropheten sieht Richter einen weiteren Hinweis für die Richtigkeit der Datierung in die Königszeit. Abgesehen vom Pentateuch bleiben zwei Stellen für die frühe Königszeit, im Natanspruch 2 Sam 7,6 und bei der Kultstiftung 1 Kön 12,28. Der Natanspruch setzt die Komposition der Thronfolgegeschichte und diese wiederum die Thronbesteigung Salomos voraus. "In dieser Zeit ist die Formel voll ausgeprägt; im Natanspruch dürfte neben Num 24,8 ihre früheste Bezeugung zu sehen sein. Die Stelle bietet keinen Anhaltspunkt dafür, daß die Herausführungsformel hier schon mit weiteren Formeln verbunden war." (S.180)

Zu einem ähnlichen Ergebnis kommt Richter bezüglich 1 Kön 12,28 (S.180f) und widmet sich dann der Unterscheidung des Gebrauchs von ᶜLY und YṢ' , wobei er religionspolitische Gründe vermutet, weil "sowohl 2 Sam 7,6 als auch 1 Kön 12,28 und Ex 32,1.4.7.8.23 das Verb ᶜLY verwenden. Da hinter diesen Stellen religionspolitische Tendenzen stehen, ist zu fragen, ob hierin der Sinn der Unterscheidung beider Verben, der bisher nicht erhoben werden konnte, wenigstens für die Königszeit zu sehen ist." (S.181) Nach umfangreichen Erörterungen (S.181-185) kommt Richter zu folgendem "wahrscheinlich[en]" Ergebnis: "Beide Formeln sind gleich alt. Dabei scheint die ᶜLY-Formel mit dem heiligen Zelt (2 Sam 7,6) verbunden gewesen zu sein, während sich für die YṢ'-Formel außer der Herkunft aus dem Norden kein konkreter Sitz im Leben erkennen läßt. In der Frühzeit konnten also beide Formeln gebraucht werden." (S.185) – Leider versucht Richter nicht weiter, die Differenzierung fruchtbar zu machen, sondern spricht im folgenden wieder pauschal von der Herausführungsformel.[24]

Bezüglich des Verhältnisses zwischen der Herausführungsformel

---

23 D.h. bei den Pentateuchquellen. W.Richter erwähnt die Merkwürdigkeit, daß die "Herausführungsformel ... sich interessanterweise nicht beim Bericht des Aufbruchs aus Ägypten (Ex 12,38; 11,8)" findet (180).

24 Ist es wirklich denkbar, daß beide Formulierungen gleichzeitig und letztlich (zumindest vor der Reichsteilung) doch wieder unterschiedslos verwendet wurden? M.E. könnte der Blick auf den Inhalt der Vorstellung Herausführung - Heraufführung weiterhelfen, s.u. 7.4.3. Gegen W.Richters Gleichbehandlung wendet sich auch H.D.Preuß, יצא ThWAT III,818.

und den Exoduserzählungen erwähnt Richter drei Möglichkeiten, nämlich die Herausführungsformel ist den Erzählungen vorgegeben, separat oder aufgrund von Auszugserzählungen entstanden, wobei er sich mit sehr knappen Argumenten für die letztere entscheidet. (S.186f) Schließlich vermutet er, die Herausführungsformel könnte aus dem Stationenverzeichnis Ex 12,37f, der jahwistischen Form des Auszugsberichtes, abstrahiert sein. (S.187) Einige Hinweise auf die zunehmende Verbindung mit dem "Theologumenon des Bundes" und zur Aktualisierung auf die Heimführung aus der Gola (Jer 16,14f = 23,7f) münden in die Feststellung: "Die Verwendung in verschiedensten Kontexten zeigt, wie entfernt von jedem konkreten Sitz im Leben, aber auch vom konkreten historischen Vorgang sie nun ist. Der immer häufiger werdende Gebrauch hat diesen Glaubenssatz nur noch abstrakter gemacht: ein reines Theologumenon." (S.188)

Richter fragt nun weiter nach Verbindungen der Herausführungsformel und vermerkt als erstes, daß in Num 24,8 und 1 Kön 12,28 die Herausführungsformel in den Kontext der kriegerischen Tätigkeit Els hineingestellt und in 1 Kön 12,28 unüblicherweise partizipial geformt ist. "Ihre Verbindung in den kriegerischen Kontext ist also kaum ursprünglich." (S.188) Ein ähnlicher kriegerischer Kontext zeigt sich in Ex 15 (Jahwe als Kriegsheld, V.3), "wenn auch die Herausführungsformel nicht wörtlich anklingt" (ebd.).

Es folgt die Bildung von Schemata, zunächst des Schemas "Herausführung - Wüstenzug - Landnahmekrieg". Solche "schon festere Verbindungen mit anderen Themen" (S.190) zeigen u.a. Am 2,9f; Hos 2,16f; Ri 11,16; Jer 2,6. Hier tritt das Thema "Führung in der Wüste" neben den Exodus, wobei jener "ein geringes Eigenleben zu führen" scheint (S.191). Die Ereignisse sind unkriegerisch dargestellt. Ungewöhnlich ist in Am 2,9 eine Erwähnung der Amoriter vor und nach dem Exodus; allerdings sieht Richter in Am 2,9 "eine zufällige Prägung" (S.191). Die erwähnten Belege gehören wegen der Verwendung von ʿlh ins Nordreich. "Für Amos (und Hosea) wird man also die Zusammengehörigkeit von Herausführung aus Ägypten und Führung durch die Wüste erschließen können. Amos und Hosea sind bis jetzt die ältesten sicheren Zeugen, die eine Verbindung der Herausführungsformel mit weiteren Formeln zeigen." (S.191)

Der "schwierige Text" Jos 24,2-13 schildert das Wüstenereignis in Stationen bis hin zur Führung zum Lande der Amoriter. Der Abschnitt ist frei von geprägten Wendungen und damit offensichtlich selbständig gestaltet. Bezüglich der Patriarchen "scheint die Ordnung, die J hergestellt hat, vorausgesetzt zu sein." (S.192) Die Darstellung der Kampfschilderung bei der Eroberung des Landes "findet sich auch in Ri 11,16ff und in dessen Vorlage Num 21,21-24 (E) und wird dann

vom Dtr übernommen (Num 21,32-35; Dt 2,26-3,6)." (S.192f). Die
weiteren Vergleiche ergeben: "Ri 11,16-26 kennt E und die Tradition
des Amos. Für Jos 24,2-13 konnte eine Abhängigkeit von E nicht
nachgewiesen werden; es ist selbständig auch gegenüber Am 2,9f und
Ri 11,16-26. Als formelhaft anzusprechen sind in Jos 24,2-13 nur die
Herausführungsformel und die Schemata der Kampfschilderungen... Die
Zusammenstellung ist somit auf dem Wege, ein 'Credo' zu werden.
Aber auch diese Komposition kann nicht als uralt vorgegebenes Credo
angesprochen werden" (S.194). Interessant ist die abschließende
Überlegung zur zeitlichen Einordnung: "Die Systembildung ist hier nun
am weitesten von allen bisherigen Beispielen fortgeschritten ... Die
Bezüge zwischen den behandelten vier Stellen legen es nahe, mit ihrer
Ansetzung nicht zu weit auseinanderzugehen. Dann könnte sich die
Freude an der kriegerischen Eroberung bei allen genannten Stellen
aus den Kriegserfolgen Jerobeams II. erklären. So läßt sich an diesen
Stellen ein Blick werfen auf das theologische Bemühen in der Zeit,
die von E und Amos abgegrenzt wird. Allem nach muß es eine
theologisch fruchtbare Zeit gewesen sein." (S.195) Diesen etwas
überraschenden Ausführungen folgt eine kurze Betrachtung des Dtn.
War der besondere Zug der behandelten Tradition die Darstellung der
Landnahme als Krieg, so "zieht (Dtn) nur die Summe aus diesem
Bemühen." (S.196)

Ein anderes Schema ist jenes von "Auszug - (Wüstenzug) -
Landverleihung". "Wenn Mi. 6,4f nicht nachexilisch ist" (S.196), könnte
es "eine eigenständige Komposition" bieten, "die die Herausführungsformel des Nordreiches [!] unter Verwendung verschiedener Traditionen erweitert." (S.197f) Solche Traditionen wären Jos 3,1-5,1 und Num
22-24 und eine bestimmte Vorstellung vom Weg Israels von Ägypten
nach Palästina.[25] (S.197)

Für eine weitere Ausprägung dieses Schemas scheint Jer 2,6f
der älteste Beleg zu sein. Jeremia betont im Gefolge von Hosea (z.B.

---

25 Wie sehr W.Richter sich bemüht, die Annahme eines "Credo" überflüssig zu
machen, zeigt der folgende Argumentationsgang: "Dann wird die Anordnung
singulärer Glieder bei Micha nur verständlich, wenn man bei ihm die Kenntnis
eines Weges Israels von Ägypten nach Palästina voraussetzt. Das gestattet noch
nicht, die Existenz eines "Credo" zu erschließen, solange noch andere Erklärungs-
gründe gegeben sind. Hierfür genügt die Voraussetzung der zuvor erarbeiteten
theologischen Bemühungen." (S.197) - Ist die theologische Aktivität (im Nordreich!)
wirklich eine bessere Voraussetzung als die Annahme einer einigermaßen fixierten
Vorstellung von der Reihenfolge der Ereignisse?

13,5) den Kontrast zwischen Steppe und Fruchtland, vgl. 2,7, "Land des Baumgartens", womit die Kampfschilderung entfällt (S.198). Die Erörterung schließt wieder mit der Feststellung: "Die verschiedenen Einflüsse ... zeigen, daß er [sc. Jeremia] nicht einfach von einem vorausliegenden "Credo" gar kultischer Verkündigung abhängig ist; vielmehr läßt sich genau feststellen, von wem er abhängt. Die Stelle zeigt also sein eigenes Bemühen in Anlehnung an die Propheten Amos und Hosea. Es entsteht gegenüber beiden der neue Akzent der Führung in das Fruchtland." (S.199)[26]

Eine weitere typische Ausprägung ergibt sich durch die Aufnahme der "Landübergabeformel". Belege sind - vielleicht außer Jos 2,9f - sämtlich deuteronomistisch. "Auch die berühmte Stelle Dt 26,5-10 gehört in diesen Zusammenhang. Hier wird ein alter Kontext (Dt 26,5.10) erweitert und interpretiert vor allem durch die mit typisch deuteronomischen Begriffen erweiterte Herausführungsformel (Dt 26,8f)." (S.100) Weitere Belege wären Jer 32,21; Dtn 6,21.23; Ez 20,6; Jos 24,13; Ri 6,9. "Die Landübergabeformel ist deren charakteristisches Merkmal, das bisher zum ersten Mal beobachtet wurde. Es entsteht damit ... eine separate Gruppe, die völlig jeden kriegerischen Aspekt vermissen läßt. Es zeigt sich, daß eine neue Schule auch zu einer eigenen Darstellung in einem "Credo" kommt. Man muß beachten, daß die gleiche Schule die Darstellung mit der kriegerischen Landnahme übernommen, beide aber nicht verquickt hat; dies geschieht nur an Stellen, wo einer der beiden Teile Zusatz ist." (S.201) Richter zeigt kurz, daß die Landübergabeformel in den dtr Texten die Herausführungsformel zahlenmäßig und an Bedeutung weit übersteigt. Die Bedeutung dieser Formel dürfte, ähnlich wie Jeremias Rede vom köstlichen Land (3,19; 2,7), auf die seit dem Untergang Jerusalems bewußt gewordene Gefahr des Landverlustes zurückzuführen sein.

Im Anschluß an die Landübergabeformel geht Richter nun der "Landverheißung an die Patriarchen" nach (S.200-208), wobei er einer Verteilung der Belege auf J und E (Verheißung als Eid formuliert) folgt. J verwendet die Aussagen sehr planmäßig, wobei "die wichtigste Wendung ... die Landübergabeformel" ist (S.206). Für E nimmt Richter die mit Gen 22,16-18 einsetzende Verheißung als Eid in Anspruch (S.206-208). Daraus erwächst nun als letzter Schritt die Frage der "Verbindung von Landverheißung an die Väter und Herausführung aus

---

26 Wie kommt Jeremia zu diesem neuen Akzent? - Ob es nicht doch priesterliche Geschichtsüberlieferung gab und diese am Priestersohn Jeremia (Jer 1,1) nicht ganz spurlos vorüberging?

Ägypten" (S.208ff), insbesondere, ob es schon "vor der deuteronomischen Bewegung ... eine Verbindung von Herausführungsformel und
Landübergabeformel gegeben habe." (S.108) Richter sieht eine solche
Verbindung in Ex 3,8.17 gegeben, und zwar als Werk des Jahwisten
ohne Vorlage, wie auch sonst "die Ausdehnung und literarische
Verwendung der Väterverheißung sein Werk ist" (S.109)[27]. "Dann kann
man aber in Ex 3,8.17 unmöglich von einem 'Credo' sprechen." (ebd.).
"Nicht ein vorausliegendes 'geschichtliches Credo' läßt sich also
erkennen, aus dem sich alle Traditionen gespeist hätten, sondern eine
theologische Durchdringung von Traditionen, aus denen erst die
Leitgedanken abstrahiert und geordnet wurden." (S.209f)

Für Richter ergibt sich daraus, daß nicht ein einziger,
durchgehender 'Sitz im Leben' anzunehmen ist, etwa der Kult eines
bestimmten Festes – Anhaltspunkt für einen kultischen Sitz im Leben
würde er für Ex 15 und 1 Kön 12,28 sehen –, "viel größer ist indes
der Bezug auf Schulen, Gruppen oder Individuen, denen es um
theologische Durchdringung der Geschichte geht, jedoch nicht nur
wegen dieser Geschichte vom Handeln Gottes, sondern auch als
Hintergrund für Mahnungen in verschiedenen Zeitsituationen oder zur
Verfolgung bestimmter – auch politischer – Tendenzen. Unter ihnen
haben die Schriftpropheten Amos und Hosea einen beträchtlichen
Anteil und Einfluß auf Jeremia und die deuteronomische Bewegung."
(S.121).

Richter hat das Verdienst, eine große Zahl von Belegen
untersucht zu haben. Er zeigt dabei die jeweilige Aktualität der
Aussagen, d.h. – methodisch gesprochen – die Redaktionskritik steht
bei ihm höher als die Traditionsgeschichte, die aber durchaus bedacht
bleibt. Zwar wendet sich Richter gegen die Existenz eines feststehen-
den "Credos", zumindest für die vordeuteronomistische Zeit, er sieht
aber doch vergleichbare Formulierungen ab der Zeit des Jahwisten als
gegeben.

Problematisch erscheint zunächst die Spannung zwischen
Abstraktion und Addition der Themen. Denn einerseits sollen die
Themen Abstraktion und Durchdringung der Überlieferungen sein,
andererseits sollen Verbindungen nur aus der Ausweitung der Einzel-
aussage entstanden sein. Wie verhält sich z.B. die Verbindung von
Herausführung und Wüstenwanderung bei den Formeln einerseits, beim
Jahwisten andererseits? Ist das Bild einer kriegerischen Landnahme
durch eine kriegerische Darstellung des Exodus beeinflußt oder nicht

---

27   Hier trifft sich W.Richter ganz mit G.v.Rads "Ausbau der Vätergeschichte" durch J.

viel wahrscheinlicher durch kriegerische Landnahmeerzählungen? Weiters ist die Frage, ob Amos und Hosea, die nach Richter so bedeutsam für die Theamatik waren, nicht doch eher gegebene Vorstellungen für ihre Anliegen aufgriffen. Schließlich erhebt sich die Frage des Textumfanges. Sind die - auch in ihrer Addition noch immer sehr kurzen Formeln - vergleichbar mit den Summarien und ist ein kontinuierlicher Übergang denkbar?

4.5.   Die Neubewertung des deuteronomistischen Credo als erste "neue Kurzformel des Glaubens".

Durch die Untersuchungen von B.S.Childs, C.Carmichael, L.Rost und W.Richter erscheint das "kleine geschichtliche Credo" als erledigt. Unter den dargelegten Gesichtspunkten sind die Texte weder für die (Vor)Geschichte des Pentateuch noch für die Frühgeschichte Israels (Exodus und Sinai) relevant. Ergänzt wurde diese Entwicklung durch die zunehmende Infragestellung der Amphiktyoniehypothese einerseits und durch die radikale Kritik am sogenannten Bundesformular[28] andererseits. Umso erstaunlicher ist es, daß das "geschichliche Credo" plötzlich unter einem ganz neuen Gesichtspunkt aktuell wird, nämlich der im Gefolge des Zweiten Vatikanums aufgebrochenen Frage nach Neuformulierungen des christlichen Credos bzw. nach neuen "Kurzformeln des Glaubens". Dieser neue "Sitz im Leben" für unsere Fragestellung wird von N.Lohfink, Zum 'kleinen geschichtlichen Credo' Dtn 26,5-9 (1971)[29] deutlich ausgesprochen: "Seit einigen Jahren setzt sich die Erkenntnis durch, daß die aus dem ersten Jahrtausend stammenden 'Glaubensbekenntnisse' der Christenheit für den heutigen Menschen fast unverständlich geworden sind. Man weiß aber, daß man derartige Texte braucht. Daher sucht man nach neuen. Es ist schon so weit gekommen, daß man den Anspruch, ein bedeutender Theologe zu sein, am einfachsten auf die Weise signalisieren kann, daß man eine neue 'Kurzformel des Glaubens' bekanntgibt.

Bei diesem Stand der Dinge mögen historische Untersuchungen zu den christlichen 'Glaubensbekenntnissen' und erst recht zu ihren alttestamentlichen Vorläufern müßig erscheinen. Oder sollte es gerade

---

28   Siehe dazu L.Perlitt: Bundestheologie im Alten Testament (1969). Die Behandlung des Buches würde hier zu weit führen. Näher darauf einzugehen ist besonders bei Jos 24, s.u. 10.

29   ThPh 46(1971), 19-39.

in einer solchen Situation sinnvoll sein, neu zu fragen, wann und wie die alten Kurzformeln eigentlich entstanden seien und wozu sie ursprünglich dienen sollten? Im Vertrauen darauf, daß diese Frage vielleicht von einigen Benutzern dieser Zeitschrift mit Ja beantwortet wird, sei im folgenden eine Untersuchung zu dem bekanntesten und wichtigsten Credo-Text des Alten Testaments vorgelegt." (S.19)

Lohfink setzt bei den Beobachtungen Rosts ein, an denen er jedoch neben einigen Fehlern das Fehlen eines Vergleichs mit Num 20,15f, "die naheliegenste Parallele zu Dtn 26,5-9" (S.20f, A.7), moniert. Nach einigen Vorüberlegungen wendet sich Lohfink dem Darbringungsgebet Dtn 26,5-10 zu. Aus dem Numeruswechsel einerseits und aus der Beobachtung des Dreierrhythmus andererseits erschließt er, daß der erste und letzte Satz zu einem "älteren Text ... der sekundär ... erweitert worden ist" gehören und daß der eingefügte Text "nicht etwa ein schon vorher existierender ... war ... sondern neu für diesen Zusammenhang formuliert wurde", daß dies aber in Anlehnung an einen älteren Text geschehen sein kann. (S.25) Diesen "Modelltext" sieht Lohfink eben in Num 20,15f, und er führt einen synoptischen Vergleich der beiden Texte durch (S.26-30). Dabei ergibt sich, daß Dtn 26 von Num 20 (E) abhängig und somit jünger ist; andererseits findet sich überraschend wenig "exklusiv deuteronomisches Sprachmaterial" (S.30), das aber infolge der Geschlossenheit des Textes (Dreierrhythmus) doch den ganzen Text als deuteronomisch erweist. Infolge der vielen "Anspielungen aus JE" (S.30-33) läßt sich also "mit ganz geringen Ausnahmen ... das Sprachmaterial ... als Rückgriff auf Schlüsselformulierungen der alten Pentateuchquellen verstehen, selbst da, wo es sich auch um sonst in der deuteronomischen Sprache gebräuchliche Klischeeausdrücke handelt." (S.32) Daraus weiter zum theologischen Hintergrund: "Es dürfte kaum ein Zweifel daran bestehen, daß hier ein sehr durchmeditiertes und kunstvoll zusammengesetztes Resumee der Väter- und Auszugserzählungen der alten Pentateuchquellen vorliegt." (ebd.) Schließlich nochmal gegen etwaige Bedenken: "Diese Intention erlaubt es, der an sich kleinen Zahl von Indizien dafür, daß der Verfasser dieser Sätze als 'deuteronomisch' zu bezeichnen ist, doch volle Beweiskraft zuzuerkennen. Es kam ihm nicht darauf an, hier möglichst 'deuteronomisch' zu sprechen. Er wollte soweit wie möglich von den alten Erzählungen her formulieren. Ihren Geschichtsentwurf wollte er zusammenfassen." (S.32f)

Somit ist nun der alte Rahmen, "das alte Darbringungsgebet aus dem Erntedankritual (26,5[*].10a)" zu betrachten. Als Text bleibt dafür:

"Mein Vater war ein heimatloser Aramäer - doch siehe nun bringe ich die ersten Erträge von den Früchten des Ackers, den du mir gegeben hast, Jahwe!"

Nach Lohfink ist hier nicht die Größe Israel vorausgesetzt. "Der Text ist voll erklärbar, wenn der Sprecher ein Sippenhaupt ist und der 'Vater' sein leiblicher Vater oder mindestens der Ahnherr der Sippe. Zwischen dem 'Vater' und dem Sprechenden liegt die Seßhaftwerdung ... Man wird mindestens den Ursprung dieser Darbringungsformel am leichtesten aus einer solchen Situation, noch recht nah an friedlicher oder kriegerischer Landnahme erklären können." (S.33) Das Wort "Aramäer" konnte dabei ethnisch oder soziologisch verstanden werden. Insbesonders im zweiten Fall "konnte das Gebet bald auch unverändert von anderen jahwegläubigen Gruppen gebraucht werden, die nicht aramäischen Ursprungs waren." (ebd.) Das Gebet kann allmählich in weiterem Sinn verstanden worden sein, könnte aber auch bis zur Aufnahme durch den "deuteronomischen Erweiterer" immer noch "familiärer und lokaler Natur" gewesen sein.

Es bleibt noch, die Aussageabsichten des Gesamttextes zu bestimmen. Als zentrale Vorstellung erkennt Lohfink jene vom "Eingreifen Jahwes zugunsten Israels" (S.34). Üblicherweise wird man "unter einem solchen Titel aber nur die Herausführung aus Ägypten einordnen." (S.34) Aus der üblichen deuteronomischen Beziehung des maqom auf Jerusalem folgert Lohfink, daß hier jedoch darüber hinaus nicht nur an die Landnahme, sondern an Jerusalem und den Tempel, d.h. also an "die gesamte Geschichte bis in die Zeit Davids und Salomons" [!] gedacht sei.

Das Vorstellungsmodell, mit dem dieser weite geschichtliche Bogen interpretiert wurde, ist der "im menschlichen Gemeinschaftsleben immer wieder vorkommende Interaktionsablauf" von "Not - Klage - Beachtung der Klage durch einen andern - Eingreifen des anderen zur Wendung der Not".

Dieser Ablauf war "auf das religiöse Verhalten übertragen und in der Abfolge 'Not - Klageritual - Rettungszusage der Gottheit - Beendigung der Not durch die Gottheit' teilweise institutionalisiert erlebbar." (S.36). Da dieses Modell das einzige geschichtsdeutende Modell des Textes ist und den größeren Teil des Textes umgreift, ist nach Lohfink "zu vermuten, daß es mit den Aussageabsichten des deuteronomischen Erweiterers in Zusammenhang steht." (ebd.) Diese Feststellungen werden überprüft durch einen Blick auf die Auslassungen gegenüber den Quellen und auf die spezifischen Erweiterungen. Weglassen gegenüber J und E ist die Kategorie von Verheißung und

Erfüllung (Jahwe tritt erst in V.8 auf) und gegenüber Num 20,16 (E) jede Erwähnung eines Mittlers. An Spezifischem ist besonders das Wort ᶜamal zu nennen, das "zum Vokabular der Klagelieder gehört" (S.36); weiters, daß außer in späteren Texten nur dort alle Ereignisse als Taten Jahwes dargestellt werden, wo das Tun Jahwes und das Verhalten Israels gegebüber gestellt werden (vor allem in prophetischer Kritik, z.B. Am 2,9-11; Jer 2,6-7), während sonst durchaus auch Israel das Subjekt sein kann, wie etwa Gen 15,13-16, wo "selbst der Auszug aus Ägypten von den Nachkommen Abrahams ausgesagt" wird (S.38) - Es zeigt sich also, "daß alles auf die Zusammenfassung des Geschichtsverlaufs vom Exodus bis zur salomonischen Zeit unter dem Modell des Ablaufs 'Not - Klage - Erhörung - Eingreifen' hinaussoll." (ebd.) Diese Kategorie fand sich schon in den alten Pentateuchquellen, ferner in der Vorlage Num 20,15f (E), sie wurde vom deuteronomischen Erweiterer nicht neu, jedoch exklusiv verwendet. Allerdings wird sie von der Bindung an eine feste geschichtliche Stunde gelöst und zur Metapher gemacht, "welche die ganze Geschichte seines Volkes bis zum jeweiligen Augenblick, in dem das Darbringungsgebet gesprochen wird, übergreift. Denn das helfende Eingreifen Jahwes geht ja im Gesamttext nicht nur bis zur salomonischen Zeit, sondern wirkt sich unmittelbar aus in der Fruchtbarkeit des Landes, das Jahwe dem Israeliten als Hilfe in der ägyptischen Not gegeben hat." (S.39)

Der Beitrag von Lohfink zeichnet sich aus durch eine sehr gründliche literarische und motivgeschichtliche Analyse und durch den gründlichen Vergleich mit Num 20,15f, wie ihn auch Waßermann durchgeführt hatte. Weiterführend ist die Frage nach dem zugrundeliegenden Vorstellungsmodell, das in dem Modell von 'Not - Klage - Erhörung - Eingreifen' gefunden wird. Lohfink erwähnt die Verbindung zum "Vokabular der Klagelieder" nur einmal (S.37), aber hier müßte m.E. angeknüpft werden.

Leider bleibt die Frage, was denn den "Erweiterer" zur exklusiven Verwendung dieses Modells veranlaßte, unerörtert, ebenso, daß eine gewisse Affinität zum alten Darbringungsgebet mit seiner ähnlichen Polarität von Not und erfahrener Hilfe besteht. Der andere Kritikpunkt liegt in der angenommenen Weiterführung des Inhalts bis zur salomonischen Zeit bzw. bis in die Zeit des Beters (nach der josianischen Reform). Der Text sagt davon nichts, während die Lücke zwischen den Vätern und Ägypten durch das Hinabziehen nach Ägypten überbrückt ist. Ein wirklich so auf Jerusalem und den Tempel konzentrierter Verfasser hätte dieses Thema zusammen mit den anderen Erweiterungen gegenüber Num 20,15f (vgl. S.26) sicher unterbringen können, zumal in der deuteronomistischen Erwählungstheologie eine ganz auf Jahwe konzentrierte und insofern sehr geeignete Begrifflichkeit vorlag.

Bemerkenswert ist die Schlüsselstellung, die auch hier wieder Dtn 26 eingeräumt wird. Erst dieser Text wird eigentlich als theologisch relevant betrachtet.

Hatten in der referierten Arbeit die systematischen Bemerkungen nur den Einstieg zu einer fast rein exegetischen Untersuchung gebildet, so treten in Lohfink, Dtn 26,5-9: Ein Beispiel altisraelitischer Geschichtstheologie (1976)[30], die systematischen und geschichtstheologischen Überlegungen stärker hervor. Die durch Rost initiierte Einordnung des Textes als deuteronomisch wird dabei "undiskutiert vorausgesetzt" (S.102f)

"Die Ereignisse, von denen das Credo Dtn 26,5-9 spricht", reichen [wie im vorhin referierten Aufsatz] von der Jakobs- bzw. eigentlich Abrahamszeit bis zur Zeit Davids und Salomons (S.102f).[31] Als "die Modelle, mit deren Hilfe die faktische Geschichte gedeutet wird", werden nunmehr doch auch "der Handlungsablauf 'Versprechen - Erfüllung des Versprechens'" und "das Modell der 'Versklavung' und 'Befreiung aus der Versklavung' einbezogen. Allerdings läßt der Verfasser das "dann auch in der deuteronomischen Geschichtsdeutung wichtig(e)" Schema 'Verheißung - Erfüllung', bzw. dessen "deuteronomische Variante" als Schwur Jahwes "nicht verbal hervortreten"; - ganz anders als Dtn 26,3! (S.104). Das Modell der Versklavung und Befreiung aus der Versklavung wird zwar "im Credo vorbereitet durch die Aussage, der Stammvater habe in Ägypten als Fremder gelebt", auch die Befreiung der Versklavten durch Jahwe wird in V.8 festgestellt, ja "das Wort 'Herausführen' ist in der Rechtssprache der Fachausdruck für Sklavenbefreiung", "eines allerdings fehlt: die Israeliten werden nicht als Verwandte Jahwes, er nicht als ihr go'el bezeichnet" (ebd.). So bleibt als das für den Verfasser wichtigste Modell (das zugleich etwas allgemeinere) von Not und Hilfe, und zwar "in schon religiös vermittelter Form" (S.105). Auch hier findet sich wieder die Feststellung: "Dieses Modell hatte schon der Jahwist deutend an die Exodustraditionen herangebracht. Beim Elohisten findet es sich in Num 20,15f in einer credoartigen Kurzformulierung, die für

---

30   In: Geschichte, Zeugnis und Theologie, Kerygma und Mythos VI Bd.7, 1976, 100-107.

31   Wie problematisch diese Annahme ist, zeigt die Bemerkung: "Die Geschichte vieler Jahrhunderte ist in diesem kurzen Satz umgriffen. Im übrigen bedeutet diese Bestimmung des Satzsinnes nicht, daß nicht zugleich die Eroberung des ganzen Landes mitausgesagt wäre. Wer im Zentrum ankommt, hat das Ganze". (103)

Dtn 26,6-8 als literarische Vorlage gedient haben dürfte." (ebd.) Hier
im Credo von Dtn 26,5-9 ist das Modell Not - Hilfe das Hauptdeu-
tungsprinzip der Geschichte (ebd.). Zuletzt stellt Lohfink die Frage:
"Selbst wenn die jahwefreie Formulierung des Eröffnungssatzes
vorgegeben war - warum hat der deuteronomische Erweiterer nicht
mindestens die Volkwerdung als Werk Jahwes hingestellt?" Die Frage
bleibt unbeantwortet. Es wäre wohl auf das von Lohfink selbst
herausgestellt Schema hinzuweisen (vgl. 1971), andererseits stehen
wohl doch nicht alle Ereignisse der Frühzeit so gleichmäßig vor den
Augen des Verfassers, wie Lohfink es annimmt. Die abschließenden
geschichtstheologischen Gedanken führen über unser Thema
hinaus.[32] [33]

Bei G.Braulik, Sage, was du glaubst. Das älteste Credo der
Bibel - Impuls in neuester Zeit (1979) ist nun - wie es schon der
Titel zeigt - vollends der Boden der systematisch-theologischen und
auch der praktisch-theologischen Betrachtung betreten. Braulik stellt
seine Ausführungen in weite alttestamentliche, bibeltheologische,
kirchengeschichtliche, gelegentlich auch kirchenkritische Zusammenhänge und will helfen, "drängende Probleme der nachkonziliaren Zeit
vor dem Horizont des Alten Testaments zu bewältigen". (Vorwort).
Dtn 26 wird dabei enorm hoch bewertet: "Das älteste Glaubensbekenntnis der Bibel ist uns in Deuteronomium 26,5-9 überliefert. Dieses
sogenannte 'kleine geschichtliche Credo Israels' vereinigt in theologischer Systematik die entscheidenden Themen des Alten Testaments.
Als 'Kurzformel des Glaubens' vermöchte es an einer historischen
Wende die traditionelle religiöse Sinnwelt wieder attraktiv zu
machen." (ebd.) Zu einigen "Superlativen" dieses Satzes ließen sich
Fragezeichen sezten, doch ist zunächst festzustellen, daß Braulik
exegetisch und geschichtstheologisch Lohfink folgt, etwa in der
Verhältnisbestimmung zwischen dem "alte[n] Bekenntnis beim Ernte-
dank" und dem "später ... von ihm gerahmte[n], modernen Ansprüchen
Rechnung tragende[n] 'kleine[n] historische[n] Credo' in Deuterono-

---

32   Das Thema ist nochmals aufgenommen in: Heilsgeschichte ... in: N.Lohfink, unsere
     großen Wörter (1977, 76-91).

33   Der Beitrag von B.Lang, Glaubensbekenntnisse im Alten und Neuen Testament,
     Concilium 14 (1978), 499-503, geht exegetisch nicht über bereits Referiertes
     hinaus, aber er stellt im alttestamentlichen Teil neben "das 'geschichtliche'
     Glaubensbekenntnis" auch "das Bekenntnis von Jahwes Herrschaft" und "das
     monotheistische Bekenntnis", bevor er zum Neuen Testament und zu grundsätzli-
     chen Erwägungen übergeht.

mium 26,5-9" (S.27), im Vergleich mit Num 20,15f und auch in der Behauptung der verallgemeinernden Tendenz: "Theologisch gesehen gelang es diesem Glaubensbekenntnis, die zahlreichen Einzelereignisse auf einen einzigen Ereigniszusammenhang zu reduzieren, der zugleich als tragender Grund (Ätiologie) und als bestimmendes Urbild (Paradigma) der Gegenwart verstanden wurde." (S.34). All dies steht für Braulik konsequent im Rahmen der deuteronomischen Bewegung und des (Ur)Deuteronomiums selbst: "Innerhalb des Buches Deuteronomium beschließt diese Gesamtschau - verbunden mit dem Ritus des Erntedanks am Jerusalemer Zentralheiligtum [!] - die deuteronomische Gesetzessammlung als deren theologisch voller [!] Ausklang." (ebd.)

Bei aller Einordnung in die dtn Bewegung und Ablehnung einer früheren Datierung - "Zwar hat die Bibelwissenschaft der letzten Jahzehnte vermutet, es handle sich bei diesem Text um ein aus der vorstaatlichen Zeit Israels stammendes kultisches Bekenntnis..." (S.32) - findet sich doch auch positive Anknüpfung an G.v.Rad, indem als "Glaubensbekenntnisse an historischer Wende" dessen Grundtexte behandelt werden: Jos 24; Dtn 6; Dtn 26, und zwar in dieser Reihenfolge, die zu einer gewissen Spannung mit der zentralen Rolle von Dtn 26 führt, wenn es zu Jos 24,17f [34] heißt: "Das ist gewissermaßen die Geburt des Glaubensbekenntnisses Israels." (S.25) Auch die Qualifizierung als Credo ist bewußt aufgenommen, wie die häufige Verwendung des Begriffes und schon der Untertitel des Buches zeigen.

Gerade an diese Hochschätzung ist nun aber die Frage anzuschließen, was denn wirklich den qualitativen Unterschied zwischen Dtn 26,5-9 (nur dieser Teil ist für Braulik das Credo; vgl. das Vorwort oder z.B. S.34 "Einbau des Credo") und Num 20,15f ausmacht? Kann dafür mehr in Anspruch genommen werden als die Hochschätzung der deuteronomischen Bewegung und die Einordnung des Textes als deuteronomisch? (Auch bei Lohfink hatten wir das Problem, daß die älteren Quellen bereits dieselben Deutungsmodelle verwendet hatten.)

Wir stehen damit am Ende der Darstellung der literar- und redaktionskritisch orientierten Vorgangsweise und stellen mit Überraschung fest, wie das durch die Analysen von Rost u.a. zerstörte Bild vom bedeutsamen Credo sich wie ein Phönix aus der Asche erhob und ihm paradigmatische Bedeutung nicht nur innerhalb des Alten Testa-

---

34   Jos 24,2-13 werden nicht erörtert. In der Sicht von Jos 24 folgt Braulik offensichtlich ganz L.Perlitt, Bundestheologie; vgl. G.Braulik, 24f: "die Periode des neuassyrischen Kulturschocks ...".

ments, sondern für die christliche Existenz im 20.Jh. beigelegt wurde. Durch die relative Spätdatierung war das bei der kultgeschichtlich orientierten Fragestellung so umstrittene Problem des Verhältnisses von Exodus und Sinai zumindest bezüglich historischer Folgerungen hinfällig geworden. Für die (geschichts)theologische Betrachtung allerdings und gar für die Aktualisierung in der Gegenwart hätten das Fehlen von Sinai und Gebotsmitteilung, d.h. wesentlicher Teile des Alten Testaments, jedoch nicht übergangen werden dürfen.[35]

---

35   Immerhin bescheinigt N.Lohfink (1971) dem Credo "das Ineinander von Traditions-
     treue und kühner Neukonzeption". In den Schlußüberlegungen bei Lohfink (1977)
     wird Dtn 26,5-9 als "so etwas wie ein bewußt hergestellter Schlüssel zur Deutung
     des Hexateuch und der sich anschließenden Geschichtsbücher und aller noch
     möglicher kommenden Ereignisse der Geschichte Israels" bezeichnet! - Ein
     Schlüssel zu Geschichte und Glauben Israels ohne das Gesetz, und das im Deutero-
     nomium? Beim Thema der Situationsbezogenheit von Bekenntnissen sagt G.Braulik:
     "Eine lehrhafte Summe wäre hier fehl am Platz. Aus diesem Grund werden die
     zweifellos zentralen Sinaiereignisse mit keinem Wort erwähnt." (39) Das mag für
     die Situation des Erntedanks noch gelten (warum steht aber dann der Exodus und
     nicht die Landnahme im Mittelpunkt?), bei der Frage nach dem Gesetz (Dtn 6) ist
     aber diese Begründung unmöglich.

Texte

5. Genesis 15,13-16

5.1. Aufbau des Textes

Gen 15 steht im Zentrum der Abrahamserzählungen und sollte sie wohl durch diesen Platz interpretieren, wie denn auch das Verständnis dieses Kapitels die Sicht Abrahams und der Väter immer wieder bestimmte; so etwa die bekannte gegensätzliche Aufnahme bei Paulus und Jakobus (Röm 4; Gal 3; Jak 2).[1]

Das Kapitel besteht aus zwei Teilen, die jeweils einen Spannungsbogen von einer Zusage über den Zweifel Abra(ha)ms hin zur Bestätigung der Zusage bilden. An jeden der beiden Teile ist eine deutlich abgesetzte Schlußbemerkung angefügt (V.6.18-21). Der zweite dieser beiden parallelen Abschnitte (V.7-21) beginnt mit der Selbstvorstellung Jahwes, der an die Herausführung aus Ur und die Zusage der Inbesitznahme "dieses Landes" erinnert (V.7). Darauf folgt die Frage nach einem Zeichen (V.8), woraufhin Jahwe das Herbeibringen verschiedener Tiere befiehlt (V.9). Abraham weiß offensichtlich, was er damit zu tun hat. Er bringt sie herbei, zerteilt sie, bis auf die Vögel, und legt sie auf (V.10). Als die Sonne untergeht, fällt ein Tiefschlaf - und ein großer Schrecken - auf Abraham (V.12) - und Jahwe spricht zu ihm über das Geschick seiner Nachkommen (V.13-16). Mittlerweile ist nun die Sonne endgültig untergegangen, und (Jahwe als) ein rauchender Ofen und eine Feuerfackel fährt zwischen den zerteilten Tieren hindurch (V.17). Damit gibt Jahwe Abraham die feierliche Versicherung; "Deinen Nachkommen gebe ich dieses Land ..." (V.18), wobei die gebietsmäßige Umschreibung des Landes dann noch durch die Nennung von zehn (vertriebenen? beherrschten?) Völkern präzisiert wird (V.19-21).

---

1 "Das 15. Kapitel steht nicht nur dem äußeren Aufbau nach in der Mitte der Erzählungen von Abraham; es ist in der Geschichte der Auslegung bis zum heutigen Tag von sehr vielen Auslegern als das Herzstück der Abrahamserzählungen angesehen worden." C.Westermann, Genesis 12-36, BK I 2, 273f.

5.2.   Schichten, Formen und Geschichte des Textes

Die Teilung des Kapitels braucht hier nicht weiter begründet zu werden. Die Parallelen und die Unterschiede sollen ebenfalls nur soweit zur Sprache kommen,[2] wie sie für die Exegese von V.7-21 wichtig sind. Diese zweite Hälfte ist deutlich länger. Auffallend ist der lange Passus einer Rede über den künftigen Geschichtsverlauf, der zwar zum Thema der Verheißung paßt, aber doch nur in einer gewissen Gebrochenheit, weil es darin nicht um die Bestätigung der Verheißung - dazu dient doch der ganze Ritus -, sondern um das Problem der Verzögerung der Erfüllung geht. Der andere deutliche Zusatz ist V.19-21, wo der Raum der Erfüllung in anderer Weise als V.18 beschrieben wird.[3] In formaler Hinsicht heben sich V.13-16 deutlich als Rede ab.[4] Merkwürdig ist aber doch, daß Abraham in einen Tiefschlaf fällt, während er das Zeichen in der ersten Einheit, V.1-6, wach und bewußt erlebt; weiters fällt die Zerdehnung des Übergangs vom Tag zur Nacht auf. So dürfte V.12 Einleitung zu V.13-16 sein, wodurch sich auch ein besserer Übergang von V.10 bzw. V.11[5] zu V.17 ergibt. Das Nebeneinander von Tiefschlaf und (dennoch!) Erschrecken findet sich noch in Hi 4,12-15, wohl ohne daß

---

2   Zu diesen siehe O.Kaiser, Traditionsgeschichtliche Untersuchung von Genesis 15; ZAW 70 (1958), 107-126.

3   H.Gunkel, HK, 183, hält nur "... dieses Land" für ursprünglich, während er bereits auch V.18b als "Redaktorenstück" bezeichnet. Dies ließe sich durch die entsprechende Aussage in V.7 ("dieses Land") stützen.

4   So die allgemeine Abgrenzung, etwa W.Zimmerli, Genesis, ZBK 49.

5   Ist V.11 mehr als nur ein retardierendes Element und würde es dann ebenfalls zum Einschub gehören? (C.Westermann, BK, 268) - Dem widerspricht doch, daß Abraham dieser Tätigkeit während des Tiefschlafs nicht mehr nachkommen könnte. O.Kaiser, a.a.O., 109 behauptet: "V.11 bereitet deutlich die den Zusammenhang störenden VV.13-16 vor", leider ohne zu sagen wie. - Besteht die Gemeinsamkeit in der Verzögerung bzw. Gefährdung? Neuerdings versuchte W.v.Soden, Abraham treibt Geier zurück. Was soll Gen 15,11 besagen? (1983), eine Erklärung in dem Sinn, daß Abraham zwar ganz der die Verheißung Empfangende ist, er aber dort, wo es notwendig ist, rasch und entschlossen handelt (vgl. c.14).

daraus eine Datierung des Einschubes abzuleiten ist.[6]

Der verbleibende Text mit der an Jer 34,18f erinnernden, aber
auf Gott, wenn auch wiederum nur sehr zurückhaltend und andeutend,
übertragenen Handlung bildet einen der Brennpunkte der Diskussion
um Bund und Bundestheologie, worauf hier nicht einzugehen ist.[7]
Zwar ist einerseits eine Nähe zu Jer 34,18f und zu außerbiblischen
Parallelen deutlich - "es muß ein weitverbreiteter und zu ganz
verschiedenen Zeiten geübter Ritus gewesen sein"[8] - , ebenso deutlich
sind jedoch auch Modifikationen. "Die Vermehrung zu drei Tieren und
zwei Vögeln nähert das Ganze einer Opferszene an, in der nicht mehr
nur die Symbolik, zu deren Darstellung ein Tier genügen würde,
bedeutsam ist, sondern der Gedanke einer Gabe an Jahwe hereinspielt.
In dieser Hinsicht hat der Erzähler das Ganze der Analogie inner-
menschlicher Verpflichtungsakte entzogen. Das anstößige Element der
persönlichen Präsenz Jahwes und seiner hypothetischen Selbstver-
fluchung hat er nicht abgedämpft."[9] Ob diese Übertragung des Ritus
auf Gott den Formulierungen der Väterverheißung als Gotteseid
vorausliegt[10] oder "nur möglich (war), weil in ihr die geläufige
Wendung als Schwur vorausgesetzt war"[11], wird primär nicht theologisch, sondern literarisch zu begründen sein. Das Problem liegt darin,
daß trotz aller sachlichen Nähe die mit Gen 22,16ff;24,7 einsetzende
und im Dtn zum Ziel kommende Linie der beeideten Landverheißung

---

6   C.Westermann, BK, 269: "Aus dieser Nähe zu Hi 4 ergibt sich, daß die Einfügung
    V.12 (11) - 16 sehr spät ist." - Aber: Wie spät? Wie ist die Relation der beiden
    Belege?

7   Vgl. dazu u.a. L.Perlitt; Bundestheologie im Alten Testament (1969); zu Gen 15
    S.55-77. E.Kutsch, Bund I. Altes Testament, TRE VII, 397-403.

8   C.Westermann, BK, 271, der darum mit Recht Folgerungen für die Datierung
    ablehnt.

9   W.Zimmerli, ZBK, 55f.

10 So N.Lohfink, Die Landverheißung als Eid; ähnlich, wenn auch mit ganz anderer
    Datierung, R.Rendtorff, Gen 15 im Rahmen der theologischen Bearbeitung der
    Vätergeschichten; in: FS C.Westermann (1980), 74-81.

11 C.Westermann, BK 271.

trotz gemeinsamer Vokabeln wie "Nachkommenschaft"[12] gerade den
Begriff "Bund" nicht verwendet, wie umgekehrt in Gen 15 "schwören/-
Schwur" fehlt. Gen 22,16ff knüpft zudem deutlich an 12,1-3 an, 12,7[13]
ist nicht notwendig vorausgesetzt. Vor allem aber: Gen 22.16 stellt
ausdrücklich fest: "Weil du dies getan hast und mir deinen Sohn,
deinen einzigen, nicht vorenthalten hast..." - das ist Gehorsam, wie
ihn das Dtn erwartet und jedenfalls etwas ganz anderes als die be-
dingungslose Verheißung[14] von Gen 15. Die sachliche und die literarische Differenz sind damit deutlich.[15]

Zuletzt ist die Einheitlichkeit von V.13-16 zu prüfen. Hier
wendet sich der Blick vom künftigen Ergehen der Nachkommen in
V.15 auf das friedliche Ende Abrahams, während V.16 nochmals etwas
über die Dauer der Zeit im fremden Land sagt. Ist V.15 ein Einschub?[16] Jedenfalls unterbricht er das Thema der künftigen Volksge-

---

12 Hierauf basiert im wesentlichen R.Rendtorff, a.a.O.

13 "V.7 dagegen ist gar nicht lokalisiert, ein ursprünglich selbständiges Stück, das
    unabhängig von dem Zusammenhang auszulegen ist." C.Westermann, BK 178. M.E.
    ist V.7 mit V.6b zu verbinden als ein Ringen mit dem Problem der "Fremdling-
    schaft". Kaum hat Abraham das Land betreten, zeigt sich, daß "der Kanaanäer"
    dort wohnt, aber gleich am ersten Heiligtum wird das Problem beantwortet, und
    eben mit der traditionsgeschichtlich späten Kombination von Land- und Nachkom-
    mensverheißung.

14 H.H.Schmid, Gerechtigkeit und Glaube: Genesis 15,1-6 und sein biblisch-theologi-
    scher Kontext, EvTh 40 (1980), 396-420, stellte heraus, wie hier "nicht das
    menschliche Verhalten, sondern die göttliche Gabe der Gerechtigkeit zur Grundlage
    des Lebens wird" (408).

15 Auch der Vergleich mit der Zahl der Sterne ist da wie dort etwas verschieden. Da
    sich der Vergleich mit der Unzählbarkeit der Sterne (wie jener mit dem Sand am
    Meer) anbietet und bekannt war (Nah 3,16; Ps 147,4; auf die Israeliten bezogen:
    Dtn 1,10; 10,22; 28,62; 1 Chr 27,23), dürfte die Erzählung gegenüber dem Sprich-
    wort sekundär sein. Vgl. dazu C.Westermanns Feststellung: "Die Verheißungen sind
    das den Erzählungen zugrunde liegende Bauelement. Alles andere ist Umkleidung,
    die dazu dient, die Verheißung zur Erzählung zu gestalten." BK 256.

16 So bereits J.Skinner, Genesis, ICC, 282. Weiters O.Eißfeldt, Hexateuchsynopse, 257;
    R.Kilian, Die vorpriesterlichen Abrahamsüberlieferungen, 51.71f; ders., Der heils-
    geschichtliche Aspekt in der elohistischen Geschichtstradition, ThGl 56 (1966),
    369-384; sinngemäß W.Zimmerli, ZBK, z.St.

schichte und schafft den Bezug zu dem sich unterdessen ereignenden friedlichen Lebensende Abrahams. Die Formulierung erinnert an 25,8 (P). Zwar ist es auch möglich, V.16 als Zusatz zu betrachten[17]. Dann wäre der Bogen der Ereignisse in V.15 wieder zu Abraham zurückgelenkt worden, doch dürfte dies gerade das Interesse des auf Vollständigkeit bedachten Redaktors gewesen sein. Zu klären bleibt das Verhältnis der Angaben von V.14 und 16 (400 Jahre - 4 Generationen), die nicht durch die Annahme einer Generationsdauer von 100 Jahren harmonisiert werden dürfen. Welche der Angaben sekundär ist, ist unten zu entscheiden.

Die Frage nach einer Vorgeschichte von V.7-21 bleibt, wie Kaiser schon 1958 sagte, "auch weiterhin berechtigt"[18], auch wenn durch die redaktionsgeschichtliche Betrachtung viele jener Beobachtungen, die zur Verteilung auf J und E führten,[19] eine andere Lösung fanden. Dieser Frage ist hier nicht weiter nachzugehen. Hinzuweisen ist auf die Spannungen, die sich bei V.7 etwa durch die neuerliche Selbstvorstellung Jahwes ergeben.

5.3.   Der Einfluß der Exodustradition

Der Anfang der Einheit greift mit der Selbstvorstellung und der Herausführungs"formel" אני יהוה אשר הוצאתיך מאור כשדים deutlich die Exodustradition auf, wie sie etwa in der Präambel des Dekalogs belegt ist. Die Belege für die Beschreibung des Exodus mit יצא Hi. haben dabei ihren Schwerpunkt in den exilischen Partien des Heiligkeitsgesetzes, von Dtn und in der Priester(grund)schrift, während es nur wenige vorexilische Belege gibt.[20] "Rund 75 der 91 Belege betr. 'Herausführen' sind somit exilisch, zehn gehören nachexilischen Texten an. Da sie außerdem von diesem Herausführen sehr unterschiedlich sprechen, sollte man ... eher von einer geprägten

---

17   C.Westermann, BK, 270.

18   A.a.O., 126, in Stellungnahme zu J.Hoftijzer, Die Verheißungen an die drei Erzväter.

19   H.Gunkel, Genesis, HK 177f. 180-184.

20   H.D.Preuß, יצא, ThWAT III, 809-819. Dort auch die vielfältige weitere Literatur.

Vorstellung als von einer Herausführungsformel sprechen."[21] Dabei schildern insbesondere die Texte aus "Dtn 1-4... - wie P - die Herausführung aus Ägypten absichtlich transparent auf die erhoffte neue Herausführung aus Babel hin."[22] Für Gen 15 besonders interessant sind Dtn 4,20.37, "die den jüngsten, spätexilisch-dtr Texten des Dtn zuzurechnen"[23] sind. Denn "hier begegnet ... die spätere dtr Schicht, die jṣʾ hiph. ohne 'dein Gott' hat, nur von 'Ägypten' spricht und durch das 'mit starker Hand' die Macht Jahwes unterstreicht"[24]. Das Fehlen von אלהיך berührt sich mit Gen 15,7! Ob das Fehlen von ארץ[25] ebenfalls mit Gen 15 verglichen werden kann, ist immerhin zu erwägen. Die Angabe 'mit starker Hand' fehlt übrigens in 4,20, während in 4,37f ירש Hi und נתן, wenn auch in zu Gen 15,7 umgekehrter Reihenfolge, nebeneinander vorkommen.[26] Die Verbindung 'Herausführung' - 'Inbesitznahme des Landes' ist da wie dort vorausgesetzt.

Ein weiterer Einfluß der Exodustradition dürften der rauchende Ofen und die Feuerfackel als die die Gotteserscheinung begleitenden Elemente sein, und zwar in Anspielung an Feuer und Rauch, die die Sinaitheophanie begleiten. "In der Genesis ist diese Art der Gottesoffenbarung einzig; Analogien bieten dagegen die charakteristisch israelitischen Erzählungen von Jahwes Erscheinen im brennenden Dornbusch Ex 3,2, über dem brennenden und rauchenden Sinai Ex 19,9ff.20,18; Dtn 4,11 und besonders in der Rauch- und Feuersäule Ex 13,21; diese Mosesagen scheint sich der Verfasser zum Muster genommen zu haben; hier ist also eine den Vätersagen fremdartige

---

21   A.a.O. 819.

22   A.a.O. 811.

23   Ebd.

24   Ebd.

25   J.G.Plöger, Untersuchungen zum Dtn, kommt zu dem Ergebnis: "Wahrscheinlich gehört die Kombination יהוה +יצא + מצרים zur 'priesterlichen' und die Verbindung יהוה אלהיך + יצא + ארץ מצרים zur 'prophetischen' Schicht der Auszugstradition im Dt." (115 vgl.111f).

26   Auf weitere Belege dieser Kombination in Dtn und auch in Lev 25,38 verweist C.Westermann, BK, 266.

Vorstellung eingedrungen." So äußert sich bereits Gunkel.[27] Allerdings sind diese Motive zeitlich nicht so festlegbar, wie es bei den Herausführungsaussagen möglich war, zumal sie in singulärer Weise formuliert sind.

5.4. Das Geschichtsbild von V.13-16. Die Vergangenheit als Zukunft.

Die Geschichtsbetrachtung von V.13-16 ist ebenfalls eine Besonderheit in den Vätergeschichten; "die Weissagung auf die ägyptische Knechtschaft findet sich sonst in den Abrahamsgeschichten nicht"[28]. Deutlich ist die Aufnahme von ידע aus V.8 in V.13: "Du sollst gewiß wissen ..." Durch den Inhalt der Erklärung wird aus der existentiellen Frage Abrahams eine eher distanzierte Betrachtung einer fernen Zukunft. Offensichtlich aus diesem Empfinden heraus wird in V.15 auf Abrahams persönliches Ende im Land zurückgelenkt und nicht auf die Landnahme der Israeliten eingegangen, wie es dem chronologischen Verlauf entspräche. Insofern hat das Ganze geradezu den Charakter einer Entschuldigung. Die Darstellung wirbt um Verständnis für diesen Umweg der Heilsgeschichte. Damit bekommt das betonte "du sollst wissen..." tatsächlich den Aspekt von "du sollst verstehen..."[29] Daß am Ende dieses Ägyptenaufenthaltes die Nachkommen Abrahams "mit reicher Habe" ausziehen, ist wohl geradezu als Kompensation gedacht. Interessant ist, daß Abrahams Nachkommen bis auf den Auszug am Ende nie selber handeln. Weder ziehen sie - aus welchen Gründen auch immer - nach Ägypten, sondern sie sind einfach dort als Fremdlinge, noch rufen sie in der Not zu Jahwe um Hilfe. Diese gegenüber anderen, nicht zuletzt auch gegenüber Dtn 26,5ff unterschiedliche Darstellung hat wohl ihren Grund in der Konzentration auf die ausschließliche Lenkung der Geschichte durch Jahwe. Zugleich wird die Frage nach dem Warum übergangen und die Identifikation mit der Fremdlingsschaft unmittelbar möglich. Damit ist die Gottesrede für die exilischen Hörer - ebenso wie seinerzeit für Abraham - allein auf die - gegen alle Zweifel - heilvolle Zukunft gerichtet.

---

27   H.Gunkel, HK, 181. Dieselbe Verbindung bei W.Zimmerli, a.a.O., 54 und C.Westermann, a.a.O., 271.

28   H.Gunkel, HK, 182.

29   So C.Westermann, BK, 269 unter Hinweis auf V.16b.

Mit dieser Ermöglichung der Identifikation hängt wohl auch zusammen, daß Ägypten nicht genannt wird, sondern nur das "Land, das nicht ihr eigen ist", wobei im Gegensatz zum Land, in das Abraham geführt und das ihm übereignet wurde (V.7), die Bedeutung mitschwingt "das Land, in das sie eigentlich nicht gehören". Daß die Israeliten Sklaven sein und dem Volk (sc. der Ägypter) dienen werden, entspricht dagegen den bekannten (deuteronomisch/deuterono- mistischen) Formulierungen.[30] Die Aussagen vom "Bedrücken" wird eher selten auf den Ägyptenaufenthalt angewendet: Gen 15,13; Ex 1,11.12; Dtn 26,6.[31] Der Ausdruck bezieht sich sonst auf "die Aus- nutzung oder gar Mißhandlung schutzloser Personen",[32] zu deren Gunsten Jahwe eingreifen wird (Ex 22,21). Der Ausdruck dürfte von diesem Hintergrund her in die Beschreibung der Not Israels in Ägypten eingedrungen bzw. durch das Darstellungsschema von Not - Ruf um Hilfe - Eingreifen Jahwes angezogen worden sein.[33] Die Linie der Abhängigkeit dürfte Ex 1,11f - (Dtn 26,6) - Gen 15,13 sein.

Die Vorstellung vom Gericht über das fremde Volk bzw. die Völker ist relativ jung. Belege von דין mit Jahwe als Subjekt gibt es außer unserer Stelle nur in (den) Psalmen (incl. 1 Sam 2,10)[34]. Die Rede vom Strafgericht an den Völkern findet sich besonders bei Ez, dort allerdings mit der im AT wesentlich häufigeren Wurzel špṭ. "Bemerkenswert ist, daß die Priesterschrift dieselbe Terminologie für die an den Ägyptern und ihren Göttern beim Passah und Exodus vollzogenen Strafgerichte gebraucht (ᶜaśa šᵉpaṭim, Plural, Ex 6,6; 7,4; 12,12; Num 33,4)."[35] Gen 15,14 steht in der Nähe dieser Vorstel- lungen, formuliert jedoch selbständig und (noch) nicht so abstrakt wie P. Die Wortwahl würde an jerusalemer Kulttradition erinnern.

Bei der Frage der Zeitangaben 400 Jahre (V.13) - 4 Genera- tionen (V.16) ist auch die Angabe von Ex 12,40f (P) mit 430 Jahren

---

30   Siehe dazu C.Westermann, עבד, THAT II, besonders 186f.

31   Siehe dazu die Konkordanz.

32   W.H.Schmidt, Exodus, BK II, 39.

33   Ähnlich W.H.Schmidt, ebd.

34   Siehe dazu die Konkordanz. Weiters G.Liedke, דין, THAT I, 447f.

35   K.Seybold, Gericht Gottes I. Altes Testament, TRE XII, 463.

einzubeziehen. Dies sind zugleich die einzigen Belege zur Thematik.[36]
Die runde Zahl könnte der speziellen Zahl 430 vorausliegen. Die
genauere Angabe 430 Jahre hängt sicher mit dem chronologischen
Raster von P zusammen.[37] Wie sehr die Zahl 400 für verschiedenste
Objekte als Angabe einer runden Zahl dient, zeigt die Konkordanz.
Schwieriger ist das Verhältnis zur Angabe der 4 Generationen. In der
Literatur wird die Angabe von V.16 als ursprünglich gegenüber jener
von V.13 betrachtet[38] und der Nachricht von den 4 Generationen
hoher geschichtlicher Wert zugemessen.[39] Die Genealogie von Ex
6,16ff könnte ebensogut von unserer Stelle abhängig sein wie
umgekehrt,[40] denn zu vielfältig sind die genealogischen Angaben über

---

36   Im Neuen Testament ist in der Stephanusrede Apg 7,6 die Zahl 400, Apg 13,20 die
Zahl 450 (bis zur Landnahme), bei Paulus Gal 3,17 die Zahl 430 aufgenommen. Die
"vierte Generation" kommt nicht vor.

37   L.Couard, Gen 15,12-16 und sein Verhältnis zu Ex 12,40, ZAW 13 (1893), 156-159
versteht die Zahl so, daß ensprechend der in deuteronomistischer Zeit entstandenen Angabe von 480 Jahren zwischen dem Bau des ersten und des zweiten Tempels
(12 Generationen zu je 40 Jahren) nach rückwärts weitergerechnet wurde. Als
Einsatzpunkt für diese Zeitspanne habe man die Rückkehr Jakobs, des eigentlichen
Ahnherrn des Volkes, nach Kanaan genommen, wo die Dauer seines Aufenthalts bis
zur Übersiedlung nach Ägypten noch "etwa 50 Jahre betragen haben mochte",
womit 430 Jahre für den Ägyptenaufenthalt blieben. Zum Problem der Zahlenangaben in P siehe A.Jespen, zur Chronologie des Priesterkodex, ZAW 47 (1929),
251-255 und R.Smend, Entst AT, 50. Zur Bedeutung der Angabe in 1 Kön 6,1 (480
Jahre vom Auszug bis zum Tempelbau) siehe G.Sauer, Die chronologischen Angaben
in den Büchern Deut. bis 2. Könige, ThZ 24 (1968), 1-14. W.Zimmerli, a.a.O., 58
vermutet eine "nicht ganz durchsichtige Beziehung zu den 390 + 40 Jahren Schuld-
und Strafzeit, die Ezechiel (Ez 4,4-8) ... anzukündigen hat."

38   Siehe dazu die Kommentare außer C.Westermann.

39   So neben älteren Autoren auch M.Noth, Exodus, ATD, 78: "Geschichtlich kommt
die letztere Berechnung, die auf eine Zeitdauer von insgesamt etwa einem
Jahrhundert führt, der Wirklichkeit gewiß viel näher als die Veranschlagung auf
vier Jahrhunderte oder mehr, die alle historische Wahrscheinlichkeit gegen sich
hat." Ähnlich S.Herrmann, Geschichte Israels[2], 93 + A.40. Deutlich ist der Vorrang
der historischen Argumentation gegenüber der literarischen.

40   Gegen H.Gunkel, HK, 182. In unserem Sinn W.Zimmerli, ZBK, 58. Eine gewisse
Diskrepanz bleibt jedenfalls darin, daß die Genealogie Ex 6,16ff nur die Dauer des
Ägytenaufenthaltes abdeckt (Juda bis Mose), während Gen 15 doch von Abraham

Personen der Ägypten- und Exoduszeit, die zum Teil auf nur 2 bis 3 Generationen führen.[41] Wenn nicht eine alte Nachricht zugrunde liegt, woher kommt dann die Angabe? Angesichts des deuteronomistischen Charakters unseres Textes und der deutlichen Transparenz auf die Exilszeit legt sich ein Bezug auf eine Exilssituation nahe. "Sowohl die Angabe einer kürzeren Zeit (das vierte Geschlecht), wie auch die Erklärung des Nicht-Einschreitens Gottes gegen die Feinde Israels, weil deren Schuld noch nicht voll ist, könnte auf das Exil anspielen und als Trostwort an die Exilierten gemeint sein."[42] Allerdings ist damit dann doch eine recht lange Exilszeit anzunehmen. Selbst die 70 Jahre Jeremias (Jer 25,11; 29,10) können nicht als vier Generationen verstanden werden, zumal für den Zusammenhang vorausgesetzt ist, daß die vierte Generation erwachsen ist.[43] "Außerdem soll daran erinnert werden, daß die Israeliten das Zählen in Generationen nicht mit dem Vater, sondern mit dem Sohn begannen."[44]

Gen 50,22f wird von Josef, der 110 Jahre alt wurde, gesagt, er habe "von Ephraim noch Söhne im dritten Geschlecht", also die von

---

an rechnet. - Hat P bereits harmonisiert und die 4 Generationen in die 430 Jahre hineingesetzt?

41   Ausführliche Erörterung siehe bei R.deVaux, Histoire, 365-368; R.deVaux versucht allerdings dann einen Ausgleich zwischen den verschiedenen Zahlen- und Generationsangaben, indem er mehrere Gruppen der Vorfahren Israels sukzessive nach Ägypten ziehen läßt. J.Bright, History[3], 96. 121 übergeht "in the light of evidence" (so S.120) die Angabe von V.16. N.Lohfink, a.a.O., addiert die beiden Angaben, indem er in "hierher zurück" einen Hinweis auf Jerusalem (wegen Gen 14) findet und dann "400 Jahre ... von Abram bis zum Auszug aus Ägypten und vier Generationen vom Auszug aus Ägypten bis zur Eroberung Jerusalems durch David (rechnet), wobei beide Zahlenangaben nicht zu exakt zu nehmen wären" (S.86) - das ist wohl doch eine allzu "elegante Lösung des vielbesprochenen chronologischen Problems" (S.85).

42   C.Westermann, BK, 270f in (teilweiser) Zustimmung zu J.v.Seters, Abraham in History and Tradition.

43   Anders als Ex 20,5, wo es um die "Familie in ihrer weitesten Generationserstreckung ... (vgl. 'Urahne, Großmutter, Mutter und Kind in einer Stube versammelt sind...)" geht. W.Zimmerli, Theol AT, 96.

44   D.N.Freedman-J.Lundbom, דור, ThWAT II, 186.

ihm aus vierte Generation, gesehen.[45] Ein Bezug auf das babylonische
Exil ist damit schlechthin unmöglich. Wenn der existentielle Charakter
des Textes auf die Erwartung und Hoffnung einer Rückkehr verweist,
so kann das nur die Erwartung einer Rückkehr aus dem assyrischen
Exil betreffen. Solche Erwartungen gab es in der Zeit des Rückganges
der assyrischen Macht, wie das "Trostbüchlein für Ephraim" (Jer 30f)
und vielleicht Jer 2-6 als "die Frühzeitverkündigung Jeremias"[46]
bezeugen, und die politische Situation der Zeit, wie die Aktionen
Josias es nahe legen.[47] Der sich dabei ergebende Zeitraum paßt gut
zu den 4 Generationen: Von 722 bis zur josianischen Reform von 622,
die zugleich die Emanzipation von den Assyrern bezeugt, sind es 100
Jahre, bis zum Ende Ninives 612 sind es 110 Jahre assyrischen Exils.

Die Angabe von 4 Generationen wird nun nicht einfach aus
der Luft gegriffen, sondern in Form einer Genealogie oder einer
Erzählfolge zumindest annäherungsweise vorhanden gewesen sein.
Fragen wir weiters, was Gen 15 voraussetzt, so ist die 4. Generation
jene, die ins Land (הנה, V.16) zurückkehrt, was nicht notwendiger-
weise mit dem Auszug gleichzusetzen ist. Andererseits läßt der Text
aus sich heraus nicht erkennen, daß zwischen Abraham und der
Generation des Hinabzugs nach Ägypten vorerst noch mehrere
Generationen im Land leben. Bezeichnen wir die Generationen der
Einfachheit halber mit den Namen der biblischen Geschichte, so ergibt
sich folgendes Bild: Zwischen Josef und Mose liegt zumindest die
Generation der Eltern des Mose, andererseits kommt Mose bzw. die
Auszugsgeneration wegen des Wüstenaufenthalts noch nicht in das
Land, sondern erst die Generation des Josua.[48] Damit sind bereits die
vier Generationen ab dem Erzvater verbraucht. Es bleibt kein Raum
für eine Genealogie Abraham - Isaak - Jakob. Das bedeutet, die
Tradition von den vier Generationen knüpfte entweder an Abraham
an, kannte aber noch nicht die Reihung der drei Erzväter, oder sie
knüpfte ursprünglich an Jakob an, was dem Bild von Dtn 26,5ff nahe
käme, sofern man den "dem Untergang nahen Aramäer" überhaupt
identifizieren darf. Damit ist die Angabe von den vier Generationen

---

45　Siehe C.Westermann, Genesis 37-50, BK I 3. 235.

46　R.Albertz, Jer 2-6 und die Frühzeitverkündigung Jeremias, ZAW 94 (1982), 20-47.

47　Siehe dazu S.Herrmann, Geschichte Israels, 323-334.

48　Bezeichnenderweise geht es in V.16b um die Landesbewohner, während es in V.14
　　um das Gericht an den Ägyptern geht.

deutlich die ältere 'lectio difficilior', während die vier Jahrhunderte
eine Zeitdehnung darstellen, um die "biblische Geschichte" unterbringen zu können.[49]

Im Text von Gen 15,13-16 ist damit V.15 und von V.13 zumindest die Angabe der 400 Jahre sekundär. Zugrunde liegt eine Tradition, die vom Ägyptenaufenthalt und einer Rückkehr ins Land der
Väter nach (circa?) vier Generationen weiß. Die in der Verbindung
der Traditionsblöcke der Vätererzählungen und der Exodusereignisse
beschlossene Spannung wird aktualisiert zu einer Hoffnung auf
Rückkehr aus dem Exil. Die Begründung für das Ausbleiben der
Verheißung mit dem Hinweis "denn noch ist nicht voll das Maß der
Schuld der Amoriter" verweist ebenfalls auf das 7.Jh. wie L.Perlitt[50]
zum Begriff "Amoriter" gezeigt hat.

5.5. Ergebnis

In Gen 15 finden sich damit im Blick auf unsere Fragestellung
drei Schichten: Die Tradition von einer Fremdlingschaft der Nachkommen der Erzväter und deren Rückkehr in der vierten Generation,
eventuell bereits verbunden mit einer Verheißungserzählung von
aktualisierender Intention; eine Verheißungserzählung, die sowohl auf
die Nachkommen- als auch auf die Landverheißung zielte und deren
Erfüllung durch Zeichen bestätigt werden; schließlich eine Schicht
(oder Schichten), die Jahwe insbesondere als Rettergott des (alten und
neuen) Exodus charakterisieren und die Verheißungserzählung mit dem
bekannten Geschichtsverlauf (mehr als vier Generationen, Tod
Abrahams im Land) in Einklang bringen.

Die älteste Schicht mit der Erwähnung der vier Generationen
setzt bereits die Stufen Väterzeit - Ägyptenaufenthalt - Landnahme
voraus. In der vorfindlichen Form ist die Problematik dabei nicht die
Sklaverei bzw. die Errettung aus Ägypten, sondern die Verzögerung
der Verheißung. Wenn diese Tradition auf eine spätere Situation
Israels hin aktualisiert wurde, was sehr wahrscheinlich ist, so ist dies
nur auf das assyrische, nicht auf das babylonische Exil beziehbar, und

---

49 Zu den literarischen und historischen Fragen siehe weiters: S.Kreuzer, 430 Jahre,
    400 Jahre oder 4 Generationen - Zu den Zeitangaben über den Ägyptenaufenthalt
    der "Israeliten", ZAW 98 (1986), 199-210.

50 L.Perlitt, Bundestheologie, 253-256.

zwar auf die vierte Generation, d.h. ca. 100 Jahre nach dem Fall des Nordreiches; das ergibt die Zeit des Niederganges der assyrischen Weltmacht und der josianischen Reform- und Expansionsbestrebungen. Möglicherweise war die Rede von der vierten Generation eine Abstraktion aus dem bekannten Geschichtsablauf, die die Aktualisierung erleichterte. Angesichts des seinerzeitigen Geschichtsablaufes sollte gezeigt werden, daß auch die nunmehrige Fremdlingsschaft ihr Ende haben wird, daß nunmehr die Sünde der Amoriter ihr Maß erreicht hat, und daß die Israeliten (wieder) das Land besitzen werden.

Damit ergibt sich die zweite Hälfte des 7.Jh. als terminus ad quem für das Vorhandensein der Vorstellung einer Reihenfolge Erzväter - Ägyptenaufenthalt (und Exodus) - Landnahme. In diesem Geschichtsbild ist nur Platz für einen Erzvater, dessen Nachkommen nach Ägypten kamen. Ob dies Abraham ist oder Jakob, ist nicht eindeutig zu entscheiden. Die offensichtliche Bezugnahme (und auch Herkunft?) der Tradition auf das Nordreich sprechen für Jakob, ebenso wie die Tradition in Dtn 26, sofern man, anders als es Dtn 26,5 tut, überhaupt einen Namen nennen darf. Der Fragehorizont ist hier, anders als in den späteren Phasen, nicht der Exodus, sondern der Besitz des Landes. Insofern ist der Platz des Textes in den Vätererzählungen richtig, auch wenn ein wesentlich größerer Horizont vorausgesetzt ist.

Ob dieses Geschichtsbild bereits auf dieser Ebene mit einer Schwurhandlung Jahwes und der Bezeichnung dieser Handlung als ברית verbunden war oder erst in der nächsten Phase, dürfte kaum zu entscheiden sein. Für die erwähnte Zeit der Aktualisierung ist diese Verbindung aber anzunehmen. Der Unterschied zwischen dem Betrachten der Sterne am Himmel in Gen 15A und dem aktiven Handeln Jahwes (und Abrahams?) in Gen 15B spricht für diese Verbindung.

Die nächste Phase war die Komposition von Gen 15 mit ihren beiden Teilen A und B mit der Vergewisserung der Mehrungs- und der Landbesitzverheißung. "Wahrscheinlich ist nach dem jetzigen Stand der Forschung das Entstehen beider Texte in einem späten Stadium der Geschichte der Väterverheißungen, als der Besitz des Landes (V.7-21) und das Weiterbestehen des Volkes (V.1-6) gefährdet war und die alten Väterverheißungen neu erweckt wurden".[51]

---

51 C.Westermann, a.a.O., 256. Anders als Westermann konnten wir jedoch auch eine Vorstufe, jedenfalls für V.7-21 erkennen, vgl. O.Kaiser, Traditionsgeschichtliche Untersuchung.

Die dritte Phase ist gekennzeichnet durch die Überformung mit der Thematik vom (neuen) Exodus aus dem babylonischen Exil. Diese zeigt sich in der nach V.1-6 überraschenden, neuerlichen Selbstvorstellung Jahwes, V.7, die deutlich nach der Exodusformel bzw. Dekalogpräambel gestaltet ist. Diese Akzentsetzung liegt auch in der Darstellung und Entfaltung des Ägyptenaufenthaltes V.13b.14 vor. Die sprachliche Gestaltung verweist auf die spätexilische Zeit ebenso wie der Name "Ur der Chaldäer" erst für die neubabylonische Zeit möglich ist.[52] Die Intention ist die Verheißung des neuen Exodus durch die Erinnerung an die endliche Erfüllung des seinerzeitigen Auszugs. Die Vätergeschichte ist hier ganz ins Licht des Exodus getaucht. Für den vorausgesetzten Geschichtsverlauf reichten offenbar vier Generationen nicht mehr aus, sodaß, eventuell in einem nochmaligen Nachtrag, eine vierhundertjährige Bedrückung genannt wurde.

---

52 Der Name "Ur der Chaldäer" ist nach Th.L.Thompson, The Historicity of the Patriarchal Narratives, BZAW 133, 303f, nur vom 10. bis 6.Jh. des 1.Jt.v.Chr. in diesem Sinn möglich. Für die genauere Datierung innerhalb dieses Zeitraums ergibt sich daraus kein Anhaltspunkt, aber immerhin ein terminus ad quem. Nicht uninteressant für unsere Thematik (Dtn 26,5!) ist, daß die Chaldäer eingewanderte Aramäer sind. E.Lipinski, Aramäer und Israel, TRE II, 59 engt den Spielraum auf die Zeit ab der "Gründung des Neubabylonischen Reiches im 7.Jh." ein und vermutet, "daß diese Tradition gegen Ende der Exilszeit unter den nach Babylonien deportierten Judäern entstanden ist, in einer Zeit, in der die Beziehungen zwischen Ur und Harran besonders lebendig waren". Zur Bedeutung der assyrischen Gola und zu ihrer Verbindung mit der späteren babylonischen Gola siehe nun auch A.Malamat, Exile, Assyrian, EJ VI. 1034-1036 und B.Z.Luria, The Exile from Samaria, ErIs 17, 1984, 10*.215-225.

6. Exodus 3

6.1. Aufbau des Textes

Die Berufung und Beauftragung des Mose bildet den Auftakt zum Auszugsgeschehen und zugleich ein wichtiges Bindeglied zu den vorausliegenden Texten. Der Text setzt ein mit Mose in Midian, wie er zum Gottesberg kommt und aus dem brennenden Dornbusch von Gott angerufen wird (V.1-5). Dieser stellt sich ihm als der Gott des Vaters bzw. der Väter vor, teilt mit, daß er das Elend und die Notschreie der Israeliten gehört habe und daß er sie befreien und in ein schönes und weites Land führen wolle, und sendet sodann Mose zum Pharao, um die Israeliten aus Ägypten herauszuführen (V.6-10). Den zweifelnden Einwänden Moses wird einerseits als Zeichen das Faktum des zukünftigen Gottesdienstes "an diesem Berg", andererseits die Mitteilung des Jahwenamens entgegengesetzt (V.11-15). Nochmals wird nun Mose aufgefordert, zu den Ältesten Israels zu gehen und von der Gotteserscheinung zu berichten und die kommenden Ereignisse anzukündigen (V.16f). Geradezu in einem nochmaligen Anlauf wird nun Mose angekündigt, daß die Ältesten Israels auf ihn hören und mit ihm zum Pharao gehen werden. Diesen wird nochmals von der Gottesbegegnung berichtet und der Wunsch zu einem Zug für ein Opfer in der Wüste vorgelegt. Weiters wird vorausgeblickt auf den Widerstand des Pharao, auf die Machterweise Jahwes, die diesen überwinden werden, und schließlich auf die "Beraubung" der Ägypter (18-22). In 4,1-17 kommen nochmals ausführlich Zweifel und Einwände des Mose zur Sprache, denen Möglichkeiten zu verschiedenen Wundern bzw. Aaron als "Mund des Mose" entgegengesetzt werden. Mit 4,18ff erst beginnt mit der Rückkehr Moses zu Jitro und dem Aufbruch nach Ägypten wieder die Handlung. Die für uns relevanten Texte sind die Geschichtsdarstellungen in 3,7f.9f.16f.

6.2. Die Frage der Quellen und der Einfluß des Berufungsschemas

Die Ankündigung des Eingreifens Gottes beginnt in V.7 und in V.9 durch den Hinweis auf die wahrgenommene Notlage, dem die Ankündigung bzw. Beauftragung der Befreiung folgt. Mose soll die Israeliten aus Ägypten herausführen bzw. Jahwe wird sie heraufführen in ein schönes und weites Land (V.10.8). Das Stichwort von der Heraufführung wird in V.16f wieder aufgenommen, was neben der Selbstverständlichkeit der Bezeichnung "Jahwe, der Gott eurer Väter" die Zusammengehörigkeit von V.16f mit V.7f nahe legt. Demgegenüber meidet V.9f die Nennung Gottes und leitet so über zur weiteren Frage

nach dem Namen Gottes, der zunächst einfach als göttliches Wesen in
Erscheinung tritt. Die beiden V.5 und 6 sind aus sich heraus nicht so
eindeutig zu V.7f oder 9f zuzuordnen, aber V.13 verlangt die vorausgehende Selbstvorstellung des Gottes der Väter, wodurch sich die
Verbindung mit V.6 ergibt, während V.5 deutlich mit der Dornbusch-
szene verbunden ist, die problemlos den Jahwenamen verwendet.[1]
Während zwar in V.17 עלה auf V.7f verweist, könnte "Jahwe, der Gott
eurer Väter ..." aus V.16 ebensogut auf V.6.13 bezogen werden. Zudem
ist Jahwes "Handeln" hier mit פקד und dort mit ראה bezeichnet.[2] Es
besteht also eine gewisse Spannung, die aber wegen der Aufnahme
von פקד und עלה aus Gen 50,24[3] nicht literarkritisch, sondern
traditionsgeschichtlich zu lösen sein wird. Die Nennung der drei Väter
in V.16 ist einer eher späten Redaktion zuzuordnen.[4] Die Bezeichnung
"Jahwe, der Gott eurer Väter" "begegnet vor allem in exilischer und
nachexilischer Zeit, in älteren Stellen nur 3,13.15.16 (4,5 Zusatz)"[5].
Die Bezeichnung ist zwar im Erzählverlauf von J für die Rede an die
Ältesten durchaus passend, fällt aber durch die Singularität in J auf
und würde im Kontext die Identifikation Vätergott - Jahwe, also das
bei E ausgeführte Problem, anklingen lassen. Denkbar wäre jedoch
auch, daß "der Gott eurer Väter" Zusatz ist und der Anfang der Rede
nur lautete: "Jahwe ist mir erschienen und hat gesagt ..." Die Frage
wird nur im Verein mit anderen Beobachtungen zu entscheiden sein.

---

1   Die Quellenscheidung in diesem Sinn führen auch B.Baentsch, Exodus, HK, 18-27;
     M.Noth, Exodus, ATD, 25-32; ders., Überlieferungsgeschichte des Pentateuch, (hier
     noch mit Erklärung des J-Anteils als Zusatz zu J), W.H.Schmidt, BK, 109 durch.
     Vgl. weiters H.Seebass, Mose und Aaron, Sinai und Gottesberg, 6-10; G.Fohrer,
     Überlieferung und Geschichte des Exodus, 124; W.Richter, Berufungsberichte, 70.

2   Dieser Unterschied wird in der Literatur zu wenig beachtet.

3   P.Weimar, Berufung des Mose, 110-112.

4   Ebd. 114f. P.Weimar stellt die Formel in den Zusammenhang der Periodisierung der
     Geschichte, wie sie sich bei P mit der Verwendung von El Schaddaj für die
     Väterzeit zeigt. W.Richter, Berufungsberichte, 88, schreibt sie "einer planvoll
     waltenden Hand" zu, und denkt "auf Grund der zitierten Stellen an J".

5   W.Richter, ebd.87.

Deutlich hebt sich die Völkerliste in V.8 und 17 als Zusatz ab und wird allgemein als solcher betrachtet.[6] Diese Liste gehört zur dtr Literatur. "Wäre sie ... [im Jahwistischen Geschichtswerk] fest verankert, bliebe die Frage unbeantwortet. Warum greift es im weiteren Handlungsverlauf nicht auf die Erwähnung der Landesbewohner zurück?"[7] Die hier belegte Reihenfolge ist nur noch Ri 3,5, einem dtr Zusatz, belegt.

Der andere Strang des Textes dürfte in V.15,[8] vielleicht auch schon früher, aber noch nicht in V.9f Ergänzungen erfahren haben. Die Einheit erwähnt das Hilfegeschrei der Israeliten und ihre Drangsal. Darauf folgt unmittelbar die Sendung zum Pharao mit dem Zweck der Herausführung. In dieser unmittelbaren Beauftragung ebenso wie daran, daß hier Mose das Subjekt der Herausführung ist, zeigt sich das andere Schema, das der Textgestaltung zugrundeliegt. Weiters fällt auf, daß V.9f nur auf Not und Herausführung schauen. Ein größerer Zusammenhang wird erst sichtbar im Zusammenhang mit den Einwänden des Mose. Erst bei dem dabei genannten Zeichen "ihr werdet Gott an diesem Berge dienen" (V.12) und bei der Frage nach dem Gottesnamen weitet sich der Horizont zu den Vätern und zum Sinai (der hier doch wohl gemeint ist). Dieses Davor und Danach ist nun weder geographisch (wie in V.8) noch sozial (etwa im Gegensatz zur Not, V.9), sondern nur in religiös-kultischer Dimension beschrieben. Es geht um den Gottesnamen und um den Gottesdienst. Ist die Schilderung von V.9f von traditionell gegebenem Umfang und so in den Rahmen der Berufungserzählung hineingenommen, oder war dem Verfasser der größere Zusammenhang Väter - Exodus - Sinai wohl bekannt und führte das Berufungsschema zur Aufsplitterung in die Einzelelemente?

Die vorgeführte literarische Analyse und die Frage nach größeren literarischen Horizonten führt zur Aufteilung des Textes auf zwei Quellen, die mit J und E identifiziert werden können, und auf diverse Ergänzungen. V.7f*.16f* werden dabei praktisch einhellig J, V.9-15* E zugeteilt. Umstritten sind die Zusätze in V.8.17. Während

---

6   W.H.Schmidt, BK, 141 und die dort genannten Autoren.

7   W.H.Schmidt, BK, 140f.

8   Siehe dazu W.H.Schmidt, BK, 132f: Der Vers dürfte in Anlehnung an jerusalemer Kulttraditionen formuliert sein und dient "zumindest faktisch der Vermittlung zwischen elohistischem und jahwistischem Text" (133). Zu V.14a.b. siehe ebd. 131f.

ältere Autoren die Bezeichnung des Landes als ein gutes und weites
Land, in dem Milch und Honig fließen, J zuschreiben, wird diese
neuerdings dem Umkreis der dtr Literatur zugerechnet.[9] Die methodische Grundfrage ist, ob eine bestimmte Wendung, die sich häufiger
in jüngeren Texten findet, darum ebenso jung sein muß oder ob sie
Vorlage und Anknüpfungspunkt darstellen kann. Ziemlich sicher als
redaktionell zu beurteilen sind V.18-20.21f, indem hier auf Einzelereignisse vor dem Auszug geblickt wird. Mose "erfährt ... durch ein
Gotteswort nun Einzelheiten der Zukunft, insbesondere die drohenden
Schwierigkeiten. Die drei Themen folgen in ihrem Nacheinander dem
Aufbau des Exodusbuches: Opferfest in der Wüste (3,18 nach Ex 5),
Ankündigung der Plagen (3,19f nach Ex 7ff) und sog. Beraubung der
Ägypter (3,12f nach Ex 11f). Aus der allgemein gehaltenen Verheißung
wird gleichsam eine Wahrsagung. Gott weiß genau (vgl. 19a), was
bevorsteht, und teilt es seinem Beauftragten mit."[10] Zudem ist die
sog. Beraubung der Ägypter in 3,21f stärker reflektiert und auch
apologetisch dargestellt als in 11f.[11] Diese Detailbetrachtung unterscheidet sich von den großflächigen summarischen Aussagen V.7f.9f.
Für unser Thema ist es interessant zu sehen, wie einerseits die
summarischen Aussagen den bevorstehenden Verlauf der Ereignisse
abstrahieren, diese aber andererseits wieder zur Ergänzung durch
Einzelheiten tendieren. Die deutlichen Doppelungen,[12] geben das
Recht zur Annahme durchlaufender Quellen,[13] wobei dieser Wendepunkt der Geschichte sowohl die Gestaltungs- und Formulierungskunst
der Quellenschriften als auch die Aufmerksamkeit der Redaktionen an
sich zog.

---

9   A.a.O. 164f.

10   A.a.O. 142.

11   A.a.O. 143. Vgl. die ähnlichen Beobachtungen bei Gen 15.

12   Siehe z.B. die Tabelle bei W.Richter, Berufungsberichte, 67.

13   "So erklären sich die häuptsächlichen Unebenheiten in Ex 3 - der Wechsel der
     Gottesnamen in V.4, die zweifache Einführung der Rede V.5f sowie die Parallelität
     von V.7f und 9f - besser, wenn man mit zwei ehemals voneinander unabhängigen
     Texten rechnet." W.H.Schmidt, BK, 182; gegen den Versuch von H.C.Schmitt,
     Redaktion des Pentateuch im Geiste der Prophetie, VT 32 (1982), 186, "J" als
     Bearbeitung von E zu verstehen.

Seit den bahnbrechenden Ausführungen W.Zimmerlis[14] über verschiedene Typen prophetischer Berufungserzählungen, wo er auch Ex 3 in den Vergleich mit einbezog, ist die Berufung des Mose wiederholt unter diesem Aspekt untersucht[15] und insbesondere von W.Richter[16] zu einem Hauptbestandteil dieser Thematik gemacht worden. Die wesentlichen Elemente des Berufungsformulars, dessen "Einzelglieder in Abfolge und Ausdrucksweise keineswegs so eindeutig fest [liegen], daß nicht noch eine reiche Variabilität bestehen würde", sind Auftrag, Einwand, Abweisung des Einwands und Zeichen; dazu können zusätzliche Formelemente treten, etwa in Ex 3,9 und 1 Sam 9,16 der Hilferuf der Israeliten oder (im Gesamtbestand von) Ex 3 und Ri 6 die Verbindung mit einer Kultätiologie[17]. Diese zusätzlichen Elemente führen allerdings auch zur Frage, wieweit oder ab wo dieses Berufungsschema selbständig existierte. Richter stellte dieses Berufungsschema auch bereits für Ex 3 J fest. Hier findet er, wie in Ex 3 E, 1 Sam 9f und Ri 6, die Elemente: Schreien wegen der Not – Auftragsformel – Einwand – Zeichen. Allerdings findet auch er das erste Element in Ri 6 gar nicht, in Ex 3 E und 1 Sam 9f nur indirekt. Als Einwand muß er den quellenmäßig unsicheren Vers Ex 4,1 für J in Anspruch nehmen, den er selber in Klammer setzt.[18] Näheres Zusehen zeigt, daß das Element "Schreien wegen der Not" offensichtlich selbständiger Herkunft ist und daß Ex 3 J nicht mit dem Schema zu verbinden ist. Das Berufungsschema wird lediglich von Ex 3 E erfüllt, wobei die Elemente Einwand und Überwindung des Einwands dessen deutlichste Kennzeichen darstellen. Richter sah das Berufungsschema als schon in der frühesten Königszeit und zwar schon als prophetisches Berufungsschema vorgegeben an, mit dessen Hilfe J die Gestalt des Mose prophetisch interpretierte. Richter betont dabei wiederholt, daß J nicht das reine Berufungsschema hat, sondern sich dessen bediente. "... kann man die Gattung der Jahwerede nicht bestimmen, sondern nur umschreiben als eine Abhandlung, die

---

14   W.Zimmerli, Ez, BK XIII/1, 16-20 (1. Lfg. 1956).

15   Siehe die Literatur bei W.H.Schmidt, Ex, BK, 123f.

16   W.Richter, Die sogenannten vorprophetischen Berufungsberichte. Eine literaturwissenschaftliche Studie zu 1 Sam 9,1-10, 16; Ex 3f und Ri 6,11b-17 (1970).

17   Ebd. 124-128.

18   Siehe die Tabelle W.Richter, Berufungsberichte, 97.

geschichtstheologische Aussagen machen will und sich des Schemas 'Berufung' als Stilform bedient."[19] Die Existenz dieses Schemas für die früheste Königszeit unterliegt jedoch starken Zweifeln, zumal sein Nachweis für Ex 3 J sehr fraglich ist, wodurch ein Hauptbeleg wegfällt. So wird man Ex 3 J besser - und in diesem Sinn durchaus mit Richter - als Offenbarungsrede mit geschichtstheologischen Aussagen bezeichnen. Deren Inhalt ist die Heraufführung aus Ägypten und Mose erhält in diesem Rahmen einen konkreten Auftrag, der für J sicher von Haus aus über die bloße Mitteilung (V.16f) hinausging. Insofern ist es auch für Ex 3 J berechtigt, von der Berufung des Mose o.ä. im weiteren Sinn zu reden, aber es liegt kein 'prophetisches Berufungsformular' vor.

Ein solches prägt allerdings Ex 3 E. Das spezifische Kennzeichen ist der Einwand des zu Berufenden. Mit diesem gegenüber J neuen Element verknüpft E auch die ihm wichtige Periodisierung und Verbindung der Heilsgeschichte durch die Mitteilung des Gottesnamens. Dieses neue Element dürfte, wie L.Schmidt, Menschlicher Erfolg und Jahwes Initiative, zeigte, "Produkt einer theologischen Reflexion über den menschlichen Erfolg und die Initiative Jahwes"[20] sein. Wie sehr die 'Geistesbeschäftigung' mit diesem Thema und der Frage der Rolle des Mose zwischen Gott, Volk und Pharao in der Folgezeit diese Linie auszog, zeigt sich an den verschiedenen Zusätzen besonders in Ex 4. Auf Grund seiner Analysen von Ri 6 und 1 Sam 9f nimmt L.Schmidt die Entstehung des Schemas im Nordreich ca. 850 v. Chr. an. "Damit sind aber Raum und Zeit umschrieben, in denen üblicherweise der Elohist angesetzt wird. So konvergieren verschiedenartige Argumente in demselben Ergebnis."[21] "Der vom Elohisten mit Hilfe des Berufungsformulars gestaltete Abschnitt verläuft glatt bis V.12a"[22], also bis zur Beistandszusage.[23] Das anschließend gegebene

---

19   Ebd., 99; ähnlich 102. 129 (hier die Bemerkung, daß "J und E jeweils ein anders
      nuanciertes Schema der Berufung bekannt gewesen ist" (!); 141 (hier besonders
      deutlich: "J steht am weitesten entfernt").

20   S.43f. Zunächst von Ri 6,15 und Ex 3 her begründet. Zu Ex 3: "Damit läßt sich
      der Aufbau von Ex 3,9-12 nur als eine Reflexion darüber verstehen, unter welchen
      Bedingungen der Mensch Werkzeug der Gottheit sein kann." (42).

21   W.H.Schmidt. BK, 129.

22   Ebd.

Zeichen hat insofern eine spezielle Nuance, als es das ganze Volk,
nicht nur den Berufenen betrifft und zudem weit in der Zukunft
liegt.[24] Oder verschiebt sich der Adressat deswegen, weil die Ereignisse gewissermaßen die Berufung des Volkes bedeuten? Die Bekannt-
machung des Gottesnamens liegt dann genau auf dieser Linie der hier
beginnenden Beziehung zwischen Gott und Volk. Der große zeitliche
Abstand des Zeichens führt zur Annahme einer V.12b zugrundeliegenden Tradition.[25]

**6.3.   Der Einfluß der Exodustradition und die Verknüpfung mit
Väterzeit und Landnahme.**

In seiner Untersuchung über die Herausführungsformel
vermerkte W.Groß[26] neun verschiedene Formeln, die zum großen Teil
sowohl mit עלה als auch mit יצא gebildet werden können. Sein
Ergebnis ist, daß die Aussagen kaum auf bestimmte Bereiche und
Ursprungsorte festgelegt werden können. Dadurch, daß eine Formel an
einer bestimmten Stelle zum ersten Mal belegt ist, ist noch nicht ihr
ursprünglicher 'Sitz im Leben' bestimmt.[27] Die Problematik kann auch
dadurch veranschaulicht werden, daß die Heraufführungsformel mit עלה
unter Hinweis auf 1 Kön 12,28 im Nordreich, J, der ausschließlich עלה
verwendet, dagegen - sofern man seine Existenz nicht grundsätzlich
bestreitet - im Südreich angesetzt wird, während E, der ins Nordreich

---

23   Zur Bedeutung der Beistandsformel und zu ihrer Verwendung in E siehe P.Weimar,
      Berufung, 163-169.

24   Diese Differenzen wurden wiederholt beobachtet. M.Noth, Ex, ATD, 29 vermutet
      Lücken in V.12, die entweder versehentlich entstanden oder in denen "vielleicht
      etwas der J-Version Widersprechendes weggelassen worden ist.".

25   Wesentlich besser würden die Zeichen von 4,1ff der Situation des Augenblicks
      entsprechen. Sammelten sich die Zeichen dort aus dem Empfinden des Ungenügens
      von V.12b zur Vergewisserung des Mose? Jedenfalls ist V.12b als 'lectio difficilior'
      zu betrachten.

26   W.Groß, Die Herausführungsformel - Zum Verhältnis von Formel und Syntax, ZAW
      86(1974), 425-453.

27   Ebd., 451: "... so kann man nicht mehr aus einem zufällig ältesten Beleg einen
      'ursprünglichen' Sitz im Leben eruieren, es sei denn erwiesen, daß die konkrete
      Wendung formelhaft ist und nicht nur Sitz in der Literatur vorliegt."

gehört, sowohl עלה als auch יצא verwendet. Groß kommt zu folgendem
Gesamtbild: "Vor Jerobeam sind in Jerusalem Formulierungen mit jṣ́
und ᶜlj bekannt. Vor und nach Jerobeam sind im Nordreich jṣ́ und ᶜlj
in Gebrauch, wobei ᶜlj überwiegt. Soweit jerusalemer Texte deutlich
gegen ᶜlj - Formulierungen des Nordreichs unter Jerobeam und danach
polemisieren, findet sich ein und dieselbe geprägte Wendung: 1 Reg
12,28; Ex 32. Exilisch-nachexilisch sind jṣ́ wie ᶜlj belegt, wobei jṣ́
sich reich entfaltet und bei weitem überwiegt. Von E an bis in die
Exilszeit wird von einzelnen Autoren jṣ́ neben ᶜlj verwendet. Der
Verfasser des dtr. Geschichtswerks scheint die ᶜlj - Formulierungen
nur im Zusammenhang mit nördlichen Traditionen und eigenen
Formulierungen über das Nordreich zu bringen, schließt aber auch in
solchen Zusammenhängen jṣ́ nicht ganz aus."[28] - Wir sind damit
wesentlich auf den jeweiligen Text angewiesen.

    In Ex. 3,8 J steht עלה Hi inf. mit ל parallel zur entsprechen-
den Form von נצל und gibt den Zweck des Herabsteigens Jahwes
an: וארד להצילו מיד מצרים ולהעלותו מן הארץ ההוא אל ארץ הטובה
ורחבה׃

    Diese Konstruktion findet sich nicht bei den von Groß
herausgestellten Formeln:[29] Die Formulierungen mit inf. cs. + ל ist
von וארד und damit von der vorausgesetzten Offenbarungssituation
abhängig, geht also auf das Konto des Jahwisten. Von den 7 Belegen
für nṣ hi für die Errettung aus Ägypten sind nur zwei, nämlich Ex
3,8 und 5,23 dem Jahwisten zuzurechnen.[30] Ex 5,23 blickt im Gebet
des Mose auf 3,8 zurück ("noch nicht errettet") und verknüpft die
Rettung aus Ägypten mit der Not in Ägypten.[31] Die Formulierung mit

---

28   Ebd.

29   J.Wijngaards, The Formulas of the Deuteronomic Creed, 24. 26 zählt nur die 13
    Belege von nṣ Hi (für "den Exodus") auf, ohne sie nach Grammatik und Syntax zu
    unterscheiden.

30   Ex 12,27 ist nach M.Noth, Ex, ATD, 72 deuteronomistisch. Ex 18,9.10 (2x) ist nach
    M.Noth, ebd., 117 jahwistischer Zusatz (= jehowistisch?) zu E. Ex 18,4 ist
    literarisch ebenso einzuordnen, bezieht sich aber nur auf Mose. Ex 6,6 gehört zu
    P.

31   Auf diesen Bezug verweist auch P.Weimar, Berufung, 97. Es ist auch zuzustimmen,
    daß "die negative Verwendung der 'Rettungsformel' in Ex 5,23 die auf das
    konkrete Rettungsgeschehen vorweisende Aussage Jahwes in Ex 6,1 vor(bereitet)";
    nicht einsichtig ist jedoch angesichts der nur zwei Belege, inwiefern "somit auch

נצל dürfte in der Tat "aus dem Bereich der persönlichen Erfahrung auf die Situation der Befreiung aus Ägypten übertragen worden sein"[32] und bezog sich dabei speziell auf die Befreiung aus dem Frondienst. J nahm diese Formulierung offensichtlich auf und verband sie mit der ihm so wichtigen und für ihn so charakteristischen Formulierung mit עלה Hi.[33] "Wenn J auf Exodusformeln anspielt, so gebraucht er ᶜlj hi., allerdings jeweils in sehr freien Formulierungen."[34] Solche Formulierungen finden sich in Gen 46,4 und 50,24*, wo sie die Verbindung zwischen den Erzvätern und dem Ägyptenaufenthalt bzw. der Rückkehr ins Land herstellen. "In der Formulierung [Gen 36,] 4a ist es mit Händen zu greifen, daß der Tradent hier beabsichtigt, den Zug Jakobs nach Ägypten, mit dem die Vätergeschichte abschließt, eng mit der mit dem Auszug aus Ägypten beginnenden Volksgeschichte zu verknüpfen... Dem Tradenten, der dies formulierte, liegen die Vätergeschichten als ganze und die Auszugsgeschichte als ganze vor, die er hier zu *einem* Zusammenhang verbindet; vgl. 50,24."[35] In Gen 46,4 ist ירד die Opposition zu עלה, sodaß עלה deutlich das Hinaufziehen ins Land der Verheißung meint. Im Nebeneinander von נצל und עלה ergibt sich damit beinahe eine Zweistufig-

---

die 'Rettungsformel' innerhalb des jahwistischen Werkes nicht singulär" ist (ebd.). Die "Funktion der Wendung innerhalb der jahwistischen Geschichtsdarstellung" ist im Gegenteil doch sehr beschränkt. Die Wendung J völlig abzusprechen und als dtr einzuordnen (so H.H.Schmid, Jahwist, 28), ist mit P.Weimar, Berufung, 97 A.24 abzulehnen.

32   P.Weimar, Berufung, 97 A.24.

33   Die von J.M.Wijngaards, הוציא and העלה, a twofold Approach to the Exodus, VT 15 (1965) 91-105, ebenso wie in The Formulas of the Deuteronomic Creed, 26, dem Jahwisten zugeschriebenen Belege für הוציא gehören zu P (Ex 13,3.9.14.16; 16,32) bzw. sind Zitat (Num 24,8; Bileamspruch); vgl. M.Noth, ATD, jeweils z.St. Ex 12,31 findet sich js' Q im Mund des Pharao, dort aber nicht im Sinn der Exodusthematik, vgl. W.Groß, Herausführungsformel, 447; zustimmend aufgenommen bei H.D.Preuß, יצא, ThWAT III, 817.

34   W.Groß, Herausführungsformel, 447.

35   C.Westermann, Gen 37-50, BK, 172; vgl. 169.235f.

keit Errettung - Hinaufführung in das Land.[36] An dieser Schlüssel-
stelle der Offenbarung an Mose verknüpft J die Traditionen und
interpretiert Exodus und Landnahme als Erfüllung der Verheißung an
die Väter[37] und die Landnahme als Vollendung der Rettung, J hat
damit einen, wohl mit dem Verbum vorgegebenen, Aspekt kräftig
betont.[38]

Damit ist nochmals die Frage nach dem Umfang der Ankündigung von Ex 3,8.17 aufzugreifen, konkret, ob "in ein gutes und weites
Land" und "ein Land, das von Milch und Honig fließt" jahwistisch
oder redaktionell sind. Nicht nur die Völkerliste, sondern auch die
beiden zitierten Wendungen hat zuletzt W.H.Schmidt als redaktionell
erklärt. Nach ihm ist die Wendung "ein Land, in dem Milch und Honig
fließt" "schon auf Grund ihrer Stellung als Nachtrag verdächtig", und
er betrachtet sie als deuteronomistisch, weil sie dort - allerdings
nicht im ältesten Traditionsgut des Dtn - ihren Schwerpunkt hat.[39]
Nun ist die Frage, warum J die Formel nicht bereits bei der Verheißung an die Väter (und andrerseits im weiteren Verlauf der
Erzählung) verwendete, nicht sehr beweiskräftig, weil sie auch an die
Redaktion zu richten wäre. Merkwürdig ist, daß die Wendung eigentlich nicht so recht zum Kulturland bzw. zur Seßhaftigkeit paßt. Milch
von Schafen und Ziegen gehört eher zu den Nomaden. Honig wird im
Alten Testament meist unterwegs gefunden (Ri 14,8f; 1 Sam 14,25-27).
Jedoch ist die "erstarrte Formel zu unspezifisch, um mit Sicherheit

---

36   Der Parallelismus ist nicht einfach synonym, sondern wird geradezu zu einem
      synthetischen.

37   Weiters ist in dem betonten   פקדתי   פקד   von Ex 3,16 in der Rede an die
      Ältesten die Ankündigung des פקד von Gen 50,24 aufgegriffen.

38   Die Frage der Fortführung dieses Themas kann hier nur genannt werden, etwa im
      Blick auf die Häufigkeit von עלה in der Kundschaftergeschichte, Num 13,17b.22.30
      J oder gar im Blick auf die Frage einer jahwistischen Landnahmeüberlieferung, vgl.
      das häufige עלה in Ri 1,1-4.

39   BK, 138. Ähnlich P.Weimar, Berufung, 42 A.74. Für G.Fohrer, Überlieferung, 32,
      "kann" die Bezeichnung "keine Bedenken erregen". W.Fuß, Die deuteronomistische
      Pentateuchredaktion, argumentiert nicht, sondern qualifiziert bloß (37).

auf eine bestimmte Kulturstufe in Anwendung gebracht zu werden."[40]
Da die Kundschafter nach Num 13f andere, typische Landesprodukte
zurückbringen, wird die Wendung doch eher Zusatz sein.

Noch schwieriger ist die Wendung vom guten und weiten Land
zu beurteilen. In den jüngeren Schichten des Dtn findet sich die Rede
vom "guten Land" (Dtn 1,35; 6,18; 8,7), bezeichnenderweise aber nicht
vom "guten und weiten Land". Die Kundschafter sollen erforschen, ob
das Land "gut ist oder schlecht" (Num 13,19), was dann zu überwälti-
gender Rühmung des Landes führt. – Fehlt hier die Bezeichnung
"weit", weil die genze Wendung in Ex 3,8 ursprünglich fehlte, oder
paßte sie nicht zur Pointe der Kundschaftergeschichte? Die Wendung
"in ein gutes und weites Land", "die der gegenwärtigen Forschung
gerne dazu dient, die hohe Bedeutung der Landverheißung für das
jahwistische Geschichtswerk ... zu belegen",[41] paßt jedenfalls sehr gut
zur dargelegten Verwendung von עלה bei J. Wegen der Singularität der
Wendung "wird es sich" nach Weimar "um eine genuin jahwistische
Konstruktion handeln, durch die wohl auf die Landverheißung an
Abraham angespielt werden soll."[42] [43]

---

40   W.Groß, zitiert bei W.H.Schmidt, BK, 164; siehe dort zur Frage und weitere
     Literatur.

41   W.H.Schmidt, BK, 139, der sich jedoch gegen diese Sicht wendet.

42   Berufung, 98. "Beobachtet man die Differenz zur deuteronomistischen Floskel vom
     'schönen Land', dann kann für die Wendung 'ein schönes und weites Land' eine
     Abhängigkeit vom dtr. Sprachgebrauch nicht postuliert werden. Vielmehr wird das
     literarische Beziehungsverhältnis umgekehrt zu sehen sein." (Ebd.)

43   W.H.Schmidt, BK, 139f kommt zu dem Ergebnis: "Ohne die umstrittene Wendung
     kündigt Ex 3,8 nur die 'Herausführung (העלה) aus dem Land' an und nimmt damit
     1,10J auf, wo vom 'Auszug (עלה) aus dem Land' die Rede ist. Die kurze Formulie-
     rung ohne Zielangabe (auch 3,17; anders Gen 13,1; vgl. 12,1.5) fügt sich also sehr
     wohl dem unmittelbaren Kontext des jahwistischen Geschichtswerks ein. Er
     erfordert 'nur' die Verheißung von Befreiung aus ägyptischer Bedrückung, nicht
     von Inbesitznahme eines neuen Landes. Mehr bietet auch der elohistische Parallel-
     bericht Ex 3,10-12 nicht." – Hier ist wohl zutreffend die J vorliegende Überliefe-
     rung bestimmt. Kann man jedoch für eine Schlüsselstelle von J mit dem "unmittel-
     baren Kontext" argumentieren? Das Problem zeigt sich schon darin, daß
     Schmidt העלה so übersetzt, als ob הוציא dastünde, nämlich mit "herausführen"
     (V.1; ebd. 102).

Der Jahwist nimmt die ihm vorliegenden Beschreibungen des
Exodus als Rettung (נצל) und Heraufführung(עלה) auf und lenkt mit
Hilfe seiner Textgestaltung, der Rück- und Vorverweise und-
vermutlich - durch die Zielangabe "in ein gutes und weites Land" den
Blick auf die Gabe des Landes als das Ziel der am Anfang der
Volksgeschichte stehenden Rettungstat Jahwes. Das tragende Gestal-
tungselement ist dabei die Verheißung an die Väter, die durch die
Rettung aus Ägypten anfängt, sich zu erfüllen. Die Rettung aus der
Not in Ägypten wird in die Linie von Verheißung und Erfüllung
eingebaut. Das Anliegen dieser Verbindung ist dabei offensichtlich so
stark, daß das Problem der Verzögerung der Verheißung bzw. des
Grundes für den "Umweg" nach Ägypten (das z.B. Gen 15 beschäftigt)
noch nicht gesehen oder bewußt in Kauf genommen wird.

Während die Wendung vom Herabsteigen Jahwes J zuzurechnen
ist, vgl. (Gen 11,5; 18,21) Ex 19,20,[44] sind die beiden Wendungen vom
Sehen der Not und vom Hören des Geschreis traditionell und nach
Weimar[45] für J nur hier belegt, während Richter[46] J noch weitere
Belege zurechnet. "Die Substantive עני , מכאב und auch die farbloseren
Verben ראה 'sehen' und שמע 'erhören', die kein bloß feststellendes,
sondern ein verstehendes, wohlwollendes, ja fürsorgliches Wahrnehmen
meinen (vgl. etwa Gen 16,11; 29,32f) [haben in der Sprache des Klage-
bzw. Dankliedes] ihren Platz."[47] עני "bezeichnet sowohl das Elend
Einzelner ... als auch das des Volkes Israel ... und der Stadt Jerusa-
lem ... In der Mehrzahl der Fälle wird das Elend des Volkes oder des
Gläubigen zu Jahwe in Beziehung gebracht: Gott kümmert sich um das
Elend der Seinen und befreit sie davon (z.B. Gen 16,11; 29,32; Ex
3,7.17; Dtn 26,7; Ps 9,14; 25,18; 31,8; 44,25 u.ö.)."[48]

---

44   Vgl. dazu W.Richter, Berufungsberichte, 90f und P.Weimar, Berufung, 95f (mit der
      Beschränkung auf Ex 19,20 und Betonung der engen Zusammengehörigkeit der
      beiden Belege).

45   Berufung, 95.

46   Berufungsberichte, 89f. W.H.Schmidt, BK, 162f läßt die Frage offen und behandelt
      V.7 und 9 in einem, womit er die Vorgegebenheit der Begriffe implizit anzeigt.

47   W.H.Schmidt, BK, 162

48   R.Martin-Achard, ענה , THAT II, 346.

In ähnlicher Weise "meint die Wurzel ṣ'q den Vorgang des menschlichen Notschreis, der zugleich Schmerzensschrei und Hilferuf ... ist". In etwa der Hälfte der Vorkommen "ist die Wurzel ṣ'q ... explizit oder implizit an Gott gerichtet."[49] Aus der Verwendung dieses Wortes gegenüber Mensch und Gott und mehr noch weil primär der unter seiner Not klagende und um Hilfe rufende Mensch im Blick ist, tritt die Frage nach dem Adressaten zunächst zurück: "die Klage, mit der die Geschichte Israels anhebt ... ist mit dem Schmerzensschrei der von den ägyptischen Antreibern geknechteten Israeliten völlig identisch."[50] "Daß Gott die Klage erhört ... und rettend eingreift ..., gründet weder in einer zufälligen 'Laune', noch in einer Rechtsverpflichtung Gottes ..., sondern darin, daß er sich genauso wie ein Mensch von dem Notschrei eines gequälten Menschen rühren läßt. Dieses Faktum ist eine der wichtigsten Erfahrungen, die Israel gemacht hat: sie hebt an mit der Erhörung des ṣ'q der geknechteten Israeliten in Ägypten (Ex 3,7ff), beherrscht die Bekenntnisse, die dieser Rettung gedenken (Num 20,16; Dtn 26,7; Jos 24,7; vgl. Neh 9,9), und setzt sich fort in den Vertrauensäußerungen und Lobliedern Einzelner (Ps 9,13; 22,6; 34,18) und der Gemeinde (Ps 107,6.13.19.28)."[51]

Wenn nach Ex 3,7 J und 3,9 E Jahwe die Not gesehen und er das Geschrei der Israeliten gehört hat, bzw. es zu ihm gekommen ist, und er nun die Israeliten rettet (נצל) bzw. herausführt (יצא), so ist hier Ägyptenaufenthalt und Errettung in einer offensichtlich überkommenen Formulierungsweise ausgesagt,[52] die von den Quellen aufgegrif-

---

49 R.Albertz, צעק, THAT II, 569. Zur Annahme einer Rechtsinstitution, gegenüber der jedoch Zurückhaltung geboten ist, siehe ebd., 571f.

50 Ebd., 573.

51 Ebd., 574.

52 D.Daube, The Exodus Pattern in the Bible, sieht den Hintergrund der Ausdrücke im Bereich des Sozialrechtes (z.B. S.27 zu ṣ'q: "Once again, origin in social justice may be safely asserted"), was er auch für hoṣi' annimmt "before the exodus story was composed. None the less ... its role in the social-legal field: it is due to the story itself." (S.32). Der letzte Satz zeigt die Schwierigkeit, die Vorgeschichte der Verwendung von hoṣi' zu erhellen, auch wenn man auf "corresponding Accadian shusu" als "technical for 'redemption'" hinweisen kann (ebd.). Vgl. dazu H.D.Preuß, יצא, ThWAT III, 797 und die "kleine, aber wichtige Gruppe (von) Texte(n) ... welche jṣ' hiph für 'befreien' oder 'freilassen' von Gefangenen

fen und weitergeführt (V.8 J: להצילו...ולהעלותו) bzw. in ihrem
Sinn modifiziert wird (V.10 E: Mose führt heraus). Sozusagen im Sinn
der "Differentialdiagnose" ist zu bemerken, daß weder hier noch bei
den im obigen Zitat erwähnten "Bekenntnis"texten das Eingreifen
Jahwes mit der Wurzel ישע die in den dtr Texten besonders des
Richterbuches so häufig vorkommt,[53] beschrieben wird. Demzufolge
liegt hier eine eigenständige Tradition vor. Sie hat wohl ihre prägen-
de Kraft aus der Nähe zum verbreiteten Klage- und Danklied bzw.-
gebet und den mit dem Schema von Not und Errettung verbundenen
Erfahrungen. Wegen der Bekanntheit dieser Struktur ist auch eine
größere Bekanntheit und weitere Verbreitung dieser Exodusvorstellung
sehr wahrscheinlich. Aus der zugrundeliegenden Struktur ergibt sich
jedoch auch, daß dieses Modell nicht geeignet ist, einen größeren
geschichtlichen Zusammenhang, insbesondere der Zeit vor der Not
oder nach einer endgültigen Sicherstellung der Errettung (z.B.
Übergang zur aktiven Tätigkeit der Landnahme) abzudecken. Das
Modell reicht nur bis zum Dank nach der Errettung.

Die soeben eruierte eigenständige Überlieferung benützte nun
auch E, der diese seinem "Berufungsschema" integrierte. Während bei
J Jahwe die Errettung und Hinaufführung ankündigt, beauftragt er bei
E Mose dazu. Die Reflexion darüber, wie Mose diesem großen Auftrag
überhaupt gerecht werden kann, führte zur Ergänzung von Begründung
und Auftrag (V.9f) durch den Einwand des Mose (V.11), durch die
Zusage des Mit-Seins und durch das Zeichen (V.12). Für ein "Berufungsschema" etwas überraschend,[54] unter dem Gesichtspunkt der

---

verwenden" (ebd., 808; V.c).

53 Vgl. die Konkordanz; ישע Hi kommt im Pentateuch nur Ex 2,17 (Mose hilft den
    Töchtern des Priesters von Midian), 14,30; Dtn 20,4 vor, wovon sich nur Ex 14,30
    auf den Exodus bezieht. Die häufigen Belege in Jos, Ri, 1 und 2 Samuel lassen
    ebenso wie Dtn 20,4 an den Jahwekrieg als Vorstellungsmodell denken. Die Belege
    mit einem Substantiv der Wurzel bestätigen diese Annahme (Ex 14,13 entspricht
    14,30; Num 10,9 entspricht Dtn 20,4). Zum Ganzen vgl. J.F.Sawyer, ישע, ThWAT
    III, bes. 1044-1047.

54 W.H.Schmidt, BK, 129f: "Der vom Elohisten mit Hilfe des Berufungsformulars
    gestaltete Abschnitt verläuft glatt bis V.12a" ... "Nach Abschluß des Berufungsfor-
    mulars fällt eine Überleitung schwer". Allerdings wendet sich auch Schmidt gegen
    eine Auftrennung des Textes: "Triftige Gründe für die Zuweisung von 13f (15) an
    einen E[2] (C.Steuernagel) oder eine spätere Redaktion (A.Reichert; ...) bestehen
    nicht." (131).

Beauftragung und Sendung durchaus passend, folgt das Wechselgespräch über den Namen des Auftraggebers. Dadurch schafft E die Verbindung zur Väterzeit unter dem spezifisch theologischen Aspekt: Es ist der "Gott eurer Väter", der sich nun als Jahwe offenbart und erweist. Das heißt E hat den größeren Zusammenhang mit der Väterzeit durchaus vor Augen und stellt ihn unter dem Aspekt von Kontinuität einerseits, von Neueinsatz und Vertiefung andererseits dar. Der Ort der Namensmitteilung paßt auch insofern, als ja bisher in Ex 1f nur die Not geschildert wurde, während erst jetzt, beim Bericht vom Gehörtwerden der צעקה und vom Eingreifen, sich die Frage stellt, wer denn da hört und eingreift und beauftragt. Schmidt vermerkt, "daß die verschiedenen Quellenschriften von einer Gottesverehrung der Israeliten in Ägypten vor Moses Auftreten schweigen. Wie selbstverständlich der Jahwename vom Jahwisten in der Väterzeit auch gebraucht wird, so fehlt er doch plötzlich in den beiden ersten Kapiteln des Exodusbuches. In der elohistischen Darstellung wird der Ungehorsam der Hebammen gegenüber dem unmenschlichen Befehl Pharaos zwar mit deren 'Gottesfurcht' motiviert, doch läßt der Begriff אלהים innerhalb der Einzelerzählung in der Schwebe, wer die Gottheit ist ... Noch die junge Priesterschrift sucht in Ex 2,23 eine Anrede an Gott zu meiden."[55] Die Quellen wissen also jeweils mehr, als sie sagen. Spiegelt sich in dieser Zurückhaltung eine geschichtliche Erinnerung, daß "der Jahweglaube eben erst durch Mose in Ägypten eingeführt wurde?"[56] M.E. liegt der Grund eher beim Einfluß der Gattung. Die Darstellung steht unter dem Spannungsbogen von Not und Errettung. So blickt der Erzähler zunächst auf die in Not befindlichen Menschen und dann erst auf den aus der Not errettenden Gott. Eine zu frühe Erwähnung Gottes würde den Spannungsbogen stören und vielleicht die Frage provozieren, warum Gott nicht früher eingreift.[57]

---

55   BK, 144f.

56   So W.H.Schmidt, BK, 145.

57   Eine ähnliche Überlegung stellte N.Lohfink, Zum 'kleinen geschichtlichen Credo' Dtn 26,5-9, an: "Die Vermeidung der Kategorie 'Verheißung - Erfüllung' durch unseren Autor hat zwei Effekte: 1. war es dadurch möglich, Jahwe erst in V.8 einzuführen, also erst innerhalb des Textes, den das Modell 'Not - Klage-Erhörung - Eingreifen' beherrscht; 2. trat dieses Modell durch die Eliminierung eines Konkurrenzmodells natürlich stärker hervor." (37) Die Folge ist richtig beobachtet, die Voraussetzungen stehen wohl in Verbindung mit dem Anliegen, Dtn

Ein weiteres Element der Tradition ist die Vorausschau auf
den Gottesdienst "an diesem Berg" (V.12b), die sich als kein sehr
geeignetes "Zeichen"[58] und gerade darum als zu beachtendes, vorgegebenes Element erwiesen hatte. Die Spannung wurde verschieden zu
lösen versucht. Fohrer nimmt einen Textausfall an, wobei ursprünglich
auf die Zeichen im Zusammenhang mit den Plagen vorausgewiesen
worden wäre. Aber auch das Dienen am Berg sei ursprünglich und
entspräche den Bemerkungen über das Opfer bzw. Fest in der Wüste
(5,1 E; 3,18; 5,3 J).[59] Noth vermutet wegen der Parallele zu Ri 6,14ff
ebenfalls das Nebeneinander von Mit-Seins-Zusage und konkretem
Zeichen, das vielleicht als etwas "der J-Version Widersprechendes
weggelassen worden ist", während nicht ganz deutlich ist, ob er das
"Dienen an diesem Berg" auch für ursprünglich hält.[60] Dagegen
erklärten schon Holzinger[61] und neuerdings Schmidt[62] und Weimar[63]
V.12b als Zusatz eines Redaktors. Da die Wendung "Gott dienen" sonst
bei J, nicht aber bei E vorkommt, habe "der Redaktor (R[JP]) vermutlich den vorliegenden Text (bes. 12b) mitgestaltet, um bereits bei

---

26 als rein redaktionell zu erweisen. Der Jahwist jedenfalls vermeidet die Kategorie Verheißung -Erfüllung nicht - im Gegenteil! -, sodaß zumindest für ihn die
Erzähltradition des Exodus mit der beobachteten Charakteristik vorgegeben war.

58 "Es kann Mose in seiner Situation nicht als Beglaubigung dienlich sein, da es in
der vorliegenden Form über die Erfüllung des Auftrags hinweg in eine weit
spätere Zeit vorausgreift, um schon bei der Berufung auf das eigentliche Ziel, den
Sinai, zu verweisen." W.H.Schmidt, BK, 168. B.S.Childs, OTL, 56-60 diskutiert die
Frage ausführlich und kommt zu einer "traditionsgeschichtlichen" Lösung, indem er
den brennenden Busch als das Zeichen für Mose betrachtet, das zugleich den
späteren Sinaiaufenthalt präfiguriert (60). Doch ist das eher eine Verlegenheitslö-
sung, wie das Schwanken zwischen dem "pattern" A und B zeigt, und die auch
grammatisch schwierig ist. B.Baentsch, HK, 21 hilft sich psychologisch.

59 G.Fohrer, Überlieferung, 39f.

60 ATD, 29. In ders., Überlieferungsgeschichte des Pentateuch, 39 wird V.9-14
geschlossen E zugeschrieben.

61 KHC, 8.

62 BK, 130.

63 Berufung, 45f.

Moses Berufung auf das künftige größere Geschehen am selben Ort zu verweisen".[64] Nun ist zwar wirklich auf den Ort verwiesen, an dem die Ereignisse von 18,5; 19,16 und 24,13 stattfinden, aber es bestehen doch sehr deutliche Unterschiede zum Sinaiereignis, insbesondere daß dort Mose und das Volk getrennt werden, während in 3,12 (nur!) das ganze Volk erwähnt wird,[65] wo doch die Bezugnahme auf Mose allein viel besser zur Situation der Berufung passen würde. So bleibt nur die Bezugnahme auf 18,5ff, wo Mose und sein Schwiegervater wieder einander begegnen und wo Jitro (nicht Mose) Gott (!) opfert und mit den Ältesten vor Gott (!) das Mahl hält (18,12 E). Dieses Mahl bildet den Kern und den Abschluß der Erzählung von Ex 18, die ihrerseits geographisch wie familiär (Wiedervereinigung mit der nach 4,18.20b E zurückgelassenen Familie des Mose) den Erzählbogen abschließt. Daß es sich um alte Überlieferung handelt, ergibt sich aus der später in Israel nicht sehr geschätzten Rolle der midianitischen Verwandtschaft des Mose[66] und mehr noch aus der Konkurrenz von Ex 18 zur Sinaitradition. Daraus ergibt sich ein Ansatz für die Erklärung der sprachlichen Unebenheit von 3,12 und den redaktionellen, vielleich konkreter: deuteronomistischen[67] Charakter des עבד את האלהים . Die jetzige Formulierung meidet die Bezugnahme auf das Opfer von Ex 18 und blickt statt dessen in einem allgemeineren Sinn auf die Sinaioffenbarung, während ursprünglich konkreter kultisch formuliert wurde. Der Erzählbogen als solcher spricht jedoch für die Bezugnahme.[68] Fohrer hat wohl zu recht herausgestellt, daß "die Fiktion eines tiefen Einschnitts" nach dem Schilfmeerereignis "erst durch die Einfügung

---

64 W.H.Schmidt, BK, 130.

65 Diese Schwierigkeiten erwähnt auch W.H.Schmidt, BK, 130.

66 Siehe Ri 6-8; Num 25,16f; 13; zur Sache u.a. W.H.Schmidt, Mose in Ägypten, 50f.

67 W.Fuß, Die deuteronomistische Pentateuchredaktion, 41f erklärt V.12 unter seinem üblichen forschen Zugriff als deuteronomistisch, er leitet aber dann die uns interessierende Wendung doch aus der alten Elohim-Quelle her, nur daß sie eben in ursprünglich "anders gearteten Zusammenhängen" stand (wo ??); "nur das demonstrative hazzae stammt vom Bearbeiter." W.Fuß betont die feste Verankerung des Dienens in der "alten Entlaßforderung" (42 vgl. 4).

68 Daß dieses zukünftige Dienen kein Zeichen für jetzt ist, wird bei der Annahme einer redaktionellen Einfügung nicht besser. M.E. hat die Annahme, daß die Spannung durch das Berufungsschema entstand, ebensoviel Recht.

des jungen Liedes Ex 15,1-19 hervorgerufen [wurde]. In Wirklichkeit
ist Ex 1-15 eindeutig auf eine Fortsetzung hin angelegt und bildet
einen Teil einer umfassenderen Geschichtserzählung. Dies wird an der
Beziehung der Berufung Moses zum Sinai/Gottesberg ... deutlich."[69]
Daß das unter dem Gesichtspunkt der Errettung aus der Not durch
Gott erzählte Geschehen in eine - wie anders als kultisch zu bege-
hende - Dankesfeier, eine Toda für die Errettung, mündete, ist auch
vom Erfahrungshorizont der Erzähler her anzunehmen. Dabei ist zu
bedenken: damals "war 'der Sinai' natürlich noch nicht das, was er
bald danach wurde.[70]

6.4. Situation und Intention

Ex 3 enthält drei für unsere Fragen relevante Schichten: die
jahwistische, die elohistische und die vorausgehende Überlieferung.
Die Diskussion um den Jahwisten konnte hier nicht aufgenommen
werden, sondern ist vorausgesetzt. Vorausgesetzt ist auch die
Einsicht, daß zwar manche allzu zuversichtliche Aussagen über Ort
und 'Theologie' des Jahwisten sich kaum als haltbar erweisen, daß
aber die Annahme einer solchen durchlaufenden Quelle im Pentateuch
berechtigt erscheint. Gerade an Ex 3 zeigte sich dazu weiters, wie die
verschiedenen Themen von verschiedenen Erzählweisen geprägt sind,
sodaß "Quellendogma" und "Themendogma" falsche Alternativen sind.
Mit Hilfe der vorhandenen oder fehlenden Bekanntheit und Auswirkung von Texten, in unserem Fall des Jahwisten, auf das Alter zu
schließen, ist ebenfalls problematisch. Man denke nur daran, daß
Jeremia sich offensichtlich nicht auf die josianische Reform bezieht
und andererseits Jeremia im deuteronomistischen Geschichtswerk nicht
genannt ist, während wiederum das Jeremiabuch so stark deuteronomistisch bearbeitet ist. Zur Frage der Existenz des Jahwisten als
Quellenschrift und seiner Datierung kann hier nur auf die einschlägige
Diskussion hingewiesen werden.[71]

---

69   Überlieferung, 122.

70   L.Perlitt, Bundestheologie, 252.

71   Siehe dazu u.a. E.Otto, Stehen wir vor einem Umbruch in der Pentateuchkritik?,
      VuF 22(1977), 82-97; die Beiträge zum Thema in JSOT 3(1977) und EvTh 37(1977),
      Heft 3; zusammenfassend O.Kaiser, Einl AT[5] (1984); R.Smend, Entst AT[3] (1984);
      L.Schmidt, Pentateuch (1983).

In Kenntnis der vielfältigen Probleme scheint es dennoch nicht unwahrscheinlich, den Jahwisten in der früheren Königszeit anzusetzen.[72] Ähnliches gilt für die Einordnung von E in der Zeit von Jerobeam II, "als das Nordreich eine letzte Blütezeit erlebte".[73] Zur relativen Chronologie sei hier nur eine, die beiden Zentralbegriffe עלה und יצא betreffende Beobachtung zitiert: "Es gibt keinen eindeutig jahwistischen Text mit der Herausführungsformel (vgl. vielmehr Ex 3,8.17J), was eine neuerdings erwogene exilische Datierung von J unwahrscheinlich macht."[74] [75]

Wir hatten dabei gesehen, daß der Jahwist das Konzept eines größeren Zusammenhanges der (Heils-)geschichte vor Augen hat, der nach unserem Text zumindest von der Vätergeschichte über Ägypten-

---

72   Siehe dazu u.a. R.Smend, EntstAT, 86-94 und die Beiträge in JSOT 3(1977), 2-60. Zur Datierung in die salomonische Zeit siehe W.H.Schmidt, Ein Theologe in salomonischer Zeit? Nach L.Schmidt, Pentateuch, "setzt J das davidisch-salomonische Großreich ... voraus" und ist es "eindeutig, daß J nicht erst im Exil entstanden sein kann" (94.95). Ausführlichere Begründung in ders., Überlegungen zum Jahwisten, EvTh 37 (1977), 230-247, bes. 236-239.247.

73   L.Schmidt, Pentateuch, 97. H.Seebaß, Elohist, TRE 9, 520-524. Vgl. weiters W.H.Schmidt, Ex, BK II, 135 zur Datierung von Ex 3,14: "Die Enthüllung des Jahwenamens fügt sich in den Gesamtduktus elohistischer Darstellung ein, und Hos 1,9 scheint in M wie G Ex 3,14.vorauszusetzen. Der Prophet, der dem Elohisten räumlich und zeitlich nahesteht, greift die Namensdeutung auf ... Liegt auch eine Berührung zwischen Ex 3,10ff und Hos 12,14 (Mose als Gottes Beauftragter) vor?"

74   H.D.Preuß, יצא, ThWAT III, 817.

75   Zu bedenken ist weiters das Argument, das W.v.Soden in dem Aufsatz "Abraham treibt Geier zurück..." beiläufig nennt; "Den Vertretern einer Spätdatierung des Jahwisten muß neben vielen anderen vor allem auch die Babelturm-Geschichte in Gen 11,1-9 entgegengehalten werden. Nach der Vollendung des Baus der Marduk-Ziqqurat durch Nebukadnezar II. hätte sie so, wie sie uns vorliegt, nicht mehr niedergeschrieben werden können, weil sie den Zustand der Bauruine voraussetzt, in dem der Turm vor 680 v.Chr. jahrhundertelang lag." (FS G.Molin, 365 A.8)- Hierbei ist natürlich die Urgeschichte als ursprünglicher Text von J betrachtet. Betrachtet man die (jahwistische) Urgeschichte als Ergänzung zum Jahwisten (so etwa Smend, EntstAT) bleibt das Argument für den Terminus ante quem für J* dennoch in etwa gleich. (J* vor J mit Urgeschichte vor 680 v.Chr.), weil die Turmbaugeschichte nach 680 kaum in dieser Form hätte integriert werden können.

not und Exodus bis zur Landnahme reicht.[76] Die Verknüpfung mit der
Väterzeit geschieht dabei über die Gottesbezeichnung, die Verknü-
pfung mit der Landnahme durch die Wahl von עלה hi und die Zielan-
gabe "gutes und weites Land". In der Mitte steht die Darstellung des
Exodus im Schema von Not und Errettung, verbunden mit der
Beauftragung des Mose.

Der Elohist hat dieselbe Mitte seiner Darstellung, wobei die
Beauftragung des Mose zum die Rolle des Menschen beim göttlichen
Handeln reflektierenden Berufungsbericht gestaltet wurde. In dem für
die Situation nicht ganz passenden Zeichen des Gottesdienstes am
Gottesberg zeigte sich dabei eine Spur des Schemas Not - Errettung-
Dank für die Errettung. Der Bogen der Darstellung von E reicht von
der Väterzeit bis zum Anfang der Landnahme im Ostjordanland.[77] Der
Begriff נצל für den Exodus beschränkt sich auf das Rettungsereignis.
Die wichtigere Rolle des Mose (Subjekt von נצי׳Q) entspricht anderer-
seits der Beschränkung auf die - kanonische - Zeit des Mose. Die
Väterzeit wird durch die Namensoffenbarung von der Mosezeit
abgegrenzt, zugleich aber auch mit dieser verbunden. Die Vätererzählungen stehen unter dem Aspekt von Gefährdung und Errettung. Die
Exodusdarstellung dürfte die Darstellung der Vätererzählungen
beeinflußt haben, wobei die überstandene Not der Zeit[78] verstärkt den
Blick auf den hoffnungsvollen Abschluß der Ereignisse (bei Abraham,
bei Josef, der Mosezeit) lenkte.

---

76   Ob die Landnahme auch literarisch ausgeführt wurde, und wenn ja, in welcher
      Form (Landnahme vom Osten oder vom Süden), kann hier offen bleiben.

77   E ist in der Bileamperikope zuletzt faßbar. Die Reihenfolge könnte auf einen hier
      geplanten Abschluß hinweisen. So H.Klein, Ort und Ziel des Elohisten, EvTh
      37(1977), 256, der ähnliches auch für den Umfang von J annimmt.

78   H.Klein, ebd., 253f denkt an die überstandene Not der Aramäerkriege: "... zeigen,
      daß E in einer Zeit schreibt, die eine große Bedrohung gerade hinter sich hat.
      Denn in der Zeit der akuten Bedrohung kann man nicht so schreiben. Wohl aber
      in der darauffolgenden, wo die große Not äußerlich und innerlich zu bewältigen
      ist. Diese Not, die Israel gerade hinter sich hat, kann nur die Zeit der Aramäer-
      kriege unter Hasael vor Augen haben." In Entsprechung dazu bestimmt H.Seebaß,
      Elohist, TRE 9, 523, dessen Zeit auf nach 825 und vor 722 v.Chr., und nach
      L.Schmidt, Pentateuch, 97, "dürfte E etwa um 760 zur Zeit Jerobeams II. anzu-
      setzen sein, als das Nordreich eine letzte Blüte erlebte." Vgl.o. A.73.

Wir haben damit bei E wie bei J die Durchdringung eines größeren Zusammenhanges unter einem bestimmten Leitgedanken - bei E von Not und Errettung, bei J von Verheißung und Erfüllung - vor uns, wobei die Themen noch sehr selbständig unter ihren überkommenen Leitgedanken aufgenommen sind. Die summarische Darstellung umfaßt jeweils nur Not und Errettung (und Dank für die Errettung) aus Ägypten, die Verknüpfung mit der Vorzeit erfolgt auf der Ebene der Gottesbezeichnung, während der Vorausblick bei J auf der Ebene der Ereignisse (hinaufführen in ein gutes und weites Land) an den Exodus anknüpft.

7. Numeri 20,15f

7.1. Aufbau des Textes

Num 20 beschreibt den Abzug der Israeliten aus Kadesch, womit sich der Blick ab hier auf die Landnahme richtet. V.14ff berichtet von den Verhandlungen der Israeliten wegen Durchzugs durch das Gebiet von Edom. Die Bitte der Israeliten wird abschlägig beschieden, woraufhin sie überraschend sang- und klanglos einen beträchtlichen Umweg auf sich nehmen.

Zu den Verhandlungen entsendet Mose Boten, und es finden sich ungewöhnlich personale Formulierungen: "So spricht dein Bruder Israel: Du kennst die Mühsal, die uns betroffen hat: Unsere Väter zogen hinab nach Ägypten, und wir wohnten in Ägypten viele Tage. Und die Ägypter taten uns übel, und unseren Vätern. Da schrien wir zu Jahwe, und er hörte unsere Stimme, und er sandte einen Engel (Boten), und er führte uns heraus aus Ägypten. Und siehe, wir sind in Kadesch, einer Stadt am Rande deines Gebietes. Wir möchten durch dein Land ziehen ...".

7.2. Der literarische Brückenschlag vom Auszug zur Landnahme

Num 20 steht an der Grenze zwischen Exodus- bzw. Wüstentradition und Landnahme. In diesem Teil des Buches Numeri hat sich wie in einem Tal mancherlei Material von den Hängen zu beiden Seiten angesammelt. Insbesondere bei den nicht-priesterlichen Texten fällt die Zuordnung zu den Quellen meist schwer bzw. ist sie nicht möglich. Dies gilt auch für unseren Text V.14ff. Dementsprechend wird Num 20,14-21 von manchen E, von manchen J und von manchen R[JE] zugeschrieben.[1] Als Grund für die Zuweisung an E wird חלאה, das

---

1   B.Baentsch, Exodus - Numeri, HK; H.Holzinger, Numeri, KHC; ders., Einleitung in den Hexateuch; G.B.Gray, Numbers, ICC; M.Noth, Das 4. Buch Mose. Numeri, ATD; J.de Vaulx, Les Nombres, SBi. W.A.Sumner, Israel's Encounters with Edom, Moab, Ammon, Sihon and Og according to the Deuteronomist, VT 18 (1968) 216-228; V.Fritz, Israel in der Wüste, 28f. S.Mittmann, Num 20,14-21 - Eine redaktionelle Kompilation, FS K.Elliger, AOAT 18, 1973, 143-149. Mittmann betrachtet V.18-20 als Zuwachs und w^{e}la'^{a}botenu als ergänzende Glosse (S.145) in dem sonst einheitlichen Text. Der "historische Exkurs V.14bß-16" ist für ihn notwendiger Bestandteil der Erzählung, kann also nicht jünger als der Kontext sein.

auch in Ex 18,8 vorkommt, und der Engel von V.16 angegeben.
Zutreffender ist die Sicht, daß hier ein stark bearbeiteter Text
vorliegt. V.15.16 kann zwar kaum ersatzlos gestrichen werden - der
Übergang von der תלאה zur Ortsangabe "und nun sind wir in Kadesch"
wäre zu hart und unvermittelt -, ist aber jedenfalls formal als
selbständiges Stück zu betrachten. Innerhalb dieser beiden Verse ist
ולאבותינו schon durch die Stellung als Zusatz zu erkennen, der
zumindest die 40 Jahre der Wüstengeneration überbrücken will. Die
Rekapitulation der Ereignisse wirkt auch in sich überladen, die
Narrative häufen sich. Die Erwähnung der langen Dauer des Ägyptenaufenthalts ist innerhalb der übrigen Ereignisfolge merkwürdig. Der
Ausdruck bleibt ganz unbestimmt. Ob an eine Angabe im Sinn von Ex
2,23a oder im Sinn von Ex 12,40 gedacht ist, bleibt offen. Der
größere Zeitraum soll Platz schaffen für die Entwicklung von der
Familie zum Volk und setzt einen Zusammenhang von Väterzeit und
Ägyptenzeit voraus. Ebenfalls sehr locker im Kontext sitzt die
Bemerkung von der Sendung des Engels, der damit zum Subjekt -
oder zum Mittler? - der Herausführung wird. Die Funktion des Engels
ist hier eine viel umfassendere als in Ex 14,19, sodaß es auch von
daher schwierig ist, den Text wegen des מלאך dem Elohisten zuzuordnen. Deutlich ist der Unterschied dieses מלאך gegenüber den מלאכים
von V.14; ebenso schwierig ist das Verhältnis zur Rolle Moses. Oder
ist hier Mose als מלאך, als Bote und Mittler Jahwes, betrachtet? Die
Kommentare übergehen das Problem; H.Seebaß beschreibt es sehr
zutreffend: "Eine Reihe von Belegen (sc. für den "Engel"), besonders
die aus der Mosesüberlieferung, sind ausgesprochen schwierig. So
erklärt ein E-Nachtrag Num 20,16 im Unterschied zu der schier
erdrückenden Fülle an Prädikaten, daß *Jahwe* Israel aus Ägypten
geführt habe, den Auszug als ein Werk des mal'ak jhwh. Vielleicht ist
das Motiv Ex 14,19 nachgebildet und hat auch Ex 3,2a eingewirkt.
Trotzdem bleibt die Notiz befremdlich".[2] Von der Funktion her ist an
den Engel von Ex 23,20.23 zu erinnern: "Siehe ich will einen Engel
vor dir hersenden, um dich auf dem Wege zu behüten und dich
hineinzubringen zu der Stätte, die ich bereitet habe." (V.20) Hier wird
zudem ausdrücklich von der Sendung des Engels gesprochen (vgl. Num
20,16). Die Anschauung könnte gegenüber Num 20 und Ex 23 in
gleicher Weise vorausliegen, sie scheint aber doch aus dem Bereich
der Landnahme zu stammen, weil es an den vergleichbaren Stellen (Ri
2,1-5; 5,23) um das Verhältnis der Israeliten zum Land bzw. um ihr
Tun im Land geht. J.Halbe bestimmte die Funktion des Engels als die

---

2   H.Seebaß, Engel II, TRE IX, 584.

eines "charismatischen Sprechers"[3] und betrachtet die genannten
Stellen (in ihrer Grundgestalt; d.h. z.B. nur Ex 23,20, nicht V.23) als
vordeuteronomisch, insbesondere, weil sie der Kultzentralisation
widersprechen.[4] Wir haben damit im Rahmen der Exodustradition ein
Motiv der Land(nahme)tradition vor uns, und damit eine Ausprägung
der Exodustradition, die auch literarisch von J und E zunächst
unabhängig gewesen sein wird. Der ursprüngliche Text wäre dann:
"Unsere Väter zogen hinab nach Ägypten, aber die Ägypter taten uns
übel. Da schrien wir zu Jahwe und er hörte unsere Stimme (und er
sandte einen Boten) und er führte uns aus Ägypten."

In Num 20,14-21, einem zum Großteil der jehowistischen
Redaktion zuzuordnenden Text, fanden wir somit ein Summarium über
Ägyptennot und Errettung aus Ägypten, das nach dem Schema von
Not - Hilferuf - Erhörung - Errettung aufgebaut ist. In der Darstel-
lung ist eine enge Zusammengehörigkeit zwischen "uns" und "unsere
Väter" vorausgesetzt, sodaß zunächst die Sprecher bzw. deren Väter
und die Ägypter, dann die Sprecher und Jahwe einander gegenüber
stehen. Durch die Sendung des Boten ist ein zusätzliches Subjekt
eingeführt. Das Summarium setzt gewisse Gemeinsamkeiten der
Sprecher mit den Hörern voraus, was auch im jetzigen Kontext noch
nachklingt ("dein Bruder Israel", V.14). Der Text entspricht einem
Bekenntnis vor Brüdern, die wissen, wovon der Sprecher redet, d.h.
die den Sprecher, den Verursacher der Not und den Retter kennen,
denen aber auch Neues gesagt wird, nämlich daß und welche Not
vorlag und wie und durch wen Rettung geschah, womit letztlich der
Retter gerühmt wird.

7.3.   Der Geschichtsrückblick als Exodusthoda

Wo ist eine solche Aufzählung einzuordnen? Was wir hier
fanden, deckt sich weitgehend mit dem, was Fritzlothar Mand[5] als das
Grundelement der sogenannten Danklieder herausstellte: "Allein
konstitutiv für das Bekenntnislied und darum unentbehrlich und
unersetzlich ist die Erzählung. Ihr schlichtes Bekennen ist die Urzelle

---

3   J.Halbe, Privilegrecht, 361.

4   A.a.O., 490-494.

5   F.Mand, Die Eigenständigkeit der Danklieder des Psalters als Bekenntnislieder,
     ZAW 70 (1958) 185-199.

der תודה. Sie kann nicht weiter abgeleitet werden."[6] [7] Die Bezeichnung "Danklieder" ist nicht ganz zutreffend: "Den bis heute üblichen
Namen 'Danklied' haben die Lieder durch die irreführende Übersetzung der Bezeichnung, die in den Dankgelübden der Klagelieder für
sie typisch ist: תודה. Daß mit dieser תודה ein Lied gemeint ist, das
ursprünglich im Zusammenhang mit der Darbietung eines gleichnamigen
Opfers, des sogenannten Dankopfers (תודה), gesungen worden ist, ist
heute noch klar ersichtlich. Was heißt aber תודה bzw. das Verb הודה?
Fest steht, daß ihre Grundbedeutung nicht 'danken' ist, vielmehr
'Bekenntnis' bzw. 'bekennen'. Der Sünder bekennt seine Sünden vor
Jahwe, und der Sänger des Dankliedes bekennt seine Errettung aus
der Not durch Jahwe. Das Bekennen trägt einen freudigen, darum
hymnischen Charakter. Als Verkündigung richtet es sich primär an
andere. In diesem Sinn ist das Danklied *ein Bekenntnislied, nämlich
Bekenntnis von der Errettung aus Not durch Jahwe.*"[8]

Die Erzählung, aus der diese Lieder neben verschieden
gestalteter Einführung und Schluß bestehen, enthält drei Teile: den
Bericht von der Not, den Bericht von der Anrufung Jahwes und den
Bericht von der Errettung durch Jahwe.

Der Bericht von der Not kann in den Bericht von der Anrufung Jahwes hineingenommen sein. "Das Tempus des Berichtes von der
Not ist das der Vergangenheit (vorwiegend Perfekt, seltener Impf.
cons. oder reines Impf. als Ausdruck der Mitvergangenheit...): der
Bericht von der Not ist Zeugnis von einem Vergangenen. Die Aus-

---

6   A.a.O., 199.

7   Die Ergebnisse von F.Mand sind durch F.Crüsemann, Studien zur Formgeschichte
     von Hymnus und Danklied in Israel, weithin bestätigt und nur an einigen Punkten
     differenziert bzw. vertieft worden, so etwa im Blick auf die bei Mand nicht
     behandelte wechselnde Sprechrichtung. Der methodische Unterschied liegt nicht
     zuletzt darin, daß Mand nur jene Züge des Bekenntnisliedes - so dann die
     durchgängig verwendete Bezeichnung - als ursprünglich betrachtet, die in allen
     Dankpsalmen vorkommen ("Entfaltung, nicht Konzentrierung, muß man nach den
     allgemeinen Regeln der Gattungsgeschichte ... erwarten", Mand, 199), während
     Crüsemann jenen Grundsatz ausdrücklich bestreitet und durch die Beachtung des
     Wechsels der Sprechrichtung, die "sich in allen Dankpsalmen ... feststellen" läßt
     (264), einen wichtigen Ansatzpunkt für die Frage 'Sitz im Leben' erhält. Vgl.
     weiters H.J.Kraus, Psalmen, BK XV/1, 45.54f.59.

8   F.Mand, 186.

drucksweise ist schematisch, doch nicht stereotyp, und bedient sich
gängiger Vorstellungen und Wendungen. Solche Schilderungen wollen
exemplarische Darstellungen der Not sein."[9] Der Bericht von der
Anrufung Jahwes "fehlt nirgends, ist also unentbehrlich für die חודה.
Er stellt ausdrücklich den Bezug des Bekenntnisliedes zu seinem
Gegenüber, dem Klagelied fest. Ursprünglich ist der Bericht von der
Anrufung Jahwes sehr knapp. Er konstatiert nur diesen Sachverhalt.
Grundsätzlich geht es um das Faktum der Anrufung, nicht um das
Individuum des Beters ... Das Tempus der Vergangenheit dominiert.
Bemerkenswert ist vor allem, daß von Jahwe überwiegend in der 3.
Person die Rede ist. D.h., die Erzählung richtet sich primär an
andere! Sie will nicht Gebet, sondern vor allem Verkündigung sein."[10]
Der Bericht von der Errettung durch Jahwe "... nimmt normalerweise
den breitesten Raum innerhalb der Erzählung ein. Er konstituiert als
der eigentliche Inhalt des Bekenntnisliedes die ganze Gattung. Der
Bericht von der Errettung bleibt in der Regel formelhaft exemplarisch.
Die Tatsache der Errettung steht im Vordergrund, nicht die subjekti-
ven Erlebnisse des Beters. ... Subjekt der Aussage ist immer Jahwe.
Der ganze Bericht von der Errettung ist nur ein Beschreiben des
Rettungshandelns Jahwes. Von Jahwe ist überwiegend in der 3. Person
die Rede: die Erzählung ist für andere bestimmt. Ihre Funktion ist die
der ganzen חודה: vor versammelter Gemeinde Bekenntnis abzulegen
von dem exemplarisch erfahrenen Rettungshandeln ... Jahwes."[11]

Da die Erzählung nicht nur "das Zentralmotiv der Bekenntnislieder" ist, sondern auch Element des sog. Dankgelübdes der Klagelieder, stellt sich die Frage nach dem ursprünglichen Ort der Erzählung. Mand kommt zu der Schlußfolgerung: "Ursprünglich richtet sich
wohl das Gelübde (sc. des Klageliedes) nur auf den Bekenntnisakt des
Bekenntnisopfers. Erst später tritt zum Bekenntnisopfer die Bekenntniserzählung hinzu. In der Tendenz des Bekenntnisliedes, sich von
seinem Sitz im Leben zu lösen und sich selbst in den Mittelpunkt zu
setzen, wird das späte Endstadium einer langen Entwicklung sichtbar."[12]

---

9   F.Mand, 187.

10   F.Mand, 187f.

11   F.Mand, 188.

12   F.Mand, 189.

Nun ist aber das Bekenntnislied nach Mand keineswegs aus dem Bekenntnisgelübde entstanden, auch nicht trotz aller zu beobachtenden "Kongruenz zwischen der Erzählung im Bekenntnisgelübde (so Mand für das sonst so genannte Dankgelübde) der Klagelieder und als Hauptstück der Bekenntnislieder";[13] es handelt sich bei diesen Liedern am Schluß der Klagelieder nicht um Bekenntnislieder, sondern um Hymnen. "Erst in dem Augenblick, als bei dem Bekenntnisopfer eine Erzählung gesprochen wurde, konnte die Ankündigung dieser Erzählung in das Bekenntnisgelübde aufgenommen werden. Entwickelt hat sich aber aus Gelübde und Erzählung gemäß dem verschiedenen Ansatzpunkt etwas Verschiedenes: aus dem Gelübde wurde ein Hymnus und aus der Erzählung das Bekenntnislied! Beide Entwicklungen sind sekundär gegenüber Klagelied, seinem Bekenntnisgelübde und dem Bekenntnisopfer!"[14] (Hier wäre es jedoch zumindest verständlicher zu sagen: Dankgelübde und Dankopfer).

Auf dem Hintergrund dieser Ausführungen läßt sich der in Num 20,15f eruierte Grundbestand als die Erzählung eines solchen Dankliedes betrachten. Bezeichnend dafür ist der ganze Ablauf der Erzählung ebenso wie der eher formelhafte Stil und insbesondere der in der Mitte stehende Bericht von der Anrufung Jahwes, der "unentbehrlich für die תודה"[15] ist. Es paßt auch, daß der Bericht in der 3. Person jener Teil der תודה ist, der sich an den Kreis der Zuhörer wendet;[16] wir hatten ja schon auf die merkwürdig vertrauliche Anrede im Kontext hingewiesen: "so spricht dein Bruder Israel: du kennst die Mühsal, die uns betroffen hat." Während der Du-Teil mit der Anrede an Gott bei der Übereignung der Opfertiere seinen ursprünglichen Ort hatte, hat der Er-Teil mit seinem Bericht vor einer zuhörenden Gruppe ausnahmsweise vor, normalerweise nach dem זבח־התודה seinen Ort. "Im anschließenden Opfermahl wird den dazu eingeladenen Menschen das vom Beter erlebte Geschehen erzählt."[17]

---

13   Ebd.

14   F.Mand, 189f.

15   F.Mand, 187.

16   Den Wechsel der Sprechrichtung stellte F.Crüsemann als konstituierendes Element
      der Gattung heraus (225f.282f).

17   F.Mand, 187.

Was hier aufgrund formgeschichtlicher Überlegungen als Sitz im Leben der Danklieder rekonstruiert wurde, entspricht recht gut dem, was in Ex 18 von der Begegnung Jitros mit Mose und den Israeliten berichtet wird. "Da ging Mose hinaus ihm entgegen, huldigte ihm und küßte ihn ... Da erzählte Mose seinem Schwiegervater alles, was Jahwe um Israels willen dem Pharao und Ägypten angetan hatte, und alle die Mühsal (חלאה), die ihnen auf dem Weg begegnet war, und wie sie Jahwe errettet hatte. Und Jitro freute sich über all das Gute, das Jahwe an Israel getan hatte, wie er es errettet hatte aus der Hand Ägyptens... Und Jitro, Moses Schwiegervater, nahm (entgegen) ein Brandopfer und Schlachtopfer für Gott. Und es kamen Aaron und alle Ältesten Israels, um mit Moses Schwiegervater das Mahl zu halten." (V7-12). - Dieser Text zeigt die Elemente Bericht und Opfer, weiters die Rolle des Priesters[18] und das gemeinsame Mahl. Der Text spiegelt auch die von F.Crüsemann aufgezeigte Entwicklung der Gattung, indem hier עלה und זבחים nebeneinanderstehen (V.12)[19] und indem sich in dem oben ausgelassenen V.10f das Eindringen von Elementen des Hymnus zeigt, die didaktische und verallgemeinernde Tendenz haben.[20]

Num 20,15f stellt nach Form und Inhalt recht gut eine solche Erzählung dar, wie sie als Bericht an Jitro erwähnt wird, bzw. Thema beim זבח gewesen sein mag. Im Verhältnis von Ex 18 zu Num 20 zeigt sich sehr schön die von Mand angenommene Entwicklung der Bekenntniserzählung aus dem Bekenntnisopfer bis hin zur "Tendenz des Bekenntnisliedes, sich von seinem Sitz im Leben zu lösen und sich selbst in den Mittelpunkt zu setzen" (s.o.).

---

18   לקח in V.12 ist als lectio difficilior beizubehalten und noch nicht als Opfern, sondern als Entgegennehmen der Gaben zu verstehen. Vgl. F.Crüsemann, 273: "... darf es zusammenfassend als sehr wahrscheinlich gelten, daß der ursprüngliche Ort der Thoda-Formel und mit ihr der Anrede an Jahwe in den Dankpsalmen überhaupt die Übereignung des Opfertieres an Jahwe unmittelbar vor der Schlachtung und ihre Funktion also die notwendige worthafte Sinngebung des jeweiligen Opfers ist."

19   A.a.O., 283.

20   A.a.O.,284.

7.3.1. Zum Problem eines Dankliedes des Volkes bzw. einer Gruppe

Läßt sich dieses Bild mit der von Fritzlothar Mand[21] und Frank Crüsemann[22] vorgetragenen grundsätzlichen Bestreitung von sogenannten Dankliedern Israels vereinbaren? Dafür ist zunächst zu unterscheiden zwischen dem eventuellen kollektiven Vollzug einer תודה des Volkes (primärer Sitz im Leben) und der Übernahme einer Redeform aus der in Israel geläufigen Gattung der תודה des Einzelnen in der Erzählung über eine kollektive Größe (sekundäre Verwendung und weiterhin auch 'Sitz in der Literatur'). In diesem zweiten Sinn ist unser Text voll erklärbar, was nicht zuletzt durch den auffallend singularisch formulierten Kontext (s.o.) gestützt wird.

Doch auch die völlige Bestreitung der Thoda des Volkes ist bei genauerem Zusehen nicht ganz so überzeugend. Natürlich darf die Thoda des Volkes nicht einfach aus dem Analogieschluß des Exegeten hervorgehen. Aber müßte nicht auch für den Israeliten, der die Korrespondenz von Klage- bzw. Bittgebet und Thoda im individuellen Bereich kannte und praktizierte, die Frage aufbrechen, wie denn auf die erfahrene Errettung aus der Not (in der man gemeinschaftlich gefastet und geklagt hatte; zumindest das bleibt ja unbestritten) angemessen zu reagieren sei? Mußte nicht, wenn es schon keine eigene Begehung gab, zumindest der nächste regelmäßige Kultakt eine besondere Note haben, wo dann eben auch Not und Errettung thematisiert wurden? Zudem ist besonders bei Crüsemann eine entsprechende Gattung praktisch per definitionem ausgeschlossen, denn einerseits wird für die Existenz der Gattung ein regelmäßiger Vollzug des entsprechenden Kultaktes gefordert - und so häufig waren die Katastrophen, gottseidank, wohl auch wieder nicht -, andererseits, wenn es einmal einen entsprechenden Anlaß gab, dann war alles bloß Wiederaufnahme des regelmäßigen, durch die Notlage lediglich unterbrochenen Kultes. Die Thoda des Volkes fällt dadurch entweder

---

21 F.Mand, 196: "'Danklieder Israels' im eigentlichen Sinne hat es nie gegeben!".

22 F.Crüsemann, 206: "Ein dem Danklied des Einzelnen entsprechendes und dem Klagelied korrespondierendes Danklied Israels ist nicht nachzuweisen; es kann als sicher gelten, daß es eine derartige Gattung nie gegeben hat. Vom Klagelied her ist es nicht zu erwarten, erzählende und kultische Texte schweigen, der Hymnus erwacht über der konkreten Tat und lebt im regelmäßigen Kult, ja dieser Kult ist gerade geprägt vom Lob des in der Geschichte an seinem Volk handelnden Gottes, dessen Macht durch die aktuellen Erfahrungen immer wieder bestätigt wird."

der Scylla geforderter kontinuierlicher Übung oder der Charybdis des
lediglich zeitweise unterbrochenen hymnischen Gotteslobes zum Opfer.

Demgemäß bleibt zu fragen: Wie geschieht es, daß der Hymnus,
der dann "im regelmäßigen Kult lebt", "über der konkreten Tat
erwacht"? Steht das erstmalige Erwachen nicht doch in einem viel
unmittelbareren Verhältnis zum Ereignis als das Weiterleben im
regelmäßigen Kult? Müßte dasselbe nicht auch für das Hinzukommen
weiterer Themen für "das Lob des in der Geschichte an seinem Volk
handelnden Gottes" gelten?[23] Bei Mand bleibt Raum für das Einfließen
dieses aktuellen Bezuges in den Hymnus. Für ihn "ist deutlich, daß
das sogenannte 'Danklied Israels' nur (- aber immerhin -) eine
thematisch ausgezeichnete Form des Hymnus ist".[24] [25] Daß "in der
älteren erzählenden Literatur ... gelegentlich Opferfeiern erwähnt
(sind), deren Anlaß Freude und Dank ist" (z.B. Ex 32,6; 1 Sam 6,14;
auch Ex 18,12; 2 Sam 24,25) erwähnt auch Crüsemann. Daß "in keinem
einzigen dieser Fälle auch nur eine Andeutung davon überliefert ist,
was dabei gesprochen wurde" ist richtig, es mag auch die Zurückhaltung berechtigt sein, daß "eine eigene Gattung von hier her keinesfalls postuliert werden (kann)", aber unbestritten ist, *daß* etwas

---

23 F.Crüsemanns Betonung der Kontinuität bzw. bloßen Wiederaufnahme des Hymnus
    hat zum guten Teil ein nachexilisches Idealbild vom Kult zur Voraussetzung. Nach
    Esra 6,16f sind die Feiern zur Einweihung des zweiten Tempels "als Wiederbeginn
    des regelmäßigen Kultes zu verstehen" (Studien, 205 A.1). War das die Situation
    und das Empfinden der Teilnehmer oder nicht viel mehr das Idealbild des auf
    Kontinuität bedachten chronistischen Geschichtswerkes? Zudem waren hier Anlaß
    (Wiederherstellung des Tempels) und Ort der Feier identisch; wie war es bei
    Sachverhalten, die erst in den Kult "eingebracht" werden mußten?

24 F.Mand, 195.

25 Ansatzweise ähnliche Überlegungen stellt F.Crüsemann, Studien, 23, an, wo er
    nach dem Ursprung von Ex 15,21, dem für ihn ältesten imperativischen Hymnus,
    fragt: "Der Hymnus in Ex 15,21 hat aber nun ganz offenbar eine Funktion, die
    weitgehend der der Gunkelschen 'Danklieder Israels' entspricht, denn diese
    erklingen, 'wenn Jahve seinem Volk geholfen, es aus Feindesnot befreit' hat.
    Nimmt man hinzu, daß das hier besungene Ereignis wohl der älteste bekannte
    'Jahwekrieg' ist und daß deshalb dieses Lied ebensogut als 'Siegeslied' zu bezeich-
    nen wäre, so sind hier am Anfang der Geschichte Israels Merkmale dieser drei von
    Gunkel scharf getrennten Gattungen in einem einfachen Liede vereinigt. Nur von
    ihm und der Geschichte seiner Form aus kann das schwierige Verhältnis der drei
    'Gattungen' erklärt werden."

gesagt wurde, es bleibt die legitime Frage, was denn gesagt wurde.
Hier sind die Gesetze des Erzählens zu beachten: Es ist nicht mehr
nötig zu sagen, was gesprochen wurde, weil der Hörer bzw.
Leser ohnehin soeben die ganze Geschichte erfahren hatte.[26]

Wir kommen damit zurück zur fundamentalen Bedeutung der
Erzählung: "Allein konstitutiv für das Bekenntnislied und darum
unentbehrlich und unersetzlich ist die Erzählung. Ihr schlichtes
Bekennen ist die Urzelle der תודה . Sie kann nicht weiter abgeleitet
werden. ... Alle sekundären Motive der תודה haben ihre Eigenständigkeit verloren und dienen der Erzählung als Mittel ihrer Entfaltung
und Ausgestaltung. ... So ist die Erzählung in jeder Hinsicht Mitte
und Kernstück der Bekenntnislieder ... Von daher drängt sich die
Vermutung auf, die Erzählung nicht nur sachlich als Grundstein des
Bekenntnisliedes zu verstehen. Die Geschichte der Gattung scheint
weiter zurückzugehen als auf das vollentwickelte Lied ...".[27]

Für Num 20,15f genügt die Erkenntnis des Einflusses der
Thoda auf die Erzählweise dieses Textes. Der Kontext ist keine
Thodafeier, sondern die Bitte um Freigabe des Weges, insofern ist die
Erzählung, das kleine Geschichtssummarium, hier sekundär verwendet.
Der ursprünglichen Situation und Stimmung entspricht allerdings die
Bekenntniserzählung vor Brüdern (hier vor dem Bruder Edom), wobei
durch die Erzählung das helfende Tun des gemeinsam verehrten Gottes
gerühmt wird. Damit stellt sich die Frage nach religiösen Beziehungen
oder Gemeinsamkeiten zwischen Israel und Edom; siehe dazu 7.4.1.

Über Num 20 hinaus stellt sich die Frage nach der Herkunft
einer solchen, nach der Form der Erzählung in der Thoda gestalteten
Erzählung über ein bestimmtes Ereignis der Volksgeschichte, konkret
des Exodus aus Ägypten. Zumindest ist anzunehmen, daß die Erzähl-
struktur und die damit verbundene Stimmung der Dankbarkeit - beides
richtet sich in erster Linie an den Hörer und fordert zum Miteinstim-
men auf[28] - die kurzen, summarischen Darstellungen des Exodusereig-

---

26   Zu diesen methodischen Fragen siehe R. Polzin, The speaking person and his voice
     in 1 Samuel, VTS 36, 1985, 218-229.

27   F.Mand, 199.

28   Vgl. F.Mand, 187f: "Bemerkenswert ist vor allem, daß von Jahwe überwiegend in
     der 3. Person die Rede ist. D.h., die Erzählung richtet sich primär an andere! Sie
     will nicht Gebet, sondern vor allem Verkündigung sein."

nisses beeinflußte. Damit läge eine sekundäre Verwendung der Gattung
der Thoda-Erzählung vor, und es ergibt sich die Frage nach primären
Zusammenhängen. Abgesehen von den oben diskutierten formalen
Fragen zum Bekenntnislied des Volkes setzt ein solches Bekenntnis
einer größeren oder kleineren Gruppe eine andere Gruppe voraus, die
der bekannten Form der Gottesverehrung zumindest sehr nahe steht,
die aber nicht die neue Gottestat erlebt hat, sondern der sie berichtet wird. Damit stehen wir wieder vor den "Bruder Edom", vor dem
sich Israel zur Errettung aus Ägypten bekennt, bzw. vor Jitro, dem
Mose von eben dieser Errettung aus Ägypten und von allen Mühsalen
unterwegs berichtet, und der dann das Opfer - was sonst als ein
Thoda-Opfer? - darbringt.

In jenen Zeiten, als man zuversichtlicher war, mit Hilfe der
gattungs- und kultgeschichtlichen Überlegungen weit hinter die
literarische Bezeugung zurückzukommen bzw. gar die Distanz zwischen
Text und Ereignis überbrücken zu können, da führte von solchen
Beobachtungen der Weg weiter zu Mose und den Midianitern oder zu
Mirjam, die die Exodusgruppe in den Jahwekult am Sinai einführt.
Diese Zuversicht verbietet sich - jedenfalls soweit sie sich nur auf
diese Methodik gründet - gegenwärtig und wohl zurecht. Bei aller
notwendigen Vorsicht weisen aber doch die Beobachtungen an Num
20,15f im Blick auf Gattungsgeschichte und Sitz im Leben ein gutes
Stück hinter die literarische Ebene zurück.[29]

7.4.   Der Exodusbericht unter dem Einfluß der Traditionen und des Erzählschemas.

Aus dem Vorhergehenden ergibt sich die Unterscheidung
zwischen dem Geschichtssummarium und dem literarischen Kontext. In
diesem ist zunächst תלאה zu nennen. Dieses seltene Wort knüpft an Ex
18,8 an und dient zur umfassenden Bezeichnung der zum Exodus

---

29 Zum historischen Aspekt sei an die Worte J.Wellhausens zu Num 13f erinnert: "Es
    ist natürlich die Unwahrscheinlichkeit selber, daß die Israeliten unfreiwillig, bloß
    um ihre Strafe abzubüßen, sich so lange haben in der Wüste zurückhalten lassen...
    Man hat keinen Grund anzunehmen, daß es nicht im Plane der Auswanderer
    gelegen hätte, dort zu bleiben, wo sie in Wirklichkeit während der ersten Genera-
    tion geblieben sind. Die Wüste von Kades hat sie nicht gegen ihren Willen
    festgehalten, sondern sie ist einfach das Ziel gewesen, auf das sie ihr Absehen
    gerichtet hatten." Composition, 340.

führenden und mit diesem verbundenen Nöte ("und jetzt sind wir in Kadesch"; V.16b), während es in Ex 18,8 neben das Auszugsereignis trat und dort primär die dem Auszug folgenden Nöte bezeichnet. Die Verknüpfung der Texte ist wegen der Seltenheit des Wortes sicher,[30] die leichte Bedeutungsnuance läßt eine Priorität von Ex 18 vermuten.

7.4.1. Edom als Bruder

Ein nicht zuletzt für die Datierung interessantes Problem ist die Berufung auf die Bruderschaft zwischen Edom und Israel ("so spricht dein Bruder Israel"), womit auch die überraschend friedliche Reaktion Israels auf die Durchzugsverweigerung (V.21) zusammenhängen wird. Was steht hinter dieser Verhältnisbestimmung und wann ist sie möglich? Das "brüderliche" Verhältnis zwischen Israel und Edom war so wie das damit gleichgesetzte zwischen Jakob und Esau[31] ein äußerst spannungsreiches und ermangelt nicht tragischer Höhepunkte, wie etwa die offensichtlich grausame Eroberung Edoms unter David (2 Sam 8,13f; 1 Kön 11,15f) und Amazja (2 Kön 14,7). Dagegen vermehrte sich in der späteren Königszeit der Druck der Edomiter gegen den Süden Judas, was vor allem nach dem Ende der assyrischen und babylonischen Vorherrschaft zur Auswirkung kam. Die im einzelnen nicht ganz geklärte Beteiligung der Edomiter an der Eroberung Jerusalems durch die Babylonier bzw. (wahrscheinlicher) die Ausnützung der Niederlage Judas führte zur Edomiterfeindschaft, ja zum Edomiterhaß, wie er uns aus den exilischen und nachexilischen Texten entgegenschlägt (Ps 137; Hes 25.35).[32] Insofern ist es nicht möglich, die Entstehung der Vorstellung der Bruderschaft mit Edom in dieser späten Zeit anzusetzen. Dasselbe gilt auch für die positive Behandlung Edoms (anders als von Ammon und Moab) im Gemeindege-

---

30 Außer Ex 18,8; Num 20,14 nur noch Mal 1,13; Klgl 3,5; Neh 9,32. Das Verbum begegnet in etwas größerer Zahl und in breiter Streuung, wobei die Mühe emotional oder körperlich akzentuiert sein kann; H.Ringgren, לאה, ThWAT IV, 409-411.

31 M.D.Herr: Edom, EJ IV, 369-380; M.Weippert, Edom und Israel, TRE IX, 291-299.

32 Vgl. dazu M.Weippert, Edom und Israel, TRE IX, 295. J.R.Bartlett, Edom and the Fall of Jerusalem, 587 B.C., PEQ 114 (1982), 13-24.

setz Dtn 23,2-9.[33] Die Quellenlage für die vorstaatliche Zeit ist sehr
problematisch. Zur Zeit der eindeutigen Dominanz Israels in der
frühen Königszeit ist die Aussage über das bereitwillige Ausweichen
(V.21) kaum denkbar. So ist die Zeit eines gewissen Kräftegleichge-
wichts, wie es ab der mittleren Königszeit entstand, als Hintergrund
der Erzählung am wahrscheinlichsten, und hier wiederum eine Zeit, in
der eine gemeinsame Bedrohung von außen Reibereien und Grenzkon-
flikte zurücktreten und vielleicht darüber hinaus die Erinnerung an
die alte Gemeinsamkeit wach werden ließ. Damit kommen wir in die
assyrische Zeit. Diese beginnt praktisch damit, daß Adadnarari III
(wahrscheinlich) 796 Tyrus, Sidon, Israel und Edom,offensichtlich aber
nicht Ammon und Moab, Tribut auferlegte.[34] Die Gemeinsamkeit fand
ihren Höhepunkt - bald darauf vielleicht auch das Ende - als sich
Edom "an der gegen Sargon II. gerichteten palästinischen Koalition ...,
die mit der assyrischen Eroberung Asdods 712 ihr Ende fand"[35],
beteiligte. Damit kommen wir in die Zeit Hiskias, in die auch
überwiegend die jehowistische Redaktion gesetzt wird, was die oben
aus literarischen Gründen angenommene Zuordnung (des Grundbestan-
des) von V.14-21 bestätigt.[36]

Die für die Bezeichnung Edoms als Bruder versuchte Herleitung
aus der Sprache von Vasallenverträgen (der Vasall wird euphemistisch
als Bruder bezeichnet) und damit aus der davidischen Zeit, hat sich
als wenig wahrscheinlich erwiesen. So ist es am wahrscheinlichsten,
daß religiöse Gemeinsamkeiten die Grundlage bilden: Schon immer fiel
auf, daß die Edomiter dort wohnten, wo Jahwe herkommt, nämlich im
Gebiet von Seir. Für diese Beziehung ist u.a. Ri 5,4; Dtn 33,2 und Hab
3,3-6 zu nennen, darüber hinaus aber auch, daß in ägyptischen Texten

---

33   Gegen H.D.Preuß, Deuteronomium, 57.142f, der allerdings dann doch auch die
     Möglichkeit eines höheren Alters für einzelne Bestimmungen einräumt. Siehe dazu
     die gründliche und nach wie vor bedeutsame Studie von K.Galling, Das Gemeinde-
     gesetz in Deuteronomium 23, FS A.Bertholet, 1950, 176-191 und R.P.Merendino, Das
     deuteronomische Gesetz, 276-280.294.

34   J.R.Bartlett, Ammon und Israel, TRE II, 459. M.Weippert, Edom und Israel, 295.

35   Ebd.

36   Die Bezeichnung "Königsstraße" dürfte ebenfalls auf diese Zeit verweisen. Vgl.
     dazu u.a. C.M.Bennett, Neo-assyrian influenca in Transjordan, in: Studies in the
     History and Archeology of Jordan, I, 181-187.

des 13.Jh. in eben jenem Raum von Seir die S$\check{3}\check{s}$w-Yhw-Stämme[37] erwähnt werden. Andererseits fällt auf, daß das Alte Testament nicht gegen einen Gott oder Götter von Edom polemisiert[38], daß z.B. in 1 Kön 11 zwar edomitische Frauen Salomos, nicht aber edomitische Götter erwähnt werden, ja daß nach Dtn 2,5 Jahwe nicht nur den Israeliten - sondern als dem einzigen anderen Volk - auch den Edomitern ihr Land gab.[39] Daraus, und weil der Gott Qaus offensichtlich nicht von Haus aus der Gott der Edomiter ist, sondern seine Verehrung auf arabischen Einfluß zurückgehen dürfte, folgert Martin Rose m.E. zurecht; "... the old common YHW-cult should be taken as the origin and as the starting point of the 'brotherhood' of Israel and Edom. This cult is still mentioned in Deut 23,8, but no longer as a matter of course. David's and his successors' anti-Edomite policy and Edom's efforts at emancipation from Israel/Juda led to a crisis for this religious community ... But the previous YHW(H)-connection with Edom also could never be quite forgotten. Theological writers in Israel had the difficult task of reconciling the precarious political situation of their time with the old and honorable tradition."[40]

So haben wohl nicht nur die aktuellen Verhältnisse der Zeit der assyrischen Vorherrschaft, sondern auch die alte religiöse Tradition zur zurückhaltenden Reaktion Israels in V.21 geführt.[41] Die

---

37   M.Weippert, Edom und Israel, 292. Weiters S.Herrmann, Geschichte Israels, 106-108.

38   Mit Ausnahme der späten und gegenüber der Vorlage in 2 Kön 14,7 erweiterten Stelle 2 Chr 25,14.20.

39   Ganz ähnlich Jos 24,4: "Und ich gab dem Isaak Jakob und Esau, und dem Esau gab ich das Gebirge Seir, um es in Besitz zu nehmen, aber Jakob und seine Söhne zogen hinab nach Ägypten."

40   M.Rose, Yahweh in Israel, Qaus in Edom, JSOT 4 (1977), 31f; praktisch unter Zustimmung von J.R.Bartlett, der zunächst (The Brotherhood of Edom, JSOT 4 (1977), 2-27) die Akzente anders gesetzt hatte: "I am inclined to agree with Dr. Rose that a certain sense of religious affinity may ultimately lie behind Israel's understanding of Edom as a brother", Yahwe and Qaus ..., JSOT 5 (1978)34.

41   Weitere geschichtliche Überlegungen sind von der Quellenlage her kaum berechtigt, von der Sache her schwerlich ganz abzuweisen. Warum wurde nicht gleich die deuteronomistische, sondern die für Israel so wenig ehrenvolle Version "erfunden"? H.Greßmann, Mose und seine Zeit, 304, folgerte: "Die Umgehung Edoms muß daher historisch sein, da sie sich als Erdichtung nicht begreifen läßt, und da sie den

enge religiöse Verwandtschaft als Wurzel für die Bruderschaft
zwischen Edom und Israel steht in großer Affinität zu der oben
vorgetragenen Überlegung, daß die תודה einer Gruppe in der Begegnung mit einer anderen Gruppe von gleicher oder sehr ähnlicher
Gottesverehrung ihren Ort haben müßte. Auch insofern paßt das einer
Thodaerzählung so sehr entsprechende Geschichtssummarium von Num
20,15f ausgezeichnet in den Kontext der Begegnung der zumindest
einst durch die Religion verbundenen Brüder Edom und Israel.

7.4.2. Die Motivik der Klage- und Dankpsalmen

Von den das Gerüst des Textes bildenden Verben geben die
beiden ersten die Exposition für die folgenden Ereignisse: Unsere
Väter zogen hinab (וירדו) nach Ägypten und wir wohnten (ונשב) in
Ägypten viele Tage. Nun erfolgt der Übergang zum eigentlichen
Geschehen: Aber es handelten schlecht (וירעו) an uns die Ägypter
(und an unseren Vätern), da schrien wir (ונצעק) zu Jahwe, und er
hörte (וישמע) unser Rufen, und er sandte (וישלח) einen Engel, und er
führte uns heraus (ויצאנו) aus Ägypten. Mit der abschließenden
Bemerkung (Und siehe jetzt sind wir in Kadesch, einer Stadt am
Rande deines Gebietes, V.16b) wird zu einer gewissen Ruheposition
übergeleitet, die zugleich - ähnlich wie das lange Wohnen in Ägypten,
den Ausgangspunkt für die nächste Etappe des Weges darstellt. Hier
ist nun das Schema von Not - Ruf um Hilfe - Erhörung - Errettung
besonders deutlich. Die Verben צעק und שמע führen zu den Klage- und
Dankpsalmen. צעק kann als Notschrei und Hilferuf aus verschiedensten
Situationen natürlich auch an Menschen gerichtet sein,[42] aber "in fast

---

realen Verhältnissen am besten entspricht." Natürlich wird man sagen können:
Wenn es überhaupt eine Gruppe gab, die einerseits in Kontakt mit dem Exoduser-
eignis oder der Exodustradition gekommen war und die dann von Osten her ins
Land kam, so mußte es zum Kontakt mit Edomitern gekommen sein. Doch von
diesem bloßen "daß" zum konkreten Text ist es ein weiter Weg.
Wichtiger ist Greßmanns Hinweis, daß Israels Weg auf jeden Fall zum Kontakt mit
den Edomitern führte, und der Unterschied darin liegt, ob Israel durch edomitisches Kerngebiet oder edomitisches Randgebiet zog (302 A.3). Insofern besteht
nach Greßmann kein "Widerspruch zwischen Num 20,14ff; Jdc 11,7ff und Dtn 2,2ff
... Das Dtn. verschweigt bezeichnender Weise die Weigerung der Edomiter den
direkten Weg freizugeben." (303 A.3).

42   R.Albertz, צעק , schreien, THAT II, 571.

der Hälfte aller Vorkommen ist die Wurzel $s^c q$ (Verbum 64x, Nomen 10x) explizit oder implizit an Gott gerichtet. Sie bezeichnet hier das Klagen zu Gott in all seinen verschiedenen Ausprägungen: die Klage des Volkes (Ex 2,23f; 3,7.9; Ri 10,10; Jo 1,14; Neh 9,4), die Klage des Einzelnen (Jon 1,5; Ps 9,13; 77,2; 88,2; 142,2-6) und die Klage des Mittlers (Ex 8,8; 15,25; 1 Sam 7,9; Ez 9,8; Hab 1,2) ... [$s^c q$ wurde] zu einer der wichtigsten Bezeichnungen des Klagevorganges ... Seine breite Verwendung zeigt, daß man im Alten Testament zwischen dem alltäglichen Notschrei und dem an Gott gerichteten Gebet keinen wesentlichen Unterschied sah: Klage ist im Alten Testament nicht die liturgisch gehäufte Bitte um dies oder das, sondern primär Hilfeschrei aus einer akuten Notsituation. Das zeigt am deutlichsten die Klage, mit der die Geschichte Israels anhebt (Ex 2,23f.P; 3,7 J; 3,9 E) ... Später kommt es zwar im Zuge der Institutionalisierung der Klage zu einer Differenzierung [zwischen Notsituation und gottesdienstlicher Klage] ... doch den Bezug zur akuten Notsituation hat es trotz aller erkennbaren Spezialisierung ... nie verloren."[43]

In ähnlicher, wenn auch in Anbetracht der Häufigkeit und der Bedeutungsbreite des Wortes in nicht so spezifischer Weise ist auch שמע mit Klage aus der Not und Dank für die Errettung verbunden. "Gott hat es als 'Hörer' ganz überwiegend mit Rufen, Schreien, Klagen, Weinen, Bitten, Wünschen zu tun; von Gott wird erbeten, daß er 'höre', d.h. helfe, rette, vergebe usw., wie oft im Zusammenhang präzisiert wird (Ex 22,26 'schreit er zu mir, so höre ich, denn ich bin gnädig'; vgl. Ps 4,2 u.ä.).[44] In diesem Sinn hatten auch Gunkel-Begrich bezüglich der in den Dankliedern niemals fehlenden Erzählung festgestellt: "Die Erzählung enthält gewöhnlich drei Stücke: den Bericht von der Not des Dichters, von seiner Anrufung Jahwes und von seiner Errettung, klassisch formuliert Jona 2,3: Ich *rief* in meiner Not, und er *erhörte* mich."[45]

---

43   A.a.O., 573f.

44   H.Schult, שמע, hören, THAT II, 979.

45   H.Gunkel-J.Begrich, Einleitung in die Psalmen, 269; Hervorhebungen von Gunkel-Begrich.

7.4.3. Zum Verhältnis von יצא und עלה

Von der Beobachtung des Einflusses der Danklieder auf Num
20,15f her könnte auch eine Lösung für das Problem der Exodusterminologie, d.h. für das Nebeneinander von עלה und יצא angegeben
werden. Zwar hat der Gebrauch von יצא Hi für die Herausführung aus
Ägypten einen deutlichen Höhepunkt in der Exilszeit und in der
dtn/dtr Literatur, aber es gibt unbestreitbar auch ältere Belege.[46] Die
Schwierigkeit zeigt sich auch bei W.Groß, Die Herausführungsformel -
Zum Verhältnis von Formel und Syntax[47], wenn er unter "Formel 1"
Formulierungen mit עלה Hi und יצא Hi subsumiert (S 430-437) und in
der Zusammenfassung festgestellt wird: "No reason, wether cult
political, or based on time or place, can be found for the choice of
ys' or ᶜly." (S. 453) Mit Recht verweist Groß darauf, daß statt von
Exodus'formel' eher von einer 'geprägten Vorstellung' zu sprechen sei,
für die eine größere Breite an Formulierungsweisen festzustellen ist
(S. 451). Er selbst zählt 9 Formeln und darüber hinaus nicht formelhafte Ausdrücke, die "die geprägte Vorstellung wachrufen oder auf
bestimmte formelhafte Wendungen anspielen" können (ebd.). Ebenfalls
zu beachten ist: "Von der Herausführung wird in so vielfältigen
Kontexten gesprochen, daß es kaum angeht, der geprägten Vorstellung
als solcher einen Sitz im Leben zudiktieren zu wollen. Diese Frage
stellt sich vielmehr für die einzelnen Formeln getrennt und erfordert
dort differenzierte Aussagen." (ebd.)

Trotz auch älterer Belege für יצא Hi wird man sie nicht mit

---

46   E.Jenni, יצא , THAT I, 760: "Die Formel von 'Jahwe, der Israel aus Ägypten
     herausgeführt hat' bezieht sich auf die grundlegende Heilstat Jahwes an seinem
     Volk ... Sie findet sich in verschiedenen Abwandlungen schon bei den alten
     Erzählern (Ex 13,3.9.14.16; 18,1; 20,2; 32,11.12; Num 20,16; 23,22; 24,8; Jos 24,5.6),
     dann vor allem im Deuteronomium ... im dtr. Geschichtswerk ... und in der
     Priesterschrift, während sie bei den Propheten erst seit Jeremia erscheint".
     H.D.Preuß, יצא , ThWAT III 809-820, ist zwar bezüglich der Datierung der von
     Jenni genannten Stellen zurückhaltender, doch bleiben auch bei ihm ältere Belege
     (817f.819). Die Frage nach dem Grund für die Entstehung der Begrifflichkeit stellt
     sich zudem unabhängig von jeder Datierung.

47   ZAW 86 (1974), 425-453.

Richter[48] als gleich alt, sondern gegenüber den Belegen mit עלה Hi
jünger bezeichnen müssen. Die jüngere Ausdrucksweise hat sich
offensichtlich in Anlehnung an die ältere entfaltet und trat dann in
den Vordergrund. Woher aber kommt sie? Es erscheint kaum haltbar,
daß יצא Hi zunächst isoliert nur auf das Schilfmeerwunder bezogen
gewesen wäre.[49] Eher von Bedeutung ist der verschiedentlich gegebene Hinweis auf den Aspekt der Befreiung aus Gefangenschaft oder
Not,[50] wobei man jedoch nicht die exilische Entfaltung dieses Aspekts
in ältere Zeit zurückprojizieren sollte. Zur inhaltlichen Unterscheidung ist die jeweilige Opposition des Begriffs zu beachten: יצא und
בוא bzw. עלה und ירד. "עלה und ירד berücksichtigen die topographi-
sche Beschaffenheit des ganzen Weges, יצא und בוא den Moment des
Aufbruchs oder Ankommens."[51] Diese Unterscheidung ist der Hinweis
auf jene Texte zur Seite zu stellen, "welche JHWH mit einer Verbform
des hiph von jšʿ als Befreier, von Gefangenen, als Retter und Heraus-
führer Bedrängter kennzeichnen und sich somit dem Gebrauch im
'Herausführen aus Ägypten' als Befreiungstat nähern bzw. diese im
Verständnis eines befreienden Handelns aus Sklaverei unterstützen ...
Zahlreiche Psalmtexte ... danken JHWH als dem Retter und Befreier,
der aus Not 'herausführte' (Ps 18,20 = 2 Sam 22,20; Ps 66,12; 68,7;
104,14; 135,7) oder bitten ihn um ein entsprechendes Handeln

---

48   W.Richter, Beobachtungen zur theologischen Systembildung..., 185: "Beide Formeln
      sind gleich alt".

49   J.M.Wijngards, הוציא and העלה , a twofold approach to the Exodus, VT 15
      (1965), 91-102; dagegen kritisch H.D.Preuß, יצא , ThWAT III, 814.

50   P.Humbert, Dieu fait sortir, Hiphil de yāṣā, ThZ 18 (1962), 357-361; ders., Dieu fait
      sortir. Note compl mentaire, ebd., 433-436.
      D.Daube, The Exodus Pattern in the Bible, 1963, 31-35 betont den ursprünglich
      juristischen Kontext: "The term is legal, borrowed by the story-tellers [!]" (31).

51   W.Groß, Die Herausführungsformel, 428. Zum Nebeneinander dieser beiden Begriffs-
      paare sei erwähnt, daß das ירד entsprechende ägyptische Wort hȝj auch die
      Bedeutung "heimkommen" hat (Ägypten liegt tiefer als die umgebenden Länder -
      auch tiefer als der Sinai -, daher steigt man beim Heimkommen herab), während
      bezeichnenderweise für das Fortgehen aus dem Land kein so typischer Begriff
      existiert. Natürlich hat für eine außerhalb Ägyptens, sei es am Sinai oder in
      Palästina beheimatete Bevölkerung der Gegenbegriff (עלה) den erfreulicheren Klang
      des Heimkommens.

(Ps 25,17; 31,5; 142,8; 143,11)."[52] "Eine Reihe von Stellen in den Klage- und Dankpsalmen" zeigen somit, wie jś Hi. zu einem wichtigen Verbum des Rettens und Erlösens wird".[53] So ist zu vermuten, daß יצא als zunächst im Qal den Auszug beschreibendes Wort einerseits in Analogie zu עלה und andererseits unter dem Einfluß des Sprachgebrauchs in den Klage- und Dankliedern ins Hi gesetzt wurde. Diese Nähe zu den Klage- und Dankliedern war besonders geeignet für die hier zu untersuchenden Summarien. Die mit den Formulierungen verbundenen Stimmungen waren gut zu verbinden mit der Motivierung zur Dankbarkeit bzw. zu neuer Hoffnung auf Errettung aus notvoller Gegenwart, was die breite Entfaltung in der deuteronomischen bzw. exilischen Literatur gut erklärt.

7.4.4. Das Erzählschema

Über das oben herausgestellte Schema Not - Ruf um Hilfe - Erhörung - Errettung hinaus reicht die Angabe vom Herabziehen nach Ägypten und vom langen Aufenthalt dort. Sie erklärt sich aus den dem Verfasser geläufigen weiteren geschichtlichen Zusammenhängen. Ebenfalls eine Erweiterung gegenüber dem Grundschema stellt die Erwähnung des Engels dar. Dadurch entsteht die Doppelung "er sandte einen Engel und er (der Engel oder Jahwe?) führte uns heraus". Nach dem oben Gesagten ergibt sich, daß der Verfasser sowohl den Engel von Ex 14 als auch den Führungsengel der Landnahme vor Augen hat. Oder wird auf den Engel vom Ex 3 bei der Berufung des Mose Bezug genommen, womit ja die Errettung aus Ägypten den Anfang nahm? Nach Ex 3 ist das Hören des Hilferufs der Israeliten der Anlaß für die Berufung des Mose. Die Stichwortverbindung "Hilferuf" wäre dann der Grund für die Erwähnung des Engels und damit eine deutliche Bezugnahme auf den elohistischen Text (vgl. תלאה).

Daß eine Erwähnung der Landnahme wegen der vorausgesetzten Situation weggebrochen wurde, läßt sich nur unter der Annahme eines festen Credotextes behaupten. Selbst dann könnte gefragt werden, ob nicht ein Hinweis auf das erstrebte Land jenseits des midianitischen Gebiets die Harmlosigkeit der Durchzugsabsicht unterstreichen könnte. Wahrscheinlicher ist, daß der Text so wie das festgestellte Erzähl-

---

52   H.D.Preuß, יצא , ThWAT III, 821.

53   E.Jenni, יצא , THAT II 760; zu nennen ist noch Ps 18,49, ein Beleg im unbestritten älteren Teil von Ps 18.

schema mit der Errettung endet. Der Spannungsbogen von der Not bis
zur Errettung ist an sein Ziel gekommen. Eine Fortsetzung könnte
nur in Form einer Wiederholung des Schemas (so in 1 Sam 12,8ff)
oder durch ein neues Erzählschema mit entsprechenden Motiven, z.B.
Verheißung und Erfüllung gegeben werden. Da in der Exposition bei
der Erwähnung der Väter nichts dementsprechendes anklingt, ist auch
von da her keine Fortsetzung zu erwarten.

Der vorausgesetzte Geschichtsverlauf ist relativ kurz. Das
lange Verbleiben in Ägypten wird nicht von den Vätern (oder
Vorfahren im weiteren Sinn), sondern von der Exodusgeneration
ausgesagt ("wir blieben viele Tage in Ägypten"). Dies entspricht nicht
dem Bild von Ex 1,1-5.7 (P), sondern eher den älteren Vorstellungen
von einem einfachen Generationswechsel beim Pharao ("ein anderer
Pharao") und bei den Israeliten ("es starb Joseph und alle seine
Brüder und jenes ganze Geschlecht"; V.6.8), die noch nicht über das
Problem des Zahlenverhältnisses zwischen Vätergeneration und
Gesamtheit des Volkes reflektieren.darüber hinaus ist keine Erzvätergenealogie vorausgesetzt, sondern die Nachricht vom Herabziehen
Jakobs nach Ägypten würde Num 20,15 bereits abdecken. Doch sind
weitere Schlüsse über Kenntnis oder Unkenntnis des (im Pentateuch
vorausgesetzten) Geschichtsverlaufs wegen der Gestaltungskraft des
Erzählschemas nicht zulässig. Es geht um Exodusthoda, nicht um (eine
möglichst vollständige) Heilsgeschichte.

7.5.   Ergebnis

Num 20,14-21 ist ein Text an der Nahtstelle zwischen
Auszugs- und Landnahmeüberlieferung mit deutlichen Bezügen nach
beiden Richtungen, wie etwa das Stichwort תלאה, die Erzählung von
Not und Errettung, der Engel und die gegebene Situation am Weg zur
Landnahme zeigen. Im Blick auf die literarische Zuordnung ist der
Text als möglicherweise elohistisch, wahrscheinlicher als (zumindest
hier stark auf elohistische Texte bezugnehmendes) Stück der jehowis-
tischen Redaktion zu bezeichnen. Diesbezügliche allgemeine Erwägun-
gen und, im Blick auf unseren Text, das vorausgesetzte ambivalente
Verhältnis zu den Edomitern führen zu einer Einordnung in die Zeit
Hiskias. Für vordeuteronomische Einordnung des Textes sprechen
andererseits die Differenzen zu Dtn 2,2ff und daß die Anpassung an
die besonders in der Exilszeit reflektierte 40-jährige Strafzeit in der
Wüste erst sekundär vorgenommen wurde.

Beachtenswert ist, daß auch beim jetzigen "Sitz in der
Literatur" die Situation des Bekenntnisses (חודה) zur geschichtlichen
Rettungstat Jahwes vor einer anderen, aber eng verwandten Gruppe

vorausgesetzt ist. Hinter dem Sitz in der Literatur wird der Einfluß des für die Thoda konstitutiven Elements der Erzählung deutlich. Dieses prägt sowohl das Schema als auch die Motivik des Geschichtsrückblicks, wobei hier von dem Doppelaspekt Dank und Bekenntnis, wie er der תודה inhärent ist, wegen der Situation der Aspekt des Bekenntnisses im Vordergrund steht. Erzählschema und Motivik bestimmen weiters den Umfang der berichteten Ereignisse, der abgesehen von einer knappen Erwähnung der Väter in der Exposition (und der Erwähnung des Engels innerhalb des Textes) nicht über den Spannungsbogen von Not - Hilferuf - Erhörung - Errettung hinausgeht.

Deutlich ist der Einfluß der תודה auf die Erzählung gegeben, und es war von daher möglich, eine Überlegung zur Entwicklung des Nebeneinanders von עלה und יצא in der Exodusterminologie beizutragen.

Ob und wieweit es möglich ist, hinter die erwähnten Texte und Beobachtungen auf methodisch legitime Weise weiter zurückzukommen, ist angesichts des gegenwärtigen Forschungsstandes problematisch. Insbesondere geht es um die Frage der Existenz einer Thoda des Volkes bzw. wohl richtiger einer Gruppe gegenüber bzw. im gemeinsamen kultischen Handeln mit einer anderen Gruppe. Eng damit verbunden ist die Frage der Einmaligkeit einer solchen Thoda oder der Wiederholbarkeit gegenüber neuen Zuhörern (z.B. Ex 18 - Num 20), bzw. die Frage, wie denn der Lobpreis über eine bestimmte Geschichtstat Jahwes erstmals in den später kontinuierlich wiederholbaren Hymnus kommt. Wir kommen damit zur Frage des Ursprungs und des ursprünglichen Verhältnisses von Hymnus, Dank- und Siegeslied.[54] Damit ergibt sich die Tendenz zur Einbettung des geschichtlichen Credos in den Kult, der v.Rad in "seine(r) in ihrer Fragestellung richtige(n) und in ihrer Lösungsrichtung vielleicht nicht falsche(n) Abhandlung über das 'Formgeschichtliche Problem des Hexateuch'"[55] allzu bereitwillig gefolgt war. Nur daß wir jenes halbe Jahrtausend, das zwischen der literarischen Gestaltung von Num 20, Dtn 26 und Josua 24 einerseits und den erwähnten Ereignissen, vor allem dem Exodus, andererseits liegt, nicht mehr in dieser Weise und auch mit anderen Methoden kaum je mehr in dieser Zuversicht überbrücken können.

---

54 Vgl. oben bei A.23-25.

55 O.Kaiser, Einleitung, 89.

Was sich ergeben hat, ist aber immerhin die Erkenntnis, wie
sehr die Gestaltung des summarischen Geschichtsrückblicks von der
Thodaerzählung bestimmt ist, und daß es hier nicht um eine mehr
oder weniger vollständige Rekapitulation einer mehr oder weniger fest
fixierten Heilsgeschichte geht. Von der gattungsgeschichtlichen
Einordnung als תודה und ihrem Doppelaspekt als Dank (an Gott) und
Bekenntnis (vor anderen) ergibt sich die Berechtigung der Bezeichnung als "geschichtliches Credo". Nur daß dieses Credo in seiner
Variabilität in der Spannung zwischen Thoda und - mehr oder weniger
ausführlich dargebotener - Heilsgeschichte steht und Num 20,15f fast
ganz auf die Seite der Thoda gehört.

8. Deuteronomium 6,20-25

8.1. Aufbau des Textes

Im Rahmen der Einleitungsreden wird in Dtn 6 vom Sohn dem Vater die Frage gestellt: "Was (d.h. warum oder: wofür haben wir) die Zeugnisse, Gebote und Gesetze (העדרת והחקים והמשפטים), die Jahwe, unser Gott, euch befohlen hat?" Darauf soll dieser antworten: "Knechte waren wir dem Pharao in Ägypten, aber Jahwe führte uns heraus aus Ägypten mit starker Hand. Und Jahwe tat Zeichen und Wunder, große und schreckliche, an Ägypten, am Pharao und an seinem ganzen Haus vor unseren Augen, und uns führte er heraus von dort, um uns hineinzubringen, um uns zu geben das Land, das er unseren Vätern zugeschworen hatte. Und Jahwe befahl uns, alle diese Gebote (כל החקים) zu halten, um Jahwe, unseren Gott, zu fürchten, uns selbst zu gut allezeit, damit wir am Leben bleiben, wie es heute ist. Und es wird uns zur Gerechtigkeit sein, zu tun allen diesen Befehl (כל המצוה) vor Jahwe, unserem Gott, wie er uns befohlen hat."

Mit diesen Worten ist die Antwort des Vaters abgeschlossen; in 7,1 beginnt ein neues Thema. Genaueres Zusehen zeigt, daß die Aussagen in Finalsätze hineingestellt sind. Jahwe führt aus Ägypten, um die Israeliten ins Land zu bringen, und er gibt Gesetze, damit die Israeliten ihn fürchten und am Leben bleiben[1]. Weiters zeigt sich eine auffallende Variation in der Bezeichnung der Gebote.

8.2. Das Verhältnis zu den Einleitungsreden und die Intention des Textes.

Mit der Frage des Sohnes und der Antwort des Vaters ist deutlich eine eigene Einheit gegeben. Dennoch stellt sich die Frage der Verbindung, vor allem mit jener literarischen Schicht der Einleitungsreden, die in 6,4 einsetzt und die nach weit verbreitetem Urteil zu den Einleitungsreden des "Urdeuteronomiums" gehört. Diese Frage scheint dort positiv beantwortet, wo die literarische Geschlossenheit von c.6 oder darüber hinaus vertreten wird, wie etwa bei Norbert Lohfink, der 5,1-6,25 der Phase D, d.h. dem Grundtext des

---

1   Hier ist der Inf. Pi. zu beachten, womit die Bedrohtheit dieses Lebens ausgedrückt ist; vgl. E.Jenni, Das hebräische Pi°el, 20 und 61-64.

Verfassers (des Dtn?) zuweist.[2] Allerdings gibt es auch bei Lohfink
eine gewisse Abstufung, indem Dtn 6,4.5 der "Phase C. Formulierungen
von uns noch heute greifbaren Bundesurkunden und ähnlichen Texten",
also fest geprägter, älterer und mündlicher, im Kult tradierter
Überlieferung zurechnet.[3] Aus diesem geschlossenen Text bricht
Gottfried Seitz das Mittelstück V.10-19 als eigene Einheit heraus,
während er die Zusammengehörigkeit von V.6-9 und V.20-25 unter
Hinweis auf Beobachtungen von J.Alberto Soggin zu begründen
versucht.[4] Soggin hatte gezeigt, wie die Kinderfrage auch an anderen
Stellen (Ex 12,24-27; 13,3-10.11-16; Jos 4,6f.21-24) aus konkreten
kultischen Gegebenheiten erwächst.[5] Den entsprechenden Anlaß für
die Kinderfrage für Dtn 6,20 sieht Seitz in den in V.4-9 erwähnten
Zeichen, während V.10-19, deren Nähe zum Dekalog nicht zu bestreiten ist, nunmehr diese enge Verbindung auflösen. Im Zusammenhang damit sei die Trias העדות והחקים והמשפטים in V.20 ebenso wie
der zusammenfassende Ausdruck כל המצוה in V.25 eingeschoben
worden.[6] Diesem Ergebnis folgt Horst Dietrich Preuß[7], der trotz sonst

---

2   N.Lohfink, Das Hauptgebot, 113-120 (zu Dtn 6,20-25), 290f (zu den Phasen D,E,F).
     Die relative Geschlossenheit der Einleitungsreden vertrat u.a. G.Fohrer, Einleitung,
     186, der von den "predigtartigen Ausführungen 6,4-9,6" spricht, oder S.R.Driver,
     Deuteronomy ICC: "C.5-26 may thus be concluded, without hesitation, to be the
     work of a single author" (LXVII). Von relativer Geschlossenheit des Textes und
     weithin vorexilischer Datierung geht auch G.Braulik, Deuteronomium, NEB, 9f.60f
     aus.

3   N.Lohfink, 289f.

4   G.Seitz, Redaktionsgeschichtliche Studien zum Deuteronomium, 70-74. "Eine
     ursprüngliche Redeeinheit lag in V.4-9.20-24 vor." (73).

5   J.A.Soggin, Kultätiologische Sagen und Katechese im Hexateuch, VT 10 (1960),
     341-347. Zur Sache siehe auch: J.Loza, Les catéchèses étiologiques dans l'Ancien
     Testament, RB 78 (1971) 481-500, der jedoch - m.E. zurecht - Dtn 6,20ff eine
     Sonderrolle zuschreibt (488.500).

6   G.Seitz, 73.

7   Deuteronomium, EdF 164, 1982.

vielfach zu beobachtender Tendenz zur Spätdatierung[8] und trotz sonst weitgehender Zustimmung zu F.G.Lopez[9], 6,5-9 und 20-24 der "sing. Grundschicht" zuordnet.[10] Dagegen war in der älteren Kommentierung des Dtn meist eine Aufteilung des Kapitels in zwei (verschieden große) Hälften vertreten worden, wobei V.4ff und V.20ff entsprechend verteilt erschienen, z.B. Carl Steuernagel: "Die Belehrung bezieht sich hier jedoch auf die Gesetze, von denen ... nur in dem Zusatz V.17ff die Rede war"[11] bzw. "Auch fügt sich der Abschnitt dem Gedanken des Sg nicht gut ein; denn Sg warnt vorher und nachher vor dem Götzendienst und nicht vor dem Ungehorsam. V.20-25 werden daher Dtnster [sic!] Zusatz sein."[12] Bezüglich der ersten, älteren Hälfte von c.6 äußert sich Otto Procksch: "Zum Kern des Deuteronomiums rechne ich Dt ... 6,4-15 ..."[13].

Die Frage der Datierung wird vor allem mit V.24b verbunden, allerdings in ambivalenter Argumentation: " כהיום הזה ... setzt, da vorexilische Abfassung kaum in Frage kommt, nachexilische Abfassung voraus." - So Steuernagel[14], während Bertholet bemerkt: "Beachtung verdient jedenfalls, daß לחיותנו כהיום הזה auf vorexilische Abfassung hinweist; denn das Exil wurde als Tod empfunden (vgl. Hes 37,11f.)."[15]

Am Text zeigt sich zunächst eine gewisse Spannung zwischen V.24 und 25, nämlich durch den Wechsel der Bezeichnung für die

---

8 "Es ist 'das deuteronomistische Deuteronomium', das immer mehr von der Forschung entdeckt wird und ihr zugleich immer mehr als weitere Aufgabe zuwächst." 201, als Resumee des Forschungsrückblicks.

9 F.G.Lopez, Analyse litteraire de Deuteronome V-XI, RB 84 (1977), 481-522. RB 85 (1978) 5-49 und ders., Deut. VI et la Tradition - Redaction du Deuteronome, RB 85 (1978) 161-200. Lopez hebt V.20-24 von V.4ff ab.

10 H.D.Preuß, 49.

11 C.Steuernagel, Das Deuteronomium, HK, 1923[2], 77.

12 Ders., Deuteronomium und Josua, HK, 1900, 27.

13 O.Procksch, Die Elohimquelle, 264 (Anm.).

14 Deuteronomium[2], 77.

15 A.Bertholet, Deuteronomium, KHC, 26.

Gebote כל החקים - כל המצוה und durch die anders geartete Konstruktion, die deutlich den Begriff der Gerechtigkeit in den Vordergrund stellt, während V.24 von Wohlergehen und am Leben bleiben sprechen. Daß in beiden Versen, anders als im V.20, nur ein, aber dafür umfassend (כל) gebrauchter Gesetzesbegriff verwendet wird, zeigt ebenfalls deutlich die Anknüpfung.[16] Die verbleibenden V.20-24 zeigen damit auch in sich eine deutlichere Geschlossenheit im Verhältnis von Frage und Antwort und innerhalb der Antwort des Vaters, indem nun in schöner Parallele von der Herausführung aus Ägypten zwecks Hineinführung in das den Vätern zugeschworene Land und von Gebotsmitteilung zwecks Gottesfurcht und Wohlergehen (in eben diesem Land, vgl. כהיום הזה) gesprochen wird (V.23f). Von diesen final formulierten Sätzen hebt sich V.21f als eher selbständige Erinnerung an die Ägyptenereignisse ab. Der Aussage von der Herausführung aus Ägypten ("da führte uns Jahwe aus Ägypten" (V.21b) entspricht nicht mehr wie in Num 20,15 und wie auch in Dtn 26,5-10 eine voraufgehende Erinnerung an die Not und den Ruf um Errettung und an die Erhörung, sondern die Notlage ist allgemeiner und abstrakter formuliert (Knechte waren wir, vgl. die dtn, bzw. wahrscheinlicher dtr, Begründung des Sabbatgebotes, 5,15). Andererseits finden wir nicht nur in Dtn 26,8 den Hinweis auf die starke Hand und die Wundertaten Jahwes (fehlt noch in Num 20,16), sondern das Exoduswunder wird insbesondere als Strafhandeln an der Ägyptern gesehen (V.22). Dies führt sachlich in die Nähe der Aussage von Gen 15,14, die sich als zwar relativ späte, aber vor der Priesterschrift, wahrscheinlicher noch im 7.Jh., einzuordnende Sicht der Ägyptenereignisse erwiesen hatte.

Während die in verschiedenen Texten erwähnten Kinderfragen nicht nur als literarisches Produkt angesprochen werden können, sondern auf entsprechende Übung zurückgehen werden,[17] ist der literarische Faktor bei Dtn 6,20ff höher zu veranschlagen. Dies ergibt sich aus den spezifischen dtn/dtr Anliegen, die hier verarbeitet sind. Es geht zweifellos um die Sache des Gesetzes und nicht um den kultischen Akt oder um rituelle Datails wie in Ex 12,26; 13,14; Jos 4,6.21, was sich auch an der gegenständlichen Formulierung der Frage zeigt.

Insofern ist die Zusammenstellung bei Soggin zu differenzieren

---

16   Ist מצוה als "Exegese" zum Verbum in V.24 verwendet?

17   So mit Recht J.Loza, Les catéchèses.

und sind die literarischen Folgerungen von Seitz und Preuß nicht
zwingend. Loza weist m.E. zurecht auf den möglichen Einfluß assyrischer Vertragsrhetorik hin. Dort gehört die Weitergabe der Kenntnis
der eingegangenen Vertragsverpflichtungen zu den ausdrücklich
genannten Pflichten des Vasallen.[18] Nicht zu übersehen ist auch das
starke weisheitlich-pädagogische Anliegen im Dtn.[19] Somit ist es
wahrscheinlich, daß in unserem Text die Übernahme und (Re)Aktivie-
rung älterer kultischer Praxis vorliegt. Gegenüber dem Grundkonzept
des ("Ur")Deuteronomiums besteht aber auch eine gewisse Differenz,
indem sich unser Text nicht so sehr dem öffentlichen, sondern eher
dem familiären Bereich zuwendet. Spiegelt sich darin eine Abkehr
oder Enttäuschung von den öffentlichen Institutionen? Solche
Situationen ließen sich für den Übergang von Hiskija auf Manasse
ebenso annehmen, wie später für die Zeit des babylonischen Exils mit
dem Zurücktreten bzw. Verlust der traditionellen Institutionen. Das
Verhältnis von V.24 und V.25 läßt ein gewisses Wachstum erkennen.
Das Wohlergehen von V.24[20] ist wohl ein zum größten Teil erwünsch-
tes. Das Verhältnis zu den anderen (kult)katechetischen Texten führt
eher auf das 6. als das 7.Jh.

8.3.　Aufnahme und Einwirkung der Traditionen

Dtn 6,20-24 integriert die Themenkreise Ägyptenaufenthalt und
Bedrückung, Plagen an und Errettung aus Ägypten, Hineinführung in
das Land, Landverheißung an die Väter, Gebotsmitteilung. Wir hatten
gesehen, wie am ehesten noch V.21b eine traditionelle Formulierung
aufgreift, während 21a.22 eine Umrahmung mit nunmehr wichtig

18　So z.B. in den "Vasallenverträgen Asarhaddons mit medinischen Fürsten", § 25, Z.
288-300, TUAT I/2, 167. Vgl. weiters die von A.Jirku, Altorientalischer Kommentar
zum Alten Testament, 84, genannten Texte zur Aufgabe der Tradition, nämlich aus
einem ägptischen Amun-Hymnus und vom Ende des babylonischen Enuma-Elisch.

19　Vgl. dazu M.Weinfeld, Deuteronomy and the Deuteronomic School, 302-306. Dieses
Anliegen wird da wie dort mit mannigfachen Mitteln verfolgt. Weinfelds Vermutung
"It is even possible that the treaties themselves employed wisdom or school
imagery" (298, A.4) kann nur unterstrichen werden.

20　Hier liegt eine Voraussetzung für H.D.Preuß' Zuordnung des Textes zum Grundbestand der Einleitungsreden. Andererseits steht V.23b in Zusammenhang mit jener
dtr Pentateuchschicht, die die Landverheißung als Eid Jahwes formuliert. Somit
kann unser Text nicht zum Grundbestand des noch selbständigen Dtn gehören.

gewordenen Motiven darstellen und V.23f auf die eigentlichen dtn/dtr
Anliegen hinführt: Herausführung aus Ägypten zwecks Landgabe als
Erfüllung der beeideten Landverheißung an die Väter und Gebotsmit-
teilung zwecks Gottesfurcht und Wohlergehen in eben diesem Land.

Dieses Anliegen bestimmt die Darstellung. Aus diesem Anliegen
und aus der darüber hinaus vorausgesetzten Konzeption von der
Gebotsmitteilung im Ostjordanland ergibt sich, daß weder die nach-
klappende Erwähnung der Väter eine andere Reihenfolge voraussetzt,
noch daß der Verfasser nicht die Sinaitradition kennt.[21] Die Aufnahme der Aussage von der beeideten Landverheißung, die in Gen
22,16-18[22] einsetzt, zeigt vielmehr, daß der Verfasser die vorpriester-
schriftliche Pentateucherzählung voraussetzt, sofern er nicht überhaupt den Autoren jener Bearbeitungsschicht, die die Landverheißung
als Eid interpretiert, nahesteht oder zu ihnen gehört.

In der Wortwahl lehnt sich der Text eng an Dtn 26,5ff,
besonders in dessen Mittelteil, an, während zugleich das gegen
Ägypten gerichtete Handeln hervorgekehrt wird. Auch darin bestätigt
sich die Reihenfolge der Texte : Num 20 - Dtn 26 - Dtn 6.

Aus dem zu beobachtenden Umgang mit den Traditionen ergibt
sich, daß sie beim Verfasser und bei den Hörern vorausgesetzt werden
können, und zwar in der Reihenfolge, wie sie im Penta- bzw.
Tetrateuch vorliegen. Aus den Beobachtungen an der diesbezüglichen
redaktionellen Schicht folgt weiters, daß der Ausdruck "unsere Väter",
denen Jahwe das Land zugeschworen hat (נשבע לאבותינו), sich auf

---

21   G.v.Rads Behauptung "Die gestellte Frage gibt dem Vater Gelegenheit, die Grund-
      daten des heilsgeschichtlichen Credos (s. zu 26,5ff) zu rezitieren" trifft angesichts
      der festgestellten Struktur und Intention ebenso wenig den Text, wie die weitere
      Folgerung "Das ist insofern merkwürdig als dieser traditionsbestimmte Text [ist
      damit Dtn 6 oder 26 oder das "Credo" an sich gemeint?] ja gar keinen Hinweis auf
      die Offenbarung der Gebote enthält." Deuteronomium, ATD, 47.

22   Zum Eid Jahwes bei sich selbst siehe S.Kreuzer, Der lebendige Gott, 162-171
      ("Vorgeschichte"); weiters G.Giesen, Die Wurzel שבע 'schwören', BBB 56, 228-318.
      Die Frage des Verhältnisses dieser Redaktionsschicht zu Gen 15 kann hier nicht
      weiter verfolgt werden. M.E. bezieht sich Gen 22,16 nicht notwendigerweise auf
      Gen 15 und ist Gen 15 - zumindest in seiner Endgestalt - nicht notwendigerweise
      älter als jene Redaktionsschicht. Darüber hinaus sind nicht alle Belege dieses
      Vorstellungskreises in eine literarische Ebene einzuordnen; so ist z.B. Ex 6,8
      abweichend formuliert, wie auch bei den übrigen Belegen im Tetrateuch und Dtn
      ein sukzessives Hinzukommen wahrscheinlich ist (z.B. Num 14,16.23).

die in der Genesis vorliegende Reihe der Väter bezieht, was ebenfalls eine Weiterführung gegenüber Dtn 26 bedeutet.

8.4. Ergebnis

Wir finden somit in Dtn 6,21-24 eine paränetisch motivierte Anspielung auf die wichtigsten Ereignisse der Heilsgeschichte, wobei die Intention des Textes so sehr im Vordergrund steht, daß sie zu einer Umstellung der chronologischen Reihenfolge führt. D.h. Auszug und Väterverheißung stehen im Gefälle auf die Landgabe hin und die Gebotsmitteilung unter dem Aspekt der Motivation, die Gebote zu halten, um in diesem Land zu leben bzw. zu bleiben.

Die vorausgesetzten Traditionen sind zumindest der Sache nach jene des Hexateuch, mit einer ausgeführten Erzvätergenealogie, mit Exodus, Sinai und Landnahme. Die Tendenz der Aussagen genügt, um das Fehlen von Wüstentraditionen zu erklären, ebenso wie die Erwähnung des bloßen "Daß" der Landnahme ihren Zweck erfüllt. Ob für den Verfasser umfangreichere Geschichtsdarstellungen vorliegen (über die Landnahme hinaus, bzw. nach der anderen Seite hin die Urgeschichte) ist von der Eigenart des Textes her nicht zu beantworten.

Für die zeitliche Einordnung hatte sich das 6.Jh. als am wahrscheinlichsten erwiesen.

9. Deuteronomiun 26

9.1. Kontext und Aufbau

Dtn 26,1-15 bildet einen Nachtrag zu den dtn Gesetzen 12–25, der nach Inhalt und Darstellungsweise zum Gesetzeskorpus gehört und gegenüber den Rahmenreden deutlich verschieden ist. In den beiden Teilen V.1-11 und V.12-15 wird die Darbringung der Erstlinge bzw. des Zehnten geregelt. Beiden Texten gemeinsam ist, daß der Akt der Darbringung mit einem Bekenntnis verbunden ist, das der Israelit bei der Übergabe zu sprechen hat. Dabei bezieht sich das Bekenntnis im zweiten Text auf die Reinheit und Integrität der Abgabe, während in der ersten Einheit die geschichtliche Erfahrung des Darbringenden bzw. seiner Vorfahren benannt wird.

V.1 blickt aus der Situation der Mosesrede voraus auf das Wohnen im Land "Wenn du in das Land kommst ... und darin wohnst ...", worauf die eigentliche Anweisung beginnt "dann sollst du nehmen von den Erstlingen aller Feldfrüchte ... sollst sie in einen Korb legen und hingehen an den Ort, den Jahwe, dein Gott, erwählen wird, ... und sollst zum Priester kommen, der zu jener Zeit sein wird, und zu ihm sagen: 'Ich bekenne heute Jahwe, meinem Gott, daß ich gekommen bin in das Land, das Jahwe unseren Vätern zugeschworen hat, es uns zu geben.'" (V.2-3). Dann soll der Priester den Korb übernehmen, ihn vor den Altar Jahwes hinstellen, und der Israelit soll nun nochmals ein Bekenntnis sprechen, eben jenen Text, der mit den Worten vom umherirrenden Aramäer beginnt und der endet mit "Nun bringe ich die Erstlinge der Früchte des Landes, das du mir gegeben hast, Jahwe", und dann soll der Israelit ihn - das heißt doch wohl: den Korb!- niederstellen vor Jahwe und anbeten und dort, zusammen mit seinem Haus und dem Levit und Fremdling, fröhlich sein.

Deutlich sind hier einige Spannungen im Text zu erkennen: Was soll der Israelit in V.10 noch hinstellen, nachdem er bei V.4 bereits den Korb abgegeben hat? Warum hat er zwei Bekenntnisse zu sprechen, die zwar im Wortlaut verschieden sind, die aber dasselbe Thema - den Weg von den Vätern zum Landbesitz - abdecken? Schließlich sind in V.1.3.11 dtn Sprache und Anliegen evident, und es bleibt noch die Frage, wie sich der Priester von V.3 und der Levit von V.11 zueinander verhalten.

Um die neuere Kommentierung unseres Textes ist es, ebenso wie im Blick auf das ganze Dtn, derzeit schlecht bestellt,[1] immerhin gibt es einige Monographien, die auch c.26 behandeln.[2]

9.2.   Die Mehrschichtigkeit des Textes

Ausgehend von den erwähnten Spannungen ergibt sich ein Gegensatz zwischen V.4 und 10b, weiters zwischen V.4 und 11 und schließlich zwischen V.3 und 5-10a. Wegen der erstgenannten Spannung wurde fast durchwegs V.4 als spätere Ergänzung betrachtet, die dazu dient, "ja den Priester zu seinem Recht kommen zu lassen".[3] In den weiteren Überlegungen, und schon bei der Frage der eventuellen Zusammengehörigkeit von V.4 mit 3 bestehen große Unterschiede. Nicht zuletzt im Blick auf eine Datierung erscheint es zielführend, zunächst nach typisch dtn und dtr Elementen zu fragen. Als solches ist V.1 zu erkennen, aus V.2 zumindest die beiden Relativsätze "welches (welchen) Jahwe, dein Gott, dir gibt" und "welchen Jahwe, dein Gott, erwählt, um dort seinen Namen wohnen zu lassen." Sehr wahrscheinlich ist der ganze V.3 ebenfalls dtn. V.3b verwendet die typische Formulierung der Landverheißung als Eid. V.3a könnte zwar verstanden werden als Hinweis auf den jeweils amtierenden Priester, aber auch das würde einen größeren Zeitraum im Auge haben, (vgl. בימים ההם), was wiederum der im Dtn vorausgesetzten Situation der Moserede im Blick auf die Zukunft im Land entspricht. V.4 scheint aufs erste durchaus zu einem alten Ritual zu passen. Zur Not könnte man in V.2 "und du sollst zum Ort (des Heiligtums?) gehen" als älteren Bestand betrachten und V.4 daran anschließen lassen, aber dann bleibt noch immer das Problem, daß der Anweisung für den Israeliten eine Beschreibung des Tuns des Priesters, bzw. indirekt eine Anweisung für diesen, folgt, während ab V.5 wieder der israelitische Bauer angesprochen ist. Die Erwähnung des Priesters in V.4 setzt darum eher den Priester von V.3 voraus. Weiters fällt auf, daß es in V.4 heißt "vor dem Altar Jahwes, deines Gottes", während V.5a und 10b in unmittelbarer Weise "vor Jahwe" sagen, wobei zumindest das

---

1   Vgl. die oben bei Dtn 6 erwähnte Literatur.

2   R.P.Merendino, Das deuteronomische Gesetz, BBB 31, 1969. G.Seitz, Redaktionsgeschichtliche Studien zum Deuteronomium, BWANT 93, 1971. D.E.Skweres, Die Rückverweise im Buch Deuteronomium, AnBib 79, 1979.

3   A.Bertholet, Dtn, KHC, 80.

Attribut "dein Gott" dtn ist. Damit ergibt sich, auch abgesehen von der eventuell ausgleichbaren Spannung zwischen והניחו und והנחתו,[4] eine deutliche Divergenz zwischen V.4 und V.10b. Bezüglich der separat zu behandelnden V.5-10 ist schon hier zu vermerken, daß in den die direkte Rede rahmenden Anweisungen jedenfalls das dreimalige אלהיך (V.5a-10) als dtn zu betrachten ist, während das והשתחוית von V.10b (und damit wohl auch das dazugehörige לפני יהוה) nicht dtn ist, weil השתחוה sonst nirgends im Dtn (inclusive der Rahmenreden) im positiven Sinn verwendet wird. V.11 entspricht den im Zusammenhang der Zentralisationsgesetze üblichen Formulierungen (12,7.12.18; 16, 11.14), und zwar im Gegensatz zu den jüngeren pluralischen von 12,7.12 den älteren singularischen.

Die bisherigen Beobachtungen passen zu dem, was G.Seitz unter Weglassung der "Relativsätze ...", die vor allem am Anfang dem Text ein überfülltes Aussehen geben" als Ablauf der Handlung herausstellt. Dieser wird "durch zwölf kurze Verbalsätze angegeben, die jeweils mit einem perfectum consecutivum beginnen und sich bis auf die beiden in V.4 alle in der 2.Person Singular an den israelitischen Bauern wenden".[5] Es sind dies die entsprechenden Sätze in V.2.3.4.5.10b.11. "Die gleichmäßige Darstellung des Verlaufs der kultischen Handlung durch lauter Anordnungen im perfectum consecutivum erinnert an die Form der Rituale ... in den Gesetzen der Priesterschrift",[6] allerdings mit der Besonderheit, daß in unserem Text nicht unpersönliche Stilisierung, sondern eine persönliche Anrede vorliegt, während andrerseits eine imperfektisch gehaltene Anordnung als Ausgangspunkt des Rituals fehlt. "Es ist möglich, daß eine derartige grundlegende Bestimmung von dem Bedingungssatz V.1 verdrängt worden ist." [7] - Diese Möglichkeit ist bei genauerer Frage nach vordtn Tradition des Textes m.E. als sehr wahrscheinlich zu bezeichnen. Seitz fragt jedoch nicht weiter nach einer älteren Grundlage, sondern wendet sich dem Verhältnis der beiden Bekenntnisse V.3 und 5ff zu. "Wenn das erste Bekenntnis zu dem Priester zu

---

4   E.König, Dtn, KAT, 179 übersetzt in V.10 mit "dortlassen" statt "hinstellen" und bezieht dies auf die Früchte statt auf den Korb. - Muß das Dortlassen einer Abgabe eigens befohlen werden?

5   G.Seitz, Redaktionsgeschichtliche Studien, 244.

6   Ebd.

7   Ebd.

sprechen ist ..., das zweite aber 'vor Jahwe, deinem Gott' ... bedeutet
das nur eine geringe Milderung der Schwierigkeit; denn im Grunde
genommen sind beide Aussagen doch unmittelbar an Jahwe gerichtet."[8]
Seitz erklärt zunächst noch V.3f als sekundär und wendet sich dann
der Analyse von V.5-9 zu, die er in Gefolge von Rost durchführt,
wobei er allerdings auch das Verhältnis zum Gesamttext (V.1-11)
bestimmt und diesen, nicht zuletzt im Blick auf V.1, der dtn Überarbeitung (im Unterschied zur dtn Sammlung) zuschreibt. "Wegen der
besonderen Beteiligung des Darbringenden wird man den Abschnitt
auch nicht zu spät ansetzen dürfen. Darauf macht der Zusatz V.3f
aufmerksam. ... Hier schieben sich die priesterlichen Interessen vor
und stehen sogleich in Konkurrenz zum Tun des am Ende genannten
Leviten (V.11), der nach 18,6f doch das Recht gehabt hätte, am
erwählten Ort bei einer kultischen Feier in Aktion zu treten. Auch
wenn man in dem 'Priester, der in jenen Tagen da sein wird', nicht
unbedingt den Hohenpriester sehen muß, wird die priesterliche
Redaktion, die sich hier zeigt, erst nach dem Exil anzusetzen sein."[9]

Von hier aus ist es sinnvoll, auf die zweite agendarische
Anweisung in V.12-15 zu schauen. Auch dort liegt ein älterer Bestand
zugrunde, wie sich an dem Bekenntnis in V.14 zeigt, das die kultische
Reinheit der Abgabe betont, im Unterschied zu den Rahmenversen
(V.13 und 15), die stärker positiv formulieren und typisch dtn
Anliegen, z.B. Levit, Fremdling, Waise, Witwe und den Geschichtsbe-
zug (Eid an die Väter) einbringen.[10] Zu diesem älteren Grundbestand
gehört auch die Angabe לפני יהוה, weil ja im dtn Sinn der Regelung
der Beter am Ort blieb und nicht zum Zentralheiligtum wallfahrtete.
Mit dieser dtn Überformung der Abgabe des Zehnten steht auch das
Zurücktreten des Rituals in Zusammenhang, sodaß nunmehr in V.12-15
zwar deutlich wird, daß der Zehnte des dritten Jahres am Ort blieb,
das Bekenntnis aber praktisch unlokalisiert ist. Wir gewinnen damit

---

8   A.a.O., 245.

9   A.a.O., 248. Ganz abgesehen von der Frage, ob sich ein Hoherpriester jemals mit
     der Entgegennahme der Ernteabgaben beschäftigte, bleibt die Ansetzung in die
     nachexilische Zeit ohne Begründung. Das Problem des Verhältnisses von Priester
     und Leviten bestand ab der Zeit der josianischen Reform. Zum Problem der
     Divergenz zwischen dtn Konzeption und der faktischen Vorgangsweise Joschias
     siehe zuletzt H.Donner, Geschichte Israels, II, 352f.

10   Vgl. dazu G.v.Rad, Dtn, ATD, 114f.

von V.12-15 aus zusätzliche Kriterien für V.1-11 und können wohl
auch annehmen, daß der Umfang der beiden Texte nicht allzu
verschieden war.

Um nicht mehr literarische Schichten zu postulieren, als vom
Text gefordert, fragen wir nach der möglichen Zusammengehörigkeit
der beiden Bekenntnisse V.3 und 5ff. Dies wäre am ehesten so
möglich, daß die Erwähnung des Eides an die Väter den Einsatzpunkt
bildet, an den die weitere Geschichtsrekapitulation - über den
zunächst nicht vorhandenen V.4 hinweg - anschließt und in V.10 zum
Ziel kommt. Eine gewisse Schwierigkeit stellt dabei V.5aα1 dar, der
zusammen mit V.4 einen Einschub bilden müßte, wobei einmal לפני
יהוה מזבח, und einmal nur לפני יהוה steht. Entscheidend aber ist die
Interpretation von ארמי אבד אבי. Hier ist die übliche Wiedergabe "ein
umherirrender Aramäer war mein Vater" angesichts der alten Übersetzungen keineswegs so selbstverständlich.[11] LXX liest hier Συρίαν
ἀπέβαλεν ὁ πατήρ μου, die Vulgata übersetzt "Syrus persequebatur
patrem meum". Die hier sich zeigenden Interpretationen wirken noch
lange nach. Bei Luther und in den Lutherbibeln bis weit ins 19.Jh. ist
zu lesen: "Die Syrer wollten meinen Vater umbringen" (mit Hinweis
auf Gen 31,5.24 in der Fußnote), während die "aufs Neue aus dem
Grundtext berichtigte" Ausgabe der Zürcher-Bibel von 1860 immerhin
bereits übersetzt "Ein umherirrender Aramäer war mein Vater". Diese
Version geht auf Ibn Esra zurück.[12]

Wäre das Verständnis von LXX und Vulgata, das immerhin auf
der Basis des bloßen Konsonantentextes noch möglich wäre, das
ursprüngliche, so wäre das Bekenntnis von V.3.5-10 eine deuteronomische Rekapitulation der Heilsgeschichte unter Benützung älterer
Pentateuchtexte. Dann wären diese älteren Pentateuchtexte das
einzige ältere Material in diesem im Grunde dtn Text. Auf dieser
Basis käme die Sicht von C.Carmichael zum Tragen.[13] Dieser bemühte
sich auch anderweitig, die Reihenfolge der dtn Gesetze als in

---

11   Zur Wiedergabe in den alten Übersetzungen vgl. M.A.Beek, Das Problem des
      aramäischen Stammvaters (Deut XXVI 5), OTS 8, 193-212.

12   Dazu M.A.Beek, 196f. Ibn Esra bestreitet die Möglichkeit des transitiven Gebrauchs
      des Verbum und vermerkt die Schwierigkeit des Subjektwechsels von Laban zum
      "Vater" in der Fortsetzung des Textes.

13   C.Carmichael, A New View of the Origin of the Deuteronomic Credo, jetzt auch
      ders., Law and Narrativ in the Bible, 1985.

Anlehnung an die Abfolge der älteren "Pentateuch"erzählungen entstanden zu erklären.[14] Nach seiner Sicht stünde die Situation von Dtn 26, Darbringung der Erstlinge der Ernte, in Entsprechung zur Rückkehr der Kundschafter nach Kadesch, denn damals waren ja auch bzw. erstmals die Früchte des (verheissenen) Landes (dar)gebracht worden (Num 13,20.26f).[15] Dtn 26 folge damit nicht nur der allgemeinen dtn Tendenz zur historischen Begründung kultischer Handlungen, sondern darüber hinaus habe die Kadeschsituation dazu geführt, daß die Rede von Num 20,15f in Dtn 26 aufgenommen wurde. Und zwar weil die Verhandlungen mit Edom in Num 20 von Kadesch aus geführt wurden. Carmichael geht nun noch einen Schritt weiter. Weil Dtn 26, ebenso wie Jos 24, bei den Erzvätern einsetzt und weil sich da wie dort eine "straight chronological sequence" findet[16], sei dies auch für die einführende Bemerkung "du kennst die ganze Mühsal, die uns betroffen hat" in Num 20,15 anzunehmen. "The hardship which Israel claims Edom knew about refers to Jacob's hardship and difficulties under Laban, the Aramean."[17] Damit ergibt sich: "Such a sequence can also be read into Num 20,14ff, namely, 'Thou knewest all the hardship which befell us (under Laban) and our fathers went down to Egypt ...'[18].

Hier wird in der Tat etwas "hineingelesen" ("read into") und es wird nicht beachtet, daß auch in Jos 24 die Väterzeit nicht in das "wir" bzw. "uns" einbezogen wird. Die Ereignisse der Väterzeit werden in der dritten Person geschildert, die erste Person setzt erst bei Ägypten ein. Nicht zuletzt muß Carmichael unter der Hand die Bedeutung von ארמי אבד אבי im Sinn der Übersetzung der Vulgata verändern und kann nur von einem kryptischen Element und von

---

14 C.Carmichael, The Laws of Deuteronomy, 1974, jetzt auch ders., Law and Narrative in the Bible, 1985. Zur Kritik an den darin vorgelegten Thesen siehe G.Braulik, Die Abfolge der Gesetze in Dtn 12-26, BETL 68, 254f A.9.

15 C.Carmichael, A New View, 277.

16 A.a.O., 281.

17 Ebd., unter Hinweis auf eine entsprechende Anregung von D.Daube.

18 Ebd.

Schwierigkeiten der Deutung sprechen.[19]

Die Tendenz zur Umdeutung bzw. die Schwierigkeit der Erklärung zeigt sich auch dort, wo man bewußt nicht LXX und Vulgata, sondern dem Masoretischen Text folgen will. Beispiele dafür finden sich - bei aller sonstigen Verschiedenheit - in der Kommentierung des Dtn von A.Bertholet und C.Steuernagel über G.v.Rad bis hin zu P.C.Craigie. Bertholet erklärt zur Stelle: "Der Vater ist Jakob; seine Mutter Rebekka, stammt aus Aram Naharaim (Gen 24,10), seine Vorväter ebendaher (Gen 24,4). אֹבֵד, dem Untergang zugehend; als solcher scheinbar [!] floh er selber vor dem Zorn seines Bruders nach [!] Aram (Hos 12,13; Gen 29,31), von wo er sich auch seine Weiber holte. Später zog er nach Ägypten ..." Ähnlich Steuernagel zur Stelle: " ארמי ist Jakob, sofern er im Aramäerland wohnte und von dort auch seine Vorfahren stammten." Die Beispiele lassen sich leicht vermehren. Sie alle zeigen, daß der Masoretische Text nicht mit den sonst bekannten Traditionen zur Deckung zu bringen ist.

Nun könnte die LXX auf einem hebräischen Text mit anderer Worttrennung[20] basieren, aber allein schon die beträchtliche Unsicherheit in der griechischen Überlieferung[21] zeigt, daß LXX zwar von einem fixierten Konsonantentext aber offensichtlich nicht von

---

19 "This cryptic element in each of the statements makes it extremely difficult to know what is in mind by 'ᵃrammi 'obed 'abi in Deut XXVI 5. Behind the statement in Num. XX 14 is the awareness of Jacob's difficulties under Laban and, further, probably, the knowledge that Jacob's meeting with Esau had an aura of uncertainty and anxiety about it. Deuteronomy may have both these facets in mind. The LXX reads: Zurian 'apebalen ho pater mou - meaning probably, that Jacob cast himself off from Laban, the Aramean. It is likely that the LXX translators had certain reasons for translating in this way, for example, an unwillingness to designate Jacob as an Aramean." 284 A.2.

20 D.h. mit Yod als Präformativ zum Verbum statt als Gentiliciumendung. Die zur Zeit der Entstehung der LXX des Pentateuch noch verwendete althebräische Schrift hat keine eigenen Finalbuchstaben, und die aramäische Schrift bildet sie erst aus und verwendet sie uneinheitlich; vgl. K.Beyer, Die aramäischen Texte, 34. Bauer-Leander, 59f.

21 J.W.Wevers, Septuaginta ... Vol 2. Deuteronomium, 281 führt neben dem wahrscheinlichsten Text 6 Varianten für das Verbum an. Denselben Sachverhalt bezeugen die Varianten, wie sie Vulgata und Targume repräsentieren; vgl. A.Sperber, The Bible in Aramaic, I, 333.

einem fixierten Textverständnis ausgehen konnte. Vor allem aber bliebe die Entstehung des Masoretischen Textes völlig unerklärlich. Wie sollte aus "Syrien (Aram) verließ (o.ä.) mein Vater" der keiner Tradition entsprechende Aramäer werden? Damit ist Carmichaels Deutung hinfällig. Weil weiters die Entstehung der Bezeichnung des Stammvaters als Aramäer, wie später noch auszuführen ist, ab der Zeit der Aramäerkriege nicht mehr denkbar ist, läßt sich auch eine Verbindung von v.3 und V.5 nicht durchhalten. Zumindest ארמי אבד אבי muß vordeuteronomisch sein.

Dieser Grundbestand von drei alliterierenden Worten verlangt nach einer Fortsetzung, so wie umgekehrt das Ritual nicht ohne Text denkbar ist (vgl. oben zu V.12-15). Der vorausgesetzten Situation entspricht V.10: "Und jetzt, siehe ich habe gebracht die Erstlinge der Früchte des Landes, das du mir gegeben hast, Jahwe." Wir haben damit eine ähnliche Lösung wie L.Rost, der durch seine Spätdatierung des Mittelstückes auf anderem Wege zu einer "ältere(n) Formel, die in Dt 26,5.10 vorliegt"[22], gekommen war. Ob zu diesem älteren Bestand auch V.9a gehörte, ist schwer zu entscheiden. Jedenfalls ist מקום hier nicht spezifisch dtn, [23] wie der Gebrauch von ארץ in V.9b und 3b zeigt. Deutlich ist jedenfalls, daß dieses kurze Bekenntnis nicht die Ägyptenereignisse voraussetzt, sondern einen direkten Weg ins Land.[24]

---

22 L.Rost, Das kleine geschichtliche Credo, 18.

23 Vgl. Ex 20,24b (Altargesetz): "an jedem Ort, an dem ich meinen Namen in Erinnerung bringe, will ich zu dir kommen und dich segenen." Dazu G.Seitz, Redaktionsgeschichtliche Studien, 220 und M.Noth, Ex, ATD, 142.

24 M.A.Beek, Problem, 207: "Es ist wahrscheinlich, daß Dtn 26,5a mit den Worten 'rmj 'bj den uralten Anfang bewahrt eines liturgischen Textes, dessen jetzt verlorene Fortsetzung noch nichts wußte von einem Aufenthalt in Ägypten." Auch für Beek ist klar, daß der Text eine Fortsetzung gehabt haben muß. M.E. spricht nichts dagegen, sie in V.10b zu sehen. Gestützt wird diese Sicht durch die Beobachtung von G.Seitz, Redaktionsgeschichtliche Studien, 246, wonach V.10a den markanten Dreierrhythmus von V.5a fortsetzt.

9.3.   Der Einbau der Exodusthoda

Die Darbringung der Erstlinge ist somit mit einem Geschichtsrückblick verbunden, durch den sich der israelitische Bauer zu Jahwe
als dem Geber des Landes bekennt. "V.10 spricht ... stark den
Gedanken aus, daß man Jahwe die Früchte des Landes zu verdanken
hat, nicht Baal."[25] Von der gegebenen Situation her ist der Geschichtsrückblick ein Dankbekenntnis, d.h. der Dank an Jahwe und das
Bekenntnis zu Jahwe gehen Hand in Hand. Zwar finden wir hier nicht
das etwa bei Num 20,15f herausgestellte Vokabular, wohl aber die
beiden Pole von Not und Erfahrung der Hilfe, die in den dargebrach-
ten Erstlingen anschaulich demonstriert wird. Der Tenor des Textes
ist der von Dankbarkeit für erfahrene Hilfe. Die in diesem Zusammenhang erfahrene Hilfe könnte nun ebensogut die Gabe des Regens und
des Wachstums sein. Demgegenüber ist hier die Gabe des Ackerlandes
an sich genannt und wird nicht nur auf den vergangenen Jahreskreislauf, sondern auf eine größere Zeitspanne zurückgeblickt. Insoferne
ist dies Bekenntnis durchaus als Geschichtsbekenntnis anzusprechen.
Zugleich steht es an der Grenze von "persönlich(em)" und "gemeind-
lich(em)"[26] Bekenntnis.[27]

Gehört noch mehr aus V.5-10 zu diesem älteren Rahmen? Zwar
ließen sich unter Streichung der pleonastischen Begriffe fast durchge-
hend einfache, meist dreigliedrige Aussagen erkennen, die gut zu dem
dreigliedrigen Anfang 'arammi 'obed 'abi passen, aber z.B. גור in V.5

---

25   A.Bertholet, KHC, 81.

26   E.S.Gerstenberger, Glaubensbekenntnisse II. Altes Testament. TRE 13, 386-388.

27   Nicht auf dem Hintergrund literarischer Beobachtungen, sondern traditionsge-
      schichtlicher und historischer Überlegungen kam M.A.Beek zu dem Schluß: "Es ist
      daher wahrscheinlich, daß Deut. 26,5a mit den Worten ארמי אבד אבי den uralten
      Anfang bewahrt eines liturgischen Textes, dessen jetzt verlorene Fortsetzung noch
      nichts wußte von einem Aufenthalt in Ägypten. Einen solchen Aufenthalt hatte es
      noch nicht oder - was weit wahrscheinlicher ist - hatte es überhaupt nicht
      gegeben für diejenigen Stämme in Nord-Israel, die den Text bewahrten bis die
      Zentralisierung auch ihrer Kultgebräuche die charakteristischen Merkmale mit
      einer kleinen und glücklichen Ausnahme der ersten drei Worte auswischten. Eine
      solche Ausnahme kann nur erklärt werden durch allgemeine Bekanntheit und hohes
      Altertum, die den betreffenden Worten eine unveräußerliche Weihe verliehen
      haben." (a.a.O., 207f).

ist in dieser Verwendung schwerlich vordeuteronomisch.[28] Dasselbe
gilt für ענה in V.6. Damit wird aber der Bericht über die Ägyptenereignisse schon eher lückenhaft. Nachdem weiters die mit Num 20,15f
übereinstimmenden Verben von dort abhängig sind, fällt der ganze
diesbezügliche Erzählzusammenhang weg. Es bleibt nur V.9 als
eventuelle Verbindung zwischen dem Aramäer von V.5 und dem
Israeliten von V.10. Diese Verbindung wäre durchaus sachlich sinnvoll
und hat angesichts der Kürze des sonst verbleibenden Rahmentextes
sogar eine gewisse Wahrscheinlichkeit. Aber zumindest der vorliegende
Text kann nicht diese Verbindung gewesen sein. Dagegen spricht
sowohl der Numeruswechsel bezüglich des Vaters als auch der
Subjektswechsel vom Vater zu Jahwe. Denkbar wäre immerhin ein
Wechsel der Stammform, also statt "er (Jahwe) brachte uns an diesen
Ort" ursprünglich "er (der Stammvater) kam an diesen Ort". Dafür,
daß V.9a nicht einfach dtn/dtr ist, spricht das Nebeneinander von Ort
und Land in V.9 und die Tatsache, daß die Aussage "er brachte uns
an diesen Ort" angesichts der bekannten Geschichte Jerusalems weder
als erster Schritt noch als umfassende Bezeichnung für die Landnahme
so recht paßt.[29] Durch diese Annahme entstünde eine Aussage, deren
zwei Teile - die Wende ist markiert durch das "und nun, siehe" - in
etwa gleich lang wären.

Auch bei dieser Überlegung bleibt es dabei, daß das Mittelstück der Sache nach weit überwiegend, dem vorliegenden Wortlaut
nach vollständig gegenüber dem älteren Rahmen sekundär ist. Es ist
durchaus möglich, daß die Dreigliedrigkeit des alliterierenden Anfangs
ארמי אבד אבי die Dreigliedrigkeit der folgenden Sätze mit bewirkte.
Aber eine solche formale Gleichheit bedeutet nicht automatisch
literarische Einheitlichkeit, und die durchgehende Dreigliedrigkeit ist
keineswegs so evident, wie G.Seitz das behauptet.[30] Darüber hinaus

---

28   R.Martin-Achard, גור, THAT I, 409-412; D.Kellermann, גור, ThWAT I, 979-991,
     besonders 990.

29   Eher wäre in diesem Sinn an einen Ort wie Gilgal oder vielleicht auch Sichem zu
     denken. Weiters wäre zu überlegen, ob nicht die so schwierige "erste" Eroberung
     Jerusalems von Ri 1,8 vielleicht die "Exegese" unseres Textes darstellt.

30   Bei V.8 kommt auch G.Seitz in erhebliche Schwierigkeiten: "Jahwes Machterweise
     bei der Herausführung aus Ägypten werden in V.8 allerdings mit fünf Ausdrücken
     rühmend umschrieben; aber die beiden Wendungen "mit starker Hand und ausge-
     recktem Arm" und "mit Zeichen und Wundern" gehören je für sich so eng zusam-
     men, daß sie vielleicht [!] als Einheit und die ganze Formel als dreigliedrig

sind dreigliedrige Sätze die einfachste syntaktische Möglichkeit, eine Erzählung oder eine Folge von Aussagen zu gestalten, sei es als Nominalsatz (ארמי אבד אבי), sei es als Verbalsatz(וישמע יהוה את קולנו המצרים וירעו אתנו). Mit dieser syntaktischen Überlegung und im Vergleich mit Num 20,15f fällt nicht so sehr der mehr oder weniger vorhandene Dreierrhythmus auf als vielmehr der Pleonasmus in den Sätzen des Mittelstückes.

Der Vergleich zwischen Dtn 26,5-9 und Num 20,15f wurde von M.Weinfeld[31] und davor schon ausführlich von G.Waßermann[32] und dann nochmals von N.Lohfink[33] durchgeführt. Die Argumente wurden teilweise bei der Darstellung der Forschungsgeschichte referiert und brauchen hier nicht wiederholt zu werden. Der synoptische Vergleich zeigt die große Nähe der beiden Texte und "daß keines der sonstigen vordeuteronomischen Geschichtssummarien im Alten Testament eine so nahe Parallele zu Dtn 26,5-9 liefert"[34].

Der Geschichtsrückblick ist der Sache nach mit einer einzigen Ausnahme vollständig übernommen. Diese eine Ausnahme ist die Sendung des Engels (וישלח מלאך). Die Differenz entspricht der Auslassung des Engels in Dtn 7 gegenüber Ex 23,23. Die Veränderung des Plurals in Num 20,15 "sie zogen hinab nach Ägypten" zum Singular "er zog hinab nach Ägypten" erklärt sich aus der Anknüpfung an den umherirrenden Stammvater. Auffallender ist die Veränderung von ונשב במצרים ימים רבים zu וירע במתי מעט und von וירעו לנו ,וירעו אתנו המצרים ויענונו zu מצרים.

Diese Differenzen erwecken den Eindruck, daß in Dtn 26 nicht einfach abgeschrieben, sondern vielleicht doch eine geläufige Thoda-Formulierung aufgenommen wird und daß der Engel in Num 20 - wie

---

31 Deuteronomy and Deuteronomic School (1972), 32-34.

32 Das kleine geschichtliche Credo (Deut 26,5ff.) und seine deuteronomische Übermalung (1970).

33 Zum "kleinen geschichtlichen Credo", ThPh 46 (1971). Vgl. weiters u.a. R.P.Merendino, Das deuteronomische Gesetz, BBB 31, 1969.

34 N.Lohfink, a.a.O., 27.

bei der diesbezüglichen literarischen Analyse vermutet - gegenüber der zugrundeliegenden Tradition sekundär ist.[35]

Dtn 26,5-10a besteht somit aus zwei miteinander verbundenen Dankbekenntnissen, der Exodusthoda von Num 20,15f und der Landgabethoda bei der Abgabe der Erstlingsfrüchte des Landes am Jahweheiligtum. Von den literar- und formkritischen Ergebnissen her ist dabei von einem Einbau der˙Exodustradition zu sprechen. Nach den Überlegungen zu dem "umherirrenden Aramäer" des Rahmentextes entspricht diese Verhältnisbestimmung auch den traditionsgeschichtlichen und sachlichen Gegebenheiten bezüglich des Ritus der Darbringung der Erstlinge der Ernte. Die Verbindung der einander in ihrem Grundtenor sehr ähnlichen Dankbekenntnisse führte zu einem Geschichtssummarium, das noch immer durch die Wende von der Not zur erfahrenen Hilfe bzw. Errettung bestimmt ist. Unübersehbar ist aber die Tendenz zur Aufzählung der wichtigsten Ereignisse als Glieder einer heilsgeschichtlichen Kette. Es stehen nun zwei Situationen der Not und zwei Situationen der erfahrenen Hilfe nebeneinander, und die dazwischen liegenden Übergänge bekommen großes Gewicht als notwendige Verbindungselemente, nämlich die Volkwerdung einerseits, die Hineinführung ins Land andrerseits.

Daraus ergaben sich zwei wichtige Folgerungen: Die hier vorliegende Struktur unterscheidet sich charakteristisch von einer anderen Möglichkeit der Verbindung einer Folge von Not und Errettung, wie sie etwa in Ri 2,6 - 3,6 oder in 1 Sam 12,8ff vorliegt, nämlich als sich wiederholender Zyklus. Die beiden Strukturen dürfen daher auch nicht einfach demselben traditionsgeschichtlichen Raum zugeordnet werden.

Weiters zeigte sich, daß die Verbindungselemente zwischen den beiden Traditionen strukturell notwendig sind. Sie entspringen nicht dem Wunsch, die Geschichte möglichst vollständig darzubieten, sondern sind erzählerische Notwendigkeit. Damit entfällt aber auch das Postulat, der Erzähler hätte alles aufzählen müssen, was er wußte, und es erklärt sich das Fehlen des Sinai und von Wüstentraditionen ebenso wie das Fehlen konkreterer Aussagen über die Väter(zeit) und

---

35 Daraus folgt nicht unbedingt, daß der Bearbeiter von Dtn 26 nicht den Engel in Num 20 vorgefunden hätte, sondern nur, daß er auf diesem Hintergrund umso leichter der Tendenz zur Auslassung folgen konnte.

die Ungreifbarkeit sowohl des Ägyptenaufenthalts wie der Landnahme.[36]

Die Konzentration der pleonastischen, offensichtlich dtr.
Formulierungen (siehe dazu den nächsten Abschnitt) in und um die
aus Num 20 übernommene Exodusthoda zeigt schließlich, wo für den
"Verfasser" des "kleinen geschichtlichen Credo" das Herz schlug und
läßt auch etwas vermuten über seinen historischen Ort. Die Differenz
zu dem in V.2 zu sprechenden Bekenntnis ist jedenfalls unübersehbar.

9.4. Der umherirrende Aramäer

Das relativ höhere Alter von   ארמי אבד אבי   wurde bereits
begründet. Die Frage ist nun, wie alt ist dieser Satz und was
bedeutet אבד in unserem Zusammenhang genauerhin? Die Geschichte
des Verhältnisses zwischen Israel und den Aramäern[37] erlaubt ab der
Reichsteilung in Israel und dem Erstarken der südaramäischen
Stadtstaaten, besonders Damaskus, kaum mehr die Entstehung der hier
zugrunde-liegenden Vorstellung. Und auch wenn die Großreichpolitik
unter David und Salomo mit intensiven Kontakten zum (nord)aramäi-
schen Raum einherging, so war die Art der Kontakte eher zur Pflege
als zur Entstehung der in Dtn 26,5 oder der in der Genesis überlieferten Aramäertraditionen geeignet. "Es ist zu fragen, woher
letztlich der Glaube an eine gewisse Verwandtschaft zwischen den
Aramäern von Aram-Naharaim und den Israeliten in Palästina stammt.
Die Ähnlichkeit der Sprache und die Erinnerung an das halbnomadi-
sche Leben schafzüchtender Stämme kann eine Rolle gespielt haben,
aber nur im Rahmen fortgesetzter Kontakte zwischen den beiden
Regionen. Solche Kontakte könnten im 10.Jh. bestanden haben, in dem
die Macht der Aramäer in Nordmesopotamien und die des Reiches
Davids und Salomo in Palästina ihren Gipfel erreichte."[38] - Die

---

36   D.h. ohne die Kenntnis anderer Traditionen könnten wir keinerlei konkrete
Anschauungen aus unserem Text gewinnen.

37   Vgl dazu M.Noth, Geschichte Israels, 80-82 und passim; S.Herrmann, Geschichte
Israels, 71 und passim; A.Malamat, The Aramaeans, 134-155. E.Lipinski, Aramäer
und Israel, TRE 3, 590-599.

38   Lipinski, a.a.O., 592.

Forderung fortgesetzter Kontakte trifft für die Genesistraditionen zu,[39] für die bloße Erinnerung an aramäische Herkunft, wie sie in Dtn 26,5 vorliegt, ist sie nicht notwendig. Weiters ist in Dtn 26,5 - anders als in der Genesis - nichts über den (früheren) Aufenthaltsort des aramäischen Ahnherrn gesagt, sodaß nicht notwendigerweise Aram Naharaim anzunehmen ist.[40] Der etwas näher gelegene Bereich der syrisch-arabischen Wüste[41] ist daher in die Überlegungen mit einzubeziehen.

In diesem breiteren Spektrum der Möglichkeiten für aramäische Ursprünge und Kontaktnahmen könnte eine genauere Bestimmung des mit אבד bezeichneten Vorgangs weiterhelfen. M.A.Beek blieb unentschlossen: "Für die Übersetzung des noch immer rätselhaften אָבֵד müssen wir einen gewissen Spielraum offen lassen. Es bedeutete nicht 'umherirrend' (s. Steuernagel - Erdmans), vielleicht 'dem Untergang nahe', aber auch 'abgeschweift'(s. Ehrlich - Buber) oder 'verarmt'(s. Hempel, der den Gegensatz zu כל הטוב in Deut 26,11 hervorhebt) verdienen für eine aequivalente Übertragung alle Beachtung."[42] Diese Offenheit ist zunächst berechtigt, weil אבד tatsächlich eine große

---

39   Lipinski nennt ebd. als diesbezügliche Elemente u.a. die einem Itinerar ähnlichen Notizen und den wahrscheinlich ("wenn sich verifizieren ließe") aramäischen Namen von Davids Schreiber Schischa (2 Sam 20,25; vgl. 1 Kön 4,3). - Jedoch ist bei diesem Schischa keineswegs gesagt, und m.E. auch nicht wahrscheinlich, daß er erst unter David nach Israel kam. Er oder seine Familie könnten schon wesentlich länger da sein.

40   Ganz abgesehen von der Frage, ob die diesbezügliche Genesistradition durchwegs in Nordmesopotamien anzusetzen ist. Neben den dafür wichtigen Namen wie Haran und Terach steht die merkwürdig weit im Süden verlaufende Grenze zwischen Jakob und Laban. Die prinzipielle Infragestellung durch M.A.Beek, Das Problem des aramäischen Stammvaters, 209, "dieses Aram ist nicht zu identifizieren mit ארם נהרים" ist hier nicht weiter zu erörtern. Zur Bedeutung des Ostjordanlandes in der frühen Siedlungsgeschichte siehe J.Mauchline, Gilead and Gilgal: Some Reflections on the Israelite Occupation of Palestine, VT 6 (1956), 19-33.

41   Vgl. Lipinski, Aramäer und Israel, TRE 3, 591: Die ... semitischen Aramäer ..., deren ursprünglicher Lebensraum wahrscheinlich die syrisch-arabische Wüste war." Weiters A.Malamat, The Arameans, 135-137.

42   A.a.O., 211; m.E. ist "nicht" (umherirrend) zu streichen oder "nicht nur" zu lesen.

Bedeutungsbreite hat[43] und umherirren, abschweifen und dem Untergang nahe sein der Sache nach eng zusammengehören.[44] Insofern erscheint sowohl Wiedergabe mit "umherirren"[45] als auch mit "zugrundegehen" berechtigt.[46]

Dagegen gibt es offensichtlich im Akkadischen zwei verschiedene Wurzeln I 'bd, vernichten und II'bd, fliehen, weglaufen (nur von Menschen, z.B. Sklaven oder Krieger).[47] "Es muß daher ernstlich erwogen werden, ob nicht auch in den anderen semitischen Sprachen zwei ursprünglich selbständige, homonyme Wurzeln zusammengelaufen sind. Es kann jedoch keine endgültige Antwort auf die etymologische Frage gegeben werden."[48]

Auf dem Hintergrund der in CAD und AHw erschlossenen Belege und auf der Basis einer alten Beobachtung von D.D.Luckenbill und einer soziologischen Untersuchung von G.Buccelati kommt A.R.Millard[49] zu einer Unterscheidung zwischen mannubtu und habb‾ati bzw. ᶜapiru. Daraus folgt zunächst eine Näherbestimmung zu Dtn 26,5: "We suggest the Hebrew expression 'arammi 'obẹd̲_ may carry

---

43   HAL, 2f, nennt für das Qal sieben Bedeutungen.

44   Hempels Wiedergabe mit "verarmt" setzt literarische Zusammengehörigkeit mit V.11 voraus, was nicht zutrifft.

45   So bereits E.König, Dtn, KAT, 178f mit ausführlicher Diskussion der Möglichkeiten. Vgl. H.Seebass, Der Erzvater Israel, 4: "... geht deutlich hervor, daß die Bedeutung 'umherirren' jedenfalls nie neutral im Sinn von 'nomadisieren', sondern stets im Sinne des Sich-Verirrens, das mit dem Untergang bedroht ist, gebraucht wird."

46   Vgl. B.Otzen,אבד, ThWAT I, 20.

47   CAD I/1, 41-47; AHw I/5. Für abatu B, to run away, to flee, siehe CAD I/1 (A), 45-47; für das damit zusammenhängende munnabtu und munnabtutu, siehe CAD X/2 (M), 203-205.

48   B.Otzen, a.a.O., 20. Otzens Diskussion von Dtn 26,5 zeigt, wie sehr die gewählte Wiedergabe von אבד von dem weiteren Umfeld abhängt, auf das man den Text bezieht: "... empfiehlt sich mehr, weil so auf die gesamte Vätergeschichte Rücksicht genommen wird, wobei die Verbindung der frühen israelitischen Stämme mit den nomadisierenden Aramäern betont wird." (21).

49   A Wandering Aramean, JNES 39(1980), 153-155.

more meaning than simply 'a wandering Aramean'."[50] Dieser Flücht-
lingsstatus wird dann allerdings in kaum haltbarer Weise an der
Jakob- und Joseferzählung konkretisiert. Jakobs Flucht vor Laban
machte ihn zum mannabtu. "His action made him a political [!]
fugitive; he was an 'obed from 'aram, as many persons in cuneiform
texts were described as munnabtutu of particular cities or countries.
He thereby put himself into the class of people called ᶜapiru, those
who have no roots in the recognized sozial order. Accordingly, his
son Joseph was said to be Hebrew ..."[51] Auch wenn diese Anwendung
auf das Verhältnis von Jakob und Josef weder exegetisch noch
historisch oder soziologisch haltbar ist, so ist doch mit dem Hinweis
auf die Nähe und zugleich die Differenz von munnabtu und ᶜapiru ein
beachtenswerter Hinweis gegeben. In einem allgemeineren Sinn kann
man daher Millards Folgerung durchaus aufnehmen: "So we can claim
that Hebrew preserved two complementary terms, 'obed und ᶜibri,
corresponding to the munnabtu and the ᶜapiru of cuneiform texts, and
that the expression of 'arammi 'obed 'abi did have a special
nuance."[52]

Nochmals einen Schritt weiter geht A.Lemaire.[53] Er erinnert
zunächst an jene Erkenntnisse, die eine zweifache Herkunft der
Vorfahren der Israeliten wahrscheinlich machen, daß eben die "Bene
Israel" aus Ägypten kommen,[54] während die "Bene Jakob" aramäischen
Ursprungs sind. Weiters hat sich die zuletzt genannte Gruppe
offensichtlich im Nordosten von Sichem niedergelassen, während auf
Grund der Genesistraditionen, insbesondere der Namen Haran, Serug,
Nahor und Terach, ihre Herkunft aus dem nordmesopotamischen bzw.

---

50   A.a.O., 155.

51   Ebd.

52   Ebd.

53   La haute Mésopotamie et l'origine des Benê Jakob, VT 34 (1984), 95-101.

54   Daß die Ägyptengruppe als Bene Israel bezeichnet werden, erscheint angesichts der
      Hinweise auf eine vorjahwistische in Kanaan existierende Israel-"Amphiktyonie"
      (vgl. dazu A.H.J.Gunneweg, Geschichte Israels, 50-52) problematisch, doch berührt
      das nicht die weiteren Überlegungen um die es hier geht.

nordaramäischen Bereich wahrscheinlich ist.[55] Dieser Weg von "jenseits des Stromes" in das Gebiet von Sichem spiegelt sich nach Lemaire besonders in Jos 24 wider, wo zugleich ein Großteil der genannten Eigennamen vorkommt. Diese Eigennamen bzw. die entsprechenden Städte werden nun auch in assyrischen Feldzugsberichten der ersten Hälfte des 13.Jh.[56] erwähnt. Diese assyrischen Eroberungszüge hatten zweifellos Auswirkungen auf die dortige Bevölkerung. Damit ergibt sich der Gedanke eines inneren Zusammenhanges dieser Ereignisse: "En effet, il est tentant de rattacher cette migration/fuite a la disparition du Mitanni et a l'invasion du Shubaru/Hanigalbat par Adadnirari Ier (1307-1275) dont il est dit explicitement qu'il conquit 'la forteresse de Harran jusqu' a/avec Karkemish qui est sur la rive de l'Euphrate' en s'opposant aux Ahlamu (ARI I, § 382) tandis qu'une des inscriptions de son palais mentionnait le 'butin de la ville de Nahur" (ARI I, § 512). Les Ahlamu, appeles ensuite Ahlamu-Arameens, etaient d'ailleurs mentionnes dans cette region, probablement peu de temps auparavant, dans une lettre de Hattusili III (1289-1265), au roi de Babylone Kadashman-Enlil II (1279-1265), tandis qu'une autre lettre, malheuresement tres fragmentaire, fait allusion au probleme pose par les refugies qui ont fui le Hanigalbat a la suite de l'invasion assyrienne et que plusieurs textes administratifs du regne de Salmanazar Ier (1274-1245) mentionnent explicitement des 'gens deportes de la ville de Suduhu, provenant probablement de Nahur ..."[57] Dieser Kriegszug hatte nach Lemaire gegen Ende der Regierungszeit von Adadnirari I stattgefunden, d.h. ca. 1279/1275.[58] Die Überlegungen zur Flucht aramäischer Gruppen[59] aus den obermesopo-

---

55   A.Lemaire, a.a.O., 95f.

56   Das ist zugleich die Zeit des Verschwindens der Mitanni; A.Lemaire, a.a.O., 97.

57   A.a.O., 97f.

58   Die Entsprechung der Taten, derer sich Adadnirari und Salmanassar rühmen, könnte darauf zurückzuführen sein, daß Salmanassar als Kronprinz am Feldzug teilnahm. Zudem scheint der Feldzug erst nach dem Ägyptisch-Hethitischen Friedensvertrag von 1284 stattgefunden zu haben. A.Lemaire, 97f.

59   Zwar findet sich die Bezeichnung Ahlamu-Aramäer erst unter Tiglat-Pileser I (1116-1076) und bezeichnet Ahlamu (Halb)nomaden auch in anderen Gegenden, aber die Ahlamu jener Gegend im 13. Jh. sind schwerlich etwas anderes als die einige Generationen später als Aramäer bezeichneten Ahlamu. Daß nochmals zwei Jahrhunderte später die Ahlamu von den Aramäern unterschieden werden, spricht

tamischen Gebiet in der Mitte der ersten Hälfte des 13.Jh. würde in
der Tat bestens zum Vorhandensein der Bene Jacob im Nordosten von
Sichem gegen Ende des 13.Jh. passen. Eine Flucht bzw. das Ausweichen nach Südwesten paßt nicht nur genau zur Richtung des
Vorstoßes der Assyrer, sondern ist in späteren assyrischen Kriegs-
zugsberichten ausdrücklich genannt (Annalen für das 4. Jahr Tiglatpi-
lesers = 1112).[60]

Dieses beeindruckende Bild bietet einen ausgezeichneten
Hintergrund für einige Traditionen aus der Genesis und auch für Dtn
26,5. Allerdings auch nicht mehr als das. Aus methodischen Gründen
ist Zurückhaltung geboten. Selbst wenn אבד hier als "flüchten" zu
übersetzen wäre, könnten sehr verschiedene Anlässe zur Flucht
geführt haben, nicht notwendigerweise jener vergleichsweise frühe
Feldzug von Adadnirari I. Zwar nicht für die mit dem Gebiet um
Haran verbundenen Genesistraditionen, wohl aber für Dtn 26,5 ist eine
Bezugnahme auf die späteren, zahlreichen Kriegszüge Tiglat-Pileser I.
(1116-1076), die diesen wiederholt über den Euphrat und bis Palmyra
und zu den Ausläufern des Libanon führten, wahrscheinlicher. Diese
Kriegszüge haben die aramäische Welt immer wieder erschüttert und
zur unmittelbaren Flucht aber auch zu mittelbaren Absetzbewegungen
und Aufbrüchen geführt. Diese Aufbrüche haben zweifellos zum
"Umherirren" aramäischer Sippen geführt und sie dem "Untergang
nahe" gebracht. Es erscheint daher besser, für die Übersetzung von
אבד bei dem allgemeinen Begriff "umherirren" zu bleiben und nicht auf
die akkadischen Möglichkeiten zurückzugreifen, zumal Dtn 26,5 gar
nichts vom Grund oder vom Ausgangsort einer Flucht andeutet,
sondern nur vom Gerettet- und Aufgenommensein spricht.[61] Zugleich
bestätigt sich hier von historischen Überlegungen her die bisher
exegetisch begründete Unterscheidung des "umherirrenden Aramäers"
von den Erzvätern der Genesis. Er gehört nicht in die Erzväterzeit,
sondern ist eher sozusagen ein Nachzügler der "aramäischen Wande-
rung" (im weiteren Sinn), der - etwa in der mittleren Richterzeit?-
Aufnahme in Israel fand. Anders gesagt: Die leider allzu knappe Notiz

---

m.E. nicht dagegen. Die Aramäer waren um 900 längst seßhaft und hatten (Klein)-
staaten gebildet. Ahlamu bezeichnet nunmehr wohl im Unterschied dazu die der
nomadischen Existenz verhaftet gebliebenen "Aramäer" (Gegen A.Malamat, The
Arameans, 135).

60   A.a.O., 135.137.

61   Ein beachtlicher Unterschied zu den Genesistraditionen!

vom umherirrenden aramäischen Stammvater steht mit Recht nicht in der Genesis.

9.5.   Die verbindenden Elemente

Analysieren wir nun die Einfügung und Erweiterung des Mittelstückes, V.5-9, so finden wir zunächst die Nachricht vom langen Wohnen in Ägypten (Num 20,15) ersetzt durch den Begriff des Fremdlingseins, die kleine Zahl und das Wachstum zum großen, starken, zahlreichen Volk. Damit ist dem nunmehr singularischen Anfang Rechnung getragen (er zog hinab), mit Betonung der Kleinheit und Schwäche, offensichtlich aber auch dem in Ex 1 über das Wachsen des Volkes Gesagten. Von den dabei verwendeten Begriffen ist גור in Bezug auf die Ägyptensituation kaum viel vordtn anzusetzen, sondern eher als dtn/dtr.[62] מתי מעט, die kleine Zahl, kommt in Dtn 28,62 und ähnlich in 4,27 jeweils im Sinn einer als Strafe angedrohten Verkleinerung und Exilierung des Volkes vor.[63] Da diese

---

62   Vgl. o. bei A. 28. Selbst nach Wassermann, Credo, 31 ist die Formulierung eine späte Ergänzung. Die Wendung kommt in Bezug auf die Exodusthematik nur in Jes 52,4 vor.

63   Das im AT nur im Plural belegte Wort weist in den ostsemitischen Raum. Neben der geschlechtspezifischen Bedeutung "(Ehe)mann", selten auch "Krieger", bezeichnet es häufig eine diesbezügliche Schwäche wegen der geringen Zahl: "Männer/Leute von geringer Zahl" und ist dann in ähnlichem Sinn in der Psalmensprache verwendet. K.M.Beyse, מת, ThWAT V, 108-110. Die Belege sind großteils exilisch-nachexilisch, wobei sie meist in theologisch geprägtem Zusammenhang verwendet werden. Interessant ist Gen 34,30, der einzige Beleg aus dem Tetrateuch und aus Jos - Kön! Die Stelle wird von C.Westermann und H.Gunkel dem alten bzw. jahwistischen Text zugerechnet. "Der Vater (zeichnet) genau die Situation der wandernden Väter, deren Gruppen so klein sind, daß sie kriegerischen Konflikten ausweichen müssen." Westermann, Gen, BK I, 2,662. Diese solchermaßen alte Stelle hätte der Bezugspunkt für Dtn sein können. Ihre Isoliertheit und die starke dtr Bearbeitung des Kapitels (Westermann, BK, 663 hebt ihre Nähe zu Dtn 7 hervor) lassen aber vermuten, daß so wie die Bezeichnung der Landesbewohner als Kanaanäer und Perisiter ein Einschub ist (Gunkel, Gen, HK I, 378) auch der Verweis auf die kleine Zahl eingefügt ist. Beides steht unmittelbar zusammen, und das מתי מספר ואבי hebt sich als Nominalsatz ab. Somit ist das Wort erst ab der babylonischen Zeit belegt und entwickelte ab da seine spezifischen Bedeutungen (Jes 3,25 und 5,13 sind wahrscheinlich beide sekundär; 5,13 ist zudem wahrscheinlich der Text zu ändern; vgl. Wildberger, Jes, BK. und O.Kaiser, ATD, jeweils zur

Texte - und mit ihnen Dtn 26,5 - dtr und exilisch sind, drückt sich
in der Wortwahl die Parallelisierung der Ägyptensituation mit dem
Exil aus.

גוי גדול עצום ורב ist eine für das ganze Alte Testament
einmalige Zusammenstellung. Größe und Stärke wird im Dtn ansonsten
anderen Völkern zugeschrieben. Die Aussage ist also nicht eigentlich
dtn, sie steht dafür verschiedenen Wendungen im Pentateuch nahe,
z.B. "großes und zahlreiches Volk" in Gen 18,18 (dort allerdings nicht
J, sondern eher späterer - dtr - Zusatz[64], während "großes Volk" in
Gen 12,2J; 21,18E und 46,3E vorkommt[65]); "zahlreich und stark" Ex
1,9 (J); 1,20 (E) und 1,7 (P).[66] In Ex 1, das inhaltlich und teilweise
auch der Wortwahl nach die Vorlage zu Dtn 26,5 darstellt, ist
bezüglich des Starkseins bzw. -werdens ebenfalls wiederholte Bearbeitung festzustellen,[67] während "viel werden" in allen drei Quellen

---

Stelle). Dtn 4,27 und 28,62 und damit auch 26,5 gehören nicht zu den jüngeren,
sondern zu den ältesten Belegen des Wortes im AT. Ob dabei 26,5 etwas älter ist
(so allerdings ohne Analyse der seines Erachtens älteren Belege, N.Lohfink, Credo,
28), muß offen bleiben. Groß wird der Abstand nicht sein.

64   Gegen G.Waßermann, Credo, 31 und N.Lohfink, Credo, 31, vgl. H.Gunkel, Gen, HK
      I, 1, z.St. und C.Westermann, Gen, BK, I, 2 z.St.

65   "... die mit גוי גדול benannte Zukunft (hat) eher den Rang, die Bedeutung und
      Gewichtigkeit des künftigen Volkes im Auge ..., als die bloße Vielzahl seiner
      Glieder." R.Mosis, גדל, ThWAT I, 954.

66   So Waßermann, Credo, 31; die Quellenzuteilung folgt offensichtlich M.Noth, Ex,
      ATD, z.St. für eine differenziertere Diskussion siehe W.H.Schmidt, Ex, BK, 10-19.
      Wichtig für Dtn 26 ist, daß nach Schmidt das Verbum [!] עצם zwar in Ex 1,9,
      nicht aber in 1,7 und 1,20 ursprünglich ist.

67   "in 7 (P) geht ... ויעצמו wahrscheinlich auf eine Ergänzung zurück. - Basiert
      dieser Zusatz in 7 (R[P]) seinerseits auf einer redaktionellen Ergänzung in 20b
      (R[JE]), oder kann man beide Hinzufügungen gleichzeitig ansetzen? Die zweite
      Möglichkeit liegt näher. So wird ויעצמו in 7 und ויעצמו מאד in 20b derselben
      Redaktion (R[P]) zuzuweisen sein, die - unter Anknüpfung an 9 J - das priester-
      schriftliche Gut mit den älteren Texten zu einer Gesamtheit verbindet. Anlaß zu
      der Eintragung in 7 und 20b bot die Wurzel רבה, die 7 (P), 9 (J) und 20 b (E)
      gemeinsam ist. Doch bleiben solche Überlegungen naturgemäß unsicher. Deutlich ist
      jedenfalls, daß עצם 'stark werden' neben רבה 'viel werden' in Ex 1 zu einem
      Leitwort erhoben wird." W.H.Schmidt, a.a.O., 19.

ursprünglich ist. Dtn 26,5 ist somit von Formulierungen der älteren Pentateuchquellen in Gen 12.21 und 46 und in Ex 1 abhängig, wahrscheinlich in der kombinierten jehowistischen Gestalt, während ein Zusammenhang mit Ex 1,7 (P bzw. R^P) unwahrscheinlich ist. Die Formulierungen von Dtn 26,5b sind jünger als R^{JE} und als dtn[68], darüber hinaus auch von dtn und dtr Sprachgebrauch etwas abgehoben, aber schwerlich jünger als P.

Zu einem ähnlichen Ergebnis führt die Analyse von V.6. Die über die Parallele in Num 20,15 hinausgehenden Begriffe werden wiederum im Dtn anders verwendet oder kommen nicht vor. In Ex 1,11f (J)[69] und vor allem 3,7 und 17 werden die Aussagen über die Bedrückung ebenfalls mit ענה formuliert. Hier besteht deutliche sachliche Abhängigkeit.[70] Schwieriger ist עבדה קשה zu beurteilen. Für diese "läßt sich weder in den alten Pentateuchquellen noch sonstwo in einem älteren Text eine eindeutige Referenzstelle entdecken. Vielleicht kommt jedoch Ex 5,9 tikbad hā^{ca}bōdāh ^{c}al h⁻a'^{a}nasim (E?) in Frage."[71] Da sich der Ausdruck "mit Ausnahme von Jes 14,3 und 1 Kön 12,4 (= 2 Chr 10,4) nur noch in den späten Stellen Ex 1,14 und 6,9 (= Priesterschrift) ... (findet) ... gehört deshalb (V.6b) kaum zum Grundbestand" (des von Waßermann angenommenen, umfangreichen Credos).[72] Ist Dtn 26,6 von P abhängig? W.H.Schmidt vertritt diese Meinung "schon wegen der übrigen Berührungen mit Ex 1".[73] Doch wäre für diese Argumentation nicht nur P, sondern die Endredaktion des Pentateuch vorauszusetzen. So weit herabzugehen hatten wir bisher keinen Anlaß. Zudem bezogen sich die bisherigen Abhängigkeiten von Ex 1 nur auf J und E. So ist die Priorität von Dtn 26 wahrscheinlicher. Ex 5,9 (E) wird einen Anknüpfungspunkt darstellen,

---

68   Siehe dazu die Argumente bei N.Lohfink, Credo, 28f.

69   So die Quellenzuteilung bei M.Noth, Ex, ATD, und bei W.H.Schmidt, Ex, BK,
      jeweils zur Stelle. Nach W.H.Schmidt, 14, liegt "in 11 ... der historische Kern der
      Erzählung".

70   Weiters ist Gen 15,13 zu nennen.

71   N.Lohfink, Credo, 31.

72   G.Waßermann, Credo, 32.

73   A.a.O., 41.

und das Thema der Härte der Fronarbeit war den Israeliten auch aus dem eigenen Land bekannt (1 Kön 12,4).

Die Erweiterung (wir schrien zu Jahwe) "dem Gott unserer Väter" ist zwar typisch dtn/dtr, aber unspezifisch; der Plural ist abhängig vom Kontext. Die Aussage von der Sendung des Engels in Num 20,16 ist ersetzt durch "und er sah unsere Bedrückung, unsere Mühsal und unsere Bedrängnis". Hier zeigt sich die Tendenz zu einer Dreigliedrigkeit am deutlichsten. עניני nimmt ויענונו aus V.6 auf, bezieht sich aber vor allem auf Ex 3,7 (und 17), wo ebenfalls das Nomen steht und Jahwe der ist, der die Bedrückung sieht (Ex 3,7; ראה ראיתי את עני; Dtn 26,7: וירא את עינו).

Demgegenüber kommt עמל nur 4x in den Geschichtsbüchern vor (Gen 41,51; Num 23,21; Dtn 26,7; Ri 10,16), während es sich häufig in Ps (13x), Pred (22x) und Hiob(8x) findet. "Durch diese Streuung wird deutlich, daß ᶜāmāl im ganzen der späten Sprache angehört."[74] Verständlicherweise kommt das Thema der Arbeit und Mühsal in den Reflexionen der Weisheitsliteratur vor, für unseren Zusammenhang wichtiger ist die Verwendung des Begriffs in der Psalmensprache, besonders bei der Schilderung der Not in den Klagepsalmen. "In der Feindklage und der daraus erwachsenden Feindschilderung ist ᶜāmāl häufig die Bezeichnung für das böse, lügnerische und gewalttätige Handeln der Feinde".[75] Die Beschreibung der Not wie der Dank für die Errettung beziehen sich dann auch auf das Volk: "Im Reden zu Gott kann ᶜāmāl der Ausdruck für eine konkrete Not sein, in der sich ein einzelner oder das Volk befindet: sie wird ihm klagend vorgehalten ..., er wird um Errettung aus ihr gebeten (Ps 25,18 par ᶜᵒnî 'Elend'); im Bekenntnis der Zuversicht kann sie genannt werden ... Gott reut die Not Israels (Ri 10,16); die Errettung aus ihr wird lobend berichtet (Ps 107,12; Dtn 26,7 par. ᶜᵒnî 'Elend'und laḥaṣ 'Bedrückung'; vgl. auch Gen 41,51)."[76]

Zu einem ähnlichen Ergebnis führt das etwas seltenere Wort לחץ, wobei der Bezug auf eine Gruppe oder ein Volk hier von Haus aus, besonders beim Verbum, Vorrang hat: "Subjekt der mit lḥṣ

---

74   S.Schwertner,עמל, ᶜāmāl, Mühsal, THAT II, 332. Von den drei Belegen in Jes gehört nur 10,1 zu Protojesaja. Es ist der Anfang des siebten Weherufes (vgl. 5,8-23): "Wehe denen, die unrechte Gesetze machen".

75   A.a.O., 334.

76   A.a.O., 333f.

bezeichneten Aktivität ist ausnahmslos eine Gruppe oder ein Volk (Ägypten, die Amoriter, ungenannte Völker, die Feinde des Psalmbeters) bzw. im Sing. deren Repräsentanten ... lḥs dient demnach im vorherrschenden übertragenen Gebrauch zur Darstellung eines Tuns oder einer Verhaltensweise in der Beziehung zwischen politischen oder sozialen Gruppierungen."[77] Dasselbe gilt weit überwiegend auch für das Nomen. lāhas wird "nicht weniger als 14mal in diesem Sinn verwendet; von diesen Stellen ist 13mal Israel Objekt der Unterdrückung. Ex 3,9 und Deut 26,7 beziehen sich auf die Vorgänge in Ägypten, Ri 2,18; 4,3; 6,9; 10,12; 1 Sam 10,18 und Ps 106,42 auf die Richterzeit; 2 Kön 13,4.22 hat die Situation z.Z. des Hasael im Blick; Am 6,14 droht dem Nordreich die 'Bedrückung' durch ein Fremdvolk an; Ps 44,25 bezieht sich auf eine unbekannte Situation; Jer 30,20 meint wohl nicht nur die Assyrer ... Gegenüber diesem umfangreichen Komplex treten die Stellen zurück, an denen lāhas von der individuellen Not des Psalmbeters gebraucht wird (Ps 42,10; 43,2; 56,2). Die Sprache der Klagelieder hat hier eine Anleihe beim sonst üblichen Sprachgebrauch gemacht und einen von Israel gebräuchlichen Begriff 'individualisiert'."[78] – Damit ist es evident, daß לחץ in Dtn von Ex 3, und zwar in der jehowistischen Form, abhängt.

Insgesamt bezieht sich V.6b also auf Ex 3,7-9 (JE) und ergänzt die Beschreibung der Not durch einen Ausdruck der Psalmensprache. Letzteres ist insofern sehr adäquat, als wir Num 20,15f als Thoda bestimmt hatten und auch der ältere Rahmen die Situation von Not und Errettung, d.h. die Stimmung der Thoda, widerspiegelt.

Die pleonastischen Formulierungen in V.8 zeigen in ähnlicher Weise wieder beides, die Anknüpfung an ältere Texte und die Ergänzung durch jüngere Formulierungen. Die Kombination ביד חזקה ובזרוע נטויה findet sich in Dtn 4,34; 5,15; 7,19; 11,2; 26,8; 1 Kön 8,42 = 2 Chr 6,32; Jer 32,21[79] und Ps 136,12, also durchwegs in dtn/dtr bzw. noch späteren (Ps 136) Texten. Dagegen ist יד חזקה allein schon in älteren Pentateuchtexten belegt, nämlich Ex 3,19 und 6,1. Ex 3,19

---

77   J.Reindl, לחץ, ThWAT IV, 548.

78   A.a.O., 550f.

79   Dort allerdings זרוע statt זרוע. Diese aramaisierende Nebenform (HAL I, 28) findet sich nur Jer 32,21 und Hi 31,22 und dürfte jünger sein als Dtn 26,8.

gehört eher zur jehowistischen Redaktion[80] als zu J[81]; ob sich Ex 6,1 (J) auf das Handeln Jahwes bezieht[82] oder auf das des Pharao[83], ist schwer zu entscheiden. Die Belege Ex 13,3.9.14.16 sind wohl eher dtr als frühdeuteronomisch.[84] In den Umkreis dtr Texte gehört auch Ex 32,11. Davon hebt sich die mit Num 20,15f zusammengehörende Stelle Num 20,20 ab, weil dort nicht das Wirken Jahwes, sondern das kriegerische und Israel feindliche Verhalten Edoms gemeint ist.

בזרוע נטויה "ist vordeuteronomisch nicht nachweisbar."[85] Mit Ex 5,16 und Dtn 26,8 sind "die möglicherweise ältesten Redeweisen vom Arm JHWHs genannt"[86]. Trotz der mit dem alten Text Ex 15,20f ähnlichen Charakterisierung Jahwes kann jedoch Ex 15,6 - zumindest in literarischer Hinsicht - kaum den Nachweis des ältesten Beleges tragen. Wichtiger ist die Beobachtung, daß die Wendung fast immer in Psalmen oder in psalmenartigen Texten vorkommt[87] und offensichtlich eine "im Kult beheimatete Redeweise"[88] darstellt. Dabei dient "die am meisten belegte Verwendung der Redeweise vom Arm JHWHs zur Darstellung der kriegerischen Macht JHWHs"[89]. Diese ist nun weniger

---

80   So sinngemäß W.H.Schmidt, Ex, BK, 143f: "... Redaktionsschicht, in der sich spezifisch deuteronomische Wendungen nicht mehr finden." Vgl. weiters A.Reichert, Der Jehowist, 14-22.

81   M.Noth, a.a.O., 38.

82   So W.H.Schmidt, a.a.O., 143: "3,19f scheint speziell 6,1 J aufzugreifen und vorzubereiten".

83   So M.Noth, a.a.O., 38.

84   Gegen N.Lohfink, Credo, 289. Beachtenswert ist, daß dieser dtr Text an kultischen Gegebenheiten interessiert ist, aber doch nicht zu P gehört.

85   N.Lohfink, Credo, 29.

86   F.J.Helfmeyer, זרוע, ThWAT II, 658.

87   A.a.O., 657-660.

88   A.a.O., 658.

89   A.a.O., 659.

von profansprachlichen als von kultischen Wurzeln her zu erklären, wofür auch die außerisraelitische Ikonographie spricht, in der der Arm der Gottheit eine Rolle spielt.[90] So "fragt es sich, ob Vorstellung und Redeweise vom Arm Gottes als 'genuin' israelitisch angesprochen werden kann. Die häufige Verwendung dieser Redeweise im Kult, im Zusammenhang mit Krieg und Chaosdrachenkampf, weist, zusammen mit der polemischen Einstellung des Deut gegen die Götter Kanaans, in eine andere Richtung".[91] In seiner "Polemik greift Deut vor allem auf die Exoduserfahrung zurück, in der Israel nicht die Wirksamkeit der Götter, sondern die Macht JHWHs 'erkannt' hat. Diese 'Erkenntnis' führt dann weiter zu der Schlußfolgerung, daß Israel auch den Segen von Acker und Mutterschoß nicht den Baalen verdankt, sondern JHWH. Die Polemik ist also eine 'ersetzende': Baal wird durch JHWH ersetzt. Wenn dem so ist, muß die Möglichkeit in Betracht gezogen werden, daß die Vorstellung von JHWH als Krieger eine 'ersetzende' ist. Baal als Krieger wird durch JHWH als Krieger ersetzt, der 'Arm' Baals durch den 'Arm' Jahwes".[92]

Hier ergeben sich auffallende Entsprechungen zur teilweisen Entfaltung der Exodusthematik mit kriegerischen Motiven, wie sie W.Richter[93] herausgearbeitet hatte. Die zugrundeliegende Vorstellung wird somit doch älter sein als die literarische Bezeugung hier in V.8. Zugleich ist deutlich, wie es zum Nebeneinander der beiden, gerade in übertragener Bedeutung fast synonymen Begriffe יד und זרוע kommt. Der eine Ausdruck knüpft an ältere, aus dem Profanen kommende (Num 20,20; Ex, 6,1 (?)) und in der jehowistischen Mosegeschichte verwendete Begrifflichkeit an, der andere an 'israelitisierte' kultische Terminologie.

---

90   Ebd., vgl. ANEP 476 (Kriegsgott Reschef), 479, 486, 490 (Baal), 501, 531 (Wettergott von Til-Barsib).

91   Ebd.

92   A.a.O., 654.

93   Beobachtungen zur theologischen Systembildung, 190-192.

Das Substantiv מרא (so MT)[94] bezeichnet ausschließlich den Gottesschrecken, und zwar in dem Sinn, daß "es sich nicht um Schrecken vor Gott, sondern um gottgewirkten Schrecken handelt ... Es findet sich verbunden mit der Herausführungsformel in den bekenntnisartigen Formulierungen des Deut (4,34; 26,8; 34,12; vgl. Jer 32,21)"[95]. Ergänzend hierzu ist Dtn 11,25 zu nennen, wo es um den Schrecken geht, den Jahwe bei der Landnahme bewirkt. An dieser Stelle wird jedoch auch der sachliche Unterschied deutlich, und es fällt auf, daß LXX dort מראה mit φοβος übersetzt, während in Dtn 26,8 ἐν ὁράμασιν μεγάλοις steht. Diese Lesart der LXX wird gestützt durch Samaritanus und Targum, die jedoch jeweils den Singular haben (מראה גדול bzw. חזונא רבא). Da zudem Dtn 26,8 die einzige Stelle für מֹרָא in Definitivschreibung ist, stehen Samaritanus und Targum gegen die masoretische Punktation. Der hebräische Konsonantentext läßt beides offen. Das Fehlen des ו und das Fehlen des ה stehen einander gegenüber. Jedenfalls dürfte es sich um eine relativ früh entstandene Variante im Verständnis handeln. Die Unsicherheit könnte auf Wegfall des ה infolge Haplographie in der althebräischen Schrift zurückgehen.[96] M.E. ist מראה גדול ursprünglich, wofür auch auf die Wortfolge und den Plural an den anderen Stellen hingewiesen werden kann.[97] Es wäre dann zu übersetzen "er führte uns aus Ägypten mit starker Hand, mit ausgestrecktem Arm, unter Erscheinung und unter Zeichen und Wundern." Für beide Lesarten bleibt es schwierig, ältere Bezugstexte anzugeben. מורא kommt im Pentateuch (und in den Geschichts-

---

94 Samaritanus zog מראה zu den folgenden Zeichen und Wundern. LXX verfährt ebenso und setzt darüber hinaus den Begriff in den Plural. LXX entspricht nicht MT (wie J.W.Wevers, Text History, 105, angibt), sondern Samaritanus und Targum Onkelos (A.Sperber, The Bible in Aramaic I, 333), geht also auf alte hebräische Tradition zurück.

95 H.F.Fuhs, יר א, ThWAT III, 882; vgl. H.P.Stähli, ירא fürchten, THAT I, 770.

96 Die beiden Zeichen unterscheiden sich dort nur in der Zahl der Querstriche.

97 Die Kommentare folgen MT und übergehen meist das Problem. S.R.Driver, Dtn, ICC, 76 lehnte die Lesart der LXX als 'weaker' ab. A.Bertholet, Dtn, KHC, 9 folgt ihm offensichtlich und bemerkt lakonisch und ohne Begründung: "Statt מוֹרָאֶיךָ (26,8; 34,12) 'schreckliche Taten' hat LXX (ὁράματα) מראים gelesen, in dessen Verteidigung ich Geiger (Urschrift 339f) nicht folge." A.Geiger, Urschrift und Übersetzungen (1857), 1928[2], 339f, argumentiert, daß מראה Anstoß erregt hätte. Allerdings behandelt er alle Belege beider Begriffe auf die gleiche Weise.

büchern) außer den oben erwähnten Stellen und Gen 9,2 (P) (dort in
ganz anderem Zusammenhang) nicht vor. מַרְאֶה bzw. מַרְאָה findet sich
zwar bei P (Ex 24,17; Nu 8,4; 12,8) und in Hes (1,1; 8,3; 40,2; 43,3)
und bei Dan, aber in anderem Sinn. Am nächsten kommt Ex 3,3, die
"großartige Erscheinung" des brennenden Dornbusches, die Mose näher
besehen will, übrigens die einzige Stelle, wo מראה (in dieser Bedeutung)[98] mit גדול verbunden ist. Die Wendung מראה גדול könnte in
allgemeinerem Sinn einen großartigen, Aufmerksamkeit erregenden
Vorgang bezeichnet haben, sie ist aber in Ex 3,3 im Kontext der für
das Folgende so entscheidenden Gottesoffenbarung zu verstehen und
hat somit spezifisch theologische Bedeutung. Diese Bedeutung als
Offenbarungserscheinung steht auch hinter der Verwendung von מראה
in Gen 46,2[99].

Wir kommen somit im Blick auf beide Lesarten zu dem
Ergebnis, daß der Sprachgebrauch von dem der Priesterschrift
charakteristisch verschieden ist. Für die Lesart des MT gibt es in
Gen - 2 Kön keine Bezugsstelle.[100] Für die wahrscheinlich ältere
Lesart der Versionen ist die einzige Bezugsstelle wiederum in einem
jehowistischen Text des Exodusbuches zu finden. Andrerseits ist Dtn
4,34 (und 34,12) von 26,8 abhängig.[101]

Die Verbindung von אות und מופת ist häufig im Deuteronomium
zu finden (4,34; 6,22; 7,19; 13,2.3; 26,8; 28,46; 29,2; 34,11), darüber
hinaus in Ex 7,3 (P), Jes 8,18; 20,3; Jer 32,20.21; Ps 78,43; 105,27;
135,9; Neh 9,10. Von diesen Belegen ist nur die Stelle Jes 8,18[102]

---

98   Vgl. HAL, 596 und Konkordanz.

99   Zur Sache siehe C.Westermann, Gen, BK I, 3, der den Text - in Ermangelung von
     E - allgemein als priesterschriftlich bezeichnet. H.Gunkel, Gen, HK, 463f rechnet
     den Text zu E. Mit Gunkel und LXX ist st.cs. sg. zu lesen.

100 Die Belege in Dtn können außer 11,25 wegen der textlichen Unsicherheit nicht
     herangezogen werden. Die Bemerkung von Fuhs (s.o. A.95) gilt eigentlich nur für
     Dtn 11,25, d.h. für die Landnahmetradition. An allen anderen Stellen wählen LXX
     und T bzw. S eine Übersetzung, die מראה voraussetzt.

101 Dies ergibt sich aus der Umstellung der Wortfolge und aus der Angleichung im
     Numerus.

102 Wildberger, Jes, BK, z.St.; vgl. O.Kaiser, Jes, ATD z.St.; Jes 20,3 kann zwar auf
     Jesaja bzw. seine engere Umgebung bezogen werden, ist aber als Fremdbericht
     jedenfalls von Jes 8,18 verschieden.

sicher vorexilisch und vordtn. Während מופת nur in religiösem Sinn vorkommt,[103] hat אות seinen Ursprung im profanen Bereich und hat sowohl sachlich als auch zeitlich eine viel breitere Streuung. "אות 'Zeichen', ist eine Sache, ein Vorgang, ein Ereignis, woran man etwas erkennen, lernen, im Gedächtnis behalten oder die Glaubwürdigkeit einer Sache einsehen soll."[104] Es besteht eine gewisse Spannweite zwischen Offenbarungszeichen und Erkenntniszeichen, in der Dtn 26,8 steht. "Wie Gottes Wirken überhaupt, so bezwecken auch seine Zeichen Erkenntnis".[105] "Die Verwendung von 'ot im Sinn des Erkenntniszeichens [läßt sich – aufgrund von Ex 8,18f; 10,2 (J)[106] –] bis in die frühere Königszeit zurückverfolgen. Der Gebrauch von 'ot in der genannten Bedeutung entspricht der Eigenart von J, dem es um die 'Durchsetzung der Gottesherrschaft gegenüber den Feinden des Volkes und Israel selbst' geht."[107] Diese Thematik wird in der weiteren Ausgestaltung der Plagenerzählung bis hin zur Priesterschrift entfaltet (Ex 7,3.5 P).[108]

Während es in der jahwistischen Plagenerzählung um die Erkenntnis für den Pharao geht, der Ägypten verkörpert, geht es in Ex 3,12 (E) um das Zeichen für Mose. Dieses Zeichen, durch das die Beauftragung des Mose bestätigt werden soll, weist überraschend weit über die Situation der Berufung hinaus und involviert ganz Israel: "Mose sprach zu Gott: Wer bin ich, daß ich zum Pharao gehe und führe (ויצא!) die Israeliten aus Ägypten? Er sprach: Ich will mit dir sein, und das soll dir das Zeichen (אות) sein, daß ich dich gesandt

---

103   "Ein profaner Gebrauch von mopet kann nicht festgestellt werden, der hebräische
      Begriff funktioniert ausschließlich in theologischen Sachzusammenhängen."
      S.Wagner, מופת, ThWAT IV, 751.

104   H.Gunkel, Gen, HK, 150.

105   F.J.Helfmeyer, אות, ThWAT I, 186.

106   So Helfmeyer; m.E. ist zwar 10,1 zu J zu rechnen; 10,2 ist aber als Zusatz zu
      betrachten, der die Kinderfrage bzw. —belehrung voraussetzt. Der Wechsel der
      Adressaten, V.1 und 3 geht es um den Pharao, V.2 geht es um das Lernen der
      Kinder und Enkel, erweist den Vers als Zusatz.

107   Helfmeyer, a.a.O., 187; Zitat aus G.Fohrer, Einl AT, 163.

108   Vgl. Helfmeyer. a.a.O., 187-190.

habe: Wenn du mein Volk aus Ägypten geführt hast, werdet ihr Gott
opfern auf diesem Berg." (Ex 3,11f). Damit ist, anders als beim
Plagenzyklus von J und P, ein Ereignis nach der Errettung am
Schilfmeer gemeint, eben das Opfer - und die zweifellos damit in
Zusammenhang stehende Gottesoffenbarung - am Gottesberg Sinai.

Auf diesem Hintergrund erhält eine Verschiedenheit der Texte
im Dtn ihre Bedeutung: An sämtlichen Stellen, wo אות im Dtn in
diesem Sinn[109] vorkommt - übrigens stets im Plural und mit einer
Ausnahme[110] in Verbindung mit מופתים - ist die Reihenfolge der
Ausdrücke gegenüber 26,8 und 11,2 stets umgekehrt und bezieht sich
אותות ומופתים auf die Plagen in Ägypten: "Ob je ein Gott versucht
hat, hinzugehen und sich ein Volk mitten aus einem Volk herauszuho-
len במסה באתות ובמפתים ובמלחמה וביד חזק ובזרוע נטויה ובמוראים
גדולים   wie das alles Jahwe, euer Gott, für euch getan hat in
Ägypten vor euren Augen?" So in 4,34; ähnlich 7,19 (dort ausdrücklich
"am Pharao"), 29,1f[111] und 34,11f. Somit steht im Hintergrund dieser
Formulierungen die zunehmende Entfaltung und Gewichtung der
Plagen, während Dtn 26,8 sich auf die in Ex 3,12 (E) gemeinten
Ereignisse am Gottesberg bezieht bzw. diese jedenfalls einbezieht. Alle
weiteren Belege von אות beziehen sich auf andere Ereignisse und
gehören vielfach zu P (Ex 12,13; 13,9.16; 31,13.17; Num 2,2; 17,3.25).
Die Zeichen in Num 14,11 meinen zwar ähnliche Ereignisse wie jene
in Dtn 26. Die Stelle gehört aber deutlich zur dtr Bearbeitung des
jahwistischen Textes. Zudem steht dort אות allein, sodaß kein
Vergleich möglich ist. Ex 4,8 (2x האות) bezieht sich auf die Mose
gegebenen Demonstrationswunder zur Bestätigung seiner Berufung.
Nach W.H.Schmidt gehört dieser Text zur jehowistischen Redaktion
und steht in auffallender Nähe zum Problem von Zeichen und Glaube
in Jes 7, während er noch typische Differenzen zu P aufweist.[112]
Beinahe noch größer ist die Nähe zu Jes 38,22.7 par. 2 Kön 20,8f. Mit
dem Hinweis auf Jesaja kommen wir zurück zu den ältesten Belegen

---

109 Anders in 6,8 und 11,18, wo es um die Worte geht, die zum Zeichen an der Hand
     (לאות על ידכם) werden sollen, und in 28,46, wo die eintreffenden Flüche zum
     Zeichen und Wunder für die Israeliten und ihre Nachkommen werden sollen (והיו
     בך לאות ולמופת).

110 11,3.

111 Zu Dtn 29 siehe zuletzt J.Reiter, Der Bundesschluß im Lande Moab.

112 Ex, BK, 196f.

für die Kombination von אות und מופת bzw für מופת überhaupt. Dtn
26,8 nimmt also wieder Bezug auf die jehowistische Ausgestaltung der
Berufung des Mose, die zugleich den größeren Kontext der Ereignisse
der Mosezeit vor Augen hat, und ist beeinflußt von einer Begrifflichkeit, wie sie sich in der - in Jerusalem gepflegten - Jesajaüberliefe-
rung zeigt.[113] Daß andere dtr Texte Dtn 26,8 in Variationen aufnehmen (Dtn 4,34; 7,19; 11,3; 29,2; 34,1f; Jer 32,20f), ergibt zugleich
einen terminus ad quem.

Zur Frage nach einer eventuellen Vorlage von V.9a s.o. בוא
für das Hineinkommen in das Land ist zwar im Dtn sehr häufig, ganz
anders aber verhält es sich mit der Aussage, daß Jahwe Israel ins
Land brachte. בוא Hi mit Jahwe als Subjekt ist außer Dtn 26,9 nur in
den Rahmenreden (10x) belegt.[114] Dieses Beobachtung unterstreicht
nochmals auf deutlichste, daß die Einbindung des Dtn in die Heilsgeschichte erst durch die dtr Rahmenreden erfolgte.[115] Dasselbe zeigt
sich bei יצא Hi mit Jahwe als Subjekt. Außer in vier dtr Zusätzen
zum dtn Gesetz (13,6.11; 16,1; 26,8) ist es nur in den Einleitungsreden
in c.1 und 4-9 zu finden (20x). Dagegen ist die Rede vom Geben des
Landes bzw. seiner Städte (נתן) mit Jahwe als Subjekt durchgängig in
allen Schichten des Dtn anzutreffen. Das ist die entscheidende
Verhältnisbestimmung: Israel kam ins Land - Jahwe hat es gegeben.

Während יצא, בוא und נתן in den verschiedenen Formen im
Dtn relativ häufig vorkommen, findet sich die Zusammenstellung von
יצא Hi und בוא Hi nur in 4,37f; 6,23; 9,28f und 26,8f. Die Kombination
aller drei Begriffe findet sich nur 26,8f und 6,23 und ansatzweise
noch in 4,37-40, wo jedes Einzelelement paränetisch erweitert

---

113 Das bedeutet nicht unbedingt direkte Abhängigkeit. Das Wortpaar mag in priester-
     lichen Kreisen gebräuchlich gewesen sein, wofür spricht, daß מופת,anders als אות,
     nicht im profanen Bereich vorkommt (s.o.). Nähe und Distanz von Dtn und
     jerusalemer Priesterkreisen braucht hier nicht weiter erörtert zu werden.

114 In dem umfangreichen Artikel von H.D.Preuß, בוא, ThWAT,I, 536-568 wird die
     Unterscheidung von Q und Hi nicht beachtet. E.Jenni, בוא, kommen, THAT I, 265-
     269 erwähnt dieses Thema gar nicht.

115 An dieser Differenz wird deutlich, daß Dtn 26,3 zum "Gesetz" und 26,9 zur
     "Geschichte" gehört, bzw. daß V.3 dtn und V.9 dtr ist.

wurde.[116] Die teilweise Umsetzung der Narrative in Finalsätze und die anschließende paränetische Erweiterung zeigt die Entwicklung von 26,8f zu 6,23 und weiter zu 4,37-40.

Die Wendung von dem Land, das von Milch und Honig fließt, nimmt Bezug auf Ex 3,8.17. Sie ist sonst noch belegt in Ex 13,5; 33,3; Lev. 20,24; Num 13,27; 14,8; 16,13f; Dtn 6,3; 11,9; 26,9.15; 27,3; 31,20; Jos 5,6; Jer 11,5; 32,22; Hes 20,6.15. Aus der Zahl der dtr, der priesterschriftlichen und redaktionellen Belege und dem Beleg bei Hes ragen Dtn 26,9 und Ex 3,8.17 heraus. Die genauere Analyse der Belege zeigt, daß alle anderen literarisch jünger sind und vom sachlichen Zusammenhang her diese beiden Belege den Anknüpfungspunkt bilden.[117] Das entspricht den Beobachtungen zu den bisher untersuchten Begriffen. Andererseits fehlt die Wendung in Dtn 6,20ff und in Jos 24. Sie läßt sich also nur mit gewisser Zurückhaltung als "typisch dtr" bezeichnen.[118] Die schwierige Frage, ob die Wendung in Ex 3,8 zu J gehöre oder dtr sei, wurde verschieden und zuletzt u.a. von W.H.Schmidt[119] und D.E.Skweres[120] gegensätzlich beantwortet (vgl. oben bei Ex 3). Die Wendung könnte durchaus als spezifischer Ausdruck der jahwistischen Geschichtstheologie betrachtet werden.

---

116 Natürlich ist das häufige נתן mit je einem der beiden anderen Begriffe öfter belegt.

117 Siehe dazu die Kommentare. Auffällig ist die Häufung in Dtn 26,9.15; 27,3. Zwar könnte 27,3 direkt auf Ex 3,8 zu beziehen sein, so D.E.Skweres, Rückverweise, 157f, doch läßt sich das kaum erweisen und könnte ebensogut 26,9 dazwischen stehen.

118 Bezeichnenderweise fehlt die Wendung bei M.Weinfeld, Deuteronomy and Deuteronomic School, in der Zusammenstellung der "Deuteronomic Phraseology", ebenso wie keine der Stellen aus dem Dtn in dieser Hinsicht behandelt wird.

119 Ex, BK, 137-139.164f. Vgl. dazu W.Fuss, Pentateuchredaktion 39f.47f; A.Reichert, Jehowist, 45-47.51-57. Ähnlich P.Weimar, Berufung des Mose, 319-323, der den redaktionellen Charakter der "Milch-Honig-Floskel" der Belege sowohl im Dtn als auch in den anderen Büchern besonders betont. Umso dringlicher ergibt sich die Frage, woher diese "Floskel" stammt und warum sie dann plötzlich so breite Verwendung fand.

120 Rückverweise, 157-165; mit folgendem Fazit: "Die Formel 'äräs zābat hālāb ud^ebas gehört ursprünglich zur jahwistischen Landverheißung Jahwes an Israel in Ex 3,8. Von dort gelangte sie ins Dtn und nicht umgekehrt." (164).

Doch könnte sie, vor allem wegen der Wiederholung in V.17, ebensogut eine Ergänzung sein. Dabei wird man "diese wohl alte Formel [in
der sich] eine Idealvorstellung des Halbnomaden von überreichlicher
Speise niedergeschlagen hat"[121] nicht zu spät ansetzen müssen. Die
Beobachtungen, daß sie nur beschränkt als "typisch dtr" gelten kann,
und das sonst bisher beobachtete Verhältnis zwischen Ex 3 und Dtn
26 sprechen dafür, daß der Bearbeiter von Dtn 26 die Wendung aus
dem Zusammenhang der Berufung des Mose übernahm. Sie paßte noch
besser als die Wendung vom guten und weiten Land zur Situation der
Darbringung der Erstlinge und war bestens geeignet, den Anschluß an
das alte Bekenntnis in V.10 herzustellen.

9.6.   Ergebnis

     Dtn 26,1-11 enthält drei Schichten. Die älteste Schicht
beschrieb die Darbringung der Erstlingsfrüchte durch den israelitischen Bauern an einem Heiligtum, das wahrscheinlich nicht weit von
seinem Wohnort entfernt war. Dabei sprach der israelitische Bauer ein
Dankbekenntnis, in dem er nicht nur für die Früchte des Landes,
sondern für das Land an sich als Gabe Jahwes dankte, und in dem er
an die bedrohte Existenz des aramäischen Stammvaters erinnerte.
Diese Erwähnung des aramäischen Stammvaters erwies sich als relativ
alt, vermutlich noch in die vorstaatliche Zeit zurückreichend. Da
dieses Bekenntnis keinen Ägyptenaufenthalt erwähnt, repräsentiert es
die Landnahmetradition einer aramäischen Sippe, die offensichtlich aus

---

121 W.Zimmerli, Grundriß der alttestamentlichen Theologie, 55. Zu den verschiedenen
     Deutungen siehe A.Caquot,רבך, ThWAT II, 138f; so wichtig der Hinweis auf den
     Beleg im Baalsepos ist, wo Baal im Traum sieht, wie "der Himmel Fett (Öl?)
     regnet und die Bäche Honig (nbt) sprudeln" (KTU 1.6 III 6f.12f), womit ebenfalls
     reiche Fruchtbarkeit bezeichnet wird, so sind doch die Unterschiede zu beachten.
     Fett bzw. Öl (vgl. Ri 9,9) gegenüber Milch und die Konkretisierung des Fließens
     durch die Bäche sind eine deutliche Anpassung an das Kulturland bzw. die
     ugaritisch-phönizische Küste. Der alttestamentliche Ausdruck wirkt dagegen
     traditionsgeschichtlich älter. (Zur Frage nach älteren, in Richtung nomadischer
     Traditionen weisenden Elementen in den ugaritischen Texten siehe K.Koch, Die
     Sohnesverheißung an den ugaritischen Daniel, ZA 24 (1976), 211—221, und
     C.Westermann, Die Bedeutung der ugaritischen Texte für die Vätergeschichte in:
     Die Verheißungen an die Väter, FRLANT 116, 151-168). Zimmerlis Hinweis auf
     (halb)nomadische Vorstellungen ist jedenfalls für die alttestamentliche Ausdrucks-
     weise berechtigt.

nordöstlicher Richtung ins Land kam und hier - d.h. vermutlich in Mittelpalästina - Aufnahme fand.

In einem Nachtrag zum dtn Gesetz wurde dieses Ritual, ähnlich wie jenes in V.12-15 bezüglich des Zehnten in das Dtn integriert und in entsprechendem Sinn bearbeitet. Dabei wurde dem alten Bekenntnis ein neueres ergänzend zur Seite gestellt, in dem sich der Sprecher zum Hineingekommen-Sein ins Land als Erfüllung des Jahweschwures an die Väter bekennt. Dieses Nebeneinander zweier Bekenntnisse mit der doppelten Sprechrichtung einerseits zum Priester (V.3) und andererseits zu Jahwe (V.5.10) entspricht genau der wechselnden Sprechrichtung, die in den ausführlicheren Dankpsalmen (z.B. Ps 118) zu beobachten ist. Die Situation und Stimmung des Dankbekenntnisses ist darin festgehalten und vertieft.

Dem entspricht schließlich auch die dritte Schicht des Textes mit der Aufnahme der Exodusthoda aus Num 20,15f. Die Kombination der beiden Rettungstaten erfolgt dabei nicht durch Hintereinander-stellen, sondern durch den Einbau der Exodustradition in den Rahmen der Väter - Landnahmetradition. Dadurch enthält zwar die Schilderung der Not mehrere Elemente, aber die Rettungstat bleibt ein einziges, zentrales Ereignis. Die Errettung aus Ägypten wird zum Mittel- und Wendepunkt auch für die Väter-Landnahmetradition, während die Exodustradition ihrerseits eine wesentliche Erstreckung ihrer Ziel-setzung erfährt. Das Ziel der Errettung erstreckt sich nunmehr weit über den Aufenthalt in Kadesch (Num 20) und über das Dankopfer am Gottesberg (Ex 3,12; 18) hinaus bis zur Inbesitznahme des Landes.

Dieser Vorgang des Einbaues der Exodustradition in die Väter-Landnahmetradition erfolgt hier auf literarischer Ebene, vergleichs-weise spät und unter der Voraussetzung eines entsprechenden Geschichtsverlaufs, wie er den älteren Pentateuchquellen zu entneh-men und abgesehen davon wohl allgemein bekannt war. Zugleich wiederholt sich damit ein Vorgang, wie er sich bei der Kombination der verschiedenen Geschichtstraditionen der Vorfahren und Väter Israels - sei es in der frühen Königszeit (s.o. G.v.Rad und M.Noth)- abgespielt hatte. Darüber hinaus war der historische Vorgang selbst wahrscheinlich ebenfalls in dieser Weise - sei es als Eindringen der Rahelstämme in die ältere Lea-Stämme-Amphiktyonie (s.o. M.Noth), sei es als Eindringen der Exodusgruppe in eine schon bestehende, vorjahwistische Israelamphiktyonie (s.o. A.H.J.Gunneweg), sei es als Wirksamwerden der Ägyptengruppe innerhalb der unter religiösen und politischen Aspekten zusammenwachsenden Stämme (H.Donner u.a.)- vor sich gegangen.

Die Analogie der Vorgänge auf der historischen, der traditionsgeschichtlichen und der literarischen Ebene und die fehlende Unterscheidung hatten zu den so weit divergierenden Deutungen von Dtn 26 bis hin zu den daraus gezogenen historischen und literaturgeschichtlichen Folgerungen geführt. Andererseits ist die Analogie- gerade wenn man die um Jahrhunderte voneinander entfernten Ebenen auseinanderhält - durchaus eindrucksvoll. Diese Analogie ist aber nicht begründet in einem vom literarischen Alter letztlich doch geheimnisvoll unabhängigen hohen traditionsgeschichtlichem Alter (K.Galling; G.v.Rad), sondern hat zwei andere Voraussetzungen: Die eine ist die Vermittlung durch die Pentateuchquellen und die mit diesen parallel laufende mündliche Überlieferung, die andere ist, daß die Exodus- und die Väter-Landnahmetradition aus sachlichen Gründen und wegen ihrer historischen Voraussetzungen nur oder zumindest am besten in dieser Weise zu kombinieren waren.

Als literarischer Text ist Dtn 26,5-10 aber letztlich nur bedeutsam für die Rezeption von Geschichte. Durch die Kombination zweier Thoda-Bekenntnisse, bei denen der Gegensatz von Not und Errettung im Vordergrund gestanden war, und durch Einbau und Ausgestaltung verbindender Elemente entstand ein heilsgeschichtliches Summarium, das einen beträchtlichen Zeitraum umspannte. Allerdings geht es dabei (noch) keineswegs um vollständige und gleichgewichtige Aufzählung der Einzelelemente, sondern die Grundstimmung der Thoda bleibt erhalten. Die pleonastischen Formulierungen dienen der Unterstreichung dieser Grundstimmung, und die Ergänzungen bleiben im Rahmen des für die Verbindung der Traditionen Notwendigen. In der Spannung zwischen Thoda und Heilsgeschichte steht Dtn 26,5-10 fast ganz bei der Thoda. Andererseits zeigt die Tatsache, daß als Bezugstext aus den älteren pentateuchischen Geschichtsdarstellungen fast nur die Berufung des Mose (Ex 3) und deren engere Umgebung (Ex 1) eine Rolle spielen, daß jene älteren Darstellungen mit ganz bestimmter Schwerpunktsetzung gelesen wurden. Diese Aspekte rechtfertigen die Einbeziehung von Ex 3 in die Untersuchung. Schließlich zeigte die Untersuchung der einzelnen Begriffe, daß Dtn 26,5-9 zum Vorbild für mehrere Texte innerhalb und außerhalb des Dtn wurde und insofern von Bedeutung für die alttestamentliche Geschichtsbetrachtung, allerdings erst der exilischen und nachexilischen Zeit, ist.

10. Josua 24

10.1. Kontext und Aufbau

Dieses Kapitel gehört zu den schwierigsten Texten des Alten Testaments und wird in der Forschung entsprechend divergierend beurteilt. Aufs erste ist der Inhalt klar und einfach: Josua versammelt nach der Landnahme und der Verteilung des Landes die Israeliten nach Sichem. Dort hält er ihnen eine Rede, in der er sie an Jahwes Heilstaten in der Geschichte seit der Berufung der Erzväter bis hin zur Landnahme erinnert, und er fordert sie dann auf, sich für den Dienst Jahwes zu entscheiden. Josua samt seinem Haus will selbst bei einer negativen Entscheidung der Israeliten Jahwe dienen. Das Volk will das natürlich auch und bekennt sich seinerseits zu den Geschichtstaten Jahwes. Nun kommt eine überraschende Wendung. Im Gegensatz zur zuvor ausgesprochenen Aufforderung betont Josua die Unmöglichkeit, Jahwe zu dienen. Das Volk aber bleibt bei seiner Entscheidung. Nochmals betont Josua die Ernsthaftigkeit seiner Entscheidung, auch das Volk bejaht diese nochmals; Josua fordert zum Ablegen der - anscheinend vorhandenen - fremden Götter auf, Israel bekundet nochmals seine Bereitschaft zum Dienst. Nun schließt Josua einen "Bund", legt den Israeliten Recht und Gesetz vor, schreibt alles ins Buch des Gesetzes Gottes, richtet einen großen Stein als Zeugen für den Bundesschluß auf und entläßt schließlich das Volk, einen jeden in sein Erbteil. Das Kapitel wird abgeschlossen von einigen Bemerkungen über den Tod Josuas und das weitere Verhalten der Israeliten.

Neben den kleineren Parallelen der wiederholten Anläufe zum Bundesschluß und neben dem zweifachen Geschichtsrückblick in V.2–13 und V.17f ist die Parallelität des gesamten Kapitels mit Jos 23 zu beachten. So deutlich Jos 24 das Wirken Josuas und das Josuabuch abschließt, ebenso deutlich wird, zumindest in den beiden Geschichtsrückblicken, auf die Inhalte von Genesis und Exodus Bezug genommen, womit sich die Frage nach entsprechenden literarischen und/oder traditionsgeschichtlichen Zusammenhängen stellt.

10.2. Literarische Fragen und geschichtliche Einordnung

"Das meiste, was zur Literarkritik von Josua 24 zu sagen ist, ist schon gesagt. Aber allgemein anerkannte Ergebnisse gibt es nur wenige". Dieser Satz von Götz Schmitt[1] scheint noch immer zutreffend den Diskussionsstand zu umreißen. Die Breite der Möglichkeiten läßt sich aus zwei Sätzen Martin Noths erahnen: "... Jos 24, ein Sonderstück, das jetzt in deuteronomistischer Überarbeitung als nachträglicher Zuwachs zum deuteronomistischen Geschichtswerk vorliegt" und: "Sehr viel schwieriger ist die Frage zu beantworten, ob aus dem alten Überlieferungsbestand von Jos 24 noch mehr entnommen werden kann und muß."[2] In der jüngsten, zu Jos 24 erschienenen Monographie vertritt Herbert Mölle eine überraschend konservative Sicht: er eruiert vier bzw. sechs verschiedene literarische Schichten: eine Sichemschicht (ca. 1200-1100 v. Chr.); eine elohistische Schicht (unmittelbar vor dem Untergang des Nordreiches); eine jehovistische Schicht (bald nach dem Untergang des Nordreiches), eine deuteronomistische Schicht (welche in zwei Phasen zerfällt, von denen die eine vorexilisch, die andere "eventuell später" ist); schließlich "noch spätere Zusätze".[3] Die interessantesten Folgerungen für unsere Thematik sind die - mit großem literarkritischen Optimismus vorgenommene - Aufteilung des Geschichtsrückblicks V.2-12 auf alle sechs Schichten und die Zuweisung von V.17f in der Hauptsache an E (und zum geringeren Teil an R^{JE} und Dtr 1). Nach Mölle soll bereits die alte Sichemschicht das Geschichtssummarium von V.2-8*, allerdings ohne Erzvätergenealogie, nur bezogen auf Jakob (und natürlich ohne V.5 dtr) enthalten haben. E soll dann die Erzväter Abraham und Isaak eingeführt, das in seinem Sinn geprägte Geschichtssummarium bzw. V.16-18* hinzugefügt und auf Grund seiner aktuellen Erfahrung die problematischen theologischen Erwägungen V.19f, aber auch den Großteil von V.21.23-28, beigesteuert haben. Es entspricht der angewandten, vor allem literaturwissenschaftlichen Methode und dem literarkritischen Optimismus, wenn Mölle zwar aus der alten Sichemschicht beträchtliche Folgerungen zieht, für späteres aber nur vermerkt: "Bei dem in Jos 24 notierten Bundesschluß handelt es sich nicht um ein historisches Faktum, sondern um eine literarische Projektion des Elohisten. Für die Annahme eines sichemitischen

---

1   Der Landtag von Sichem, AzTh I, 15, 1964, 8.

2   Geschichte Israels, 89f. Zum literarischen Werdegang ähnlich bereits C.Steuernagel, Josua, HK^2, 203: "Diejenigen Erzählungen aus E, die D^2 übergangen hatte, trug Rp je an ihrer Stelle nach: 2,1-24 ... 24,1-33."

3   Der sogenannte Landtag zu Sichem, fzb 42, 1980, 280.

Bundesfestes liefert der Text erst recht keine Grundlage."⁴ Für uns wichtig sind weniger die historischen Folgerungen, sondern jene zur Pentateuchfrage. Für Mölle ergibt sich: "a) Einen Tetrateuch (Gen-Num) und ein deuteronomistisches Geschichtswerk im Sinn M.Noths (Dtn – 2 Kön) dürfte es wohl kaum gegeben haben. b) Der an Jos 24 erhobene Befund spricht entschieden für die Richtigkeit der Hexa-teuch-Theorie." Ähnlich zuversichtlich "[kann] zum sog. formge-schichtlichen Problem des Hexateuch ... festgestellt werden: a) Das sichemitische Summarium liegt schon dem Erzählwerk des Jahwisten um (mindestens) 200 Jahre voraus und kann darum nicht als eine sekundäre Zusammenfassung des Hexateuch verstanden werden. b) Höchstwahrscheinlich geht der Aufriß des gesamten Hexateuch letztlich auf das sichemitische Summarium zurück, an dem bereits der Jahwist sich offensichtlich orientiert (vgl. Gen 12,1-10)."⁵

Damit stehen wir wieder ganz bei Gerhard G.v.Rad, nur eben nicht in Gilgal, sondern in Sichem, mit allem, was dieser Unterschied bedeutet. Es ist nur auffällig, wie fast dieselben Ergebnisse ohne alle kultgeschichtlichen oder traditionsgeschichtlichen Theorien erreicht werden können.⁶

---

4   A.a.O., 282. angesichts der späten Datierung von E kommt damit Mölle zumindest zeitlich bezüglich Bund, Bundesfest und Bundestheologie in große Nähe zu L.Perlitt, Bundestheologie, WMANT 36, 1969, 239-284.

5   H.Mölle, ebd.

6   Hier spiegelt sich die angewandte Methode wider, die zu einer unvermerkten Entleerung des mit "Sitz im Leben" üblicherweise Gemeinten führt. "Demnach hat die Handlungserzählung (erste Schicht) ihren 'Sitz im Leben' einer wahrscheinlich nicht allzu großen Gruppe 'Israel', die sich in einer begrenzten Region niederge-lassen hat, aber (noch) nicht Herr im Land ist, die sich außerdem auf einen Stammvater (Israel) zurückführt, den sie mit Jakob identifiziert, und die sich Jahwe als ihren Gott erwählt hat, wobei letzteres als Anlaß für die Entstehung der vorliegenden Handlungserzählung mit dem Haftpunkt 'Sichem' anzusehen ist." (A.a.O., 167). Mit 'Sitz in Leben' wird hier nur eine Trägergruppe und eventuell ein einmaliges Ereignis bezeichnet, nicht ein wiederholter, typischer Vorgang, der mit dem erwähnten Ereignis und der entsprechenden Tradition in einer bestimmten Beziehung steht. Der Text müßte damit unmittelbarer schriftlicher Niederschlag des Ereignisses sein, was ja offensichtlich der Grund für Mölles Datierung des Textes ist. Offen bleibt die Frage, ob und wie sich diese Gruppe 'Israel' weiterhin ihrer Identität, d.h. ihres "Entschiedenseins für Jahwe" vergewissert hat. Oder vergewis-sert sich [!] nur der Text: "der Text 'vergewissert' sich dieser Situation durch das

Das andere mögliche Extrem vertritt in Anknüpfung an Lothar
Perlitt und Elias Auerbach[7] neuerdings Eberhard Blum[8] und, unter
anderen Aspekten, John van Seters. Blum folgt der Forderung von
Perlitt, daß von der literarischen Einheitlichkeit auszugehen und (nur)
eventuelle Uneinheitlichkeit nachzuweisen sei. "Nur wenn sich Jos 24
weder als formale noch als sprachliche Einheit erweisen läßt - und
von einem Versuch solchen Erweises ist ja doch wohl auszugehen-
muß der Sitz im Leben der Überlieferung im ganzen woanders gesucht
werden als in dem durch Form und Sprache nahegelegten Raum der
Geschichte. Kurzum: daß Jos 24 'die bedeutendste Überlieferung ... aus
der Zeit der Entstehung des Zwölfstämmeverbandes' sei, kann keine
Voraussetzung der Untersuchung, höchstens ein Ergebnis sein."[9] Auf
diesem Hintergrund und mit seinen Beobachtungen hatte sich für
Perlitt die Geschlossenheit von Jos 24 (1-28) und eine Einordnung ins
7.Jh. ergeben. Zu dieser Einordnung kommt Perlitt wegen der beob-
achtbaren sprachlichen Differenzen zu dtr(G)-Texten, wobei die
gleichzeitig herstellbare große Nähe keine zu weite zeitliche Differenz
nach vorne erlaubt: "Indes ist hier gleich wieder an den anderen
Granzpfahl zu erinnern: 'älter' heißt nicht älter als diese Credo- und
Predigtstruktur im ganzen. Nichts zwingt, unter das 7.Jh. herunterzu-
gehen, nichts zwingt aber auch, über das 7.Jh. hinaufzugehen."[10]
Neben dieser Verhältnisbestimmung gegenüber dtr ist das wesentliche
Element die Einordnung der Entscheidungsforderung in die Zeit der
assyrischen Vorherrschaft, wobei Perlitt verschiedene Phasen (vor
oder unter Manasse, unter Josia) in Erwägung zieht, und auch die
Wahl des Ortes Sichem aus dieser Situation motiviert. Doch obwohl
Perlitt wiederholt betont, die Bedeutung von Sichem müsse (nicht aus
der Tradition, sondern) aus der aktuellen Zielsetzung des Textes
erhoben werden, gelingt es nicht, einen Symbolgehalt Sichems
anzugeben, der die Wahl gerade dieses Ortes motivieren könnte. Hier
liegt ein eher schwacher Punkt der Argumentation. Überzeugend ist

---

Erzählen der Genese" (165) - Was bedeutet das eigentlich? Wer ist 'der Text'?

7   L.Perlitt, s.o. A.4; E.Auerbach, Die große Überarbeitung der biblischen Bücher,
     VTS 1, 1953, 1-10.

8   Die Komposition der Vätergeschichte, WMANT 57, 1984, bes. 40ff.45-60.

9   L.Perlitt, a.a.O., 240.

10   A.a.O., 252 A.1.

die formkritische Bestimmung: "Jos 24 ist also ein nur lose in eine geschichtliche Situation gerückter Aufruf zur alternativen religiösen Entscheidung. Sowohl das Stilmittel des Dialogs als auch diese inhaltliche Offenheit für eine Entscheidung sogar *gegen* Jahwe schließen den Kult als Sitz im Leben aus."[11] Mit dieser alternativen Entscheidungsmöglichkeit ist in der Tat ein Element gegeben, das zu einem (regelmäßig begangenen) Bundesfestkult schlechterdings nicht paßt.- Andererseits ist zu fragen: Was heißt 'Kult als Sitz im Leben'? wo soll denn dieser 'Aufruf zur alternativen religiösen Entscheidung' zu Gehör gebracht und wirksam geworden sein? Muß nicht doch eine Form von - kleineren oder größeren - Versammlungen angenommen werden, die in Anbetracht ihrer Thematik (und sogar der Gottesspruchformel, V.2) als gottesdienstlich bezeichnet werden müssen? Ein bloßer 'Sitz in der Literatur' könnte doch schwerlich die angenommene Wirkung gegenüber der religionspolitischen Macht Assurs erreichen.[12]

Ergänzend zu Perlitts Argumentation gegen einen Sitz im Leben im (Bundesfest)kult könnte auch auf V.16-18 hingewiesen werden. "Ihr könnt Jahwe gar nicht dienen" - das paßt einfach nicht in eine solche Situation! Es paßt allerdings auch nicht so recht zum 'Aufruf zur alternativen religiösen Entscheidung', der doch nicht neutral ergeht, sondern eine klare Tendenz hat. Hier liegt eine zu deutliche Spannung im Text vor, als daß man sie mit der Bemerkung "die dt Predigt scheut nirgends die Wiederholung ihrer Einschärfungen"[13] übergehen könnte. Literarkritik kann auch an anderes an-

---

11 A.a.O., 244. Ähnlich bereits G.Schmitt, Landtag, 42f: "... es ist undenkbar, daß Israel in seinem Festkult gesagt worden wäre: Wenn es euch aber nicht gut scheint, Jahwe zu dienen, so wählet heute, wem ihr dienen wollt" und 80f: "Bei Israels Entscheidung für Jahwe denkt der Verfasser zweifellos an ein einmaliges Geschehen ... So ist Israel gewiß nicht von Fest zu Fest angeredet worden.

12 Das sieht auch L.Perlitt: "Was sich hier im alternativen Entscheidungsruf zuspitzt, ist nicht die Arbeit von Schriftgelehrten, sondern die von Bekehrungspredigern, bis hin zum Verweis auf das eigene löbliche Beispiel (V.15b)." (245).

13 A.a.O., 243.

knüpfen als nur an den Wechsel zwischen Handlung und Rede,[14] was in der Tat bei Jos 24 problematisch wäre.[15]

Auf dem bei Perlitt gelegten Grund baut Eberhard Blum weiter, nur daß er die gegenüber dtr(G) bemerkbare Distanz nach der anderen Seite hin entfaltet. Für Blum ist Jos 24 nicht vor-, sondern nachexilisch. "Überblicken wir nun die bisherigen Überlegungen zu Jos 24, so führen die Analyse seiner Beziehungen zum engeren Kontext und die Analyse des 'Eigencharakters' dieses Kapitels mit einiger Sicherheit darauf, daß es einerseits dem Zusammenhang deuteronomistischer Überlieferungsbildung zuzuordnen ist, andererseits aber nicht der dtrG-Komposition im engeren Sinne (dies im Gegensatz zu den beiden Abschnitten Ri 10,6ff und 1 Sam 7,3f). Vielmehr setzt es diese offenbar schon voraus. Zeitlich dürfte der Text von daher am ehesten in einem (früh-)nachexilischen Kontext zu interpretieren sein, möglicherweise als ein nicht zuletzt an die Adresse der 'Nordstämme' gerichteter Appell, sich exklusiv an Jhwh zu binden und sich auf diese Weise der Constitutio Israels anzuschließen."[16] Immerhin gelingt es auch auf diese Weise, "die pointierte Rolle der mesopotamischen Fremdgötter ... und die im Text fest verankerte Lokalisierung der Versammlung in Sichem" zu erklären: "Beide Aspekte legen es nahe, nach den ihnen entsprechenden Adressaten zu fragen, beide deuten zudem in die gleiche Richtung. Sie verraten eine besondere Hinwendung zu den Bewohnern Samarias. Insbesondere *Sichem* als Ort der Handlung von Jos 24 unterstreicht nicht nur dessen gesamtisraelitische Orientierung, sondern nimmt unter den Voraussetzungen der nachexilischen Verhältnisse unmißverständlich die Bewohner des ehemaligen Nordreiches in den Blick. Entsprechend der Aussageintention von Jos 24 könnte dies bedeuten, daß der Text als eine 'historisch verkleidete' (Perlitt) Aufforderung an die Samarier zur religiös-

---

14   "Wer hier also literarkritisch sondieren möchte, könnte sich nicht auf die Unterscheidung Handlung - Rede berufen, sondern müßte seine Schichten in beiden 'Teilen' suchen: Das in V.25 wieder einsetzende Handeln Josuas ... bezieht sich nicht auf V.1, sondern auf den vorausgehenden Wortwechsel", a.a.O., 241.

15   In ähnlichem Sinn W.H.Schmidt, Alttestamentlicher Glaube, 112: "Man hat oft versucht, eine spätere Überarbeitung von einer alten Überlieferung abzuheben. Doch will dies nicht wirklich überzeugend gelingen, ohne daß man das Ganze zerstört." - Allerdings räumt er sogleich ein: "Die grundlegende Ereignisfolge (bes. V.25-27) scheint älter zu sein als die Reden."

16   Komposition, 59.

kultischen Entscheidung für oder gegen Jhwh bzw. zur Aufgabe ihres religiösen Synkretismus verstanden werden soll.

Das wenige, was wir über die zeitgeschichtliche religiöse Situation im Bereich der Nordstämme ermitteln können, ist dieser Bedeutungsrekonstruktion von Jos 24 jedenfalls günstig. So sind -aus judäisch-orthodoxer Sicht - synkretistische Verhältnisse unter den Erben des Nordreiches geschichtlich kaum zu bestreiten, kam hier doch zu der diesbezüglich stark ausgeprägten 'Tradition' des Nordreiches die gewiß auch kultisch-religiös nicht folgenlos gebliebene Ansiedlung der neuen Oberschicht durch die Assyrer hinzu. Ein dem entsprechendes Bild zeichnet uns denn auch die alttestamentliche Überlieferung in 2 Kön 17,29-34a.41, freilich in der polemischen Darstellung der Deuteronomisten. Sosehr man auch mit tendenziöser Überzeichnung wird rechnen müssen, bleibt der Text doch ein Beleg für die nordisraelitischen Verhältnisse in der Sicht der Gestalter des dtrG, und zwar in ihrer eigenen Gegenwart, wie die Aussagen in V.34a.41 nahelegen.

Bemerkenswert ist, daß die dtr Beschreibung der שמרנים in 2 Kön 17 nun auch den zweiten von uns hervorgehobenen Aspekt in Jos 24 erhellen kann: die betonung der mesopotamischen Götter, insofern nämlich die in diesem Zusammenhang aufgezählten Fremdgötter (2 Kön 17,29ff) - soweit sie überhaupt identifizierbar sind - dem mesopotamisch-syrischen Bereich entstammen. (Entsprechendes gilt für die in dem wohl dtr Vers Am 5,26 genannten Gottheiten.) Diese Koinzidenz ergibt m.E. ein nicht unwesentliches Argument für die Annahme der Samarier als hauptsächliche Adressaten von Jos 24."[17]

Diese Erklärung setzt natürlich eine gesamtisraelitische Perspektive voraus - im Unterschied zur bekannten Samarier-Feindlichkeit, die immer ein Hauptargument gegen nachexilische Datierung darstellte. Dazu kann immerhin "auf die gar nicht so kleine Reihe exilischer (z.B. Jer 30,3.8f; 31,27f.31ff; Ez 34,23ff; 37,15-28; Ob 18ff) und nachexilischer (z.B. Jes 11,11-16; Jer 3,18; Sach 9,9ff; 10,6ff) Texte [hingewiesen werden], welche einen heilvollen Neubeginn ausdrücklich für Juda und Ephraim erwarten".[18]

Schwierig bleibt aber auch hier die Funktion der Aussage über die Unmöglichkeit, Jahwe zu dienen (V.19f). Ebenso ist es schwierig,

---

17   Ebd.

18   A.a.O., 58.

einen positiven Grund für die Wahl Sichems anzugeben. War es
einfach, weil kein anderer nennenswerter Ort im Bereich des Nord-
reiches vorhanden war? Bethel war wohl seit den Aktionen Josias
negativ belastet, Samaria mit dem Baalstempel und als späte Gründung
kam von vornherein nicht in Frage, Dan lag zu weit abseits. Warum
aber nicht Schilo, das als Vorgängerin Jerusalems mit der Lade für
gesamtisraelitische Appelle bestens geeignet war[19]? Oder warum nicht
Gilgal, dessen Traditionen dtrG kannte und auch seinerseits gesamtisraelitisch verstand? Der Unterschied zwischen Bethel, Dan und Gilgal
gegenüber Sichem besteht darin, daß jene primär als Heiligtümer
bedeutsam sind, während Sichem zwar auch eine heilige Stätte, aber-
abgesehen von Jos 24 und den damit häufig verbundenen Amphiktyo-
niethesen - in erster Linie politische Bedeutung hat. Dies zeigt sich
an der Abimelechgeschichte ebenso wie daran, daß sich Rehabeam in
Sichem den Vertretern des Nordreiches stellen muß; schließlich
indirekt im Zurücktreten Sichems ab der Zeit, wo das Nordreich in
Thirza und Samaria seine Hauptstadt gefunden hatte. Diese Beobachtungen machen es aber zugleich wahrscheinlich, daß Sichem nach dem
Ende Samarias wieder zu Ehren kam und zum Symbol der inneren
Zusammengehörigkeit der (nord)israelitischen Stämme wurde. Diese
Rolle war zu jeder Zeit mit religiösen Dimensionen verbunden, erst
recht in einer Zeit, wo die politische Artikulationsmöglichkeit durch
die assyrische Besatzungsmacht zweifellos äußerst begrenzt war. Auf
Grund dieser Gegebenheiten spricht die Wahl Sichems für das
"lokalisierte Protokoll der Verpflichtung"[20] eher für die assyrische
Zeit, d.h. für das 7.Jh.

Gegenüber Blum ist darauf hinzuweisen, daß es - bei allen von
ihm zu recht herausgestellten gesamtisraelitischen Tendenzen der
frühnachexilischen Zeit - undenkbar erscheint, daß ein judäischer
Autor von Sichem aus einen Appell zur Einheit ausspricht. Das hieße
doch, den Zeiger der Geschichte hinter David zurückzudrehen, und
das durch einen deuteronomistischen Redaktor, der zur Zeit Serubba-
bels mit ihren neodavidischen Hoffnungen und zur Zeit des Tempel-
baus in Jerusalem lebt! Ein solcher Verfasser müßte doch genau das
tun, was in Jos 23,1f gegenüber 24,1 tatsächlich gemacht wurde,
nämlich den Ortsnamen - weil er für die Zeit Josuas noch nicht durch
Jerusalem ersetzt werden konnte - ganz weglassen.

---

19   Immerhin war LXX dieser Meinung. S.u. A.31.

20   So L.Perlitt, a.a.O., 260.

John v.Seters[21] geht ebenfalls von dem bei Perlitt gewonnenen
Ansatz aus, versucht aber darüber hinaus stärker den Verbindungen
zum Tetrateuch einerseits und zu dtrG andererseits nachzugehen.
Zunächst führt der Vergleich mit 1 Sam 10,17ff und Ri 6,8-10 zur
Feststellung "It (sc. Jos 24) is modeled directly upon Dtr parenesis. It
is not just a question of some vague prophetic influence but the kind
of prophetic style that is the hallmark of the dtr tradition both in
Dtr H and in the late prophetic works."[22]

Bei aller Nähe zur dtr Literatur gibt es Unterschiede bezüglich
des "historical summary (V.2-13), and therefore it invites comparison
which other similar summaries ... When such summaries are given in
later Dtr texts (Jud 6,7-9; 10,1-12; 1 Sam 10,18; 12,8-12) they all
start essentially with the exodus event and usually bring the historical sketch down to the time of the speaker. Such free literary
adaptations make any fixed liturgical use unlikely. Furthermore, in all
of these cases there has been a shift away from its confessional use
[wie in Dtn 26,5ff und 6,20ff gegeben] to making the summaries the
substance of a divine or prophetic speach and the basis for admoni-
tion. This pattern also holds true for Jeremiah 2,5ff, the Dtr prose
sermons (Jer 7,21-26; 11,1-13) and Ezekiel 20.

Joshua 24,2-13 likewise shows this shift to making the
historical summary into the people's confession in vv.16-18. But
Joshua 24,2-13 departs radically from the Dtr tradition when it comes
to matters of detail. The patriarchal history is added; the exodus
event is filled in with new information; and the balaam episode from
the wilderness period is mentioned. Although the new materials come
from the pre-Priestly tradition of the Tetrateuch, they do not make
this historical summary earlier - as many scholars have argued. On
the contrary, one must conclude that such an expansion makes it
later than all the Dtr examples. This is confirmed by the fact that a
similar elaboration of the historical summary is found in the latest
example in Neh 9,6ff."[23]

Damit ist das für v.Seters Wesentliche gesagt. Es genügt, diese
"pre-Priestly traditions" als den Jahwisten zu benennen und für die

---

21   J.v.Seters, Joshua 24 and the Problem of Tradition in the Old Testament, FS
     G.W.Ahlström, JSOT Suppl. 31, 1984, 139-158.

22   A.a.O., 147.

23   A.a.O., 147f.

über den Tetrateuch hinausgehenden Traditionen festzustellen: "as
soon as the summary touches on matters dealt with in the DtrH, it
reverts to a number of Dtr themes and clichés and uses these to
bring the whole down to the time of the speaker - Joshua."[24]

Daraus folgt für v.Seters: "From these observations the
conclusion seems to me inescapable. The author of Josua 24,1-27 is
none other than the Yahwist of the Pentateuch. However, contrary to
the views of earlier literary critics, it was not composed before the
DtrH but comes later as an addition, just as the Tetrateuch was also
an addition to Dtn and DtrH."[25]

Diese Sätze zeigen, wie auch bei gänzlich anderen Voraussetzungen aus Jos 24 nicht weniger weit reichende Folgerungen für
die Pentateuchfrage gezogen werden können, als dies G.v.Rad oder
A.Weiser von jeweils ihren Voraussetzungen her taten. V.Seters
Anliegen ist es - ebenso wie bei Blum - die Existenz übergreifender
Geschichtsdarstellungen erst für die nachdtr Zeit, in Abhängigkeit und
als Weiterführung von dtr Geschichtsdarstellung zuzulassen.

Das Vorgehen von v.Seters enthält einige zweifelhafte
Voraussetzungen: Vor allem die, daß Jos 24,2-13 literarisch einheitlich
sein müsse und daß die Verschiedenheit ähnlicher Texte nur in einem
Nacheinander, nicht auch in einem Nebeneinander möglich sei.
Abgesehen von allgemeinen Schwierigkeiten dieser Postulate (ein Text
wäre immer so jung wie seine jüngsten Elemente) werden sie allein
schon von den beträchtlichen Textdifferenzen zwischen MT und LXX
(s.u.) aufgehoben. Weiters wird nicht zwischen dem Vorhandensein der
Vätertradition an sich - v.Seters ignoriert sie in Dtn 6 und 26 - und
einer spezifischen Ausprägung, z.B. mit Erzvätergenealogie, unterschieden. Weiters ist es nicht ganz so leicht, etwa den Satz "Esau gab
ich das Gebirge Seir zum Besitz", (V.4) aus dem Pentateuch herzuleiten oder die Landnahmeaussagen (V.11-13) aus dem dtr Josuabuch.
Schließlich gibt es außer Jos 24 nicht nur in Neh 9 eine vergleichbare
"elaboration" der Geschichtssummarien, sondern auch in Psalmen.

Allerdings hat v.Seters zu Recht die Besonderheiten von V.2-
13 innerhalb von dtrG aber auch gegenüber V.17f herausgestellt.

---

24   A.a.O., 149.

25   Ebd.

10.3. Das Verhältnis der beiden Teile von Jos 24

Aus dem bisher Dargestellten folgt, daß zwischen den beiden Geschichtssummarien bzw. der Aufforderung zur Entscheidung einerseits und der Feststellung der Unmöglichkeit, Jahwe zu dienen, eine Zäsur liegen muß. Zwar gibt es auch im zweiten Teil verschiedene Wiederholungen, aber keinen so deutlichen Gegensatz wie zwischen V.14f und V.19f. Weiters zeigt sich eine Spannung zwischen Josuas Aufforderung, Jahwe zu wählen, und der Beteuerung des Volkes, ihn nicht verlassen zu wollen. Diesbezügliche Spannungen werden auch von den Verfechtern der Einheitlichkeit vermerkt.[26] Darüberhinaus wird in der exegetischen Behandlung des Kapitels[27] kaum eine konkrete Verbindungslinie zwischen den beiden Teilen des Kapitels aufgezeigt, und es beruht auf unbewiesener Voraussetzung, wenn der sonst zugegebenermaßen anders verwendete Begriff אלהים אחרים hier von הנכר אלהים her interpretiert wird.[28]

Somit ist es sinnvoll, bei V.16 einzusetzen und zu fragen, worauf sich die Beteuerung, Jahwe nicht verlassen zu wollen, bezieht. Hier ist c.23 zu nennen. Dort findet sich, was in 24,16 vorausgesetzt wird: die bestehende Beziehung zwischen Jahwe und Israel (V.3-10) und die Gefahr des Abfalls bzw. die drastische Warnung vor diesem (V.11ff.14ff). So wird etwa die Konsequenz Jahwes in seinem schenkenden und belohnenden wie in seinem strafenden Handeln in 23,15f und 24,20 ganz ähnlich beschrieben.

Selbst die schwierige Aussage von 24,19 ist im Anschluß an 23,13 und besonders 23,15f besser zu verstehen. Denn diese Strafandrohungen sind wohl nicht nur Konsequenz aus Dtn 28, sondern lassen auch die bereits eingetretene Erfahrung des Exils durchschimmern,

---

26 Wenn L.Perlitt, für den der geschlossene Charakter von Jos 24 so wichtig ist, feststellt: "Die Rückbezüge des Credos von V.17f auf V.2-13 verknüpfen das ganze Kapitel in sich nicht stärker, als das die V.16.21.24 mit V.14f und V.22 mit V.27 auch tun", so bestätigt das nur die hier vorgetragene Sicht. "Nicht stärker" bedeutet genauerhin "ebenso wenig". Zum einen geht es um die monierte Diskrepanz zwischen Aufforderung (V.14f) und Beteuerung (V.16 und weniger deutlich V.21.24), zum anderen sind in V.22 die angesprochenen Israeliten Zeugen gegen sich selbst, während in V.27 der Stein Zeuge ist.

27 Siehe dazu die Kommentare und die genannten Monographien.

28 Z.B. L.Perlitt, a.a.O., 251f.258.

und das heißt nichts anderes, als daß es den Israeliten tatsächlich
unmöglich war, Jahwe zu dienen. - Die theologische Brisanz dieser
Bemerkung wird dadurch nicht geringer, aber ihre Entstehung
verständlicher. Mit dieser Lösung des literarkritischen Problems wird
der Beobachtung einer gewissen Unvollständigkeit von Jos 23 Rechnung getragen.[29]

Für die Frage der Geschichtssummarien bestätigt sich damit
zunächst der kaum bestrittene deuteronomistische Charakter von
24,17f. Auffallend an diesem Summarium ist, daß es einen Eid an die
Väter bzw. die Erzväter überhaupt nicht erwähnt. "Unsere Väter" sind
lediglich die Väter, die aus Ägypten geführt wurden. Großes Gewicht
liegt auf dem Weg, den die Israeliten zogen, und darauf, daß Jahwe
sie nicht nur auf dem Weg an sich (mit seinen Gefahren), sondern
insbesondere vor den Völkern, durch die sie zogen, behütete. Damit
sind die Ereignisse ab Num 20, bzw. besser gesagt von Dtn 1-3, im
Blick, während V.18 summarisch auf die (westjordanische) Landnahme
abhebt.

Dem gegenüber steht das Geschichtssummarium im ersten Teil
von Jos 24. Schon die beträchtlichen textkritischen Divergenzen
zeigen auf ihre Weise nochmals die Sonderstellung von V.1-15, und

---

29   Ein ähnlicher Ansatz, für die Literarkritik von Jos 24 auch Jos 23 zum Vergleich
     heranzuziehen, findet sich m.W. sonst nur bei H.Lubscyk, Der Auszug Israels aus
     Ägypten. Seine theologische Bedeutung in prophetischer und priesterlicher
     Überlieferung, EThSt 11, 1963, 138-143. Lubscyk findet in Jos 23 die von ihm
     eruierte prophetisch-deuteronomistische und in Jos 24[*] - vor allem im ersten Teil
     - die priesterlich-kultische Überlieferung. Auch für Lubscyk sind die angeführten
     Differenzen (die unpassende Antwort des Volkes in 24,16; andere Götter / fremde
     Götter; weiters herausführen in 24,5 / heraufführen in 24,17) Grund zur literar-
     kritischen Aufteilung. Allerdings setzt er eine genaue Entsprechung beider
     Berichte voraus und ist damit veranlaßt, 24,16-28 in zwei mehr oder weniger
     parallel laufende Fäden aufzuteilen, wobei sich, wie er selber sieht, zunehmende
     Unsicherheiten ergeben und die erste Hälfte von Jos 24 den Vorrang hat: "Darum
     ist zu vermuten, daß die Rede Josuas in c.23 nicht in Parallele steht zu dem
     ganzen Bericht vom Bundesschluß in c.24, sondern nur zu der aus kultischer
     Tradition geformten Rede Josuas in 24,3-12. Die restlichen Verse müßten dann eine
     Verbindung zweier ursprünglich selbständiger Berichte sein, die sich einmal an die
     Reden Josuas anschlossen." (138f).

daß in Jos 24 nicht ohne Literarkritik durchzukommen ist.[30] Die von
LXX gebotene Lokalisierung in Silo wurde bereits erwähnt.[31] Sekundärer Zusatz ist "und ich sandte Mose und Aaron" in V.5. Hier ist die
Sicht von Ex 6 P vorausgesetzt. Ob die Plagen in Ägypten Zeichen
(אתות) genannt wurden, ist fraglich. Eher verdeutlicht hier LXX im
Sinn von Exodus (vgl. oben bei Dtn 26 zu אות). Schwierig ist der
Übergang V.5/6. MT hat hier den längsten Text "Danach habe ich
euch herausgeführt; und ich führte eure Väter aus Ägypten". Der
zweite Teil macht dabei den Eindruck einer korrigierenden Explika-
tion, die so wie der entsprechende Zusatz in Num 20,15 die Zeit der
Wüstenwanderung berücksichtigt. Die ursprüngliche, kürzere Form ist
in LXX[A] erhalten, während in LXX[B] mit "ich brachte eure Väter aus
Ägypten" die Schwierigkeit des MT geglättet wurde. Dem entspricht
die Variante in V.7. Im MT, im Targum und in der Syriaca heißt es
"und sie schrien zu Jahwe", weil das ja die Väter der jetzt Angesprochenen waren. LXX hat "wir schrien zu Jahwe", was die ältere,
kürzere Version in V.6 voraussetzt, aber aus dem Stil der Gottesrede
herausfällt. Dies gilt für alle drei Verbalsätze von V.7a, was offen-

---

30   Siehe dazu die übersichtliche, aber die Entscheidung offen lassende, Darstellung
     bei J.A.Soggin, Joshua, OTL, 220f. Dort wird auch optisch an der Verteilung der
     Varianten die Sonderstellung deutlich. Diese Sonderstellung wird weiters an der-
     nach J.Oesch, Petucha und Setuma, OBO 27, 1979 für literarkritische Fragen
     zumindest zur Kenntnis zu nehmenden - Parascheneinteilung deutlich. Für die
     große Bedeutung der LXX in Josua siehe besonders S.Holmes, Joshua, the Hebrew
     and Greek Texts, 1914.

31   Siehe dazu oben. Die kryptischen Andeutungen bei A.G.Auld, Joshua, The Hebrew
     and the Greek Texts, VTS 30, 1979, 14, "... that would entail the rewriting of too
     many books", sind unnötig. Die Varianten der LXX sind hier wie auch sonst
     differenziert zu beurteilen. Sie können durchaus den besseren und älteren Text
     widerspiegeln, sie können aber auch sekundäre Lesarten bezeugen oder auf
     bewußte Gestaltung bei der Übersetzung zurückgehen. Silo würde zwar als
     Vorgängerin von Jerusalem bestens ins Konzept von dtrG passen, aber gerade das
     macht es zur lectio facilior, während für eine sekundäre Änderung von Silo zu
     Sichem schlechthin kein sinnvoller Grund angegeben werden kann. Für die
     Annahme einer bewußten Änderung aus jerusalemischen Interessen spricht auch die
     Beobachtung, daß LXX offensichtlich auf einen am jerusalemer Tempel tradierten
     Texttyp zurückgeht; vgl. dazu S.Kreuzer, Rez. zu J.Maier, Die Tempelrolle, AuG 33
     (1982) 99f. Damit zeigt auch die Textkritik, daß die Nennung von Sichem in Dtn
     und dtrG nicht einfach gut dtr ist, sondern Sichem als nicht auf Dauer negierbare
     Tradition in diese Texte kam.

sichtlich auf festgeprägte Formulierungen zurückgeht. Die entsprechende Formulierungsstruktur hatten wir in dem Schema von Not-
Klage - Errettung bei Num 20,15f und im Mittelteil von Dtn 26,5-10
gefunden. Ab V.7a ist bis zum Ende in V.13 die 1. Person der
Gottesrede zwar in MT, nicht aber in LXX durchgehalten. Schließlich
folgt in V.14 der Appell zur Entscheidung, Jahwe zu dienen. Bemerkenswert ist die Alternative in V.12: "zwölf Könige der Amoriter" (so
LXX). Angesichts der in Num und besonders in der dtr Literatur
vorkommenden Bezugnahme auf die beiden Amoriterkönige (Num 21,21-
35; Dtn 2,26-37; vgl. Ps 136,19) ist die Zwölfzahl zweifellos die lectio
difficilior. Die Vorstellung von 12 Königen in Kanaan ist sonst nicht
belegt.[32] Die Zwölfzahl feindlicher Herrscher ist aber ein fester
literarischer Topos in den assyrischen Königsinschriften schon des
9.Jh., wobei die Aufzählung der besiegten Könige meist hinter der
Zwölfzahl zurückbleibt oder einfach summarisch von den "12 Königen
des Hethiterlandes" oder den "12 Königen vom Gebiet des Meeres"
spricht.[33]

   Im Duktus des Geschichtsrückblicks fällt der nachtragsartige
Charakter der Nennung von "Terach, Abrahams und Nahors Vater" in
V.2 auf, was zudem nicht zum Plural "eure Väter" paßt. Hier ist die
Genealogie von Gen 11 vorausgesetzt, und es sollen damit die Väter
vom Makel des Götzendienstes befreit werden. Während sonst die
Folge der Ereignisse zusammenhängt, wird die in V.4 angesprochene
Linie des Esau, "dem Esau gab ich das Gebirge Seir um es in Besitz
zu nehmen", nicht weitergeführt,[34] bzw. es ist für Esau damit ein
Punkt erreicht, der für Israel erst nach Exodus und Landnahme
gegeben ist. Eine Landgabe für Esau ist in diesem Sinn sonst nur

---

32   Ob man sie, wie C.Steuernagel, Josua, HK[2], 190f, zur Rekonstruktion einer älteren
     (bei Steuernagel natürlich elohistischen) Schicht des Josuabuches verwenden kann,
     ist fraglich, nicht zuletzt im Blick auf die folgende Beobachtung an assyrischen
     Texten.

33   Monolith-Inschrift Salmanassars III, Z.95; Schwarzer Obelisk Salmanassars III,
     Z.88.91; Stier-Inschrift Salmanassars III Z.72.93.101; Basaltstele Salmanassars III.,
     Z.15; Prisma Ninive A Assarhaddons, III, 54ff; ähnlich Prisma C Assurbanipals; vgl.
     Rykle Borger, Historische Texte in akkadischer Sprache, TUAT I 4, 361-365.397.

34   Das Problem dieser Bemerkung spiegelt sich in dem Satz bei M.Noth, Josua, HAT,
     139: "Die Erwähnung Esaus 4, die für das Folgende ganz unwesentlich ist [!],
     scheint [!] zu zeigen, daß die gesamte Patriarchengenealogie vorgeführt werden
     soll".

noch in Dtn 2,5 bezeugt. Die Bemerkung interpretiert die bloße
Feststellung von Gen 36,8 als Handeln Jahwes. Ob die Priorität bei
Dtn 2,5 liegt, muß offen bleiben; die dortige Formulierung mit ירשה
gegenüber לרשת spricht eher dagegen. Der Begriff gehört aber in den
Umkreis der dtn/dtr Literatur. Die Wendung vom Hinabziehen nach
Ägypten ist dagegen weniger spezifisch, sondern traditionell wie die
Aussagen von Not und Errettung. Die in LXX noch fehlende Sendung
von Mose und Aaron zeigt wieder die Tendenz zur Vervollständigung
der Heilgeschichte. Merkwürdig ist die Lokalisierung des Hilferufs
allein am Schilfmeer. Das in Ex 3 Gesagte geht dabei ebenso verloren
wie der Anlaß für die Plagen. Die Elemente von Not - Hilferuf-
Errettung sind damit zwar gegeben, aber es handelt sich nicht um
alte Tradition, sondern um eine Formulierung mit Hilfe alter Formelemente.[35]

Ähnliches gilt für die verschiedenen Aussagen über Kämpfe.
Der Kampf der ostjordanischen Amoriter und der Sieg über sie (V.8)
knüpft an Num 21 an. Dagegen ist es wohl sachgemäßer, hinter den
Aussagen von Kämpfen des Balak und der Herren von Jericho nicht
alte Traditionen zu suchen, sondern eine Verallgemeinerung des
Verhaltens von Sihon bzw. - so Steuernagel[36] - eine "abgeblaßte
Bedeutung" von לחם. Diese beiden Passagen nehmen die markanten
Traditionen von Num 22-24 und Jos 2 und 6 auf und dienen damit der
Vervollständigung des Geschichtsaufrisses. Die Aufzählung der sieben
Völker in V.11 ist ein Nachtrag, weil sie nicht in Jericho wohnten
und weil der Gebrauch von "Amoriter" nicht zu dem Verständnis des
Wortes in V.8 und - wieder anders - V.12 paßt. Zwar ist im jetzigen
Bestand des MT der Begriff "Amoriter" sowohl in V.8 als in V.12 auf
das Ostjordanland beschränkt, aber zumindest in V.12 dürfte dies
sekundär sein, wie an der wahrscheinlich ursprünglichen Nennung der
"12 Könige der Amoriter" zu erkennen ist. Zudem passen die zwei

---

35 Das Thema des Schilfmeerereignisses tritt ab der exilischen Zeit besonders hervor,
    was sich vor allem an den Psalmen deutlich erkennen läßt. Es steht den Jahwe-
    kriegstraditionen nahe (J.Kühlewein, Geschichte in den Psalmen, 138 im Anschluß
    an R.Smend, Jahwekrieg und Stämmebund, 97ff). Seine Betonung ist damit im
    Gefolge der Erneuerung der Jahwekriegstradition unter Josia gut verständlich. Vgl.
    weiters A.Lauha, Das Schilfmeermotiv im Alten Testament, VTS 9, 1963, 32-46;
    G.W.Coats, The traditio-historical Character of the Reed Sea Motif, VT 17 (1967),
    253-265; B.S.Childs, A traditio-historical Study of the Reed Sea Tradition, VT 20
    (1970) 406-418.

36 Josua, HK[2], 299.

Könige des Ostjordanlandes nicht zu dem Stand, der nach V.9-11
erreicht ist. Dagegen ergibt V.8 die "richtige" Reihenfolge, während
V.8 und V.12 MT eine Dublette darstellen. V.12 LXX paßt nach V.9-11
höchstens als nachträgliche Zusammenfassung. Ein sehr guter Anschluß
ergäbe sich jedoch an den ersten Satz von V.8: "Ich brachte euch in
das Amoriterland und sandte Schrecken vor euch her, und der
vertrieb sie vor euch, die 12 Könige der Amoriter ..., und ich habe
euch Land gegeben ...". Damit würde eine summarische Darstellung der
Landnahme zugrunde liegen, in die die markantesten Ereignisse der
ost- und westjordanischen Landnahme - Sihon und Og, Balak und
Bileam, Jericho - ergänzend eingefügt wurde.

Bei aller Evidenz für literarkritische Ansatzpunkte und den
Indizien für Lösungsmöglichkeiten ist es aber trotzdem schwierig, den
Grundbestand des Textes herauszustellen. In der Tat besteht immer
sogleich die Gefahr, "daß man das Ganze zerstört".[37] Besser am Platz
ist hier das Modell der Redaktionskritik. Zusätze und Glossen lassen
sich deutlicher nachweisen als ein einheitlicher literarischer Grundbestand. Das führt andererseits auf einen starken Einfluß mündlicher
Traditionen bzw. fest geprägter Motive und Traditionen in den
Gedanken des Erstverfassers. M.E. ist der Verfasser deutlich beeinflußt von - später? - in der deuteronomisch-deuteronomistischen
Literatur wichtigen Geschichtsvorstellungen und Einzelbegriffen, und
er weiß um den Geschichtsverlauf im Sinn der Folge Erzväter-
Ägyptenaufenthalt - (Wüstenzeit -) Landnahme. Dabei dominiert nicht
mehr das Schema von Not - Hilferuf - Erhörung - Errettung, wie
beim Exodusbekenntnis von Num 20,15f oder wie auch in Dtn 26,5-10
oder wie im Geschichtsüberblick in Ex 3,7f.9f, sondern der Text wird
zu einer Folge heilsgeschichtlicher Ereignisse und Eingriffe Jahwes.
Das alles ist nun einem neuen Zweck dienstbar gemacht: Nicht mehr
Thoda, sondern Appell, Aufforderung zur Bekehrung zu Jahwe und
zum Dienst für ihn.

10.4. Das Geschichtsbild, seine Voraussetzungen und seine Intention

Von den in Jos 24 für unsere Fragestellung relevanten Themen
ist zunächst der Umfang des hier vorausgesetzten Geschichtsverlaufs
interessant. Der referierte Geschichtsverlauf reicht von der Erzväterzeit bis zur Landnahme und zwar in einer gewissen Aneinanderreihung
der Themen, in der jetzt die Väterzeit und besonders die ost- und

---

37   W.H.Schmidt, Alttestamentlicher Glaube, 112.

westjordanische Landnahme ein Übergewicht haben. Dagegen treten
die Ägyptenereignisse zurück. Die Plagen in Ägypten haben gar keinen
rechten Grund. Not und Hilferuf der Israeliten ereignen sich erst
nach der Herausführung am Schilfmeer, und die Sendung von Mose
und Aaron ist bezeichnenderweise offensichtlich erst von späterer
Hand ergänzt. Wenn auch der ganze Geschichtsrückblick in Anlehnung
an Konzept und Formulierungen "hexateuchischer" Traditionen
gestaltet und dann ergänzend überarbeitet wurde, so sind doch auch
deutliche Abweichungen festzustellen. Besonders tritt die Bedrückung
in Ägypten und damit der Grund für die in Num 20 und auch noch in
Dtn 26 ausgesprochene Dankbarkeit für die Wende dieser Not zurück.
Das entspricht jedenfalls nicht jener dtr Schicht, der die Rede vom
Sklavenhaus (z.B. 1.Gebot und Sabbatgebot in Dtn 5) so wichtig war.
Es ist aber trotzdem nicht angebracht, hier eine Widerspiegelung der
Selbständigkeit der Schilfmeertradition zu finden. Die Besonderheit
erklärt sich aus dem Zweck der Rede, für den die Wundertat am
Schilfmeer geeigneter war als die Erinnerung an die Not. Das "Credo"
von Jos 24 unterscheidet sich in dieser Hinsicht deutlich von dem
"Credo" von Dtn 26.

Nicht erst die (text- und) literarkritisch feststellbaren
Ergänzungen nehmen auf das Material des Hexateuch Bezug, sondern
auch schon das Grundkonzept entspricht einem Hexateuch im Sinn
eines durchgehenden Zusammenhangs von Väterzeit - Ägyptenereignis-
sen - (Wüstenzeit -) Landnahme.[38] Das heißt, für die Zeit der
Entstehung des Summariums von Jos 24 ist das Konzept und das
Vorhandensein "hexateuchischer" Geschichtsdarstellung sehr wahrscheinlich, ohne daß damit gesagt wäre, in welcher literarischen Form
(Jahwist, Elohist, Jehowist o.ä.). Ein solches Gesamtbild der Geschichte hatten wir beim Jahwisten und beim Elohisten festgestellt
und läßt sich auch bei Hosea erkennen (s.u.).

Herbert B.Huffmon hatte gezeigt, wie der Geschichtsrückblick
in den (hethitischen, aber dasselbe gilt auch bei den assyrischen)

---

38 Vgl. dazu das Wort G.v.Rads über Jos 24 als einen "Hexateuch im Kleinen" (im
    Gespräch mit A.Alt, vgl. H.W.Wolff, Gespräch mit Gerhard von Rad, FS G.v.Rad,
    1971, 653). Ob sich aus dem Fehlen der Urgeschichte diesbezügliche Schlüsse
    ziehen lassen ist fraglich. Die Absicht der Rede könnte zum Einsatz erst bei den
    Erzvätern geführt haben. Angesichts der Gegenüberstellung von Jahwe und anderen
    Göttern hätte sich jedenfalls DtJes die Argumentation mit der Schöpfung kaum
    entgehen lassen. Auch das spricht dafür, mit der Datierung nicht zu weit herab-
    zugehen.

Vasallenverträgen bis an die Gegenwart des jeweiligen Sprechers
heranreicht. Den Einfluß dieser Gattung einmal vorausgesetzt, so
bedeutet das dennoch nicht, daß der Text in die Zeit des geschichtlichen Josua gehörte. Gegenüber der literarischen Analyse um ein
halbes Jahrtausend zurückzuspringen läßt sich so und auch mit
anderen Gründen kaum rechtfertigen.[39] Eher läßt sich umgekehrt
vermuten, daß für ein solches, gewissermaßen "kanonisch" gewordenes,
"hexateuchisches" Gesamtbild Josua der geeignete Sprecher war. Dazu
paßt der bezeichnende Unterschied: In Jos 24 ist Josua ein tatkräf-
tiger Mann, der weiterhin Jahwe dienen will, während er in Jos 23 alt
ist und wie Mose in Dtn seine Abschiedsrede hält.

Ebenfalls ein Element assyrischer Rhetorik ist die Zwölfzahl
der feindlichen Könige. Sie ist in Texten Salmanassar III und
Asarhaddons zu finden, wobei damit interessanterweise Könige des
syrisch-kanaanäischen Gebietes gemeint sind.[40] Ein Einfluß dieses
Motivs liegt sehr nahe. An die Stelle des assyrischen Großkönigs tritt
Jahwe, der das von ihm beanspruchte Land erobert und die feindlichen Herrscher besiegt. Dem entspricht nicht nur die über die
sonstigen Traditionen hinausgehende kriegerische Form der Auseinandersetzung (V.9.11), sondern auch die schon beim Schilfmeerereignis
einsetzende Motivik des Jahwekrieges. Diese ersetzende Redeweise, in
der Jahwe an die Stelle Assurs tritt, führt ebenso wie die Repristina-
tion des Jahwe-Krieg-Gedankens in die Zeit Josias.

---

39 Ein eindrückliches Beispiel für die diesbezügliche Ambivalenz bietet G.Schmitt,
     Landtag, unter dem Thema "Herkunft und Entstehungszeit": "Es liegt nahe, ... das
     Kapitel zeitlich in die Nähe des Deuteronomiums zu stellen. Doch ist das nicht
     ganz sicher. Der 'deuteronomistische' Stil, der Stil der Predigt und Paränese ist
     vielleicht nicht so sehr Sache einer Epoche als vielmehr Sache eines bestimmten
     Kreises." (31) Es folgen einige Hinweise auf die Sprache der hethitischen Verträge
     und des davon beeinflußten Bundeskultes. Mit ganz anderer Argumentation ergibt
     sich dann doch eine einigermaßen konkrete Datierung: "Andererseits setzt das
     Verhältnis zu E und zu den ursprünglichen Traditionen der Richterzeit doch eine,
     wenn auch in absoluten Zahlen schwer zu fassende, Grenze. Der leidenschaftliche
     Kampf gegen die fremden Götter ist uns sonst, wenigstens als zentrales Anliegen,
     erst seit der Dynastie Omris bezeugt. Das führt uns am ehesten auf die Zeit nach
     Elia, das Jahrhundert vor der Entstehung des Urdeuteronomiums." (32). - Damit ist
     die Datierung von L.Perlitt vorbereitet und m.E. im wesentlichen richtig getroffen.

40 Vgl. o. A.33.

10.4.1. Die Bedeutung Sichems

Damit kommen wir nochmals zur Bedeutung von Sichem.
Sichem ist schon im 2.Jt. eine bedeutende Stadt in Mittelpalästina.
Insofern ist Sichem zurecht mit den Wanderungen der Erzväter in
Verbindung gebracht. (Gen 12,6f (J); 33,18-20 (E); 35,1-5 (E?)).
Allerdings ist Sichem ein bedeutender kanaanäischer Stadtstaat nicht
nur in der Zeit der Amarnakorrespondenz, sondern auch noch in der
Zeit Abimelechs (Ri 9). Neben diesen Aspekten hat Sichem zugleich
große Bedeutung für das sich allmählich bildende Israel, wie sich u.a.
aus der Erwähnung des wahrscheinlich bei Sichem zu suchenden
"Israel-Steines" (Gen 49,24)[41] und aus der Verbindung des Israel-
Namens mit Sichem (Gen 33,18-20) ergibt. "Die Benennung des Altars
oder der Massebe von Sichem (ist wahrscheinlich) als Bekenntnisaus-
sage zu interpretieren und mit 'El ist der Gott Israels' ... zu über-
setzen (beachte auch Jos 8,30, wo der Name eines Altars bei Sichem
die Apposition 'der Gott Israels' aufweist)."[42] Während bei den
sonstigen El-Bezeichnungen wie El Olam, El Eljon, El Roi oder El-
Bethel eine Qualität oder ein Ortsname genannt ist, wird hier eine
Verehrergruppe zur Näherbestimmung verwendet. "Zwar wird dieser
Name mit Sichem verbunden, aber er haftet eigentlich nicht an diesem
Ort, sondern an einer Menschengruppe für die der Eintritt in die El-
Verehrung das wichtigste und einschneidendste Ereignis darstellte."[43]
Damit ist Sichem kanaanäischer Stadtstaat mit seinen religiösen
Traditionen und dem Tempel des El bzw. Baal berit, zugleich auch
wichtiger religiöser Ort einer Menschengruppe, die zunehmend
politische Bedeutung gewinnt. Es ist nun durchaus denkbar, daß das
Heiligtum den Kontaktpunkt der beiden soziologisch verschieden
strukturierten Bevölkerungsgruppen darstellte. D.h. die noch halbno-
madischen Gruppen hätten das nicht zuletzt durch seine geographische
Lage wichtige Ortsheiligtum besucht. Zweifellos haben dabei die
soziologischen Unterschiede auch zu religiösen Unterschieden geführt,
besonders in der Form der jeweils möglichen Gottesverehrung und

---

41 So u.a. E.Otto, Jakob in Sichem, BWANT 110, 1979 und H.J.Zobel, ישראל, ThWAT
    III, 1001. R.deVaux, Histoire d'Israel, I, 167f verbindet die Aussage sowohl mit
    Sichem als mit Bethel. Für K.Jaros, Sichem, 71f, ist die Verbindung mit Sichem
    problemlos.

42 H.J.Zobel, a.a.O., 1002.

43 Ebd.

Kontaktnahme zum Heiligtum. Das muß aber nicht zu diesbezüglichen
Konflikten geführt haben. Bezeichnenderweise entzündet sich später
der Konflikt bei Abimelech an politischen Gegebenheiten. Ein ähnliches Nebeneinander, d.h. ebenfalls ein Lokalheiligtum, das von den
Nomaden der Umgebung besucht wurde, scheint es in Deir Alla
gegeben zu haben.[44] Das Vordringen des Jahweglaubens hat sicher
auch das Heiligtum von Sichem berührt und muß hier zu bewußten
Reaktionen geführt haben.[45] Diese Überlegungen führen damit der
Sache nach zu einem Ereignis wie dem "Landtag von Sichem", wenn
auch in wesentlich kleineren Dimensionen, vielleicht auch gar nicht
mit Josua und mit anderen Argumenten, als in Jos 24 dargestellt ist.
Die kanaanäische Stadt wird dabei von den Veränderungen, die sich
am Heiligtum vor ihren Toren abspielten, ziemlich unberührt geblieben
sein, wie es die Existenz und die Bedeutung des dem Baal bzw. El
Berith gewidmeten Tempels zur Zeit Abimelechs bezeugt.[46]

---

44   Vgl. dazu die Überlegungen von G.Sauer, Bileam und sein Zauber, in: F.Dexinger/
     J.Oesch/G.Sauer, Jordanien, 77: "Die Ausgrabungen [von Deir Alla] ließen auch
     deutlich werden, daß es ein in der späten Bronzezeit (13.Jh.v.Chr.) benutztes
     Heiligtum gab, das von keinen festen Stadtmauern umschlossen war. Nun sind
     solche Heiligtümer auch sonst bekannt, etwa in Sichem. Sie deuten stets darauf
     hin, daß sie nicht den seßhaften Bewohnern der Stadt als heilige Stätte dienten,
     sondern vorbeiziehenden Nomaden." Vgl. ders., Die Tafeln von Deir ᶜAllā, ZAW, 81
     (1969), 149; zu Sichem: G.E.Wright, Shechem, zum Phänomen solcher von Nomaden
     besuchter Heiligtümer: A.Jaussen, Coutumes des Arabes au pays de Moab, 294-312.

45   Vgl. dazu H.J.Zobel, a.a.O., 1002f.

46   Die archäologischen Befunde in und um Tell Balata sind äußerst kompliziert, und
     die moderne Verbauung bis an den Tell heran läßt für zukünftige Forschungen
     nicht allzu viele Hoffnungen. So bleibt zunächst die exegetische Aufgabe, die erst
     in einem zweiten Schritt und mit Vorsicht mit archäologischen Befunden korreliert
     werden kann. Auch das von Adam Zertal entdeckte und mit Recht umstrittene
     Heiligtum am Ebal ändert daran kaum etwas. Er ist von Tell Balata ca. 3 km
     Luftlinie bzw. etwa doppelt soviel an beschwerlichem, weil sehr steinigem Fußweg
     und ca. 400 m Höhendifferenz entfernt. Nach Zertal wurde das Heiligtum im 12.Jh.
     aufgegeben. Selbst wenn dieses Heiligtum jene Bedeutung hatte, die ihm von Zertal
     zugeschrieben wird, bleibt eine beträchtliche zeitliche und geographische Distanz
     zu überbrücken. Für die Ermöglichung der Besichtigung des Ebal danke ich Herrn
     Prof. Dr. A.Strobel und den Kollegen vom "Palästinalehrkurs 1986" und besonders
     Frau Dr. C.Klamer für die Überwindung der Hindernisse und die sachkundige
     Führung.

Die große Bedeutung Sichems als Zentrum der mittelpalästinischen Stämme zeigt sich daran, daß Rehabeam hierher kommen muß,
um mit den Vertretern der Stämme zu verhandeln, ebenso wie daran,
daß Jerobeam hier seine Hauptstadt hat. Jerobeams Verlegung der
Hauptstadt nach Thirza hängt wahrscheinlich mit dem Palästinafeldzug
Schoschenks zusammen, während Omris Neugründung von Samaria
politische und religionspolitische Gründe hat. Die zentrale Lage von
Sichem aber blieb erhalten, ebenso wie das Heiligtum (vgl. Hos 6,9).
Gegenüber den mit Samaria verbundenen politischen Konzeptionen und
religiösen Aspekten wird Sichem stärker das spezifisch Israelitische
repräsentiert haben. Immerhin ist Sichem das einzige Heiligtum, das
von Hosea nicht kritisiert und auch im dtrG nicht negativ erwähnt
wird. Dagegen hat Sichem in den dtn/dtr Texten Dtn 27 und Jos 8
sehr positive Bedeutung, was auch den sonstigen Verbindungslinien
zwischen Hosea und Dtn entspricht.[47]

Sichem als in der prophetischen und dtn/dtr Literatur aus-
nehmend gut akzeptiertes Heiligtum und auch als Trägerin politischer
Israel-Konzeptionen war nach dem Untergang Samarias bestens
geeignet als Ort der Sammlung und auch des Neuanfangs eines
jahwetreuen Israel.[48] Somit konnte Josia schon aus religiösen Gründen
Sichem schwerlich so behandeln wie z.B. Bethel, und konnte er bei
seinen großisraelitischen Bestrebungen nicht an dem Ort vorbeigehen,

---

47   Vgl. dazu die Überlegungen im Anschluß an Hos 6,9 bei H.W.Wolff, Hosea, BK,
     155f; "man könnte an ein brutales Vorgehen gegen die oppositionelle priesterlich-
     (levitisch-?)prophetische Gruppe denken (vgl. 9,7-9), die im altehrwürdigen
     Bundeszentrum von Sichem ihren Hauptsitz gehabt haben kann" (156). Ähnlich
     J.Jeremias, Hosea, ATD, 93f.

48   Wenn L.Perlitt, Bundestheologie, 281: sagt: "Die dt Bewegung fand in Jerusalem
     und in dem darauf bezogenen Zentralisationsgedanken nur eine Anwendung: ihre
     Herkunft von dort ist dagegen unwahrscheinlich. Jos 24 spricht dafür, daß es sich
     mit Sichem ähnlich verhält. Das dt Programm findet in einer konkreten Situation
     seine Anwendung auf Sichem; seine alles auslösende Herkunft von dort ist dagegen
     nach wie vor ungewiß", so trifft das für Jerusalem zu, für Sichem aber kaum.
     Wenn "das dt Programm" nicht einfach vom Himmel gefallen sein soll, so muß es
     auf einem entsprechenden Substrat herangereift sein. Welcher israelitische Ort
     bietet dafür angesichts des hier über Sichem Referierten auch nur annähernd
     Vergleichbares? Die einzige Alternative ist Jerusalem. Bezeichnenderweise zeigt
     auch die Deuteronomiumforschung nur diese Alternative. Die Verlagerung des Dtn
     ausschließlich nach Jerusalem löst aber nicht nur Probleme, sondern schafft auch
     solche.

wo jene Einheit zerbrochen war (1 Kön 12). So ist es durchaus wahrscheinlich, daß die Aufforderung an den Norden, sich Josua und seinem Haus und der von ihm propagierten, vom Assyrertum befreiten Jahwereligion anzuschließen, gerade unter dem Kennwort Sichem erging.[49]

Sowohl für die alte These vom Landtag zu Sichem als auch für die These Perlitts ist es ein Problem, wer denn eigentlich angeredet und zu einer Entscheidung aufgefordert wird. Bei der traditionellen Sicht, die die Geschlossenheit Israels und seiner Geschichte voraussetzt, besteht die Schwierigkeit, daß die Väter mit Götzendienst belastet werden. Durch die Einfügung von Terach ist Abraham nunmehr davon entlastet. Doch das Problem besteht auch bezüglich V.14: Woher kommen die Götter, denen die Väter gedient hatten und die nun endlich abgetan werden sollten? Haben die Israeliten sie die ganze Zeit mitgetragen und verehrt, oder wie sonst fanden sie den Weg von jenseits des Euphrat zu den Israeliten?[50] Nach der durch E.Sellin erstmals vorgetragenen und seither in vielen Darstellungen der Geschichte Israels zu findenden Theorie von einem Anschluß anderer Stämme an die von Josua repräsentierte Jahwe-Gruppe wird dieses Problem der Sache nach geklärt. Als Schwierigkeit bleibt jedoch die Frage, wie denn die Götter von jenseits der Stromes nach

---

49 Es ist kaum begründbar, die Nachrichten über das Ausgreifen Josias in das ehemalige Nordreich sämtlich der dtr Redaktion zuzuschreiben und damit als unhistorische Konstruktion zu bezeichnen, wie E.Würthwein, Kön, ATD, 460f, es zu 2 Kön 23,15-20 tut. Zutreffender bestimmt H.Donner, Geschichte Israels, 345 die Gegebenheiten: "23,4-15.19f.24 [ist] ein im wesentlichen authentischer, vorexilischer Bericht über die Reformmaßnahmen Josias mit leichten dtr Retouchen (V.13f) und einem dtr Interpretament." - "Weitergehende Skepsis ... vermag ich nicht zu teilen" (ebd., A.21). Dafür, daß Josia weit ins Nordreich ausgriff, spricht auch die Wahl des Ortes für die Schlacht von Meggiddo. Josia hätte sich trotz der erhofften strategischen Vorteile kaum in einem relativ weit entfernten und seiner Kontrolle entzogenem Gebiet zum Kampf gestellt. Für den Anmarsch nach Meggiddo wird er nicht den vom Pharao benutzten Weg am Meer, sondern den Weg über das Gebirge verwendet haben.

50 Die Erklärung bei H.D.Hoffmann, Reform und Reformen, 303f, es handle sich um die Auswirkung der Rückverlagerung der Sünde Israels immer weiter an den Anfang, überzeugt hier nicht. Zwar wird der Anfang negativ gewertet und der Gegenwart parallel gesetzt (V.2.19), aber V.3 ist eine deutliche Zäsur, es besteht gerade keine Kontinuität der Sündengeschichte wie etwa in Hes 20.

Kanaan kamen, und es bleibt die textliche Schwierigkeit des Geschichtsrückblickes, der sich doch auf die angeredeten, aber der Theorie nach nicht jahwistischen Stämme bezieht. Diese Schwierigkeit scheint die Theorie von L.Perlitt zu lösen, der zufolge die Götter von jenseits des Stromes[51] jene sind, die die assyrische Besatzungsmacht mitbrachte und den Israeliten aufoktroyierte. Abgesehen davon, daß die Entscheidungs- und Wahlaufforderung einen recht verklausulierten Durchhalteappell darstellen müßte, ist die Schwierigkeit die, daß die Vorfahren der Israeliten zu Assyrern gemacht würden, was schwerlich im Sinn des Erzählers sein könnte. So hat man den Eindruck einer gewissen Vermischung der Bereiche. Zum einen gibt es die mesopotamischen Vorfahren und deren Götter, von denen sich abzuwenden die nunmehrigen Hörer aufgefordert werden. Dazwischen steht der Geschichtsrückblick, der von der Berufung Abrahams bis zur Landnahme reicht. Schließlich werden noch die bodenständigen Götter, die Götter des Landes genannt.[52] - Wogegen sich der Text wendet, wären dann tatsächlich jene "in der Hauptsache zwei Sachverhalte, die der assyrischen Krise der israelitischen Religion ihr Gepräge geben: der aktuelle Angriff auf Gestalt und Bestand der Jahwereligion und die Beförderung der latenten Krise des Kanaanismus."[53]

---

51 Die Bezeichnung "jenseits des Stromes" in V.2f.14. ist auf Gebiete östlich oder nordöstlich des Euphrat zu beziehen und noch nicht im Sinne des terminus technicus der persischen Zeit auf die Provinz westlich des Euphrat. "... in einigen vorexilischen Texten bezeichnet der Ausdruck noch das Gebiet östlich des Euphrat: Jos 24,2f.14f; 2 Sam 10,16 = 1 Chr 19,16; 1 Kön 14,15; Jes 7,20"; H.P.Stähli, עבר , THAT II, 203.

52 "Mit dem Stichwort אמר trägt die Tradition der vorliegenden Komposition mindestens zwei Assoziationen zu: die Notwendigkeit des Kampfes und die Erinnerung an Jahwes Siege." L.Perlitt, Bundestheologie, 254. - Das ist richtig, aber die Götter der Amoriter, in deren Land die Israeliten wohnen, zu identifizieren mit den Göttern der Assyrer, in deren Land Israel nicht wohnt, sondern die nach Israel kamen, erscheint doch schwierig. Daß jene Götter gemeint waren, ergab sich wohl aus der Situation und aus dem Begriff "jenseits der Stromes" deutlich genug. So ist an die zweifellos vorhandenen, bodenständigen religiösen Elemente zu denken. Dazu paßt, daß "der Zustrom assyrischer Gottheiten und Kulte stimulierend auf den 'Kanaanismus' und damit auch auf den niemals völlig zum Stillstand gekommenen Amalgationsprozeß der Jahwereligion mit kanaanäischen Elementen gewirkt hat." H.Donner, Geschichte Israels, 338.

53 Ebd.

Diese Einflüsse und diese Krise findet Josia im Norden ebenso
wie im Süden vor, und ihnen tritt er da wie dort, nicht ohne
Unterstützung entsprechend denkender Kreise, entgegen. Wie die
Namengebung für die Götter bezeugt (2 Kön 23,4), wurde die assyrische Religion in Israel unter kanaanäischen Vorzeichen, d.h. als
Naturreligion, rezipiert, während die sich allmählich entwickelnden,
auf die politische Geschichte Assurs bezogenen Aspekte eine Ge-
schichtsreligion weniger Echo fanden.[54] [55] Diesen Aspekten wurde das
Geschichtshandeln Jahwes entgegengesetzt: Er hatte von dort, von
jenseits des Stromes, Abraham herausgeholt, er hatte die Großmacht
Ägypten geschlagen und die Israeliten am Schilfmeer gerettet, er
hatte alle Völker besiegt (12 Herrscher, genauso und schon lange
bevor es die Assyrer taten), und er hatte den Israeliten das Land mit
seiner Fruchtbarkeit und all dem darin Vorfindlichen gegeben.

10.5. Josianische Verpflichtung und literarische Vervollständigung

In der literarischen Analyse hatte sich der mehrfach überar-
beitete Charakter des Textes gezeigt. So sicher diese wiederholte
Bearbeitung ist, so schwierig ist ihre Rekonstruktion. Die für uns
interessante Frage ist, welche Texte des Pentateuch im Grundbestand
vorausgesetzt werden, und ob eine Beziehung zum Pentateuch
anzunehmen ist. Eine deutliche Bezugnahme auf P liegt in V.2 vor.
Doch ist dies ein Nachtrag. Die Sendung von Mose und Aaron ist
textlich unsicher. Sie erinnert an die bei Num 20,15f behandelten
Sendungsaussagen, wobei hier der Engel durch Mose und Aaron
ersetzt ist. Zumindest die Nennung von Aaron deutet auf P, während
die Plagen bei allen Quellen vorkommen. Merkwürdig ist das verhältnismäßig große Gewicht, das auf dem Schilfmeerereignis liegt. Dieses
Verhältnis der Dinge ist nach M.Noth[56] traditionsgeschichtlich alt,
dann aber ebensogut auf literarischer Abhängigkeit oder aktueller
Tendenz beruhen.

---

54   H.Donner, a.a.O., 334f.337f.

55   Die Verschiebung der assyrischen Reichsgötter Assur und Istar in die Nähe der
     kanaanäischen Natur- und Vegetationsgottheiten ist m.E. aus der Situation
     erklärbar: In historisch-politischer Hinsicht waren diese Götter die Eroberer und
     Unterdrücker, im Blick auf Natur und Fruchtbarkeit konnten sie sich als "Wohl-
     täter" etablieren.

56   M.Noth, Exodus, ATD, 82.

Die Formulierungen in V.7 sind verschieden zu beurteilen. "Da schrien sie zu Jahwe" und "es [das Meer] bedeckte sie [die Ägypter]" entspricht den Formulierungen in Ex 14,10b.28 (P),[57] während die übrigen Sätze sich an die älteren Quellen anschließen. Die Formulierung dazwischen ist aber nicht selbständig denkbar. V.7b scheint ursprünglich an V.6a angeschlossen zu haben. Die zugrunde liegende Folge der Ereignisse war dann: "Jakob und seine Söhne zogen hinab nach Ägypten. Und ich schlug Ägypten und führte euch heraus, und ihr wohntet lange Zeit in der Wüste. Und ich brachte euch in das Land der Amoriter." (V.4-8).[58] Damit steht der Besitz des Landes und das Leben im Land im Vordergrund, angefangen vom, wenn auch nur vorübergehenden, Aufenthalt der Erzväter (V.3: "Ich ließ ihn umherziehen im ganzen [!] Land Kanaan und mehrte [!] sein Geschlecht") bis hin zur Eroberung des Landes und zum Wohnen und Leben im Land. Demgegenüber tritt die Exodusthematik, insbesondere in der Gestalt, wie sie in Num 20 und Dtn 26, aber auch in Ex 3, anzutreffen war, weit zurück. Das Geschichtssummarium ist ganz geprägt von der Situation und von seiner Intention. In seiner sukzessiven späteren Ausgestaltung zeigt sich die Harmonisierung mit dem Pentateuch, die aber genauerhin eine selektive Auffüllung mit Materialien aus dem Pentateuch ist. Auch diese Auffüllung ist sowohl nach Inhalt wie nach Form bestimmt von jeweils aktuellen Gewichtungen und Intentionen.[59]

---

57 So u.a. M.Noth. Exodus, ATD, 80-84. Eine Zuordnung zu L(!) und das völlige Fehlen von P in diesem Kapitel ist kaum denkbar und überzeugte offensichtlich auch O.Eißfeldt selbst nicht so recht (Hexateuchsynopse, 36f).

58 In der älteren, literarkritisch orientierten Literatur - zugleich die einzige außer H.Mölle, Landtag - wird in verschiedener Weise ein Grundbestand erhoben, der meist dem vermuteten Bestand von E angenähert ist. Jedoch hängen das große Gewicht der Plagenerzählung und die Darstellung des Schilfmeerereignisses eng miteinander zusammen und sind von der späteren Dominanz dieser Themen bestimmt, während die Voraussetzung, daß die Angeredeten noch die Exodusgeneration darstellen, auf eine ältere Grundlage hinweist (zur Textkritik von V.6a siehe die einhellige Meinung der Kommentare).

59 Z.B. die Genealogie in V.2 zur Entlastung der Erzväter. Die Betonung der Ereignisse erfolgt in Anlehnung an das Schilfmeerlied Ex 15, wie u.a. R.Boling, Joshua, AncB. 535 mit Recht vermerkt, nur daß Ex 15 nicht so "archaic" ist, sondern in die nachexilische Zeit gehört; vgl. G.Fohrer, Einleitung, 205; ders., Überlieferung und Geschichte des Exodus, BZAW 91, 1964; E.Zenger, Tradition und Interpretation in Exodus XV, 1-21, VTS 32, 1981, 452-483 (Lit.!); H.Strauß, Das Meerlied des Mose - ein Siegeslied" Israels, ZAW 97 (1985), 103-109; vgl. u. 12.8.

Die Eroberung des Landes ist ganz als das kriegerische Wirken Jahwes dargestellt. Zu diesem Jahwekrieg gehört der Schrecken, der auf die Feinde fällt.[60] Die hier vorausgesetzten Zusammenhänge mit der Zeit Josias werden nochmals bestätigt durch die Geschichte der Verwendung des Begriffs der Amoriter.

10.5.1. Die Amoriter

Während die Vorkommen des Begriffs im 3. und in der ersten Hälfte des 2. Jt. jenseits unserer Fragen liegen, scheint Jos 13,4f noch eine Erinnerung an den phönizischen Kleinstaat Amurru widerzu-

---

60 Das Wort צרעה findet sich in Ex 23,28; Dtn 7,20 und ist trotz HAL, 989a, mit L.Köhler, Hebräische Vokabeln, ZAW 54 (1936) 291; vgl. ders., Horniß oder Fallsucht, Kleine Lichter, 17-22, als Angst, Schrecken zu übersetzen. Weder der Hinweis auf ägyptische Feldzüge noch auf die Hornisse als Kriegswaffe überzeugen (G.Boling, Joshua, AncB, 536f): Das ägyptische Wappentier ist die Biene, die ganz andere Assoziationen erregt als die Hornisse, und die spätbronzezeitlichen Palästinafeldzüge der Pharaonen (J.Garstang, Joshua - Judges, 1931, 258-260) sind zu weit entfernt von den literarisch relativ jungen Belegen (zu Ex 23,28 vgl. J.Halbe, Privilegrecht, FRLANT 114, 1975, 143-146.486f), zudem steht Ex 23,28 in Parallele zu V.27 אימה, Schrecken. Die Verwendung von "Insects of Warfare Agents in the Ancient Near East (Ex 23,28; Dtn 7,20; Jos 24,12; Jes 7,18-20)" (E.Neufeld, Orientalia 49 (1980), 30-57) erscheint trotz allem kaum praktikabel. Zudem spricht der literarische Charakter der Belege gegen solche Hypothesen: Jedenfalls bei Ex 23,27f ist der erwähnte Parallelismus zu beachten. Neufelds Ausführungen widersprechen selbst zumindest der Anwendung auf die alttestamentlichen Belege: "It seems that this type of warfare was never a distinct feature of military operations ... It was neither a prelude nor the action on the battlefield itself. Most likely it was a part of general attack or rather a valuable adjunct of regular operations in which it was included." (46). - Weder in Ex 23 noch Dtn 7 oder Jos 24 geht es um ergänzende Elemente, sondern um die Totalität der Ereignisse und zudem um den Gegensatz zwischen menschlichem Tun, wozu auch die von Neufeld postulierten Techniken gehören, und dem machtvollen Handeln Jahwes. Neuerdings vertritt O.Borowsky, The identity of the Biblical sir^c a, FS D.N.Freedman, 315-39 wieder die Theorie von Garstang, mit Bezugnahme auf den Feldzug Merneptah's, doch bleiben die oben erwähnten Schwierigkeiten. Zudem ist Israel als Leidtragender dieses Feldzuges genannt. Borowskys Lösung, daß die übriggebliebenen Israeliten sich mit einem Teil der übriggebliebenen Kanaanäer verbündet hätten, ist nicht sehr überzeugend und widerspricht der Aussageabsicht der jeweiligen Textstellen.

spiegeln. Gegenüber dieser speziellen Verwendung wird der Name in der neuassyrischen Zeit zunehmend allgemein für den syrisch-palästinischen Raum verwendet. "... in the inscriptions of Ashur-nasir-apli II and Shalmaneser III (Ninth century), and later in those of Adadnirari III, Sargon II, and Sennacherib (eighth century), the name Amurru' is generally used to designate the entire area of Syria-Palestine. It describes a geographically and politically composite entity, as is shown by the expressions 'the kings of the land of Amurru, all of them', 'Amurru in its entirety', 'the large land of Amurru'. When the term is clarified by more detailed lists of localitites, these all fall within the region from the Euphrates to the borders of Egypt. Thus in a text of Shalmaneser III the kings of Hattina, Carchemish, Sam'al, Bit-Agusi, and Kummuh (that is, the neohittite and Aramean kings of northern Syria) are referred to as being 'kings of Amurru'. In a text of Sennacherib, however, it is the Phoenician kings of Sidon, Arwad, and Byblos, the Philistine kings of Ashdod and Ashkelon, and the Transjordanian kings of Beth-Ammon, Moab, and Edom, who are known as 'kings of Amurru'.[61] Finally, Sargon II mentions 'Damascus of the land of Amurru' and 'Hatti of the land of Amurru',[62] showing that then the term 'Hatti' was thought of as more restricted. The last Assyrian kings make little use of the term 'Amurru', and then almost only in stereotyped expressions which have little meaning from the geopolitical point of view. Esarhaddon calls himself 'King of Subartu, Amurru, Gutim, the great land of Hatti ... King of the kings of Dilum, Magan, Meluhha, King of the four parts of the world', and Ashurbanipal says that Samas-sum-ukin of Babylon allied himself whith 'the kings of Gutium, Amurru, Meluhha'. Not only Amurru, but also Gutium, Magan and Meluhha are terms which had had a precise meaning in the past, but which were now used to indicate in a completely abstract manner 'a part of the world', or to designate in an archaic manner new political entities."[63]

Während also die Verwendung der Begriffs Amurru für Syrien-Palästina im 8.Jh. ihren Höhepunkt hat, bekommt Amurru im 7.Jh. bereits einen archaischen Klang, wird mit anderen, neuen ethnischen Größen gleichgesetzt und kommt dann bald ganz außer Gebrauch, um durch einen anderen Allgemeinbegriff ersetzt zu werden. In der

---

61   Annalen Sanheribs, II, 58; vgl. R.Borger, Historische Texte, TUAT I/4, 388.

62   Annalen Sargons II, Z. 78; vgl. R.Borger, a.a.O., 380.

63   M.Liverani, The Amorites, 120.

babylonischen Zeit ist dieser Übergang bereits abgeschlossen. "This progressive reduction of 'Amurru' to an archaic term, used in a cryptic terminology to designate a cosmic rather than a geographical entity (a quarter of the world), is necessarily accompanied by the appearance of another term in the inscriptions of the last Assyrian kings and in the later neo-Babylonian inscriptions (eighth - sixth centuries) lost its specific connection with neo-Hittite northern Syria, and was used for the whole territory from the Euphrates to the Egyptian frontier ... In the middle of the first millennium 'Amurru' was completely supplanted by the term 'Hatti' to designate Syria-Palestine. The reference in an inscription of Cyrus (539-530 B.C.) to 'the kings of Amurru who live in tents' is perhaps only a learned reminiscence. The intention was probably to allude to the new nomadic peoples from the west, the Arabs, according to the exegesis used in the interpretation of omens."[64]

Die in Jos 24,12 vorgefundene Verwendung des Begriffs Amoriter und die Datierung in die Josiazeit paßt genau in dieses Bild. Die Amoriter sind ebenso wie die Zwölfzahl ihrer Könige ein Element assyrischer Vertragsrhetorik und Geschichtsdarstellung. Ihre Erwähnung trägt dem Text nicht nur die beiden Assoziationen "Notwendigkeit des Kampfes und ... Erinnerung an Jahwes Siege"[65] zu, sondern darüber hinaus die Anspielung auf die assyrische Macht, die nun wieder zurücktritt und der gegenüber Jahwes Herrschaft und Anspruch von Neuem zum Durchbruch kommen soll.

Ebenso wie die dargelegte Entwicklung des Begriffs Amurru verweist die Entwicklung des Textes von Jos 24 auf einen terminus ante quem: Die Verschiebung von den 12 Königen der Amoriter zu den beiden amoritischen Königen des Ostjordanlandes, Sihon und Og, entspricht der dtr Sicht und dem Nachklang der Verwendung des Begriffs in der Zeit der babylonischen Vorherrschaft. Zu dieser Bezeichnung der beiden Könige ist, wie zu anderen, scheinbar exakten, Angaben zu sagen: "All of these cases are deceptively specific, because they seem to preserve memories of actual Amorite settlements",[66] - aber sie sind es nicht, sondern sie haben am ehesten noch den gemeinsamen Nenner, daß mit "Amoriter" die Assoziation mit

---

64   A.a.O., 122.

65   L.Perlitt, Bundestheologie, 254.

66   M.Liverani, a.a.O., 125.

Bewohnern höher gelegener Gebiete zusammenhängt (im Gegensatz zu
Bewohnern der Küstenebene oder des (oberen) Jordangrabens)[67].

Ein Blick auf Jos 10,5 führt zu einer - wenn auch zunächst
nur versuchsweisen - Verbindung mit einer These aus der Deuterono-
miumforschung: Jos 10,5 nennt 5 Könige der Amoriter, die Könige von
Jerusalem, Hebron, Jarmut, Lachisch und Eglon. "These may be
considered to be the most correct references, those which best
reflect the real sense of the word."[68] Anders als die noch den alten
Staat Amurru voraussetzende Stelle Jos 13,4f und anders als die die
Spätzeit repräsentierenden Belege um Sihon und Og entspricht diese
Verwendung von "Amoriter" dem Gebrauch der assyrischen Zeit und
Jos 24,12. Mit diesen Beobachtungen läßt sich G.Braulik's These eines
bestimmten Vorstadiums des Dtn und des dtrG sinnvoll verbinden: "In
dem Maß, in dem Assurs Macht im Westen zerfiel, konnte Joschija
sein Land nach Westen, vielleicht auch nach Norden ausdehnen. Ihm
muß die Wiedergewinnung des davidischen Territoriums vorgeschwebt
haben. Mit der propagandistischen Vorbereitung dieser Politik ist wohl
die Entstehung der ersten, noch vorexilischen Gestalt des Dtr zu
verbinden. Eine joschijanische Landeroberungserzählung, die dem
Grundstock von Dtn 1 - Jos 22 entspricht, hat einerseits den
territorialen Anspruch Israels historisch begründet, andererseits durch
die Einfügung des dtn Gesetzes auch dieses in Israels Urzeit festge-
macht."[69] Die von Braulik dargestellte Situation bis hin zur "propa-

---

67   A.a.O., 125f.

68   A.a.O., 124.

69   G.Braulik, Deuteronomium 1-16,17, NEB, 1986, 11f. Braulik knüpft dabei an
     N.Lohfink, Kerygmata des Deuteronomistischen Geschichtswerkes, FS H.W.Wolff,
     1981, 87-100 an. Eine Vorstufe dieses Modells findet sich bereits bei
     C.Steuernagel, Josua, HK^2, 1923 (=1900), 192-196. Steuernagel betrachtet seinen D^2
     als "die Hauptquelle des Buches Josua"; u.a. mit folgenden Gründen: "Daß D^2 eine
     Geschichte Josuas schreiben wollte, lehren die im Dtn erhaltenen Teile seines
     Werkes. So haben Dtn 3,18-20 Sinn nur als Vorbereitung auf eine Erzählung über
     die von den ostjordanischen Stämmen geleistete Hilfe bei der Eroberung des
     Westjordanlandes, wie wir sie Jos 1,12ff; 4,12; 22,1ff lesen. Ebenso bereiten Dtn
     3,18; 31,7-8 auf eine Geschichte Josuas vor ..." (192) "Inhaltlich deckt sich die
     Geschichtsdarstellung von D^2, wenn man von der Einzelausführung absieht, fast
     vollständig mit der des E ..." (194). "Auch hier nimmt Josua eine ähnliche Stellung
     ein wie bei E ... Doch läßt sich nicht verkennen, daß D^2 Josua doch nicht ganz

gandistischen Vorbereitung" (oder Unterstreichung?) der Politik Josias paßt bestens zu dem zu Jos 24 erarbeiteten Ergebnis. Jos 24 in diesem Sinn wäre ein ausgezeichneter Abschluß einer "Joschijanischen Landeroberungserzählung", einmündend in Anspruch und Verpflichtung. Die Verbindung mit einem Grundbestand des Dtn würde zudem das große Gewicht nicht nur auf dem Landbesitz, sondern auch bei den Erzvätern erklären. Die Exodusthematik ist erst relativ spät im Dtn zum Tragen gekommen (vgl.o. zum Werdegang von Dtn 26), ähnlich wie im Geschichtssummarium von Jos 24 die Heraufführung (!) aus Ägypten nur als - immerhin notwendiges - Glied in der Kette eine Rolle spielt.

10.6. Ergebnis

Jos 24 ist ein mehrschichtigerText. Seine Schwerpunkte liegen auf vordtr und dtr Ebene, er enthält aber sowohl ältere als jüngere Elemente, wobei letztere bis in die textkritisch erfaßbare Entwicklung reichen. Die älteren Elemente sind sowohl kultischer (Baum, Stein) als auch politischer Natur (zentrale Lage; Bedeutung Sichems von der

---

die Stellung Moses gibt ... Josua ist Vollender nur der politischen Wirksamkeit Moses und der erste derer, die das Gesetz Moses erfüllen..." (ebd.). Steuernagel läßt es unausgesprochen, mit welcher seiner drei Ausgaben von D^2 Jos verbunden wurde, aber es ist zu beachten, daß er $D^{2a.b}$ sicher vor der Schlacht von Meggiddo einordnet, D^{2c} wahrscheinlich, jedenfalls aber vor 597. Steuernagel, Deuteronomium, HK^2, 23.24.28. Mit guten Gründen einen Schritt weiter ging O.Procksch, Die Elohimquelle, 1906, 240: "Zwar Jahwequelle und Priesterschrift sind ziemlich rein aus der deuteronomischen Quelle auszuscheiden, nicht aber die Elohimquelle. Vielmehr bleibt sie deuteronomisch gefärbt, auch wenn man noch so viele deuteronomische Stücke aus ihr wegschneidet ..." Überraschend ist die beiläufige Bemerkung 264 A.1: "Nur scheint die deuteronomische Bearbeitung des elohistischen Josua [!] sehr früh als Anhang [!] dem Deuteronomium beigegeben zu sein" - Hier bleibt nur noch, die Taue zu den Pentateuchquellen vollends zu kappen, um bei den aktuellsten Fragen zur Vorgeschichte des dtrG zu stehen.- Was war wohl der Sinn einer solchen Verbindung von Dtn und Josua, die auch nach Procksch noch in die Zeit Josias gehört? Doch wohl kaum ein anderer, als der oben dargelegte. Siehe dazu neuerdings H.Weippert, Das deuteronomistische Geschichtswerk. Sein Ziel und Ende in der neueren Forschung, ThR 50 (1985), 231-249, die stark für die Berechtigung eines Blockmodells neben einem Schichtenmodell zur Erklärung von dtrG eintritt und insbesondere das Konzept von Lohfink würdigt.

späten Bronzezeit bis in die israelitische Königszeit), wobei beide
Aspekte zusammengehören und einander unterstützen.

In literarischer Hinsicht ist Jos 24,16ff von 24,1ff abzuheben.
Jener Abschnitt ist die Fortsetzung der dtr Abschiedsrede Josuas in
C.23. Der verbleibende Grundbestand Jos 24,1-15.25-27* gehört in die
Zeit der josianischen Reformen und Expansion in den Norden. Die
Hinwendung zu Assur soll ersetzt werden durch die Hinwendung zu
Jahwe, dem Gott Israels, und zu dem, diese Hinwendung zu Jahwe
repräsentierenden, davidischen Königshaus in Jerusalem ("ich und mein
Haus wollen Jahwe dienen"). Diese Aufforderung wird durch den
Hinweis auf Jahwes Handeln in der Geschichte, besonders an den
Erzvätern und bei der wunderbaren, d.h. letztlich durch Jahwes Macht
erfolgten, Eroberung des Landes, begründet.

Der Rückblick auf die Geschichte setzt zwar dem Umfang nach
die im Sinn des Hexateuch zusammenhängenden Ereignisse voraus
(ohne daß daraus literarische Folgerungen im Sinn einer Quellenzuge-
hörigkeit abzuleiten wären), aber er ist ganz von den aktuellen
Anliegen her gestaltet. Zeit und Absicht spiegeln sich auch in den aus
der assyrischen Rhetorik übernommenen Elementen, durch die gerade
der assyrische Einfluß ersetzt und überboten werden soll.

Der Geschichtsrückblick, der hier durchaus nach außen
gerichtete Verkündigung ist, wurde - offensichtlich in mehreren
Etappen - aufgefüllt und ausgestaltet. Dies geschah in Anlehnung an
das dtr Bild der ostjordanischen Landnahme, in Anlehnung an die
Darstellung des Schilfmeerereignisses in der Priesterschrift und durch
Abhebung Abrahams von seinen götzendienerischen Vorfahren in
Mesopotamien, schließlich (vgl. LXX) noch in der Verlagerung des
ganzen Ereignisses in das als Vorläufer Jerusalems besser legitimierte
Silo. Diese Ergänzungen bewirkten eine scheinbare Aneinanderreihung
wichtiger Themen (und konnten so den Eindruck einer schon früh
fixierten kanonischen Heilsgeschichte, vgl. die Forschungsgeschichte
erwecken), aber es ging zu keiner Zeit um eine objektivierende und
distanzierte Zusammenfassung der "Heilsgeschichte", sondern um ihre
jeweilige, wenn auch verschieden nuancierte, Bedeutung.

Vergleich

11. Geschichtstraditionen bei den Propheten des 8.Jh.

11.1. Geschichtstraditionen bei Amos

Im Buch Amos[1] wird an ca. einem Dutzend Stellen[2] auf Ereignisse der Vergangenheit Bezug genommen. Allerdings handelt es sich an etwa der Hälfte der Stellen um Ereignisse der jüngeren Vergangenheit, wie etwa die Untaten umliegender Völker, mit denen das über sie angekündigte Gericht begründet wird (1,9.13;2,1), oder die Schicksalsschläge, aus denen Israel noch immer nicht gelernt hat (4,6-11)[3], oder militärische Erfolge, die Israel zu falschem Stolz und zu Selbstsicherheit verleiten (6,13). Diese Belege sind zum Teil Amos selbst (1,13; 2,1) oder zumindest seinen unmittelbaren "Schülern"[4] (6,13), zum Teil späterer vorexilischer (4,6-11[*]) und exilischer Bearbeitung (1,9) des Amosbuches zuzurechnen. Ähnlich verhält es sich mit den Anspielungen auf Ereignisse der Frühzeit. Von Amos herzuleiten sind die Bemerkung über die Landgabe in 2,9 und über die von Jahwe bewirkte Herkunft der Israeliten, Philister und Aramäer. Dagegen sind die Hinweise in 2,10; 3,1 und 5,25 dtr und der Zeit des (babylonischen) Exils zuzuordnen.

Aus der Frühzeit Israels nennt Amos zunächst die Landgabe. In der Israel betreffenden Strophe der Völkerworte (2,6-16) werden die Sünden der Gegenwart beim Namen genannt (V.6-8) und ihnen das frühere Heilshandeln Jahwes gegenübergestellt (V.9 "Und ich hatte

---

1   Für die folgenden Ausführungen vgl. die Kommentare von K.Marti, KHC; E.Sellin, KAT; Th.Robinson, HAT; W.Rudolph, KAT; H.W.Wolff, BK; weiters W.H.Schmidt, Die deuteronomistische Redaktion des Amosbuches, ZAW 77 (1965) 168-193 und L.Markert, Amos/Amosbuch, TRE II, 471-487.

2   Je nach Abgrenzung, z.B. zwischen 2,9 und 10.

3   Die Begründung des Gerichts aus Ereignissen der jüngeren Vergangenheit entspricht Amos' Kritik an gegenwärtigen Zuständen. Es ist daher sachgemäß, die entsprechenden Ereignisse (z.B. die Schändung der Gebeine des Königs von Edom, 2,1) der jüngeren Vergangenheit zuzuordnen, auch wenn dafür - ebenso wie aus älterer Zeit - andere Belege fehlen.

4   Mit den Anführungszeichen berücksichtigte ich die von K.H.Rengstorf, $\mu\alpha\theta\eta\tau\dot{\eta}\varsigma$, ThWNT IV, 428-434, besonders A.99, geäußerten Bedenken gegen die Bezeichnung Propheten"schüler".

doch den Amoriter vor ihnen vernichtet..."), worauf dann die so
begründete Unheilsankündigung folgt (V.13ff). Der Hinweis auf die
Landverleihung entspricht genau der von Amos ausgesprochenen
Kritik. Es geht nicht um einen historischen Hinweis an sich, sondern
um die Qualifikation des Landes als von Jahwe - gegen die Möglichkeiten Israels ("der Amoriter, der so hoch war wie Zedern und so
stark wie die Eichen") - verliehenes. Das Land, in dem Israel so kraß
gegen Jahwes Willen handelt, ist das von Jahwe gegebene Land. Die
Verfehlung Israels ist dadurch umso gravierender.[5] Der so motivierte
kurze Hinweis erschien später als zu wenig. Er wurde ergänzt durch
die Heraufführung (העליתי) aus Ägypten und die 40-jährige Führung
(ואוליך) in der Wüste und weitergeführt durch den Hinweis auf die
Sendung von Propheten und Nasiräern (V.10-12). Auffallenderweise ist
das Ägyptenereignis hier mit עלה Hi beschrieben[6] und die Führung
durch die Wüste - wohl aus dem Kontext heraus - nur positiv, nicht
als Strafe dargestellt. Der Hinweis auf die Folge von Propheten und
Nasiräern erweist aber doch zumindest V.11 und damit V.12, der
Wechsel in der Anrede auch V.10, als späteren Nachtrag. Dieser
Nachtrag steht inhaltlich und damit wohl auch zeitlich in der Nähe
der dtr Zusätze Ri 6,8-10 und Jer 7,22-26, wo ebenfalls die Frühgeschichte und die Sendung von Propheten in einer Linie stehen.[7] Damit
schloß V.13 unmittelbar an V.9 an, d.h. Jahwes machtvolles Eintreten,
seinerzeit für Israel, wendet sich nunmehr gegen Israel. Dieser
Kontrast entspricht jenem von 3,2 und, indem Israel nun so behandelt
wird wie die Völker[8], auch der Aussage von 9,7.

---

5   "Damals setzte sich Jahwe für das schwache Israel gegen seine übermächtigen
     Feinde ein, jetzt bedrückt es seine Schwachen selbst ... Von der Vergangenheit
     her ist die schlimme Gegenwart umso weniger zu verstehen." W.H.Schmidt, a.a.O.,
     179.

6   Ebenso in 9,7.

7   Vgl. dazu W.H.Schmidt, a.a.O., 181f. Diese Einordnung ist von H.W.Wolff, BK, z.St.
     übernommen, ebenso bei L.Markert, a.a.O., 483.

8   "Dann verhalten sich aber 2,9 und 2,13ff ähnlich zueinander wie die Fremdvölker-
     sprüche ... zu der Israelstrophe..." W.H.Schmidt, a.a.O., 182.

Der Hinweis auf die Heraufführung aus Ägypten in 3,1 und die Erwähnung der Opferlosigkeit der Wüstenzeit und des dort noch nicht[9] geübten Götzendienstes in 5,25f sind spätere (dtr?)[10] Ergänzungen. Sie entsprechen der Tradition von der Wüstenzeit als ideale Zeit der Gottesbeziehung (vgl. Hosea und besonders Jer 2), sind aber für unsere Fragestellung zu Amos nicht relevant.

Die interessanteste Stelle ist 9,7: "Seid ihr nicht wie die Kuschiten für mich, ihr Israeliten? ... Habe ich nicht Israel aus Ägypten heraufgeführt (העליתי), und die Philister aus Kaphtor und Aram aus Kir?" Hier wird Israel in die Reihe der Völker zurückgestellt, wie es auch durch die Einbindung in die Völkerworte von c.1f geschah.[11] Diese Aussage dient der Begründung und Verteidigung der zuvor wiedergegebenen fünften Vision. Dazu werden Amos bzw. dessen "Schülern" und deren Hörern geläufige Geschichtstraditionen verwendet. So interessant es nun auch wäre, die Frage nach der Herkunft der Aramäer (siehe dazu oben bei Dtn 26,5) und der Philister, besonders der Bedeutung von Kir und Kaftor, nachzugehen[12], das Entscheidende ist, daß Amos bzw. seine "Schüler" um etwa 745 solche Traditionen als bekannt voraussetzen und mit ihnen argumentieren können. Darf man daraus folgern, daß es bei diesen beiden Völkern - immerhin fast ein halbes Jahrtausend nach den Ereignissen - Traditionen über die Frühzeit gab, die auch den (hier: israelitischen) Nachbarn bekannt waren? Dies wird kaum zu verneinen sein. Leider

---

9   V.26 ist am ehesten als Fortsetzung der Frage und damit des "noch nicht" von V.25 zu verstehen; vgl. dazu die Kommentare, besonders bereits K.Marti, KHC, 196.

10   So wieder W.H.Schmidt, a.a.O., 188-191; gefolgt von H.W.Wolff, BK, z.St.. Während den Verteidigern der Echtheit (siehe dazu Schmidt) kaum zu folgen ist, bleibt zu bedenken, daß die entsprechende(n) Gottheit(en) auch schon im 7.Jh verehrt werden konnten, und zeigt sich Sensibilität gegenüber Bildern und Standarten schon bei Hiskias Entfernung der ehernen Schlange (2 Kön 18). D.h. eine Entstehung noch im 7.Jh. ist ebenso möglich (in diesem Sinn offensichtlich auch L.Markert, a.a.O., 482).

11   "Durch die Parallelisierung der Herausführung aus Ägypten mit der Frühgeschichte der Philister und Aramäer wird den Hörern eine letzte Berufungsinstanz gegen Amos entrissen. Ausgerechnet den beiden großen Erzfeinden werden sie vor Jahwe gleichgestellt." H.W.Wolff, BK, 399.

12   Siehe dazu a.a.O., 399f. ein gewisser Hinweis für die Lage von Kir ergibt sich auch aus 1,5.

bewirkt die vorliegende Argumentation die Verkürzung auf den bloßen
Hinweis. Aber die jeweilige Tradition muß einen gewissen Mindestin-
halt gehabt haben, um überhaupt vermittelbar zu sein, sie konnte
andererseits offensichtlich sehr gerafft wiedergegeben werden, was
z.B. an die Form der Auszugstradition in Num 20,15f erinnert.

Für Israel selbst haben wir somit bei Amos bzw. in unmittel-
barem Anschluß an ihn die Auszugs- und die Landnahmetradition. Bei
beiden Traditionen ist Israel angesprochen. Wenn auch damit speziell
das Nordreich gemeint ist, so handelt es sich doch für beide Traditionen um dieselbe Bezugsgröße. Damit müssen aber auch die beiden
Traditionen in einem bestimmten Verhältnis zueinander gestanden
haben. D.h. es liegt eine Ereignisfolge vom Auszug zur Landnahme
vor, mit welchen Vorstufen (Vätergeschichte) und welchen Zwischengliedern (Wüstenwanderung, Gottesberg, Kontakt zu ostjordanischen
Völkern) auch immer. Aus diesem vorausgesetzten Geschichtsbild
werden zur Begründung der prophetischen Botschaft Einzelelemente
herausgegriffen und relativ knapp und gerafft genannt. Bemerkenswert
ist die Verwendung von עלה Hi für den Exodus und besonders die
Darstellung der Landnahme als Jahwekrieg und die generelle Bezeichnung der Vorbewohner des Landes als Amoriter. Die beiden letzteren
Elemente entsprechen auffallend Jos 24.

11.2.   Geschichtstraditionen bei Micha

Micha, wahrscheinlich der späteste der Propheten des 8.Jh.,
stammt nicht nur so wie Amos und Jesaja aus dem Südreich, sondern
steht ihnen auch in seiner Sozialkritik sehr nahe. Dem entspricht, daß
er sich in erster Linie auf Ereignisse bzw. Mißstände der Gegenwart
bezieht. In den wahrscheinlich von Micha stammenden Worten findet
sich keine einzige explizite Bezugnahme auf die Frühgeschichte
Israels, sondern erst im dritten Teil des Michabuches (c.6f).[13]

Hinweise auf den Auszug aus Ägypten und auf weitere
Ereignisse der Frühzeit finden sich in 6,4f und 7,14f. Auch wenn "es

---

13   Zu den Einleitungsfragen vgl. die Kommentare von K.Marti, KHC; E.Sellin, KAT;
     Th.Robinson, HAT; K.Rudolph, KAT; H.W.Wolff, BK; weiters J.Jeremias, Die
     Deutung der Gerichtsworte Michas in der Exilszeit, ZAW 83 (1971), 330-354;
     Th.Lescow, Redaktionsgeschichtliche Analyse von Micha 1-5, ZAW 84 (1972), 46-85;
     Ders.; Redaktionsgeschichtliche Analyse von Micha 6-7, a.a.O., 182-212. I.Willi-
     Plein, Vorformen der Schriftexegese innerhalb des Alten Testaments, BZAW 123,
     1971.

schwierig bleibt, den die Jahrhunderte der Geschichte Israels umgreifenden Text [6,4f] im weiten Umkreis des Exils näher zu datieren und die Funktion seines Sprechers genauer zu bestimmen"[14], so wird man kaum weit vor die Zeit des babylonischen Exils hinaufgehen können, sondern eher unter diese herunter. Dafür spricht die dtr Rede vom Sklavenhaus ebenso wie die Zusammenstellung von Mose, Aaron und Mirjam. Beachtenswert ist, daß der Zusammenhang von Exodus bis Josua vorausgesetzt ist, also der Sache nach der "Hexateuch": "Ich habe dich doch aus dem Lande Ägypten heraufgeführt (העלתיך), aus dem Sklavenhause habe ich dich freigekauft (פדיתיך). Ich habe vor dir hergesandt (ואשלח) Mose, Aaron und Mirjam. Mein Volk gedenke doch, was Balak plante, der König von Moab, und was ihm Bileam entgegnete, der Sohn Beors! Bedenke den Übergang von Schittim nach Gilgal, zur Erkenntnis der Rechtstaten Jahwes (צדקות יהוה)." (6,4f)

Auch wenn der Einfluß dtr Geschichtsbetrachtung zu bemerken ist, so bestehen doch Unterschiede. Der Exodus wird, ähnlich wie in Jer 2,6[15] nicht mit יצא Hi sondern mit עלה Hi beschrieben[16]. Neben der dtr Rede vom Sklavenhaus steht der besonders bei DtJes verwendete Begriff פדה. Die Erwähnung der Sendung des Mose (und von Aaron und Mirjam) läßt vermuten, daß mit V.4a ein älterer Grundbestand vorliegt,[17] der durch das Folgende interpretiert (Exodus als Freikauf aus dem Sklavenhaus) und im Sinn eines größeren Geschichtsüberblicks weitergeführt wurde. Die Heraufführung hat hier den Weg bis zum Land im Blick, und Mose, Aaron und Mirjam werden in erster Linie Führer auf diesem, dem Exodus folgenden Weg. Dem Auszug korrespondiert der Einzug, der mit der Überwindung Balaks beginnt und der mit dem Übergang von Schittim nach Gilgal verwirklicht wird. Das Betreten des westjordanischen Bodens gilt offensichtlich bereits als Inbesitznahme. Die Eroberung des Landes wird nicht mehr erwähnt, womit auch das Problem des Landverlustes nicht erörtert zu werden braucht. Diese Beobachtung bestätigt ihrerseits die

---

14 H.W.Wolff, BK, 145.

15 Bezüglich Nähe und Differenz zwischen Jer 2,6 und dtr siehe S.Kreuzer, Der lebendige Gott, 118; Jer 2,6 wird auch von W.Thiel, Die deuteronomistische Redaktion von Jeremia 1-25, 81, nicht zu dtr gerechnet.

16 Dieser Unterschied wird bei Th.Lescow, a.a.O., 185 übersehen.

17 So bereits K.Marti, KHC, 291-293; ähnlich Th.Lescow, a.a.O., 186. Offensichtlich anders H.W.Wolff, BK, 140.148f.

Einordnung in die exilisch-nachexilische Zeit: Man lebt im Land, aber unter fremder Herrschaft. Mit dieser Verkürzung der Landnahme bahnt sich zugleich eine Beschränkung der heilsgeschichtlichen Urzeit auf die mosaische Zeit an.

Mi 7,14f gehört zum psalmenartigen Schlußteil des Michabuches. "Mit V.14 beginnt ein Klagelied, das nur kurz die Not beim Namen nennt (V.14a), ausführlich aber die Bitten für Jahwes Volk (V.14f) und für die Völkerwelt (V.16f) vorträgt."[18] Im Zusammenhang dieser Bitten wird an den segensvollen Zustand früherer Zeiten erinnert: "Sie mögen Weide finden in Baschan und Gilead wie in uralten Zeiten (כימי עולם). Wie in den Tagen deines Auszugs aus Ägypten laß uns Wunder sehen!"[19] Diese Sätze sind kaum auf den Beginn der assyrischen Zeit, als Baschan und Gilead verloren gingen, zu beziehen. Neben allgemeinen Erwägungen zu diesen Kapiteln des Michabuches spricht die vorausgesetzte zeitliche Distanz ("wie in uralten Zeiten") dafür, daß es sich nicht um einen erst jüngst eingetretenen Landverlust handelt. Die Verbindung von Gilead und Baschan findet sich sonst nur noch Dtn 3,10.12f; 4,43; Jos 20,8; 2 Kön 10,33 und - etwas anders - Jer 50,19 (dort noch mit Karmel und Ephraim verbunden, wobei Karmel und Baschan und Ephraim und Gilead zusammen stehen). Diese Belege, insbesondere die auf die Heimkehr aus dem Exil bezogene Stelle Jer 50,19, legen eine Datierung um das Ende der Exilszeit nahe. Für eine Datierung nach der Rückkehr könnte noch auf die Nähe zu tritojesajanischen Texten verwiesen werden.[20] Wunder wie damals bei der Errettung aus Ägypten und der Besitz fruchtbaren Landes sind der Mittelpunkt der Hoffnungen der Beter dieses Klagepsalmes.

Von den angeführten Belegen für die Verbindung von Baschan und Gilead stehen Dtn 4,43; Jos 20,8 und Jer 50,19 im Zusammenhang der Nennung von Ortslagen sowohl östlich wie westlich des Jordan. 2 Kön 10,33 spricht vom Verlust ostjordanischer Gebiete zur Zeit

---

18   H.W.Wolff, BK, 201.

19   Zum Text siehe BHS und H.W.Wolff, BK, 188f.

20   H.W.Wolff, BK, 194; ausführlichere Analyse bei Th.Lescow, a.a.O., 200-205.208f.
      Gegenüber Lescow bleibt allerdings zu fragen, wieweit der "aggressive Ton" (208)
      von V.15f zur Datierung herangezogen werden kann. Ein entsprechender Wunsch
      gegenüber den Feinden gehört zur Gattung von Klagepsalmen. Allein der "Ton",
      ohne inhaltliche Anhaltspunkte, erlaubt keine Datierung.

Jehus. Besonders gegenüber der sachlich am ehesten vergleichbaren
Stelle Jer 50,19 fällt die Beschränkung von Mi 7,14f auf das Ostjordanland auf. Der hier genannte Landbesitz ist der Dtn 3,10 und 12f
entsprechende. Geht es wirklich um eine Gebietserweiterung der
nachexilischen Gemeinde in Jerusalem? Warum nicht auch nach Norden
wie in Jer 50,19? "Die auf beschränktem Raum eingepferchte Gemeinde
nimmt zum Maßstab ihrer Erwartung die 'Tage der Frühzeit'".[21]-
Dann ist aber die Beschränkung auf Baschan und Gilead am ehesten
zu erklären als eine Folge der Beschränkung der Urzeit. War in 6,4f
der Wegfall der Landnahme und die Beschränkung auf den Jordanüber-
gang zu beobachten, so ist hier die normative Heilszeit auf die
Mosezeit begrenzt. D.h., Mi 7,14f spiegelt die Begrenzung und die
Hervorhebung des Pentateuch!

So interessant Mi 6,4f und 7,14f als Spiegel dieser Entwicklung
sind, so wenig bleibt an Geschichtstraditionen für Micha selbst.
Allerdings ist damit nicht gesagt, daß Micha keine solchen Traditionen
kannte, sondern daß es für Micha auf andere Dinge ankommt. Neben
der auffallenden Bezeichnung Israels als "Haus Jakob" in 2,7; 3,1.8.9
stehen wohl hinter den Entgegnungen in 2,7 Anspielungen auf ältere
Traditionen. "Auch mit der dritten Frage halten die Machthaber Micha
die alten Heilstraditionen und das Gesangbuch entgegen, wenn sie die
vom Propheten angekündigten Taten mit der Überlieferung von Jahwes
Handeln vergleichen."[22] - Micha und seine Zeitgenossen kennen also
Traditionen der Frühzeit Israels, konkret von Jakob als dem Ahnherrn
und Repräsentanten Israels und von einer besonderen Beziehung
zwischen Jahwe und Israel. Mit letzterem ist - unabhängig von einer
eventuellen Anspielung auf die Bundesterminologie[23] - ähnliches
gesagt wie in Am 3,2. Welchen Umfang und welche Gestalt das
vorausgesetzte Geschichtsbild hat, läßt sich nicht weiter erheben.
Beachtlich ist jedenfalls, daß es eine gesamtisraelitisch verstandene

---

21 H.W.Wolff, BK, 202.

22 A.a.O., 52.

23 A.S.v.d.Woude, Micha 2,7a und der Bund Jahwes mit Israel, VT 17 (1967), 388-391
    liest den Konsonantenbestand von MT und versteht "sagen lassen" in Übereinstim-
    mung mit Dtn 26,17-19 als terminus technicus für den Bundesschluß.

Jakobstradition enthält, die wohl auch die Brücke zum Ägyptenaufenthalt geschlagen haben mußte.[24]

11.3   Geschichtstradition bei Jesaja

Trotz des wesentlich größeren Umfanges der Texte lassen sich in Jes 1-39 so gut wie keine Hinweise auf geschichtliche Traditionen finden. Dies zeigt der Blick auf die Texte ebenso wie der Blick in die Literatur. Z.B. setzt die Untersuchung von Klaus Kiesow erst mit Jes 35 ein und konzentriert sich auf DtJes, wie andererseits C.A.Evans nur auf David und Jerusalem bezogene Themen nennen kann, die nicht im Horizont unserer Fragestellung liegen.[25]

Insgesamt ist dem bei Wildberger ausgesprochenen Fazit zum "Problem der Auszugs- und Bundestradition" zuzustimmen: "Bei der Beantwortung dieser Frage ist es nicht unwichtig, festzuhalten, daß bei Jesaja einzelne Traditionen Altisraels nicht zu entdecken sind oder höchstens am Rand seiner Verkündigung in Erscheinung treten. Auffallenderweise ist bei ihm, anders als etwa bei Hosea oder Deuterojesaja, die Auszugstradition mit den Themata des sogenannten kleinen geschichtlichen Credo nicht greifbar. Nie spricht er vom Exodus aus Ägypten, nie von der Wüstenwanderung als der Zeit, da Jahwe sein Volk sicher durch unwirtliches Land leitete, nie sogar vom Naheliegendsten, der Verleihung des Landes. Nur einmal scheint nach der Meinung vieler Ausleger auf den Aufenthalt in Ägypten angespielt zu sein, nämlich in 10,24, wo die Bedrückung durch Assur mit der Bedrückung in Ägypten verglichen wird, wobei auch 10,26 zu beachten ist, wo vermutlich vom Stab des Mose, welchen er beim Durchzug durch das Meer erhob, die Rede ist. Doch ist an der Authentizität

---

24   Vgl. dazu C.Westermann, Genesis 12-36 und 37-50, BK, nach dessen Analyse diese
      Verbindung in den (bzw. nach Westermann: in der) alten Quelle(n) auch unter
      Absehung von der jetzt vorliegenden, ausgeführten Josefsgeschichte gegeben ist.

25   Abgesehen von den Kommentaren (G.B.Gray, ICC; G.Fohrer, ZBK; O.Kaiser, ATD;
      H.Wildberger, BK; W.L.Holladay, Isaiah) sind als diesbezügliche Untersuchungen zu
      nennen: K.Kiesow, Exodustexte im Jesajabuch. Literarkritische und motivge-
      schichtliche Analysen, OBO 24, 1979; C.A.Evans, On Isaiah's Use of Israel's Sacred
      Tradition, BZ 30 (1986), 92-99.

von 10,24 und erst recht an der von 10,26 kaum festzuhalten."[26]

Abgesehen davon bleiben nur wenige Anspielungen in Form von Namen: Sodom in 3,9; Sodom und Gomorra in 1,9; der Midiantag in 9,3; die Ereignisse am Berge Perazim und im Tal bei Gibeon in 28,21. Abgesehen von der Echtheitsfrage bei 9,3 stehen diese drei zuletzt genannten Ereignisse im Zusammenhang der Jahwekriegstradition bzw. des Jahwetages. Damit wird ähnliches vorausgesetzt wie in Am 5,18. Für diese Thematik dürfte die Lade und die mit ihr verbundene Gottesbezeichnung יהוה צבאות anziehend und vermittelnd gewirkt haben. Sodom und Gomorra liegen nicht allzu weit von Jerusalem entfernt. Die diesbezügliche Tradition von der Zerstörung war weithin bekannt, ohne daß wie in Gen 19 der Kontext der Abrahamerzählungen vorausgesetzt werden muß (vgl. Hos 11,8).[27]

Es bleiben noch die Erwähnungen von Jakob in 2,5.6; 8,17; 10,20; 14,1; 27,6; 29,22, wobei an der letztgenannten Stelle auch Abraham - zum einzigen Mal in Jes 1-39 - genannt wird. Von diesen können nur 2,6 und 8,17 für Jesaja beansprucht werden. "Wenn der Verfasser vom 'Haus Jakob' und nicht einfach von 'Jakob' bzw. 'Israel' spricht, dann doch wohl, weil er die Zusammengehörigkeit der einzelnen Glieder des Gottesvolkes betonen will."[28] Jesaja verwendet den Namen Jakob ähnlich wie Micha und auch Hosea als Hinweis auf Israel als Volk, wobei die politische Abgrenzung Juda - Israel irrelevant bleibt. Der Name Jakob ist zweifellos der des Erzvaters; die Bezeichnung "Haus Jakobs" setzt eine Vorstellung über die Entwicklung von Jakob hin zum Volk Israel voraus

Dieses Ergebnis entspricht dem bei Micha: Beim Propheten wie beim Volk sind bestimmte Geschichtsvorstellungen über die Frühzeit Israels vorauszusetzen; das aktuelle Interesse liegt aber an anderen Stellen. Immerhin wird dort, wo es um eine längere Begleitung der gegenwärtigen Zeit geht, auch stärker auf die vergangene Geschichte zurückgegriffen, nur daß dies für Jesaja Ereignisse um

---

26   H.Wildberger, Jes, BK, 1595.

27   Möglicherweise verbinden solare Motive (die Zerstörung bei Sonnenaufgang) die Sodom- und Gomorraüberlieferung mit (vorisraelitischen) jerusalemer Vorstellungen. Mit der Nähe zu Jerusalem ist aber die Herkunft des Textes von Jesaja noch nicht erwiesen.

28   H.Wildberger, BK, 1143.

Jerusalem (s.o.) und besonders Gegebenheiten in Jerusalem (David- und Zionstradition) sind.[29]

11.4. Geschichtstraditionen bei Hosea

Einen ganz anderen Bereich betreten wir bei Hosea, dem einzigen "bodenständigen" Propheten des Nordreiches. Hier finden sich Anspielungen auf frühere Ereignisse in großer Zahl. Die Erzväterzeit ist auch hier vergleichsweise selten genannt, und zwar erst im 3. Teil des Hoseabuches (c.12-14), in 12,4f und 13. In 12,13f wird zwar nicht der Hinabzug nach Ägypten genannt, aber doch vorausgesetzt, und es werden Auszug und Wüstenwanderung angeschlossen: "Aber hernach führte Jahwe durch einen Propheten Israel aus Ägypten und durch einen Propheten ließ er sie hüten." Ebenfalls die Verbindung von Exodus- und Wüstenwanderung wird vorausgesetzt in 12,10f, dort aber als Grundlage künftiger Rückführung in die Wüste und künftigen Redens durch Propheten. Auszug und Wüstenwanderung sind weiters vorausgesetzt in 13,4-6, in 11,1-5 und in 2,16f. Eine Anspielung auf ein Einzelelement der Mosegeschichte dürfte in 1,9 vgl. Ex 3,14 vorliegen.[30] Ein Hinweis auf die Wüstenzeit findet sich in 9,10: Die Auffindung Israels durch Jahwe in der Wüste, der allerdings alsbald der Abfall zum Baal Peor folgte. Ob 9,13 nochmals auf diesen hoffnungs- und heilvollen Anfang anspielt oder das Unheil beschreibt,

---

29 Daß die David- und Zions- bzw. die jerusalemer Tempeltradition für Jesaja eine Rolle spielten, erscheint mir trotz der vielfältigen Einwände dagegen (und auch gegen das Alter der Zionstradition überhaupt) als sehr wahrscheinlich. Von unserem Thema her drängt sich noch eine andere Beobachtung auf. Bei DtJes haben der Exodus, die Erzväter und die Schöpfungstradition Eingang gefunden; in dtrG finden sich wiederholt geschichtliche Rückblicke auf die Frühzeit Israels (Jos 23; Ri 6,7-9; 1 Sam 12,8; Dtn 6,20-25); Jer und Hes beziehen sich darauf (Jer 2; Hes 16.20-23) bzw. wurden in diesem Sinn ergänzt (Jer 32, 20-24, dtr). - Wie könnte das alles an einem erst im dtr Umfeld entstandenen Jesajabuch spurlos vorübergegangen sein?

30 MT ist beizubehalten; die Angleichung an die zweigliedrige Bundesformel wäre lectio facilior. Die Revozierung "ich bin nicht 'Ich bin' für euch" (so J.Jeremias, ATD, 25) ist damit doch eine Anspielung auf Ex 3,14 und ein bemerkenswertes Zeugnis für E und sein Alter. So F.I.Anderson - D.N.Freedman, AncB, 537.544f; J.Jeremias, ATD, 123.

bleibt wegen der schwierigen Textüberlieferung offen.[31] Deutlich vorausgesetzt ist der Exodus in der Gerichtsankündigung von 9,3: "Ephraim muß zurück nach Ägypten".

Die übrigen Stellen beziehen sich auf Untaten ab der Zeit des Wohnens im Lande (nicht der Landnahme!) und auf Unheil der jüngeren Vergangenheit: 9,9 und 10,9 beziehen sich wahrscheinlich auf die sogenannte Schandtat von Gibea (Ri 19-21); 9,15 auf die Einführung des Königtums in Gilgal. 5,13 beschreibt die Kontakte mit Assur zur Zeit des Bruderkrieges (vgl. 8,9). Die Zerstörung von Bet-Arbeel durch Aschalman (10,14; Salmanassar IV oder ein moabitischer Herrscher?) dürfte ebenfalls noch nicht weit zurückliegen, ebenso wie die in 6,7-10 genannten Untaten der Israeliten in ihren Städten. Auf ein schon gut hundert Jahre zurückliegendes Ereignis bezieht sich die Klage über die Blutschuld des Hauses Jehu in Israel (1,4).

Hosea (und seinen Tradenten) steht eine reichliche Kenntnis von geschichtlichen Ereignissen zu Gebote. Diese werden in verschiedener Weise eingesetzt: Ab der Zeit des Lebens im Kulturland stehen sie nur in negativem Zusammenhang. Ebenfalls nur negativ betrachtet wird das Verhalten Jakobs. Hosea kennt und verwertet die Kontinuität zwischen dem Ahnherrn Jakob und dem Volk Israel, er kennt offensichtlich auch weite Partien der "kanonischen" Jakobsgeschichte (12,4f.13), aber er wählt nur Negatives bzw. negativ Verwertbares (12,13) aus. Positiv dargestellt werden nur die Traditionen von Exodus und Wüstenwanderung, die eben nicht Jakobs oder Israels Taten sondern Jahwes Heilstaten sind.

Schließlich ist die Bemerkung über die Vielzahl der von Jahwe aufgeschriebenen (!) Weisungen (8,12) zu erwähnen. Hier ist geschriebene Thora vorausgesetzt. Sie mag in der Gegenwart noch erweitert werden, aber im Grunde ist sie bereits vorhanden. Das Vorhandensein der Thora bezeugt auch der Vorwurf über ihre Mißachtung in 4,6 und 8,1.[32] Das Wesentliche ist hier das Aufschreiben: Nicht nur eine mündliche Thoda wird "zugunsten" eines heidnischen Kultbetriebes mißachtet, nein auch die Schriftlichkeit und ihre konkrete Greifbar-

---

31   H.W.Wolff, BK, 207f ("Ephraim, wie ich sehe, hat seine Söhne zum Jagdwild gesetzt") nach LXX, mit ausführlicher Begründung.

32   F.I.Anderson - D.N.Friedmann, AncB, 509: "The difficulty does not lie in the existence of the Torah in the time of Hosea, since he has already accused the priest of forgetting the Torah (4:6) and the people of rebelling against it (8:1)."

keit nützt nichts![33] Wieweit die Thora für Hosea zurückreicht, ist von
8,12 her nicht zu entscheiden. Hier wird lediglich deutlich, welche
Bedeutung sie haben sollte, nämlich Israel in den rechten Formen der
Jahweverehrung zu erhalten, und welchen Charakter sie hat: Anders
als die über die Erinnerung als Verpflichtung oder als Begründung
wirkende Geschichte ist die Thora unmittelbar aktuelles Gebot, das es
zu befolgen gilt oder gegen das man sich auflehnt (vgl. 8,1). Für das
Alter der Thora wäre etwa auf 11,2 hinzuweisen: Schon bald nach
dem Auszug verhallt das Rufen Jahwes ungehört, d.h. das Reden
Jahwes ist ein Element der heilsgeschichtlichen Urzeit, wie es auch
ein Element der künftigen, neuen Heilszeit sein wird (vgl. 2,16).

Für unsere Frage nach dem Alter ist die sachlich und methodisch schwierige Unterscheidung zwischen Hosea und seinen "Schülern" ohne Bedeutung. Vom älteren Grundbestand sind die späteren,
d.h. im 7. und 6.Jh. (und später) vorgenommenen, Bearbeitungen
abzuheben. Von den hier wichtigen Belegen über die Frühzeit bis zur
Landnahme (2,16f; 9,10; 11,1.5; 12,4f.10f.13f; 13,4-6) wird in den
neueren Kommentaren von Wolff, Anderson-Friedmann und Jeremias
kein einziger diesem älteren Grundbestand abgesprochen. Eine gewisse
Einschränkung könnte bei 12,13f gemacht werden.[34] Auffallend ist die
Konzentration der Belege in den späteren Teilen des Hoseabuches (ab
9,10). Dieser Beobachtung entspricht auch die Stellung von 2,16f
innerhalb c.2. Die Bezugnahme auf die frühere Geschichte gehört
somit in die spätere Phase des Wirkens Hoseas und wahrscheinlich
auch in einen kleineren Kreis von Hörern und/oder "Schülern".
Dagegen beherrschen die Hinweise auf eher zeitgenössische Ereignisse
die frühere Verkündigung Hoseas, wie sowohl die oben genannten
Belege in c.4ff, als auch der Aufbau von c.1 und die Stellung von c.1
innerhalb von c.1-3 und gegenüber 2,16 zeigen.

---

33   Vgl. dazu Dtn 30,14: "... das Wort ist ganz nahe bei dir ..., daß du es tust."

34   Mit dieser Feststellung stimmen auch J.Vollmer, Geschichtliche Rückblicke und
      Motive bei Amos, Hosea und Jesaja, BZAW 119, 1971, und I.Willi-Plein, Vorformen
      der Schriftexegese innerhalb des Alten Testaments, BZAW 123, 1971 überein.
      Lediglich 12,13f wird von I.Willi-Plein, a.a.O., 214-217 als sekundär bestimmt und
      als "theologische Exegese zum vorliegenden Text ohne soweit eigenständige
      Aussage, daß sich ein Datierungsansatz ergäbe" (245) betrachtet. Ähnlich auch
      J.Vollmer, a.a.O., 110 bes. A.298 wegen der Bezeichnung Moses als Prophet.
      Dagegen J.Jeremias, ATD, 157: Hosea "nimmt ... damit programmatisch die Traditio-
      nen der Frühzeit Israels als 'prophetische' in Anspruch".

Dennoch haben die Erinnerungen an geschichtliche Ereignisse alle ein gemeinsames Anliegen und dienen sie nicht der Erinnerung an solche Ereignisse um ihrer selbst willen, vielmehr: "Das Ziel der geschichtlichen Rückblicke ist der Aufweis von Israels Schuld. - Von dieser Absicht her lassen sich auch die Einzelanspielungen verstehen, wonach Israels Schuld in besonderen Ereignissen seiner Geschichte in erhöhtem Maße manifest geworden ist, so in der Entstehung des Königtums 9,9; 10,9 und in der Blutschuld zu Jesreel 1,4. - Durch das Kontrastmotiv von Jahwes fürsorgendem Handeln in Israels Frühzeit bzw. dem Wert, den Israel für Jahwe hatte, wird der Abfall Israels als besonders unverständliche Undankbarkeit bewertet und als schwere Schuld aufgedeckt."[35]

Bei Hosea (und seinen Hörern) ist der Verlauf der Frühgeschichte Israels von Jakob über Ägypten und Exodus bis zur Landnahme vorausgesetzt. Bei Jakob werden Betrug um die Erstgeburt (Flucht zu Laban und Dienst um Rahel), der Kampf mit dem Engel und offensichtlich auch die Gotteserscheinung in Bethel herangezogen. Zentraler Einsatz der Geschichte Gottes mit seinem Volk ist die Errettung aus Ägypten, der sich die Führung in der Wüste (11,1-5; 12,10) und die Hineinführung in das Land (2,16; 13,4-6)[36] anschließen. Aus der Art der Erwähnung Jakobs ergibt sich, daß Hosea alle Israeliten von ihm herleitet. Ob Hosea eine weiter zurück reichende Genealogie der Erzväter kannte, ist kaum zu beantworten.[37] Der Auszug aus Ägypten ist der Anfang der Beziehung zu Jahwe ("ich, Jahwe, bin dein Gott von Ägypten her" 12,10; 13,4), aber nicht der Auszug, sondern das daraus resultierende Verhältnis zu Israel wird beschrieben. In der Mitte steht Jahwes fürsorgendes Handeln und der besondere Wert, den Israel für Jahwe hatte. Diese zwar äußerlich

---

35 J.Vollmer, a.a.O., 116 und A.313.

36 13,6 bezieht sich bereits auf das Kulturland, das - gegenüber der kärglichen Wüste (V.5) - reiche Land.

37 Für diese Frage ist die Anspielung von 1,9 auf Ex 3,14 E zu beachten. Wenn man von einer elohistischen Abrahamgeschichte ausgehen kann, wie es trotz der Infragestellung bei C.Westermann, Genesis, BK, bei Gen 20-22 wahrscheinlich und auch bei Gen 15 (s. dazu oben) nicht auszuschließen ist, wäre die Kenntnis der Abrahamgeschichte bei Hosea durchaus anzunehmen. Die alleinige Nennung Jakobs erklärt sich aus seiner besonderen Beziehung zu Nordisrael und daraus, daß die Gestalt Abrahams weniger negative Anknüpfungspunkte bot und daß er ausschließlich der Ahnherr Israels war. Doch können das nur Vermutungen bleiben.

kärgliche aber "innerlich" reiche[38] Zeit in der Wüste wird zur Mitte
des Heilshandelns Jahwes: auf sie führt der Exodus hin, von dort
begann der Weg ins Land, dort redet Jahwe Israel neu zu Herzen und
von dort beginnt der neue Weg ins Land (der bezeichnenderweise nur
bis zum "Tor" beschrieben wird, 2,6f). Das Wohnen im Land ist zwar
angedeutet oder vorausgesetzt (13,6), aber er steht nicht mehr in
diesem positiven Licht. So ist anzunehmen, daß für die Vorstellungen
Hoseas und seiner Hörer der zusammenhängende Geschichtsverlauf
weitergeht, er ist aber für Hosea negativ besetzt, ebenso wie die
Jakobgeschichte. Der negativen Kontinuität zwischen dem Erzvater
Jakob und dem im Land wohnenden Volk steht Jahwes Heilswirken
beim Auszug und in der Wüste gegenüber. Trotz geschichtlicher
Kontinuität - es geht ja um die *eine* Geschichte des *einen* Volkes-
hat diese mittlere Zeit eine besondere theologische Qualität. Sie ist
die entscheidende Zeit des Handelns Jahwes, während davor und
danach das Handeln Israels im Blickfeld steht. Hier findet sich auf
theologischer Ebene ähnliches, wie sich an der Sonderrolle der
Exodusthoda in Num 20,15 und in literarischer Hinsicht am Einbau der
Exodusthoda in die Väter-Landbesitz-Tradition in Dtn 26 zeigte (bzw.
in chronologischer Relation: zeigen wird).

Es bleibt die Frage nach einer Sonderform der hoseanischen
Wüstentradition: Jahwe fand Israel wie Trauben in der Wüste (9,10)-
Kennt Hosea eine eigene Fundtradition? "Finden" bedeutet eine
gesuchte oder zufällige, erstmalige oder nach einiger Zeit der
Unterbrechung wieder neue Kontaktnahme. Dies steht in gewisser
Konkurrenz zur - mit Jahwe verbundenen - Exodustradition. Steht
dahinter die Erinnerung einer eigenen, von der Exodusgruppe zu
unterscheidenden Gruppe der Vorfahren Israels, etwa der Sinaigruppe?
Belegt die Stelle, "daß Hosea Kreisen zugetan war, die in einer
gewissen Esoterik sonst weniger bekannte Überlieferungen pfleg-
ten"[39]? Gab es eine eigene Fundtradition?[40]

Die Frage kann nicht durch Kumulation der Belege beantwortet
werden. Hes 16 ist später und hat die Stadt Jerusalem zum Thema.

---

38   Diese Heilssituation transzendiert den äußeren Rahmen ebenso wie die Trauben und
     der Feigenbaum die normale Wüstenvegetation.

39   So H.W.Wolff, BK, 213.

40   Erstmals ausführlich vorgetragen von R.Bach, Die Erwählung Israels in der Wüste,
     1952.

Dtn 32,10 ist ebenfalls erst exilisch und hängt wahrscheinlich von Hosea ab; ebenso der Sache nach Jer 2,2f, wo aber das Wort finden (מצא) gar nicht verwendet wird. Auch im Hoseabuch selbst ist 9,10 der einzige Beleg. Ägypten ist sonst durchwegs der eigentliche Anfang der Beziehung zu Israel (11,1; 12,10; 13,4). Zudem ist מצא keineswegs nur in dem oben dargelegten "logischen" Sinn zu verstehen, sondern wird im Sinn von erfreulicher Begegnung verwendet, wofür auf Hhld 3,1.4; 8,1 zu verweisen ist. Diese Erklärung ist angesichts der ebenfalls mit der Wüstensituation verbundenen Wendung "zu Herzen reden" (2,16), die auch zur Liebessprache gehört (Gen 34,3; Ruth 2,13), berechtigt. Hos 9,10 spiegelt damit keine selbständige Tradition, sondern "mit geradezu emphatischen Vergleichen redet Gott eingangs von seiner ersten Begegnung mit Israel. Aller Ton liegt auf der Lieblichkeit und Kostbarkeit seines 'Fundes'".[41] Damit ist nicht der Anfang dieser Beziehung von Ägypten her ausgeblendet, sondern der Kontrast zwischen der Begeisterung Jahwes und der Untreue Israels gleich bei der ersten Begegnung mit fremden Göttern am Rande des Kulturlandes rutscht auch geographisch eng zusammen und ist umso größer. Zugleich zeigt dieses Bild, wie intensiv und souverän Hosea auch die Geschichte in die ihm aufgetragene Botschaft hineinnimmt.

Ähnliches gilt für die Annahme, daß hinter dem neuen Reden Jahwes in der Wüste die Sinaitradition stehe.[42] Das mag in der Tat der Fall sein, auch wenn "'der Sinai' natürlich noch nicht das [war], was er bald danach wurde".[43] Daß Hosea von der Thora und besonders von ihrer Mißachtung redet, hatte sich oben gezeigt. Das Problem sind die Einflüsse des Kulturlandes und die Anfälligkeit Israels für sie. Darum wird Israel in die Wüste geführt, wo Jahwe fern aller verderblichen Einflüsse "zu Herzen" redet. Daß dort (mit dem Sinai) zugleich der Ort des früheren Redens Jahwes zu Israel ist, ist kein Gegensatz, sondern kommt jenem anderen Grund im wahrsten Sinn des Wortes "entgegen".

Wir finden damit bei Hosea und seinen ersten Tradenten, d.h. im 8.Jh., die Kenntnis der Frühgeschichte Israels von der Väterzeit bei Jakob über Exodus- und Wüstenzeit bis hin zur Landnahme. Diese Geschichte setzt sich fort über die Einführung des Königtums bis zur

---

41   J.Jeremias, ATD, 121.

42   H.Gese, Bemerkungen zur Sinaitradition, bes. 40-43.

43   L.Perlitt, Bundestheologie, 252.

Gegenwart des Propheten. Das Hauptgewicht haben die Frühzeit und
die jüngste Vergangenheit. Die normative Frühzeit erfährt weniger
eine zeitliche Begrenzung als eine sachliche Bewertung. Dem negativen
Verhalten Israels und schon Jakobs steht gegenüber das heilvolle und
beschenkende Handeln Jahwes beim Exodus, in der Wüste und-
ansatzweise – bei der Verleihung des Landes. Die Heraushebung von
Exodus und Wüste ist positiv begründet in ihrem besonderen, jahwistischen Charakter und negativ in der Ablehnung der in religiöser wie
in politischer und sozialer Hinsicht vom Abfall gekennzeichneten
Situation im Kulturland. Diese Bewertung führt zugleich zu einer
Konzentration auf die mosaische Zeit.

Das Hoseabuch zeigt damit, daß die Voraussetzungen für das
im exegetischen Teil Dargestellte in der Tat bereits vorlagen. Die
große Zahl von Anspielungen auf die Frühgeschichte gegenüber den
beiden Landjudäern Amos und Micha und gegenüber dem ganz anders
orientierten Jerusalemer Jesaja zeigt die wesentlich größere Bedeutung
der Geschichtstraditionen im Norden Israels als im Süden. Das erklärt
auch, warum die Geschichtssummarien im Großen und Ganzen erst ab
dem 7.Jh. belegt sind: Erst durch die Eingriffe der Assyrer und die
damit verbundenen Bevölkerungsbewegungen kamen die Voraussetzungen für diese Aussagen in den Süden, und unsere Literatur ist mit
wenigen Ausnahmen Südreichliteratur. Doch auch der Süden ist nicht
geschichtslos: Amos und Micha bzw. ihre Landsleute wissen durchaus
etwas vom Erzvater Jakob, vom Auszug und von der Landnahme, und
dabei sicher noch mehr als sie sagen, weil ihr eigentliches Anliegen
ein anderes ist, und sie nur von dort her und nur punktuell und in
großer Freiheit auf die Geschichte rekurrieren. Schließlich zeigt der
prophetische Umgang mit Geschichte darin eine Gemeinsamkeit mit
den Credotexten, daß es nicht um Geschichte an sich oder um eine
möglichst vollständige Zusammenfassung geht, sondern in und mit der
Geschichtsdarstellung geht es um aktuelle Verkündigung und um
bestimmte Absichten und Erwartungen.

Nachbemerkung: Die Erörterung der Geschichtstraditionen bei
Jeremia und Hesekiel würde über das Anliegen dieses Abschnittes
hinausführen. Es sei auf die Arbeiten von Winfried Thiel und Rüdiger
Liwak zu Jeremia und Thomas Krüger zu Hesekiel verwiesen. Die spezifische Form der Geschichtsüberlieferung führt m.E. bei beiden Pro-
phetenbüchern nicht auf selbständige, alte Traditionen, sondern ist
bestimmt von den jeweiligen aktuellen Anliegen, ähnlich wie es bei
den Propheten des 8.Jh.s und auch bei den behandelten sekundären
Stücken des Michabuches für das 6.Jh. zu erkennen war.

12. Geschichte in den Psalmen

12.1. Zur Charakteristik der Geschichtspsalmen

Die hier zu behandelnden Geschichtspsalmen[1] sind sämtlich spät, d.h. nachexilisch. Es geht also um die Nachwirkung und einen Nachklang zu unserer Thematik. Zugleich ist das Thema der Geschichte Israels in diesen Psalmen in durchaus eigenständiger und kreativer Weise aufgenommen. Die Eigenständigkeit zeigt sich allein schon darin, daß Geschichte - als zusammenhängende Abfolge von Ereignissen über einen gewissen Zeitraum hinweg - nunmehr zu einem Thema der Psalmenliteratur wird. Daß dies erst relativ spät geschah, liegt in der Natur der Psalmen: Ein Klagepsalm ist das Bittgebet eines Menschen aus einer bestimmten Notsituation heraus. Diese Situation ist eine durchaus konkrete, geschichtliche, aber eben eine einmalige. Ähnliches gilt für die korrespondierenden Dankpsalmen. Hier wird für die Errettung gedankt und auf die Not zurückgeblickt, aber auch hier geht es um einmalige Situationen. Allerdings besteht in diesem Zusammenhang die Möglichkeit, auf weitere Ereignisse Bezug zu nehmen, sei es, daß der Beter sich bzw. auch Gott an frühere Rettungstaten erinnert, wie es etwa in Ps 22,5f geschieht ("Unsere Väter hofften auf dich ... zu dir schrien sie und wurden errettet..."), sei es daß die erfahrene Rettung in den Zusammenhang früherer Rettungstaten hineingestellt wird. In besonderer Weise haben diese Aspekte ihren Platz in den Äußerungen des Volkes. Vor allem in den Klagepsalmen des Volkes (z.B. Ps 44) wird die Erinnerung an die früheren Heilstaten Jahwes an Israel laut, sei es als Motiv des Vertrauens, sei es als Beweggrund für Gott, auch jetzt zu helfen, sei es auch als Reflexion über die Undankbarkeit Israels und damit "Rechtmäßigkeit" der nunmehr eingetroffenen Not. Wiederum gilt ähnliches für die gemeinschaftliche Äußerung des Dankens, und hier, im Verhältnis von Einzelereignis und wiederholten Rettungstaten

---

1   Zum Folgenden vgl. die Kommentare von H.Gunkel, HK, und H.J.Kraus, BK; weiters: A.Lauha, Die Geschichtsmotive in den alttestamentlichen Psalmen, AASF56/1, 1945; C.Westermann, Lob und Klage in den Psalmen, 1977, darin: Vergegenwärtigung der Geschichte in den Psalmen (1963) 165-194; H.Zirker, Die kultische Vergegenwärtigung der Vergangenheit in den Psalmen, BBB 20, 1964; F.Crüsemann, Studien zur Formgeschichte von Hymnus und Danklied in Israel, WMANT 32, 1969; J.Kühlewein, Geschichte in den Psalmen, CThM-A2,1973; E.Haglund, Historical Motifs in the Psalms CBOT 23, 1984.

Jahwes, liegt ja der Grund für die Schwierigkeit der Unterscheidung von Siegeslied, Danklied und Hymnus.

In all diesen Gattungen können geschichtliche Elemente wichtig und relativ umfangreich sein, aber sie haben dienende Funktion für die Gattung. Ähnliches gilt für das Verhältnis zu den stärker inhaltlich definierten Gattungen, wie etwa die Königspsalmen, die Jahwe-König-Psalmen oder auch die Weisheitspsalmen. Die in den Königspsalmen historischen bzw. auf historische Gegebenheiten beziehbaren Elemente gehören eo ipso in die Königszeit (z.B. Ps 110,1; 132). Das Thema des Königtums Gottes ist ursprünglich ein mythologisches und ist mit dem Pantheon und mit der Schöpfung verbunden. Durch die Jahwesierung und Israelitisierung geht es nicht mehr um die Herrschaft über Götter, sondern über Menschen, konkret über Israel. Dadurch wird die Schöpfung gewissermaßen von Menschen belebt und wird das Verhältnis Jahwes zur Welt ein geschichtliches (z.B. Ps 95,6ff; 99). Die Weisheit wiederum leitet an zur Bewältigung und zum Gelingen des Lebens. Damit ist sie auf das gegenwärtige, jetzt zur Entscheidung anstehende Handeln konzentriert, auch wenn die Folgen dieses Handelns erst zukünftig sind. Auch hier hat Geschichte dienende Funktion, sei es, daß die Vergangenheit zum rechten Tun motivieren soll, sei es, daß die Bestätigung der weisheitlichen Regeln erst nach geraumer Zeit erfolgen wird.

Als eigentliche Geschichtspsalmen können Ps 77.78.105.106. 135.136 (und Ex 15) bezeichnet werden. Dabei stehen im Psalter merkwürdigerweise immer 2 Psalmen zusammen. Das läßt auf eine bewußte Zuordnung schließen und darauf, daß den Tradenten die Besonderheit der "Geschichtspsalmen" bewußt war, was die bisherigen Überlegungen bestätigt.[2]

---

2   Zugleich wird sich zeigen, daß die jeweilige Darstellung der Geschichte sehr verschieden und zu verschiedenem Zweck geschieht, womit die Elemente der bekannten Gattungen und die jeweiligen Intentionen zu einer großen Bandbreite führen.

12.2. Psalm 77

Der Umfang der in diesen Psalmen dargestellten Geschichte variiert: Ps 77[3] beginnt wie ein Klagepsalm und stellt dann der jetzigen Not die Erinnerung an die früheren Heilstaten gegenüber (V.8 "Ich gedenke der alten Zeit, der vergangenen Jahre"). Der Beter leidet unter der scheinbaren Ohnmacht seines Gottes ("Darum denke ich an die Taten Jahwes, ja ich denke an deine früheren Wunder und sinne über alle deine Werke und denke deinen Taten nach", V.12). Spätestens hier verrät sich der weisheitliche Charakter. Bestimmend ist nicht die aktuelle Notlage des Beters - die entsprechenden Motive sind eher eine Einkleidung der den Beter zum Nachdenken fordernden Situation der nachexilischen Gemeinde. Das verrät auch der Anfang des Psalms: "Ich rufe zu Gott und schreie um Hilfe - und er erhört mich" (V.2). Im echten Klagepsalm wäre die Fortsetzung "...aber du hörst mich nicht" o.ä. Hier dagegen handelt es sich um Vertrauensäußerung und Belehrung. Die Tat des mächtigen Gottes, der Wunder tut, ist das Schilfmeerereignis, die machtvolle Erlösung der Söhne Jakobs und Josefs (V.16), die mit den kräftigen Bildern von Theophanie und Jahwekrieg beschrieben wird: "Die Wasser sahen dich und ängstigten sich ... Dein Donner rollte, Blitze erhellten den Erdkreis, es bebte und wankte die Erde. Dein Weg ging durch das Meer und dein Pfad durch große Wasser; - doch niemand sah deine Spur." (V.17-20) Die Schlußbemerkung führt zurück zum Anliegen des Dichters: Bei aller Großartigkeit der Bilder, worum es geht, ist nicht das Toben der Elemente, sondern die Verborgenheit Jahwes. Von dieser Verborgenheit Jahwes in der für alle Zeit grundlegenden Rettungstat führt der Dichter weiter zum beständigen, aber ebenfalls "spurlosen", nicht so einfach nachweisbaren, Wirken Jahwes als Hirte seines Volkes. Dem Dichter steht dabei zweifellos die Wüstenwanderung vor Augen, eben die Zeit des Mose und Aaron. "Du führtest wie Kleinvieh dein Volk durch die Hand des Mose und Aaron." Zu dem Vertrauen, daß dies auch jetzt geschieht, will der Beter anleiten und daraufhin will er seine Gegenwart transparent machen.

---

3   Außer der genannten Literatur siehe noch A.Weiser, Psalm 77, Ein Beitrag zur Frage nach dem Verhältnis von Kult und Heilsgeschichte, ThLZ 72, 1947, 133-140 und H.G.Jefferson, Psalm 77, VT 13, 1963, 87-91. Sie stellt zurecht ältere Motive heraus, aber die Nähe zu ugaritisch-kanaanäischen Motiven beweist noch keine vorexilische Abfassung, wie z.B. solche Motive in den zweifellos späten Hiobdialogen oder im Danielbuch zeigen.

Ps 77 ist theologische Reflexion über das Handeln Gottes in
der Geschichte, wobei das Handeln Jahwes in der mosaischen Zeit zum
Paradigma für sein Wirken in der Gegenwart wird. Die Einkleidung
des Schilfmeerereignisses in Schöpfungsmotive zeigt auf ihre Art, wie
für Israel der Exodus die normative Ursprungssituation wurde. Ob die
Begrenzung auf Ereignisse unter Mose und Aaron eine entsprechende
Begrenzung der heilsgeschichtlichen Urzeit auf die Mosezeit widerspiegelt, kann mit etwas weniger Sicherheit gesagt aber mit gutem
Grund vermutet werden.

12.3. Psalm 78

Demgegenüber stellt der wesentlich längere Psalm 78 einen
größeren Bereich der Geschichte Israels und mit viel mehr Einzelheiten dar. Der Grund für die Einfügung hinter Ps 77 könnte sein, daß
jener allzu wenig Geschichte bot und daß die "Spurlosigkeit" des
Handelns Gottes allzuwenig war. Demgegenüber war der Tempel, auf
den Ps 78 hinausläuft, doch etwas viel Handgreiflicheres.

Der Psalm beginnt mit einem Aufruf zum Hören und mit der
Erinnerung an die Pflicht zur Unterweisung der Kinder durch die
Väter "damit sie setzten auf Gott ihre Hoffnung und nicht würden
wie ihre Väter, ein abtrünniges und ungehorsames Geschlecht ... (und
nicht) wie die Söhne Ephraim ..." (V.7-9). Erst nach diesen Hinweisen
auf den pädagogischen Auftrag und auf das Lernziel des Dichters
setzt er mit der Darlegung der Geschichte ein. Der Einsatz erfolgt
wieder mit Ägypten und Exodus. Jahwe tat Wunder in Ägypten, beim
Auszug und in der Wüste. "Vor ihren Vätern tat er Wunder in
Ägypten, im Gefilde von Zoan. Er zerteilte das Meer und ließ sie
hindurchziehen und stellte das Wasser fest wie eine Mauer. Er leitete
sie am Tag mit einer Wolke und die ganze Nacht mit einem hellen
Feuer. Er spaltete die Felsen in der Wüste und tränkte sie mit Wasser
in Fülle; er ließ Bäche aus dem Felsen kommen, daß sie hinabflossen
wie Wasserströme." (V.12-16) Diesen Heilstaten Jahwes wird der
dauernde Ungehorsam der Israeliten gegenübergestellt: "dennoch
fuhren sie noch weiterhin fort, gegen ihn zu sündigen und empörten
sich in der Wüste gegen den Höchsten, sie versuchten Gott in ihrem
Herzen, indem sie Speise forderten nach ihrem Begehr und redeten
gegen Gott: Ist Gott wohl fähig, einen Tisch zu bereiten in der
Wüste? Er hat den Felsen geschlagen, daß Wasser strömten ... kann er
aber auch Brot geben und seinem Volk Fleisch verschaffen?" (V.17-20)
In dieser Weise, mit dem Kontrast zwischen Jahwes Fürsorge und der
Undankbarkeit Israels wird den Ereignissen der Wüstenzeit entlangge-
gangen (V.17-41). Selbst wenn sein Zorn entbrannte, vertilgte er sie

nicht ("er aber war barmherzig und vergab die Schuld", V.38), aber
Israel blieb, wie es war ("sie versuchten Gott immer wieder und
kränkten den Heiligen Israels". V.41). Nach diesem tristen Überblick
kehrt die Darlegung zu ihrem Ausgangspunkt zurück. Der Grund für
das Fehlverhalten war eben: "Sie dachten nicht an die Taten seiner
Hand, an den Tag als er sie erlöste von den Feinden, wie er seine
Zeichen in Ägypten getan hatte und seine Wunder im Lande Zoan"
(V.42f). Damit setzt ein zweiter Geschichtsrückblick ein, in dem der
Plagenzyklus ausführlich wiedergegeben wird (V.44-51), während
Auszug und Führung durch die Wüste nur kurz erwähnt werden, und
der Überblick bis zur Landgabe und zum Wohnen der Stämme, also
andeutungsweise zur Richterzeit, weitergeführt wird (V.52-55). Dieser
Heilstat folgt - innerhalb dieses zweiten Geschichtsrückblicks
erstmals! - der Ungehorsam Israels: "Sie versuchten Gott, ... und
hielten seine Gebote nicht ... waren treulos wie ihre Väter ... und
erzürnten ihn mit ihren Höhen und reizten ihn mit ihren Götzen."
(V.56-58) Der daraus resultierende Zorn Gottes führt zur bekannten
Katastrophe Silos und damit Israels am Ende der Richterzeit
(V.59-64), aber nach einiger Zeit "erwacht" Jahwe von seinem Schlaf,
er schlägt die Feinde, und verwirft auch das Haus Josef "und erwählte
nicht den Stamm Ephraim sondern erwählte den Stamm Juda, den Berg
Zion den er liebhat. Er baute sein Heiligtum wie Himmelshöhen, wie
die Erde die er gegründet hat für immer und erwählte seinen Knecht
David ..., daß er sein Volk Jakob weide und sein Erbe Israel. Und er
weidete sie mit lauterem Sinn, mit kluger Hand führte er sie."
(V.67-72).

Diese Gliederung zeigt sowohl Kontinuität wie Diskontinuität
des Psalms. Zum Einen der Rückblick über Auszug und Wüstenwanderung mit seiner durchwegs negativen Bilanz, zum Anderen der im
Grunde für Israel positive Rückblick von den Plagen in Ägypten bis
hin zur Erwählung des Zion und David, mit dem einzigen negativen
Stück des Abfalls in der Richterzeit, der zum Übergang der Führung
und Erwählung von Silo auf Jerusalem führte. Im nunmehrigen
Zusammenhang reicht die Kontinuität des Ungehorsams bis zur
Richterzeit und zum Ende Silos. Juda und Jerusalem bleiben unberührt,
die Frage ist nur, woher deren Bewohner kommen. Der Verfasser der
vorliegenden Endgestalt hält jedenfalls Belehrung und Warnung auch
für seine jerusalemer Hörer für zutreffend und notwendig.

Der terminus a quo dieses Psalms liegt jedenfalls bei den
zuletzt erwähnten Ereignissen, d.h. bei David und beim salomonischen
Tempelbau. Gelegentlich wurde der Psalm in diese Zeit datiert.
O.Eißfeldt meint, daß die Reichsteilung nicht erwähnt wird und daher

auch noch nicht eingetreten war.[4] Mit demselben Argument und
wegen der Übereinstimmung der Plagen mit der jahwistischen Plagen-
erzählung hatte A.Jirku den Psalm ebenfalls in diese Zeit datiert.[5]
Darüber hinaus hatte Jirku den vordeuteronomistischen Charakter des
Psalms darin gesehen, daß hier die Geschichte gegenüber dem üblichen
Umfang der 'lehrhaften Darstellungen' in nicht-dtn Sprache bis auf
die Gegenwart weitergeführt sei. Daß die Rede von der Erwählung
Jerusalems, Judas und Davids ins 10.Jh. gehöre, bedarf heute keiner
Widerlegung mehr. Daß die Reichsteilung nicht erwähnt ist, erklärt
sich aus dem Anliegen des Psalms. Der Rühmung Jerusalems und
Davids wäre mit der Erinnerung an den Abfall der Nordstämme kein
guter Dienst erwiesen. Schließlich ist auch die Übereinstimmung mit J
nicht so eindeutig. Zumindest die Reihenfolge weicht ab[6], zudem
ereignen sich die Plagen etwas verschieden. Immerhin nennt der Psalm
keine der nur in P erwähnten Plagen und ist die Nähe der Plagendar-
stellung bei J und Ps 78, weiters auch bei Ps 105 doch recht auffällig.
Aus der jüngsten Untersuchung des Problems von F.Kohata ergibt
sich: "Eine genaue Entsprechung im Wortlaut ist kaum zu erwarten, da
die Darstellung des Psalms sehr kurz ist. Der Psalmist kennt wahrscheinlich auch die jahwistische Plagenerzählung nicht oder geht mit
ihr recht frei um. Er greift eher auf eine mündliche Tradition zurück,
wie er selbst bemerkt, denn keines der Erzählelemente, die aus der
theologischen Intention des Jahwisten stammen, begegnet uns in
Ps 78."[7]

Damit kommen wir wieder zum Verhältnis von Tradition und
Neugestaltung zurück, wie es sich auch aus der Festellung der
beiden Geschichtsrückblicke ergeben hat. M.E. ist die ausführliche
Erörterung der Pflicht zur Unterweisung der Kinder (V.3-6) jünger als
Dtn 6,20ff und setzt die soziologische Situation der exilischen und
nachexilischen Zeit voraus. Auch die Formulierung mit den Rätseln
der Vorzeit (קדם) setzt einen beträchtlichen Abstand voraus.

---

4   Das Lied Moses ... und das Lehrgedicht Asaphs Psalm 78 ..., 36.

5   A.Jirku, Die älteste Geschichte, 155f, vgl. o. 1.1.

6   Was auch A.Jirku, a.a.O., 108-111 selber erwähnt. Zu diesen Fragen siehe weiters
     H.Junker, Die Entstehungszeit des Ps 78 und das Deuteronomium, Biblica 34 (1953),
     487-500, der den Psalm zu unmittelbar mit der josianischen Reform verbindet, und
     J.Schildenberger, Psalm 78 (77) und die Pentateuchquellen, FS H.Junker, 231-256.

7   F.Kohata, Jahwist und Priesterschrift in Exodus 3-14, BZAW 166,1986, 256f.

Es dürfte somit eine relativ feste Tradition, die von Exodus bis Landnahme reicht, ähnlich wie sie in Dtn 6,20ff für die Unterweisung geboten wird, zugrunde liegen. Mit dieser verband sich die Ausgestaltung der Plagenerzählung, die auch sonst allmählich stärker betont wurde, was auf einen Einfluß der Passahunterweisung (Ex 12) deutet. Diese Tradition wurde von dem Psalmisten in sein umfangreiches Lehrgedicht aufgenommen, das mit der Warnung vor dem Abfall und dem Hinweis auf den Zorn, aber auch die Güte Jahwes und vor allem auf seine zahlreichen Wohltaten erreichen will, "daß sie setzten auf Gott ihre Hoffnung und nicht vergäßen die Taten Gottes, sondern seine Gebote hielten." (V.7) Diesem Ziel entspricht der offene Schluß. Während nach dem jetzigen Aufbau jeder Wohltat Jahwes der alsbaldige Abfall Israels aber auch Zorn und Strafe Gottes gegenüberstehen, stehen am Ende nur die Wohltaten Jahwes. Das Weitere liegt in Israels Hand.

Schließlich noch eine Beobachtung zu unserer weiteren Thematik: Ps 78 spricht von Bund und Gebot, aber noch immer ist es zweierlei, die Heilstaten Jahwes zu erzählen oder von seinem Bund oder Gebot zu sprechen. Allerdings läßt sich unter dem Aspekt der Verpflichtung zur Dankbarkeit bzw. des Zorns über den Undank eine gewisse Relation erahnen und hinter Bundesbruch Israels und Sieg der Barmherzigkeit Jahwes in V.37f scheint doch Ex 32f zu stehen.

12.4. Psalm 105

Psalm 105 und Psalm 106 bilden zusammen den Abschluß des vierten Buches der Psalmen (90 - 106) und sind an dieser Stelle auch bewußt einander zugeordnet. Sie haben anders als Pss 77/78, aber wie Pss 135/136 keine Überschrift, was übrigens der Mehrheit der Psalmen des vierten Buches entspricht. Die beiden Psalmen sind fast gleich lang, der in ihnen angesprochene Zeitraum unterscheidet sich aber beträchtlich.

Der Psalm setzt ein mit einer ausführlichen, in vielen Anläufen ausgesprochenen Aufforderung zum Loben und Danken, die fast keines der in Frage kommenden Wörter ausläßt (שׁיר, זמר, שׂיח, הלל, דרשׁ, בקשׁ, זכר, שׂמח). Die Angesprochenen werden bezeichnet als "Geschlecht Abrahams, seines Knechtes" und im Parallelismus dazu als Söhne Jakobs, seine(s) Auserwählten". Die Israeliten der nachexilischen Zeit sind dank der Erzväter im selben Stand wie jene: Knechte

und Auserwählte Jahwes.[8] Jahwes Wirken ist räumlich (alle Welt) und
zeitlich (tausend Geschlechter, V.8, in Anspielung an die entsprechende Aussage im Dekalog, vgl. Ex. 20,6; Dtn 5,10; 7,9) umfassend.
Dieses Wirken ist auf Israel bezogen und thematisiert unter dem
Begriff des Bundes[9].

Im Licht von Jahwes Bundestreue wird dann die Geschichte
von den Erzvätern bis zur Rettung aus Ägypten vorgetragen. Dabei ist
die Trias der Erzväter völlig verschmolzen. Nicht mehr Erneuerung
der Verheißung oder Bezugnahme auf den früheren Eid sind ausgedrückt, sondern der Eid gilt allen drei Vätern, wie sie auch im
folgenden (V.12-15) praktisch ineinander übergehen. Ohne Kenntnis
der Genesis würde man sie nicht zeitlich hintereinander sondern
miteinander leben und umherziehen lassen. Allein schon diese Sicht,
aber auch die Bezeichnung der Erzväter als Gesalbte und Propheten
weisen den Psalm der eher nachexilischen Zeit zu. V.12, gering an
Zahl[10], setzt Dtn 26,5 voraus, verlagert aber die angesprochene
Situation nach Kanaan und verallgemeinert sie wieder auf alle drei
Erzväter.

Neu und einmalig ist die ausführliche Berücksichtigung der
Josefsgeschichte, V.16-23. Der Gattung des Psalms entsprechend ist
natürlich auch hier alles als Handeln Jahwes dargestellt: "Er sandte
einen Mann vor ihnen her ..." (V.17). Dazu liegen die Ansätze wieder
durchaus in der Genesis, besonders in dem Deutesatz 50,20: "... aber
Gott gedachte, es gut zu machen ..., nämlich am Leben zu erhalten
ein großes Volk". Das Gewicht der Genesisdarstellung ist aber
immerhin so groß, daß hier die Rekapitulation des Tuns des Menschen
wesentlich ausführlicher ist, als in jedem anderen Teil des Psalms.
Diese Nacherzählung paßt eigentlich nicht so recht zu einem Hymnus.
Ihre Aufführung ist schwer vorstellbar[11].

---

8   Dieses Ineinander spiegelt sich auch in der Textüberlieferung, siehe BHS und BHK.

9   Zur Frage der Verwendung und Wiedergabe des Begriffs siehe S.Herrmann, "Bund"
     eine Fehlübersetzung von "b[e]rit"?, in ders., Gesammelte Studien, 1986, 210-220.

10   Zum Begriff und seinen durchwegs späten Vorkommen siehe 9.5.

11   Es ist wohl das Empfinden für diese Schwierigkeit, das dazu führt, daß Ps 105 in
     1 Chr 16 nur bis V.15 zitiert wurde. F.Crüsemann, Studien zur Formgeschichte von
     Hymnus und Danklied, 76-78, hebt zwar die zum imperativischen Hymnus passenden
     Perfekte hervor, übergeht aber die übrigen Abweichungen vom Schema in V.16-23.
     Jedenfalls ist es nicht berechtigt, den Sitz im Leben von Psalm 105 von 1 Chr 16

Es folgt der Bericht von der Unterdrückung in Ägypten, von der Sendung Moses und Aarons und besonders die Erwähnung der Plagen. Demgegenüber wird der Auszug nur ganz beiläufig erwähnt (V.37: "Er führte sie heraus mit Silber und Gold; es war kein Gebrechlicher unter ihre Stämmen"), und das Schilfmeerereignis selbst wird völlig übergangen, jedenfalls nicht eigens genannt (vgl. Dtn 26, 26,5-10). Die Nennung der Plagen unter dem Stichwort "Zeichen und Wunder" entspricht dem dtr Sprachgebrauch im Dtn, aber nicht in Dtn 26,8[12]. Die Plagen werden in freier Reihenfolge rekapituliert. Daß es nur sieben gegenüber zehn in Exodus sind, kann aber nicht auf die Kenntnis einer noch selbständigen Pentateuchquelle zurückgeführt werden. Dazu ist die sonstige "Zitierweise" viel zu frei und werden Plagen aus allen Quellen angeführt. Dies, die erwähnte dtr Begrifflichkeit für die Plagen und die auf P (Ex 12,35) bezogene Erwähnung des mitgenommenen Silbers und Goldes (V.37) zeigen, daß dem Dichter der Pentateuch bereits in seiner Endgestalt vorliegt.

Es folgt ein kurzer Hinweis auf die Führung in der Wüste und die dortigen Wunder Jahwes (V.39-41). Die folgende Bemerkung: "Denn er gedachte an sein heiliges Wort und an Abraham seinen Knecht" (V.42) bezieht sich auf die Einleitung und Gesamtthematik (V.8). Die eigentliche Geschichtstradition reicht also nur bis zum Buch Exodus bzw. Numeri.

Die den Psalm abschließenden Sätze: "So führte er sein Volk mit Freuden heraus und seine Auserwählten mit Jubel und gab ihnen die Länder der Heiden, daß sie die Güter der Völker gewannen, damit sie seine Gebote hielten und seine Gesetze bewahrten" (V.43-45) nehmen in hymnischem Ton nochmals alles in Blick und nehmen Bezug auf die eingangs (V.1b-7) angesprochene "Völkerherrschaft Jahwes und sein weltüberlegenes Walten"[13]. Sie enden aber nicht eigentlich "dem kanonischen Sehen gemäß" mit der Landnahme[14] im Sinn eines Hexateuch, sondern beschränken sich auf den Pentateuch. Alles in V.43-45 Gesagte findet sich nach Inhalt und Stimmung in Dtn 6-8,

---

her zu bestimmen, wie es H.J.Kraus, Psalmen, BK, 891 unter Berufung auf R.Kittel und A.Weiser tut.

12   Siehe 9.5.

13   H.J.Kraus, Psalmen, BK, 895.

14   Ebd.

insbesondere im unmittelbaren Anschluß an das zu dieser Zeit wohl schon geläufige "Sch^{e}ma Israel"; vgl. Dtn 6,10 mit V.44 und die in Dtn 6,20-25 genannte Zweckbestimmung aller Ereignisse[15] mit V.45.

12.5. Psalm 106

Ps 106 setzt in seinem Geschichtsrückblick mit den Vätern in Ägypten ein, die Jahwes Wunder nicht verstehen (zunächst wohl die Plagen und die damit verbundene Sendung Moses und Aarons), dann aber aufgrund der Errettung am Schilfmeer seinem Worte glauben und sein Lob singen (V.7-12). Bald vergessen sie aber wieder Jahwes Taten und fallen in verschiedener Weise wiederholt von ihm ab, wobei die Murrgeschichten und Konflikte von Exodus und Numeri ebenso genannt werden (V.13-33) wie der Ungehorsam und Abfall im Sinn der bekannten Zyklus des Richterbuches und der dtr Bewertung der Geschichte Israels insgesamt (V.34-43). Dem sündigen Tun Israels folgen die verschiedenen strafenden Eingriffe Jahwes, bis hin dazu, daß er sein Volk in die Hand der Heidenvölker gibt, und diese sie Hassenden über sie herrschen (V.4). Dabei bleibt in der Schwebe, wieweit die Vorgänge der Richterzeit gemeint sind (dafür spricht die Wiederholung des Vorganges, V.43: "viele Male rettete er sie") und wieweit das babylonische Exil als Endpunkt dieser Linie angesprochen ist (dafür spricht die dem dtrG entsprechende Kritik am weiteren Verlauf der Volksgeschichte, V.37-40). Aber die verdienten Strafen bleiben und blieben nicht das Letzte: "Da sah er ihre Not an, als er ihre Klage hörte, und gedachte an seinen Bund mit ihnen, und es reute ihn nach seiner großen Güte, und er ließ sie Barmherzigkeit finden bei allen, die sie gefangen hielten" (V.44-46). Auch hier bleibt es in der Schwebe, welche früheren Erweise der Bundestreue und der Barmherzigkeit Jahwes gemeint sind, aber in V.46b ist doch chronologisch jedenfalls auch und sachlich wohl primär das Exil gemeint. Der Psalm blickt zurück auf das babylonische Exil, erwartet und erbittet aber die Rückkehr weiterer Israeliten aus der Diaspora (nicht nur aus Babylonien).

Der Psalm ist aufs Ganze gesehen ein Klagepsalm, wie besonders die Bitten um Hilfe am Anfang (V.49) und am Ende zeigen. In diesem Zusammenhang ist nun das Element des Sündenbekenntnisses

---

15   Siehe 8 (Dtn 6).

weit ausgeführt. Der Psalm wird so zu einer "Generalbeichte Israels"[16], wobei paradigmatisch Ereignisse des Auszugs, besonders der
Wüstenzeit, dann aber auch, hier stärker abstrakt und summarisch,
ganz im Sinn der Bewertung im dtrG, die Situation in Kanaan genannt
werde.

Der Rückblick setzt den Pentateuch und die im dtrG ausgesprochene Kritik voraus. Die dem Pentateuch entsprechenden Ereignisse werden wieder in freier Reihenfolge wiedergegeben, spannen
sich aber doch vom Exodus bis zum Baal-Peor. Wiederum sind alle
Pentateuchquellen bzw. der fertige Pentateuch vorausgesetzt und
werden die Inhalte in Anlehnung daran, aber zugleich in freier bzw.
von anderen Traditionen beeinflußter Ausdrucksweise, wiedergegeben.
Zum Beispiel bezieht sich V.9 auf die P - Version des Schilfmeerwun-
ders, die Wendung "er schalt das Schilfmeer" ist jedoch in diesem
Zusammenhang neu und entspricht dem Chaos- bzw. Völkerkampfthema
(Nah 1,4; Jes 17,13).[17]

Das Problem des Verhältnisses zwischen den hymnischen
Formulierungen am Anfang und dem Sündenbekenntnis und der Bitte
um Hilfe ist wohl nicht durch eine Kompositionsthese zu lösen. Denn
auch der Geschichtsrückblick steht in Spannung zu einem Klagepsalm,
und das vorherrschende Element des Sündenbekenntnisses bedeutet
ebenfalls eine nicht geringe Umakzentuierung der Geschichtsthematik.
Die in V.2 angesprochenen Taten Jahwes können durchaus die im
Hauptteil angesprochenen Pentateuchtraditionen meinen, und die in
V.1 angesprochene Güte und Gnade entsprechen dem, was gegenüber
allen dargelegten Verfehlungen Israels das Bleibende und Tragende ist:
Seine Bundestreue und seine große Gnade (V.46). So ist der Psalm
wohl von Haus aus eine geschlossene Komposition[18], die vielleicht
tatsächlich in nachexilischen Bußgottesdiensten ihren Ort hatte.[19] Der

---

16   H.Gunkel, Psalmen, HK, 464.

17   Zum Chaosthema siehe H.Wildberger, Jesaja, BK, zu Jes 17,13; dort auch zum
     ugaritisch - kanaanäischen Hintergrund (O.Loretz, Die Psalmen II, AOAT 207/2
     behandelt wider Erwarten diese Frage nicht). Für den Nachweis der Anlehnungen
     an den Pentateuch siehe H.Gunkel, Psalmen, HK.

18   Abgesehen von V.48, der nicht nur den Psalm, sondern auch das vierte Psalmbuch
     abschließt.

19   H.J.Kraus, Psalmen, BK, 901.

Psalm steht in der Spannung zwischen den großen Taten Jahwes (V.2), deren er zweifellos auch in der Gegenwart mächtig wäre, und den beklagenswerten Realitäten der nachexilischen Situation. Die Spannung wird in Anlehnung an die dtr Unheilsbegründung zu bewältigen und die Not zu wenden gesucht.[20]

Für unsere Thematik ist interessant, daß die Erzväter- inklusive Jakob! - offensichtlich so positiv betrachtet wurden, daß sie nicht in dieses Sündenbekenntnis kommen konnten und daß anderer- seits die Zeit der Sünde - anders als die auf die Mosezeit begrenzte kanonische Heilszeit - bis zum babylonischen Exil weitergeführt werden konnte.

Bemerkenswert ist schließlich, daß die zweifellos bekannten Sinai- und Gebotstraditionen (außer der anders gelagerten Erzählung vom goldenen Kalb) nicht erwähnt und auch nicht zum Maßstab gemacht wurden.

12.6. Psalm 135

Ps 135 fordert zum Lob der Taten Jahwes auf (V.1-3) und stellt den dabei aufgezählten Machterweisen in Schöpfung, Geschichte und Völkerwelt (V.4-14) die Ohnmacht der Götzen der Heidenvölker gegenüber (V.15-18), um zum Schluß nochmals in eine Aufforderung zum Lobpreis zu münden. Der Mittelteil wird eingeleitet mit dem Hinweis auf die besondere Beziehung zwischen Jahwe und Israel: "Der Herr hat sich Jakob erwählt, Israel zu seinem Eigentum" (V.4). Jakob steht hier für Israel, während die Erzväter im Psalm sonst nicht erwähnt werden.

Der Einsatz erfolgt hier erstmals mit den Schöpfungstraditio- nen, die eng mit der Tradition vom Königtum Gottes verbunden sind (V.5-7), was im Zusammenhang mit der Götzenpolemik von V.15-18 steht. Deutlich sind dabei die Anklänge an kanaanäische Mythologie.[21] In den Raum der Schöpfung hineingestellt ist die eigentliche

---

20   Vgl. dazu die Überlegungen bei W.Beyerlin, Der nervus rerum in Psalm 106, ZAW
      86, 1974, 50-64. Vom Aspekt des Nebeneinanders von Pss 105 und 106 her kommt
      W.Zimmerli, Zwillingspsalmen, in: ders., Ges. Stud. II, 261-271, zu einer ähnlichen,
      positiven Verhältnisbestimmung von Sündenbekenntnis und Lobpsalm, indem er auf
      die Form der Gerichtsdoxologie hinweist (besonders 270).

21   Vgl. H.J.Kraus, Psalmen, BK, 1045.

Geschichte, die recht unvermittelt mit der Tötung der Erstgeburt in Ägypten und dem allgemeinen Hinweis auf die Zeichen und Wunder an Ägypten und dem Pharao, also auf den Plagenzyklus, einsetzt. Die eigentliche Exodustradition wird übersprungen. Man kann gerade nicht davon reden, daß hier "das zentrale Thema: 'Ausführung aus Ägypten'"[22] bestimmend sei. Vielmehr wird das Stichwort "schlagen" des Plagenzyklus aufgenommen, um die Besiegung vieler Völker und die Tötung mächtiger Könige anzusprechen, wofür dann Sihon und Og und alle Königreiche in Kanaan konkret genannt werden. Darauf folgt in einem kurzen Satz die Erinnerung an die Vergabe des Landes als Erbbesitz (V.10-12).

Die auffallendste Einzelheit ist das Fehlen des Auszugs, auch wenn dieser zweifellos als Ziel des Plagenzyklus und als Woher der Landnahme vorausgesetzt ist. Diese "Lücke" ist mindestens ebenso bemerkenswert wie das vieldiskutierte Fehlen des Sinai. Die Landnahmetradition ist ebenfalls wieder sehr begrenzt. Genannt werden Sihon und Og, also wieder die pentateuchische Landnahmetradition. "Und alle Königreiche Kanaans" (V.11) wirkt wie ein Nachtrag[23]. Die Bemerkung ist jedenfalls sehr pauschal.

Die Geschichtstradition wird somit in Ps 135 wiederum in recht freier Weise dem Anliegen des Lobpreises für Jahwe dienstbar gemacht. Die Situation der am Tempel versammelten Gemeinde ist in den Schlußversen deutlich greifbar (V.19-21). Die kultische Verwendung und Einbettung ist hier - ausnahmsweise - nicht nur zu erschließen. Ob ein bestimmtes Fest angenommen werden kann, ist dagegen weniger sicher. Der Bezug auf das Passahfest legt sich zwar wegen der Plagen nahe, das Fehlen des Exodus ist dafür wiederum merkwürdig. So wird man es bei der allgemeinen Bestimmung lassen müssen, "daß Ps 135 bei einer Tempelfeier von der versammelten Gemeinde angestimmt worden ist"[24]. Die besondere Intention scheint der Lobpreis der Einzigkeit und Größe Jahwes zu sein, die an seinem Wirken in der Schöpfung und in der Geschichte aufgezeigt wird.

---

22   Ebd.

23   "Die Worte fehlen Ps 136,17ff und sind hier wohl eingesetzt, weil man in 12 das eigentliche Kanaan vermißte." H.Gunkel, Psalmen, HK, 575. Für das Vorliegen einer Glosse spricht auch die Überlänge des Verses (der allerdings auch als Trikolon aufgefaßt werden könnte).

24   H.J.Kraus, Psalmen, BK, 1073 in Zustimmung zu F.Nötscher (Psalmen, EB).

Sowohl die sekundäre Verwendung der verschiedenen Traditionen[25]
wie auch die vielfache Bezugnahme auf andere Texte[26] erweisen den
Psalm als sehr spät.

12.7. Psalm 136

Dieser wieder als Zwillingspsalm seinem Vorgänger zugeordnete
Psalm zeichnet sich durch einen viel strengeren formalen Aufbau aus.
Seine Struktur läßt sich sehr gut als Entfaltung der Gattung des
imperativischen Hymnus verstehen, wobei sich V.1-3 als Entfaltung
des Imperativs, die weiteren Verse (V.4-26) als Entfaltung der Angabe
des Adressaten und die jeweils zweite Hälfte aller Verse als Durchführung des Hymnus gelten können.[27]

Bei der Entfaltung der Angabe des Adressaten wird in der
Form von das Wirken Jahwes beschreibenden Partizipialsätzen die
Geschichte der Schöpfung, des Auszugs aus Ägypten und der ostjordanischen Landnahme rekapituliert. Der Abschnitt über die Schöpfung
lehnt sich deutlich an die Formulierungen von Gen 1 (P) an, nur mit
der Abweichung, daß die Erschaffung von Himmel und Erde nicht in
Einzelschritten und unter Aufnahme weisheitlicher Motive (vgl.
Spr.8,22ff; Hiob 28,23ff) wiedergegeben wird, und daß Sonne und Mond
namentlich genannt werden. Die Schöpfung ist hier deutlich Schöpfungsgeschichte und als Geschichte der weiteren Geschichte vorange-
stellt.

Beim Exodus werden sowohl die Tötung der Erstgeburt, als
auch die Herausführung und das Schilfmeerereignis genannt. Die
Formulierungen setzen sowohl Dtn 26 (zu V.12) als auch die priester-

---

25   Z.B. die Götzenpolemik im Vergleich zu Jesaja 44 und Deuteronomium 4. Für
     relativ späte Entstehung des Psalms und eher späte Gestalt des Motivs der
     Verspottung der Götzen siehe auch H.D.Preuß: Verspottung fremder Religionen im
     Alten Testament, BWANT 92, 1972, 251-253; "Der Götzenspott ist damit kontras-
     tierendes Motiv der Heilshoffnung" (253) - und insofern der Intention des Psalms
     integriert.

26   Siehe die Zusammenstellung bei H.Gunkel, Psalmen, HK.

27   F.Crüsemann, Studien, 19-82; zu Ps 136 besonders 74-76. Zur inhaltlichen Struktur
     siehe P.Auffret, Note sur la structure littéraire du Psaume CXXXVI, VT 27, 1977,
     1-12.

schriftliche Version des Schilfmeerereignisses voraus (zu V.13f). Die einzelnen Ereignisse werden in wohlgeordneter Reihenfolge wiedergegeben und dementsprechend als nächstes die Führung in der Wüste und dann die Besiegung der ostjordanischen Könige Sihon und Og und die Übergabe von deren Land als Erbbesitz an die Israeliten. Der Hinweis auf die Befreiung aus Unterdrückung (V.23f) und der Dank für das "tägliche Brot" (V.25) zieht bereits allgemeingültige Folgerungen, wobei zum einen Gottes Handeln in der Geschichte, zum anderen Gottes Handeln in der Schöpfung aufgenommen werden.

Insgesamt zeigt der Psalm eine chronologische und lineare Folge der angesprochenen Themen. Dazu trägt der formal jeweils gleiche Aufbau der Strophen wesentlich bei. Es ist aber beeindruckend, in welcher Gleichmäßigkeit den Pentateuch, genauer gesagt den Tetrateuch, entlang gegangen wird, und zwar in der Begrenzung auf die mosaische Zeit (V.19-22). Umso mehr fällt auf, daß der Sinai auch hier nicht erwähnt wird, obwohl er zweifellos bekannt und auch in der pentateuchischen Geschichte integriert ist. Dasselbe gilt für die Erzväterthematik. Vermutlich standen für den Dichter die Schöpfungs- und Rettungsthematik gegenüber dem Thema der Verheißung (Erzväter) oder der Verpflichtung (Sinai) im Vordergrund. Wegen des Einsatzes bei der Exodusthematik und ihrer - im Unterschied zu Ps 135 - vollständigen Darbietung, könnte hier wirklich an die Passahfeier gedacht werden.[28] Für den zweiten Schwerpunkt, nämlich die Schöpfungsthematik und den Dank für die Speise, die Jahwe allen gibt, könnte daran erinnert werden, daß Passah mit Mazzot verbunden ist, und Mazzot den Anfang der Ernte markiert.[29]

So ergibt sich auch hier, bei der scheinbar objektivsten Rekapitulation der Geschichte in den Psalmen, daß die Auswahl der Inhalte wesentlich von der Intention und der Situation des Psalms

---

28   Diese Zuordnung wurde seit Aufkommen der diesbezüglichen Fragestellung wiederholt vorgenommen. Während B.Duhm, Psalmen, KHC, 1899, noch allgemein vom Synagogengottesdienst und H.Gunkel, Psalmen, HK, 1926, noch allgemein vom Gottesdienst spricht, wird bei H.Gunkel - J.Begrich, Einleitung in die Psalmen, 1932, die Bedeutung des Passahfestes als Sitz im Leben der Hymnen, insbesondere jener mit geschichtlichem Stoff (bei Gunkel "heilige Legende" genannt) hervorgehoben (78) und Ps 136 diesem zugeordnet (63.78). Zuordnung zum Passahfest weiters bei H.J.Kraus, Psalmen, BK, 1079.

29   Damit erübrigt sich die mit diesen Motiven begründete Zuordnung zum Laubhüttenfest, vgl. A.Weiser, Psalmen, ATD, z.St.

geprägt ist, wobei allerdings die pentateuchische Darstellung bis hin
zu ihrer Begrenzung am Ende voll respektiert wird.

Der Psalm ist zweifellos nachexilisch, wie die Anknüpfungen
an den Pentateuch zeigen.[30] Dabei können einzelne Formulierungen,
etwa die namentliche Nennung von Sonne und Mond, älter sein und
auf priesterliche Traditionen zurückgehen. Die besondere Leistung
dieses Psalms ist die volle Umsetzung der (kanonischen Heils-)-
Geschichte in den Hymnus, der, wie besonders der Refrain zeigt, von
der Schriftlichkeit wieder zur Mündlichkeit der Geschichtstraditionen
hinführt, wenn auch nun in exakter dichterischer Form.

12.8. Ex 15,1-18

Die Erörterung von Ex 15,1-18 an dieser Stelle der Untersuchung über "die frühere Geschichte Israels in Bekenntnis und
Verkündigung" (statt im Zusammenhang der Texte in den Geschichtsbüchern) ist begründet in der Gattung des Textes[31] und auch in der
Datierung. Das Schilfmeerlied ist trotz einzelner Gegenstimmen kaum
anders als nachexilisch einzuordnen.[32]

Das Schilfmeerlied nimmt in der Einleitung das Miriamlied auf
und preist von da ausgehend das kriegerische (V.3) Wirken Jahwes
beim Schilfmeerereignis. Dabei wird das Ereignis der Vernichtung der
Ägypter in mehreren Anläufen dargestellt (V.4-10), wobei sowohl die
verschiedenen Vorstellungen aus den Pentateuchquellen (z.B. V.8:

---

30   Für Einzelnachweise siehe wieder H.Gunkel, Psalmen, 577f.

31   Vgl. dazu auch die Zusammenstellung mit den Psalmen in den "Oden" der LXX.

32   Vgl. dazu die Forschungsgeschichte bei E.Zenger, Tradition und Interpretation in
     Exodus XV,1-21, VTS 32, 1981, 452-483. Auf die Zeit um 200 herabzugehen, wie es
     H.Strauß, Das Meerlied des Mose - ein 'Siegeslied' Israels?, ZAW 97, 1985, 103-
     109, tut, hat keinen positiven Anhalt und ist aus kanonsgeschichtlichen Gründen
     nicht möglich. Der Einbau in den Pentateuch erlaubt es nicht, unter das 4.Jh.
     herunterzugehen. Einen weiteren Anhaltspunkt für den terminus ad quem könnte
     "die Benutzung von V.5 in Neh 9,11" ergeben (B.Baentsch, HK, 128). Die Auseinan-
     dersetzung mit den Argumenten für vorexilische Datierung oder mit den Fragen
     der Strophengliederung oder einer literarischen Mehrschichtigkeit kann hier nicht
     erfolgen. Neben den bei Zenger und Strauß genannten Beiträgen sei auf die
     Kommentare zu Exodus hingewiesen, besonders B.Baentsch, HK; M.Noth, ATD und
     B.S.Childs, OTL.

Zurückdrängen des Wassers, vgl. J, und Teilung, vgl. P) wie auch mythologische Motive integriert sind. Diesem ersten Teil der Geschichtsdarstellung folgt die Unvergleichlichkeitsfrage von V.11 "Wer ist dir gleich unter den Göttern ...", "die ein traditionelles häufiges hymnisches Formelement ist und die den zu preisenden Gott als einzigartig aus dem Kreise der 'Götter' heraushebt, also ihren letzten Ursprung in außerisraelitischen polytheistischen Vorstellungen hat."[33] Allerdings ist jetzt "der ursprünglich polytheistische Hintergrund der Vergleichsfrage ganz ausgeschaltet." Daß es nicht mehr um den Vergleich sondern um das Lob der Größe Jahwes geht, zeigt auch die Häufung der Attribute für Jahwe in V.11b. Nach dieser Unterbrechung, die u.a. zur Strophengliederung des Liedes[34] Anlaß gab, wendet sich der Dichter wieder dem Geschichtsverlauf zu. Dabei ist unklar, ob V.12 ("die Erde verschlang sie") ein außerhalb der Reihenfolge stehender Hinweis auf Num 16 oder eine nicht so recht zum Wasser passende Interpretation zum Schilfmeerereignis ist. Am sinnvollsten erscheint es, mit E.Zenger der alten Erklärung von C.F.Keil (BC, 1861) zu folgen: "Mit diesen Worten erweitert sich der Blick des Sängers auf alle Großtaten des Herrn, die in jener Wundertat an den Ägyptern beschlossen liegen ... Was Ägypten erfahren hat, das wird allen Feinden des Herrn und seines Volkes widerfahren."[35]

Nun folgt die schreckenerregende Wirkung dieses Ereignisses auf die Philister, Edomiter und Moabiter, "alle Bewohner von Kanaan verzagten" (V.13-16). Dieses Erschrecken und Erstarren wird nochmals betont (V.16a) und zwar geschieht es, während(!) das Volk hindurchzog. Dieses Hindurchziehen ist wieder merkwürdig schwebend. Der Durchzug durch das Schilfmeer ist vorbei. Der Durchzug durch den Jordan wird jedenfalls nicht explizit genannt. Eher scheint an das Stillhalten der Völker gedacht zu sein (vgl. Dtn 2,1-25). Da "Kanaan" in V.15 wohl doch nicht nur im Parallelismus zu Edom und Moab steht, so ist hiermit auch das westjordanische Gebiet mit eingeschlossen. Die Feinde halten unter dem Gottesschrecken still bis Israel am Ziel ist. Dieses ist "der Berg deines Erbbesitzes, die Stätte, die du, Jahwe, dir zur Wohnung geschaffen hast, [das] Heiligtum, Herr, das deine Hände bereitet haben" (V.17), womit kaum etwas anderes als

---

33   M.Noth, Ex, ATD, 99.

34   Vgl. das Referat bei E.Zenger, a.a.O., 454. V.11 hat für alle, ansonsten weit divergierenden Gliederungsversuche eine Schlüsselrolle.

35   Nach E.Zenger, a.a.O., 467.

Jerusalem und der Tempel gemeint sein können. Das Lied wird abgeschlossen mit dem Lobpreis für Jahwes Königtum "Jahwe herrscht als König für immer und ewig!" (V.18), wobei hier die bekannte Formel יהוה מלך ins Imperfekt gesetzt ist, יהוה ימלך, vgl. Jes. 52,7.

Es zeigt sich, wie auch im Schilfmeerlied ein bestimmtes Anliegen die Auswahl und Aufnahme der verschiedenen Traditionen bestimmt. Das Rühmen Jahwes in diesem Lied hat zweifellos das Schilfmeerereignis von Ex 14 im Zentrum, insofern hat das Lied von seinem jetzigen literarischen Ort - und wahrscheinlich von Haus aus- tatsächlich "eine deutliche Kontrollfunktion ... [davor zu bewahren, die Exodus- und Landnahmeüberlieferung] ... je anders als unter dem Gesichtspunkt der exklusiven Urheberschaft Jahwes ... zu verstehen und weiterzugeben."[36] Als zweiter Schwerpunkt steht daneben aber nicht eigentlich die Landnahmetradition sondern die bis zur Errei- chung des heiligen Berges und der heiligen Stadt verlängerte (Wüsten)Wanderungstradition.

Somit wird, ähnlich wie in Ps 78, die Zions- und Davidtradi- tion zum Ziel der Geschichtstradition über die Frühzeit, nur daß hier wieder die Begrenzung auf die Mosezeit geschieht. Das Land wird nicht eingenommen, die Völker werden nicht besiegt, sondern sie sind starr und stumm "wie Steine" (V.16), bis Israel am Ziel ist. Mose und David, besser gesagt, was Jahwe durch Mose und David bzw. zu ihrer Zeit getan hat, stehen nebeneinander. Genannt wird eigentlich nur der Weg, aber der Weg hat seinen Sinn im Ziel, im Lobpreis Jahwes, der im Gottesdienst der in Jerusalem versammelten Gemeinde laut wird. Dieser Lobpreis ist unlöslich verbunden mit der Verkündigung von Jahwes Taten in der Geschichte.

---

36 H.Strauß, a.a.O., 108.

Ergebnisse und Folgerungen

13. Ergebnisse und Folgerungen

13.1. Zur Forschungsgeschichte

13.1.1. Durch die Arbeit von Anton Jirku wurde eine spezifische Art formgeschichtlicher Fragestellung aus dem Bereich des Neuen Testaments (Alfred Seeberg) in die alttestamentliche Forschung eingeführt. Die Fragestellung ist zwar bereits als formgeschichtlich zu bezeichnen, sie ist aber noch geprägt von den Voraussetzungen der Literarkritik, indem nach der großen, durchgehenden Einheit, gewissermaßen einer mündlichen Quelle(n"schrift") gefragt wird.

Eine der Stärken des Ansatzes von Jirku/Seeberg ist die Vorordnung der Frage nach den möglichen Orten der Überlieferung (Sitz im Leben) vor der Rekonstruktion eines Überlieferungsvorganges. Dadurch kommt auch ein teilweises Nebeneinander von mündlicher und schriftlicher Überlieferung leichter in den Blick und nicht nur ein schematisches Hintereinander. Es fällt auf, daß Jirku seine "lehrhafte Darstellung", die inhaltlich Martin Noths "gemeinsamer Grundlage" aus der richterzeitlichen Amphiktyonie entspricht, ungefähr in jene Zeit setzt, in die Gerhard v.Rad den Jahwisten einordnet (frühe Königszeit, aber noch Zeit Sauls oder Anfangszeit Davids).

Bei Kurt Galling erfolgt die Übergang zur klassifizierenden Zuordnung und Vergleichung der Texte und Traditionen. Die Beobachtung an den Texten steht im Vordergrund, und Galling geht in einem strengeren Sinn von den Texten aus, als es Jirku tat, allerdings sind einige Deutungen sehr problematisch. Hatte bei Jirku der Gedanke an die große Gesamtdarstellung den Blick geleitet, so macht sich bei Galling der Isolationseffekt der traditionsgeschichtlichen Fragestellung bereits kräftig bemerkbar. Dementsprechend wird nun von der festgestellten Tradition zurückgegangen zu ihren Trägern und Tradenten. Dem aus historischen Gründen wahrscheinlichen Verlauf eines allmählichen Zusammenwachsens Israels wird ein ähnliches Zusammenwachsen der Traditionen zur Seite gestellt. Ähnlich wie die bekannten Pentateuchquellen die Annahme von "lehrhaften (Gesamt-)-Darstellungen" der Frühgeschichte Israels gestützt hatten, so verleiht nun die rekonstruierte Geschichte Israels der rekonstruierten Traditionsgeschichte ihre Evidenz. Dafür werden schon bei Galling beträchtliche Diskrepanzen zwischen literarischem Alter eines Textes und sogenanntem Traditionsalter in Kauf genommen.

13.1.2. Durch die Aufnahme der Thematik und der Problemstellung (Verbindung mit der Pentateuchentstehung) durch Gerhard v.Rad und durch die Weiterführung bzw. Bestreitung seiner Konzeption wurde ein großer Teil der alttestamentlichen Forschung in den mittleren Jahrzehnten des 20.Jh. intensiv bestimmt. V.Rad konzentriert sich zwar auf wesentlich weniger Texte, und er addiert sie nicht wie Jirku, sondern er ordnet sie in zwei Gruppen, aber auch er schaut letztlich auf die große Einheit, nämlich den ganzen Hexateuch, dessen Werdegang er umfassend klären will.

Das Neue bei v.Rad ist die Konzentration auf Dtn 26, die Beobachtung des Fehlens des Sinai(themas) in den 'Credotexten' und die ganz selbstverständliche und kaum weiter begründete Einordnung von "Exodus - Landnahme" - Thematik und Sinaithematik in zwei verschiedene frühisraelitische Feste, nämlich Massot- und Herbstfest.

Obwohl v.Rad auch relativ junge Texte erörtert (bis hin zu Ps 136 bzw. das Dtn in seinem - sicher literarischen - Endstadium), wird die ganze Hexateuchentstehung auf die beiden, einander folgenden (!) Phasen Kult und Literatur verteilt. Dabei werden die sogenannten Credotexte durchweg der kultisch bestimmten frühen Zeit zugeordnet und wird nicht nur für Dtn 26 undifferenziert und ohne weiter Begründung (außer der erwähnten kultgeschichtlichen Zuordnung) ein äußerst hohes Alter angenommen, sondern selbst nachexilische Texte wie Ps 136 und Neh 9 werden als relevant und beweisend für kultische und damit historische Verhältnisse der Frühzeit Israels betrachtet. Die bei Galling aufgezeigten methodischen Tendenzen kommen hier voll zur Wirkung und stehen zudem im Horizont der kultgeschichtlichen Theorien und Entwicklungsmodelle.

Gerhard v.Rads Konzept wurde von Martin Noth - teilweise modifiziert - aufgenommen und mit dem Amphiktyoniemodell und der Annahme einer sogenannten "gemeinsamen Grundlage" verbunden. Schließlich ergaben sich für Noth auf der Basis der traditionsgeschichtlichen Fragestellung weitreichende historische Folgerungen, vor allem für das Verhältnis von Exodus und Sinai(gruppen) und die Rolle des Mose. Insbesondere diese Folgerungen bildeten - ausgesprochen oder unausgesprochen - ein wesentliches Motiv für die folgende Diskussion.

13.1.3. Die Auseinandersetzung um diese Fragen spielte sich zunächst auf der gemeinsamen Basis kultgeschichtlicher Hypothesen ab. Dabei verlagert sich etwa für Arthur Weiser das Gewicht ganz auf den Kult, sodaß die Hexateuchentstehung nicht mehr wie bei v.Rad von der Zweistufigkeit von Kult und Literatur bestimmt ist, sondern der Kult - in Gestalt des alles beherrschenden Bundesfestes - den ganzen Vorgang dominiert und die literarischen Kräfte nur begleitend und marginal zur Wirkung kommen. Die von Weiser angenommenen Verhältnisse spiegeln sich paradigmatisch in Jos 24, sodaß nun dieser

Text größeres Gewicht erhält, während Dtn 26 von ihm als relativ jung, d.h. der deuteronomischen Zeit zugehörig, betrachtet wird.

Hatte sich schon Weiser gegen die von v.Rad vorgenommene, nicht weiter begründete Zerreißung von Jos 24 gewandt, so wird nun durch die Heranziehung der hethitischen Vasallenverträge die Zusammengehörigkeit von Prolog und Bundesschluß, d.h. für das Alte Testament von Erinnerung an die Geschichte und Verpflichtung auf die Gebote, untermauert (Beyerlin, Huffmon u.a.). Diesen Untersuchungen folgte ein großzügiges und oft kaum mehr kritisch reflektiertes Aufspüren des sogenannten Bundesformulars in fast allen Bereichen des Alten Testaments, dem Lothar Perlitt durch seine Untersuchung zur Bundestheologie, die er als ausschließlich (früh)deuteronomisch klassifizierte, ein - vielleicht allzu abruptes - Ende setzte. Auch darin war die Diskussion um die Credotexte Spiegelbild und einer der Brennpunkte der alttestamentlichen Forschung jener Jahrzehnte.

13.1.4. Erst erstaunlich spät und zögernd setzte eine literarkritische Überprüfung eines Grundpfeilers des v.Rad'schen Konzeptes ein, nämlich des hohen Alters von Dtn 26. Diesen Anfragen verhalf für den deutschen Sprachraum Leonhard Rost zum Durchbruch, indem er ein deuteronomistisch geprägtes Mittelstück des Credo aussonderte und damit zugleich das für v.Rad so wichtige Gesamtkonzept des 'kleinen geschichtlichen Credo' als jung erwies. Auch hier kam die ganze Fragestellung zu einem überraschend plötzlichen Ende, und differenzierter vorgehende Untersuchungen, wie etwa jene von Günther Waßermann, wurden praktisch nicht mehr rezipiert.

13.1.5. Die durch Rost und Perlitt scheinbar hinfällig, jedenfalls für die Frühgeschichte Israels und die Pentateuchentstehung irrelevant gewordene Beschäftigung mit den Credotexten erlebte in der katholischen Theologie eine überraschende Renaissance. Dort wurde im Gefolge der vom 2. Vaticanum erhobenen Forderung nach neuen Kurzformeln des Glaubens die Kurzformel von Dtn 26 zum Paradigma einer solchen Neufassung überkommenen Glaubensgutes. Hierbei war die relativ späte Einordnung von Dtn 26 sogar ein Vorteil, denn mit der Aufgabe, altüberkommenes Gut angesichts der Herausforderungen des assyrischen Zeitgeistes im Israel des 7.Jh. ansprechend zu formulieren und neu zu Gehör zu bringen, konnte sich der Theologe des ebenfalls vergleichsweise späten und von manchen Herausforderungen geprägten 20.Jh. durchaus gut identifizieren. Auffallend und vielleicht doch auch symptomatisch ist dabei, daß das für v.Rad so gewichtige Problem des Fehlens des Sinai, und d.h. der ganzen Thematik von Gebot und Verpflichtung, keinerlei Problem darstellte, sondern Dtn 26 eine legitime und beispielhafte neue Kurzformel des Glaubens sein soll.

13.1.6. Angesichts der weitreichenden Folgerungen, die in literarischer, historischer und theologischer Sicht aus diesen Texten zeitweise gezogen wurden, ist der plötzliche Zusammenbruch der jeweiligen Fragestellungen und Konzepte überraschend, als Reaktion auf die vielfach überzogenen Folgerungen aber durchaus verständlich.

Es läßt sich nur mit Verwunderung zur Kenntnis nehmen, mit welcher Selbstverständlichkeit immer wieder bestimmte inhaltliche und methodische Voraussetzungen die Beobachtung an den Texten dominierten, und welche gewaltigen Konstruktionen auf meist kleinflächigen, manchmal nur punktuellen Fundamenten - bis hin zu einem einzigen Text unter einer einzigen Fragestellung - errichtet wurden.

So ergibt sich zum einen die - in der Theorie selbstverständliche, in der Praxis nur zu leicht zurücktretende - Forderung, jeweils eine möglichst breite Textbasis und die verschiedenen zu Gebote stehenden Methoden und Fragestellungen heranzuziehen. Zum anderen läßt die breite Entfaltung, die das Thema in der Forschung fand, fragen, ob alles nur Fiktion war, oder ob nicht - in verständlicher aber doch einseitiger Gegenreaktion - legitime Möglichkeiten, z.B. überlieferungs- und traditionsgeschichtlicher Fragestellungen, zu sehr aufgegeben wurden.

Allerdings ist hinzuzufügen, daß die hier in der Folge näher untersuchten Texte in der Tat nur einen, wie sich zeigte, eher kleinen Teil dessen tragen können, was man ihnen zeitweise in historischer wie theologischer Hinsicht aufbürdete.

13.2. Zu den Texten

Unter Verweis auf die bei den einzelnen Texten jeweils angegebene Zusammenfassung läßt sich folgendes sagen:

Die untersuchten sogenannten Credotexte sind keine Gattung einer längeren mündlichen Überlieferung, aus deren Existenz und jeweiligen Ausformung geschichtliche und kultische Gegebenheiten und Entwicklungen der Frühzeit Israels zu erheben wären. Vielmehr wird Geschichte und das Wissen um diese Geschichte vorausgesetzt und jeweils unter einer bestimmten Fragestellung und Intention wiedergegeben. Die Texte spiegeln einen lebendigen Umgang mit den Traditionen und eine immer wieder neu aktualisierte Rezeption der Geschichte.

Eine vergleichbare Weise des Umgangs mit Geschichte erfolgte zweifellos auch in der Phase mündlicher Überlieferung, und die betreffenden Texte etwa der Genesis, der Samuelbücher oder der Eliaerzählungen lassen das deutlich genug erkennen, aber die hier untersuchten Texte gehören fast ausschließlich in den Bereich der Literatur und der literarischen Gestaltung, m.a.W. ihr "Sitz im Leben" ist zunächst ein "Sitz in der Literatur".

Ältere Elemente fanden sich nur in der Exodusthoda von Num 20,15f und im Bekenntnis über den umherirrenden aramäischen Vater von Dtn 26,5. Num 20,15f erwies sich als eine spezifische Ausprägung der Exodusthematik in der Gestalt der Erzählung in einer Thoda, d.h. einem Danklied. In der Folge von Not - Ruf um Hilfe-Erhörung - Errettung, bzw. genauer gesagt im Bericht über diese Ereignisse, sind die dem Erzählverlauf von Ex 1-18 entsprechenden wesentlichen Inhalte wiedergegeben. Diese Thoda, die sowohl von der ausgeführten Erzählung des Exodusbuches bzw. seiner Quellen als auch andererseits von der bloßen Exodusformel ("Jahwe führte uns aus Ägypten" o.ä.) verschiedenen ist, entspricht, wie wir sahen, sehr gut der Situation eines Dankopfers, wie es in Ex 18 beschrieben ist, aber auch der Situation der Begegnung verschiedener Gruppen, wie sie in Num 20,14ff dargestellt und sowohl für die Zeit des Vordringens jahweverehrender Stämme in Israel als auch noch für die religiösen Auseinandersetzungen der mittleren Königszeit denkbar ist. Zwar fehlen - ähnlich wie bei den Psalmgattungen - genauere zeitliche Anhaltspunkte, aber die Exodusthoda von Num 20 hebt sich deutlich von ihrem jetzigen literarischen, wahrscheinlich jehowistischen, Kontext ab. Andererseits zeigt der sowohl an der jahwistischen als der elohistischen Darstellung der Berufung des Mose in Ex 3 erkennbare Einfluß der Struktur und der Motivik der Thoda, daß diese Art der Darstellung der Exodustradition von weiter Verbreitung und weitreichendem Einfluß war.

Dieses Schema der Darstellung ist überhaupt der für die Exodustradition typische Erzählverlauf. Der Spannungsbogen kommt mit der Ankunft in Kadesch zum Abschluß. Demgegenüber ist etwa die Erzvätertradition geprägt durch das Schema von Verheißung und Erfüllung. Diese jeweils typischen Erzählstrukturen lassen sich auch noch innerhalb der umfassenden Gesamtdarstellungen der Pentateuchquellen erkennen. Dabei konnte natürlich für die Gesamtdarstellung das eine oder das andere Schema in den Vordergrund treten, so offensichtlich für den Jahwisten die Struktur von Verheißung und Erfüllung aus den Vätergeschichten, für den Elohisten jene von Not und Errettung aus der Exoduserzählung.

Diese Beobachtungen sprechen, so wie andere, hier nicht zu
erörternde Argumente, gegen eine zu späte Ansetzung eines Gesamtbildes vom Verlauf der Frühgeschichte Israels, sowohl in der mündlichen Überlieferung wie auch in der literarischen Fixierung. Hier ist
an die Überlegungen der älteren Forschung, auf seine Art auch an
den Beitrag von Jirku, zu erinnern, denen zufolge ein solches
Gesamtbild vom Verlauf der früheren Geschichte des Volkes ab der
frühen Königszeit möglich, ja letztlich notwendig war. Ähnliches wird
man bereits bezüglich der (späteren) Richterzeit annehmen können,
für die - auch unabhängig von allen Amphiktyonietheorien - ein
allmählich wachsendes Maß an Zusammengehörigkeit und Zusammenge-
hörigkeitsbewußtsein der Stämme (siehe z.B. Ri 4f) anzunehmen ist.

Aus der forschungsgeschichtlichen Beobachtung der erst
sekundären Verknüpfung unserer Thematik mit den kultgeschichtlichen
Theorien (s.o. die Entwicklung von Jirku über Galling zu v.Rad und
Weiser) und der Unmöglichkeit, die Pentateuchentwicklung im
israelitischen Kultgeschehen zu verankern (s.o. die Kritik an Weiser)
ergibt sich eine gewisse Unabhängigkeit der Pentateuchfrage von den
inzwischen deutlich gewordenen Problemen der Kulttheorien und der
Amphiktyonie. Es kann wieder stärker an jene Aspekte und Kräfte der
Überlieferung gedacht werden, die Hermann Gunkel unter der Gattung
"Sage" thematisierte bzw. die heute auch unter "storytelling in the
Bible" verhandelt werden. Die Beobachtung der spezifischen Prägungen
der einzelnen Themen und der Wahrscheinlichkeit des Nebeneinanders
von mündlicher Überlieferung und schriftlicher Fixierung in Form der
Quellen läßt annehmen, daß die israelitischen Erzähler - und ihre
Hörer - durchaus ein Gesamtild vor Augen hatten, daß sie aber allein
schon aus Zeitgründen einzelne Themen auswählten, die sie unter dem
jeweils spezifischen Erzählschema und Spannungsbogen darboten.
Jedenfalls ließen sich für die literarische Ebene diese Gestaltungsfak-
toren in der Analyse von Ex 3 deutlich erkennen. An den Erweiterungen der Berufung des Mose und an der Bezugnahme auf dieses Kapitel
in Dtn 26,5-10 zeigte sich zudem, daß die Weiterentwicklung keineswegs in flächenhaft gleicher Breite geschehen muß, sondern daß die
weitere Traditionsbildung an bestimmten Kernpunkten besonders
intensiv ansetzt und sich an diesen Abschnitten die späteren Fragestellungen und aktuellen Anliegen besonders deutlich widerspiegeln.

Von diesen Beobachtungen der erzählerischen Eigenprägung der
Themen wäre auch die alte Erklärung der Sonderrolle der Sinaithematik zu unterstreichen. Sie ist in der Tat eine eigene und eigen
geprägte Thematik. Sie ist zudem wohl tatsächlich die am stärksten,
wenn nicht überhaupt die einzige, eigentlich in den Kult gehörende
Thematik, während auf andere Themen, z.B. auf die Exodusthoda, der

Kult einen mittelbaren Einfluß ausübte. Es war aber auch deutlich geworden, daß nicht dem Sinai die anderen Themen pauschal gegenüber gestellt werden dürfen, sondern daß auch die anderen Themen, etwa Erzväter, Wüstenzeit, Landnahme oder gar die Schöpfung, ihre spezifische Interessenlage und Prägung haben und nicht einfach auf einer Ebene liegen.

Während die Struktur von Not und Errettung in anderen Geschichtssummarien (Ri 2,6ff; 1 Sam 12,8ff) zu einer zyklischen Wiederholung aneinandergereiht wird, werden die beiden Dtn 26,5-10 zugrundeliegenden Themen so kombiniert, daß die Einmaligkeit erhalten bleibt. Dadurch wird die Rettung aus Ägypten zur zentralen Wende der ganzen Frühgeschichte Israels. Die Exodusthematik durchdringt die Linie von den Vätern bis zum Wohnen im Land und wird ihre Mitte. Es war wohl nicht nur das vermeintliche hohe Alter sondern auch die Großartigkeit dieser Kombination, die dazu führte, diesen Text dem ganzen Pentateuch zeitlich und sachlich voranzustellen. Zudem entspricht der literarische Vorgang dem um viele Jahrhunderte früheren, wahrscheinlich historischen Vorgang des Vordringens der Exodusgruppe und des Eindringens der Exodustradition. In literarischer Hinsicht aber hatte sich Dtn 26 als relativ junge Kombination der Exodusthoda von Num 20,15f mit der Erwähnung des umherirrenden aramäischen Vorfahren erwiesen, wobei die verbindenden Formulierungen die jehowistische Gestalt der Erzählung von der Berufung des Mose (Ex 3) voraussetzen und aufnehmen. Als - außer Num 20,15f - einziges, älteres, wahrscheinlich noch in die Richterzeit zurückgehendes Element hatte sich diese Erwähnung des umherirrenden aramäischen Ahnherrn erwiesen. Diese Erwähnung ist zugleich die einzige authentische, d.h. uns hier in ihrer ältesten, erreichbaren Gestalt begegnende Tradition in den sogenannten Credotexten.

Alle anderen Texte sind bedeutsam im Blick auf ihre spezifische Gestaltung der Traditionen und im Blick auf ihren situativen Hintergrund und ihre Intention. So zeigte sich bei Gen 15,13-16 wie dort der bekannte Geschichtsverlauf von den Vätern (zunächst Jakob?) über den Ägyptenaufenthalt zur Landnahme zu einer Rückkehrhoffnung aus dem, nun schon die vierte Generation betreffenden, assyrischen Exil aktualisiert wird, und wie die nochmals spätere Neubearbeitung von Gen 15 den neuen Exodus aus dem babylonischen Exil anspricht.

Dtn 6,20-25 greift in ganz anderer Struktur die Väter-, die Exodus- und die Landnahmetradition auf, um sie dem katechetischen und pädagogischen Bemühen dienstbar zu machen. Die Erinnerung an die Geschichte wird dabei bis in die Syntax hinein (Finalsätze) dem Anliegen, zur Jahwefurcht und zum Halten der Gebote zu motivieren, dienstbar gemacht.

Jos 24A mit dem Geschichtsrückblick V.2-13 hatte sich ebenfalls als aktuelle Verkündigung erwiesen. Unabhängig von eventuell hinter der Situierung in Sichem stehenden religiösen Traditionen enthält jedenfalls der Geschichtsrückblick von V.2-13 keine im oben definierten Sinn authentischen, geschichtlichen Informationen, sondern setzt die Väter-, Exodus-, Wüsten- und Landnahmetratitionen voraus und gibt sie in zeitgenössischen Formulierungen und im Sinn des josianischen Anspruchs wieder. Die dabei angenommene Situation prägte nicht nur den deuteronomistischen Abschluß des Josuabuches (Jos 23.24B*), sondern der vorgelegte Geschichtsabriß wurde - bis in die textgeschichtlich erfaßbare Zeit hinein - seinerseits wieder mit dem hexateuchischen Geschichtsbild vermittelt und anderen Anliegen (z.B. Entlastung der Erzväter, Verlagerung von Sichem nach Silo) angepaßt.

13.3. Zur Geschichtsauffassung und Geschichtsdarstellung

In all diesen Geschichtssummarien und auch in den Geschichtspsalmen ging es nicht um Geschichte an sich, sondern immer zugleich um die aktuelle Bedeutung der Geschichte. Die frühere Geschichte Israels ist dabei immer die jeweils neu rezipierte Geschichte, die in dieser Rezeption ihren Sinn und ihre Bedeutung erhält. In dieser Hinsicht hat der Umgang mit Geschichte in den alttestamentlichen Geschichtsbüchern, besonders in den untersuchten Summarien, und in den Geschichtspsalmen eine gewisse Ähnlichkeit zum Umgang der Propheten mit der Geschichte, wenn auch die Gewichtung im einzelnen verschieden ist. Da wie dort geht es nicht um Geschichte an sich und um ihrer selbst willen, sondern um die aus dieser Geschichte gewordene Gegenwart und um den verpflichtenden, mahnenden, warnenden oder auch ermutigenden Sinn dieser Geschichte.

Damit zeigen diese Texte, daß das Alte Testament auch in seinen Geschichte darstellenden Teilen nicht einfach ein Geschichtsbuch im vordergründigen Sinn ist oder sein will. D.h. Geschichte im alttestamentlichen Sinn ist nicht einfach Vergangenheit oder eine noch so sinnvolle Verknüpfung von Ereignissen der Vergangenheit, sondern hat immer auch ihre Gegenwartsbedeutung. Auch die geschichtlichen Teile des Alten Testaments stehen in der sinngebenden Relation zwischen Gott und Volk und zwischen Gott und Welt und wollen ihrerseits wiederum in diese Relation hineinnehmen. Dies

entspricht nicht zuletzt dem Charakter der untersuchten Geschichtssummarien als Texte des Bekennens und der Verkündigung.

Neben dieser vor allem für das Alte Testament als theologi-
sches Buch wichtigen Charakteristik haben die untersuchten Texte
durchaus auch Bedeutung für Einzelfragen der alttestamentlichen
Forschung. Dabei ist zunächst das negative Ergebnis festzuhalten, daß
die Credotexte nicht jenes hohe Alter haben und auch nicht jene
Theorien tragen können, die ihnen zugemutet wurden.

Abgesehen von dem offensichtlich hier bewahrten Element der
Erinnerung an den aramäischen Ahnherrn gewinnen sie ihre Bedeutung
in ihrem jeweiligen - wahrscheinlichen - historischen Zusammenhang,
auf den sie zugleich ein gewisses zusätzliches Licht werfen können,
seien es die Hoffnungen in der Zeit des assyrischen und des babylonischen Exils, seinen es die Ambitionen Josias oder die katechetischen
Bemühungen der deuteronomistischen Bewegung.

Die Beachtung der Form der Exodusthoda und ihres Einflusses
ermöglichte einige Überlegungen zum umstrittenen Verhältnis von
Quelle und Thema. Der Vergleich mit den Geschichtraditionen bei
den Propheten zeigte die auch sonst bekannte Verschiedenheit
zwischen dem Norden Israels und dem Süden, bzw. Jerusalem. Er
zeigte aber auch, daß bereits die Propheten des 8.Jh. bestimmte
Vorstellungen über den Gesamtverlauf der Geschichte Israels voraus-
setzten. Dies stützte wiederum die Datierung der Geschichtssummarien
als wenigstens zum Teil bereits vorexilisch.

Zwar sind diese prophetischen Texte und die so datierten
Credotexte für einen im 10.Jh. datierten Jahwisten irrelevant, aber sie
widersprechen doch der Behauptung, daß ein vorexilisches Gesamtbild
der Geschichte Israels nicht belegbar sei, und einer damit begründeten
Spätdatierung der Pentateuchquellen.

Wenn auch die Credotexte nicht der Pentateuchentwicklung
voranzustellen sind, so stehen sie doch neben der Pentateuchentwick-
lung, und es läßt sich annehmen, daß sie diese zum Teil widerspiegeln.
Abgesehen von der bereits diskutierten Gestaltungskraft der in
Num 20,15f belegten Exodusthoda zeigte sich bei den älteren Summa-
rien immer die Erstreckung bis zur Landnahme, d.h. hier ist ein dem
Hexateuch entsprechendes Geschichtsbild vorausgesetzt. In späteren
Texten wird die Geschichtsbetrachtung weiter herabgeführt, in
kritischen Texten bis zur jeweiligen Gegenwart (1 Sam 12,8ff;
Hes 16.20.23; ähnlich bereits bei Hosea) in positiven Texten bis zu
David und zum Tempel (Ps 78; Ex 15). Andererseits hat nicht erst
Ps 136 sondern auch schon Jer 32,17-23, dtr, die Schöpfung integriert,

und sind Sinai und Gebotsmitteilung nicht nur in Neh 9 sondern auch in Hes 20,10ff ausdrücklich genannt.

Daraus ergibt sich zunächst die Annahme von Quellen (J und E) und einer Redaktion (JE), die auch eine Form der Landnahme umfaßten. Diese Darstellungen wären dann in einem größeren dtr Geschichtswerk aufgenommen worden. Die strenge Begrenzung der jüngsten Geschichtspsalmen (Pss 135.136: nur ostjordanische Landnahme; vgl. dieselbe Beobachtung bei Mi 7,14) könnten schließlich die Begrenzung der normativen heilsgeschichtlichen Urzeit auf die Zeit des Mose, d.h. auf den Pentateuch, widerspiegeln.[1]

---

1   Daß sich diese Begrenzung wieder änderte, zeigt nicht nur der Unterschied zwischen dem samaritanischen und dem jerusalemer Kanon, sondern auch der Umfang des Lobes der Väter bei Ben Sira (44f), was hier nur mehr angedeutet werden kann.

14. Literaturverzeichnis

Ackroyd, Peter R.: Hosea and Jacob, VT 13, 1963, 245-259.

Ahlström, Gösta W.: Another Moses Tradition, JNES 39, 1980, 65-69.

Albertz, Rainer: ṣ'q schreien, THAT II, 568-575.

ders.: Jeremia 2-6 und die Frühzeitverkündigung Jeremias, ZAW 94, 1982, 20-47.

Albrektson, Bertil: History and the Gods. An Essay on the Idea of Historical Events as Divine Manifestations in the Ancient Near East and in Israel, CB.OT 1, 1967.

Albright, William Foxwell: From the Stone Age to Christianity. Monotheism and the Historical Process (1940), 1946[2].

ders.: Syria, the Philistines, and Phoenicia. CAH II 2A, Cambridge 1975, 507-536.

Anderson, Bernhard W.: Exodus and Covenant in Second Isaiah and Prophetic Tradition, in: Magnalia Dei, FS G.Ernest Wright, 1976, 339–360.

Anderson, Francis I. - Freedman, David Noel: Hosea, AncB 24, 1980.

Auerbach, Elias: Die große Überarbeitung der biblischen Bücher, VTS 1, 1953, 1-10.

Auffret, Pierre.: Note sur la structure Littéraire du Psaume 136, VT 27, 1977, 1-12.

Auld, A.Graeme: Joshua. The Hebrew and the Greek Texts, VTS 30, 1979, 1-14.

ders.: Joshua, Moses and the Land. Tetrateuch-Pentateuch-Hexateuch in a Generation since 1938, 1980.

Axelsson, Lars Eric: The Lord rose up from Seir. Studies in the History and Traditions of the Negev and southern Judah, CB.OT 25, 1987.

Bach, Robert: Die Erwählung Israels in der Wüste, Diss. Bonn 1952.

Baentsch, Bruno: Exodus, Leviticus, Numeri, HK.AT I/2, 1903.

Baltzer, Klaus: Das Bundesformular. WMANT 4, 1960.

Bartelmus, Rüdiger: hyh. Bedeutung und Funktion eines hebräischen "Allerweltswortes", ATST 17, 1982.

Barth, Christoph: Zur Bedeutung der Wüstentradition, VTS 15, 1966, 14-23.

Bartlett, John Raymond: The Brotherhood of Edom, JSOT 4, 1977, 2–27.

ders: Yahweh and Qaus: A Response to Martin Rose (JSOT 4, 1977, 28-34), JSOT 5, 1978, 29-38.

ders.: Sihon and Og, Kings of the Amorites, VT 20, 1970, 257-277.

ders.: Ammon und Israel, TRE II, 455-463.

Bauer, Hans - Leander, Pontus: Historische Grammatik der Hebräischen Sprache des Alten Testaments (1922), Nachdruck 1962.

Baumgartner, Walter: Die literarischen Gattungen in der Weisheit des Jesus Sirach, ZAW 34, 1914, 161-198.

Becker, Joachim: Wege der Psalmenexegese, SBS 87, 1975.

Beek, Martinus Adrianus: Das Problem des aramäischen Stammvaters (Deut. XXVI, 5), OTS VIII, 193-212.

Begrich, Joachim: siehe auch Gunkel, Herrmann.

ders.: Sofer und Mazkir. Ein Beitrag zur inneren Geschichte des davidisch-salomonischen Großreiches und des Königreiches Juda, ZAW 58, 1940/41, 1-29 = ders.: Ges.Stud. z.AT, ThB 21, 1964, 67-98.

Bennett, Crystal-M.: Neo-assyrian influence in Transjordan, Hadidi, Adnan (Ed.): Studies in the History and Archaeology of Jordan, I, 1982, 181-187.

Bertholet, Alfred: Deuteronomium, KHC V, 1899.

Beyer, Klaus: Die aramäischen Texte vom Toten Meer samt den Inschriften aus Palästina, dem Testament Levis aus der Kairoer Genisa, der Fastenrolle und den alten talmudischen Zitaten, 1984.

Beyerlin, Walter: Herkunft und Geschichte der ältesten Sinaitraditionen, 1961.

ders.: Gattung und Herkunft des Rahmens im Richterbuch, Tradition und Situation = FS Artur Weiser, 1963, 1-29.

ders.: Die Toda der Heilsvergegenwärtigung in den Klageliedern des Einzelnen, ZAW 79, 1967, 208-234.

ders.: Die Rettung der Bedrängten in den Feindpsalmen der Einzelnen auf institutionelle Zusammenhänge untersucht, FRLANT 99, 1970.

ders.: Kontinuität beim "berichtenden" Lobpreis des Einzelnen, in: Gese, H. und Rüger, H.P. (Hg.): Wort und Geschichte (Festschrift K.Elliger, AOAT 18), 1973, 17-24.

ders.: Der nervus rerum in Psalm 106, ZAW 86, 1974, 50-64.

Beyse, Karl-Martin: מב, ThWAT V, 108-110.

Bickert, Rainer: Die Geschichte und das Handeln Jahwes. Zur Eigenart einer deuteronomistischen Offenbarungsauffassung in den Samuelbüchern, FS Ernst Würthwein, 1979, 9-27.

Bimson, John J.: Redating the Exodus and the Conquest, JSOT. Suppl. 5, 1981.

Blair, E.P.: An Appeal to Remembrance: The Memory Motif in Deuteronomy, Interpr. 15, 1961.

Blum, Eberhard: Die Komposition der Vätergeschichte, WMANT 57, 1984.

Boecker, Hans Jochen: Mose, in: ders. u.a.: Altes Testament. Neukirchener Arbeitsbücher, 1983, 1-11.

ders.: Landnahme, in: ebd, 11-22.

ders.: Die altisraelitische "Amphiktyonie", in: ebd., 22-37.

ders.: Psalmen, in: ebd., 146-165.

de Boer, Pieter Arie Hendrik: Gedenken und Gedächtnis in der Welt des Alten Testaments. Franz Delitzsch Vorlesungen 1960, 1962.

Boling, Robert G. - Wright, G.Ernest: Joshua, AncB 6, 1982.

Borger, Rykle: Historische Texte in akkadischer Sprache, TUAT I/4, 354-310.

Borowski, Oded: The Identity of the Biblical sir'a, in: The Word of the Lord Shall Go Forth, FS David Noel Freedman, 1983, 315-319.

Botterweck, G.Johannes - Freedman, David N. - Lundbom, J.: זור ThWAT II, 181-194.

Braulik, Georg: Sage, was du glaubst. Das älteste Credo der Bibel-Impuls in neuester Zeit, 1979.

ders.: Die Abfolge der Gesetze in Dtn 12-26, in: Lohfink, Norbert (Hg.): Das Deuteronomium. Entstehung, Gestalt und Botschaft, BETL, 68, 1985, 252-272.

ders.: Deuteronomium 1-16,17, NEB (Lfg.15), 1986.

Brekelmans, C.H.W.: Exodus 18 and the Origins of Yahwism in Israel, OTS 10, 1954, 215-224.

ders.: Het "historische Credo" van Israel, TvT 3, 1963, 1-10.

ders.: Die sogenannten deuteronomischen Elemente in Genesis-Numeri. Ein Beitrag zur Vorgeschichte des Deuteronomiums VTS 15, 1966, 90-96.

ders.: Elements deuteronomiques dans le Pentateuque, RechBib 8, 1967, 77-91.

Bright, John: A History of Israel (1959), 1981[3].

ders.: Altisrael in der neueren Geschichtsschreibung, AThANT 40, 1961.

Brunner, Hellmut: Altägyptische Erziehung, 1957.

Budd, Philip J.: Priestly Instruction in Pre-Exilic Israel, VT 23, 1973, 1-14.

Bückers, Hermann: Zur Verwertung der Sinaitraditionen in den Psalmen, Biblica 32, 1951, 401-422.

Buis, Pierre - Leclerq, Jaques: Le Deut ronome, SBi, 1963.

Campbell, Edward, F. - Ross, James, F.: The Excavation of Shechem and the Biblical Tradition, BA 26, 1963, 2-27.

Cancik, Hubert: Mythische und historische Wahrheit. Interpretationen zu Texten der hethitischen, biblischen und griechischen Historiographie, SBS 48, 1970.

Cancik, Hubert: Grundzüge der hethitischen und alttestamentlichen Geschichtsschreibung, ADPV 1976.

Caquot, André: דבק, ThWAT II, 135-139.

Carmichael, Calum M.: The Laws of Deuteronomy, 1974.

ders.: Law and Narrative in the Bible. The Evidence of the Deuteronomic Laws and the Decaloque, 1985.

ders.: A New View of the Origin of the Deuteronomic Credo, VT 19, 1969, 273-289.

Caroll, Robert P.: Psalm LXXVIII. Vestiges of Tribal Polemic, VT 21, 1971, 133-150.

Cassuto, Umberto: The Prophet Hosea and the Books of the Pentateuch, in: ders.: Biblical and Oriental Studies I, 1979, 79-100.

Cazelles, Henry: Histoire politique d'Israel des origines Alexandre le Grand, 1981.

Chicago Assyrian Dictionary, I/1 (A), 1964; X/2 (M), 1977.

Childs, Brevard S.: Memory and Tradition in Israel, SBT 37, 1962.

ders.: Deuteronomic Formulae of the Exodus Traditions, VTS 16 (FS W.Baumgartner), 1967, 30-39.

ders.: A Traditio-historical Study of the Reed Sea Tradition VT 20, 1970, 406-418.

ders.: Exodus, OTL 1947.

Clements, Ronald E.: Abraham and David: Genesis 15 and its Meaning for Israelite Tradition, SBT II/5, 1967.

ders.: Review of R.Rendtorff: Das überlieferungsgeschichtliche Problem des Pentateuch, JSOT, 1977/3, 46-56.

Clifford, Richard J.: In Zion and David A New Beginning: An Interpretation of Psalm 78, FS Frank Moore Cross, 1981, 121-141.

Coats, George W.: The traditio-historical character of the Reed Sea motif, VT 17, 1967, 253-265.

ders.: Despoiling the Egyptians, VT 18, 1968, 450-457.

ders.: The Yahwist as Theologian? A Critical Reflection, JSOT 1977/3, 28-32.

ders.: Genesis with an introduction to narrative literature, fotl 1, 1983.

ders.: An Exposition for the Conquest Theme, CBQ 47, 1985, 47-54.

Courd, Ludwig: Genesis 15, 12-16 und sein Verhältnis zu Exodus 12,40, ZAW 13, 1893, 156-159.

Craigie, Peter C.: The Book of Deuteronomy, New International Commentary on the Old Testament, 1976.

Crenshaw, James L.: Gerhard von Rad: Grundlinien seines theologischen Werkes, 1979.

Cross, Frank Moore: Canaanite Myth and Hebrew Epic, 1973.

ders.: The Epic Traditions of Early Israel: Epic Narrative and the Reconstruction of Early Israelite Institutions, in: Friedmann, Richard Eliott (Hg.): The Poet and the Historian, Harvard Semitic Studies 26, 1983, 13-39.

Crüsemann, Frank: Studien zur Formgeschichte von Hymnus und Danklied in Israel, WMANT 32, 1969.

ders.: Die Eigenständigkeit der Urgeschichte. Ein Beitrag zur Diskussion um den "Jahwisten", FS Hans Walter Wolff, 1981, 11-29.

Culley, Robert C.: An Approach to the Problem of Oral Tradition, VT 13, 1963, 113-125.

Daube, David: The Exodus Pattern in the Bible, 1963.

Davies, G.I.: The wilderness itineraries and the composition of the Pentateuch, VT 33, 1983, 1-13.

Day, J.: Pre-Deuteronomic allusions to the covenant in Hosea and Psalm LXXVIII, VT 36, 1986, 1-12.

Degen, Rainer: Aramäisch I. Im Alten Testament, TRE III, 1978, 599-602.

ders.: Aramäisch III. Jüdisch-Aramäisch, ebd., 610-613.

Dentan, Robert: The Idea of History in the Ancient Near East (1955), 1966[3].

Diebner, Bernd Jörg: Kultus, Sakralrecht und die Anfänge des Geschichtsdenkens in "Israel" - Denkansatz zu einer Hypothese, DBAT 17, 1983, 1-20.

Dietrich, Manfred - Loretz, Oswald - Sanmartin, J.: Die keilalphabetischen Texte aus Ugarit, Teil 1; Transkription, AOAT 24/1, 1976.

Dillmann, August: Numeri, Deuteronomium und Josua, KeH 13, 1886[2].

Donner, Herbert: Geschichte des Volkes Israel und seiner Nachbarn in Grundzügen, Bd. 1, ATD Erg. 4/1, 1984; Bd. 2, ATD Erg. 4/2, 1986.

Driver, Samuel Rolles: Deuteronomy, ICC (1902[3]), reprinted 1951.

Eichrodt, Walther: Theologie des Alten Testaments, Teil 1 (1933), 1968[8]; Teil 2 (1935), 1964[5]; Teil 3 (1939), 1974[6].

Eising, Hermann: זכר, ThWAT II, 571-593.

Eißfeldt, Otto: Erstlinge und Zehnten im Alten Testament. Ein Beitrag zur Geschichte des israelitisch-jüdischen Kultus. BWANT 22, 1917.

ders. Hexateuchsynopse (1922), Neudruck 1962.

ders.: Die kleinste literarische Einheit in den Erzählungsbüchern des Alten Testament, 1927 = Kl. Schr. I, 143-149.

ders.: Geschichtsschreibung im Alten Testament, 1948.

ders.: Das Lied Moses Deuteronomium 32, 1-43 und das Lehrgedicht Asaphs Psalm 78 samt einer Analyse der Umgebung des Mose-Liedes. Sächsische Akademie der Wissenschaften zu Leipzig, Philologisch-historische Klasse, 104/5, 1958.

ders.: Palestine in the Time of the Nineteenth Dynasty, (a) The Exodus and the Wanderings, CAH II 2A, 1975, 307-330.

Elliger, Karl: Sichem BHH III, 1781-1783.

Engel, Helmut: Die Vorfahren Israels in Ägypten. Forschungsgeschichtlicher Überblick über die Darstellungen seit Richard Lepsius (1849), FTS 27, 1979.

Evans, Craig A.: On Isaiah's Use of Israel's Sacred Tradition, BZ 30, 1986, 92-99.

Fabry, Heinz-Josef: siehe Freedman, David Noel

Fensham, Frank Charles: Neh. 9 and Pss. 105, 106, 135 and 136, JNWSL 9, 1981, 35.-51.

Finkelstein, Jakob J.: Mesopotamien Historiography, Proceedings of the American Philosophical Society 107/6, 1963, 461 ff.

Floß, Johannes P.: Jahwe dienen - Göttern dienen. Terminologische, literarische und semantische Untersuchung einer theologischen Aussage zum Gottesverhältnis im Alten Testament, BBB 45, 1975.

Fohrer, Georg: Jesaja, ZBK, Bd. I, 1960; Bd. II, 1962.

ders.: Tradition und Interpretation im Alten Testament, ZAW 73, 1961, 1-30, jetzt in: ders.: Studien zur alttestamentlichen Theologie und Geschichte (1949-1966), BZAW 115, 1969, 54-83.

ders.: Überlieferung und Geschichte des Exodus. Eine Analyse von Ex. 1-15, BZAW 91, 1964.

ders.: Einleitung in das Alte Testament, 1969[11].

Fowler, Mervin D.: A Closer Look at the 'Temple of El-Berit' at Shechem, PEQ 115, 1983, 49-53.

Freedman, David Noel: The Biblical Idea of History, Interpr. 21.1967, 32-49.

ders.: siehe Anderson, Francis I.

ders.: siehe Botterweck, G.Johannes

ders. - Fabry, Heinz-Josef - Willoughby, B.E.: מלאך, ThWAT IV, 882-904.

Friedman, Richard Elliott: From Egypt to Egypt: Dtr[1] and Dtr[2], FS Frank Moore Cross, 1981, 167-192.

Fritz, Volkmar: Israel in der Wüste. Traditionsgeschichtliche Untersuchung zur Wüstenüberlieferung des Jahwisten, MThSt 7, 1970.

Frost, Stanley Brice: Asseveration by Thanksgiving, VT 8, 1958, 380-390.

Fuhs, Hans F.: ירא, ThWAT III, 869-893.

Fuss, Werner: Die deuteronomistische Pentateuchredaktion in Exodus 3-17, BZAW 126, 1972.

Galling, Kurt: Die Erwählungstraditionen Israels, BZAW 48, 1928.

ders.: Das Gemeindegesetz in Deuteronomium 23, FS Alfred Bertholet, 1950, 176-191.

Geiger, Abraham: Urschrift und Übersetzungen der Bibel in ihrer Abhängigkeit von der inneren Entwicklung des Judentums (1857), 1928[2].

Gerstenberger, Erhard S.: Glaubensbekenntnisse II. Altes Testament, TRE XIII, 386-388.

Gese, Hartmut: Geschichtliches Denken im Alten Orient und im Alten Testament (1958), jetzt in: Vom Sinai zum Zion, BEvTh 64, 1974, 81-98.

ders.: Bemerkungen zur Sinaitradition, ZAW 79, 1967, 137-154, jetzt in: Vom Sinai zum Zion, BEvTh 64, 1974, 31-48.

ders.: Tradition and Biblical Theology, in: Knight, D.A. (ed.): Tradition and Theology in the Old Testament, 1977, 301-326.

ders.: Die ältere Simsonüberlieferung (Richter c. 14-15), ZThK 82, 1985, 261-280.

ders.: Jakob und Mose: Hosea 12,3-14 als einheitlicher Text, in: FS Jürgen Lebram, SPB 36, 1986, 38-48.

Gevarjahu, Haim M.I.: Privathäuser als Versammlungsstätten von Meister und Jüngern, ASTI 12, 1983, 5-12.

Giesen, Georg: Die Wurzel שבע "schwören". Eine semasiologische Studie zum Eid im Alten Testament, BBB 56, 1981.

Golka, Friedeman W.: Die israelitische Weisheitsschule oder "des Kaisers neue Kleider", VT 33, 1983, 257-270.

Good, Edwin M.: Hosea and the Jacob Tradition, VT 16, 1966, 137-151.

Graetz, Heinrich: Geschichte der Juden, 4 Bd., 1853 ff.

ders.: Geschichte der Israeliten, 3 Bd., 1874-75.

Grant, Michael: Klassiker der Antiken Geschichtsschreibung, 1973.

Gray, George Buchanan: Numbers, ICC (1903), 1956.

ders.: Isaiah, ICC (1912), 1956.

Gray, John: The Desert Sojourn of the Hebrews and the Sinai-Horeb Tradition, VI 4, 1954, 148-154.

Grayson, A.Kirk: Histories and Historians of the Ancient Near East: Assyria and Babylonia, Orientalia 49, 1980, 140-194.

Gressmann, Hugo: Mose und seine Zeit, FRLANT 1, 1913.

Grimm Dieter: Geschichtliche Erinnerung im Glauben Israels, ThZ 32, 1976, 257-268.

Gross, Walter: Die Herausführungsformel - Zum Verständnis von Formel und Syntax, ZAW 86, 1974, 425-453.

Güterbock, Hans D.: Hittite Historiography: A Survey, in: Hayim Tadmor - Moshe Weinfeld (Hg.): History, Historiography and Interpretation, Studies in Biblical and Cuneiform Literatures, 1983, 21-35.

Gunkel, Hermann: Genesis, HK I,1 (1910³), 1966⁷.

ders.: Die Psalmen, HK.AT II/2, 1926⁴.

ders. - Begrich, Joachim: Einleitung in die Psalmen, HK.AT Erg., 1933.

Gunn, David M.: Narrative Patterns and Oral Tradition in Judges and Samuel, VT 24, 1974, 286-317.

Gunneweg, Antonius H.J.: Mose in Midian, ZThK 61, 1964, 1-9, jetzt in: Sola Scriptura, 1983, 36-444.

ders.: Geschichte Israels bis Bar Kochba, ThW 2, 1979³.

ders.: Anmerkungen und Anfragen zur neueren Pentateuchforschung, ThR 48, 1983, 227-253; ThR 50, 1985, 107-131.

Habel, Norman, C.: Appeal to Ancient Tradition as a Literary Form, ZAW 88, 1976, 253-272.

Haglund, Erik: Historical Motifs in the Psalms, CB.OT 23, 1984.

Hahn, Ferdinand: Einführung zu: Alfred Seeberg: Der Katechismus der Urchristenheit, Theol. Bücherei 26, 1966, VII-XXXII.

HAL: siehe Hebräisches und aramäisches Lexikon.

Halbe, Jörn: Das Privilegrecht Jahwes Ex 34, 10-26. Gestalt und Wesen, Herkunft und Wirken in vordeuteronomischer Zeit, FRLANT 114, 1975.

Halpern, Baruch: The Uneasy Compromise: Israel between League and Monarchy, FS Frank Moore Cross, 1981, 59-96.

Hallo, William A.: Sumerian Historiography, in: Hayim Tadmor - Moshe Weinfeld (Hg.): History, Historiography and Interpretation. Studies in Biblical and Cuneiform Literatures, 1983, 9-20.

Harner, Ph.B.: Exodus, Sinai and Hittite Prologues, JBL 85, 1966, 233-236.

Harrelson, Walter: Life, Faith, and the Emergence of Tradition, Knight, Douglas A. (ed.): Tradition and Theology in the Old Testament, 1977, 11-30.

Hebräisches und aramäisches Lexikon zum Alten Testament von Ludwig Koehler und Walter Baumgartner, Dritte Auflage neu bearbeitet von Walter Baumgartner, Lieferung I, סבח-א , 1967; Lieferung II, נבט-סבח , 1974; Lieferung III, ראה-נבט , 1983.

Helfmeyer, F.J.: אות , ThWAT I, 182-205.

ders.: זרוע , ThWAT II, 650-660.

Hempel, Johannes: Altes Testament und Geschichte. Studien des apologetischen Seminars 27, 1930.

ders.: Althebräische Literatur und ihr hellenistisch-jüdisches Nachleben, Handbuch der Literaturwissenschaft, 1930.

ders.: Bund II: Im AT, RGG I, 1513-1516.

ders.: Geschichten und Geschichte im Alten Testament bis zur Persischen Zeit, 1964.

Hermisson, Hans Jürgen: Sprache und Ritus im altisraelitischen Kult, WMANT 19, 1965.

ders.: Weisheit und Geschichte, FS Gerhard von Rad, 1971, 136-154.

Herr, M.D.: Edom, EJ IV, 369-380.

Herrmann, Siegfried: Das Werden Israels, ThLZ 87, 1962, 561-574, jetzt in: Gesammelte Studien zur Geschichte und Theologie des Alten Testaments, Theol. Bücherei 75, 1986, 101-119.

ders.: Die prophetischen Heilserwartungen im Alten Testament. Ursprung und Gestaltwandel, BWANT 85, 1965.

ders.: Kultreligion und Buchreligion. Kultische Funktionen in Israel und in Ägypten, FS Leonhard Rost, BZAW 105, 1967, 95-105.

ders.: Geschichte Israels in alttestamentlicher Zeit (1973), 1980².

ders.: Die konstruktive Restauration. Das Deuteronomium als Mitte biblischer Theologie, FS Gerhard von Rad, 1971, 155-170, jetzt in:

ders.: Gesammelte Studien zur Geschichte und Theologie des Alten Testaments, Theol. Bücherei 75, 1986, 163-179.

ders.: Zeit und Geschichte, Biblische Konfrontationen 1002, 1977.

ders.: Geschichtsbild und Gotteserkenntnis. Zum Problem altorientalischen und alttestamentlichen Geschichtsdenkens. Isaac Leo Seligmann Volume, Vol. III, 1983, 15-38, jetzt in: ders.: Gesammelte Studien zur Geschichte und Theologie des Alten Testaments, Theol. Bücherei 75, 1986, 9-31.

ders.: "Bund", eine Fehlübersetzung von "b^{e}rit"? Zur Auseinandersetzung mit Ernst Kutsch, in: ders.: Gesammelte Studien zur Geschichte und Theologie des Alten Testaments, Theol. Bücherei 75, 1986, 210-220.

Hesse, Franz: Die Erforschung der Geschichte Israels als theologische Aufgabe, KuD, 1958, 1-19.

Hölscher, Gustav: Komposition und Ursprung des Deuteronomiums, ZAW 40, 1922, 161-255.

ders.: Geschichtsschreibung in Israel. Untersuchungen zum Jahvisten und Elohisten, SHVL 50, 1952.

Hoffmann, Hans-Detlef: Reform und Reformen. Untersuchungen zu einem Grundthema der deuteronomistischen Geschichtsschreibung, AThANT 66, 1980.

Hofmann, Yair: The Doctrine of Exodus in the Bible, 1983.

Hoffner, Harry A.: Histories and Historians of the Ancient Near East: The Hittites, Orientalia 49, 1980, 283-332.

Hoftijzer, Jean: Die Verheißungen an die drei Erzväter, 1956.

Holladay, William L.: Isaiah. Scroll of a Prophetic Heritage, 1978.

Holm-Nielsen, Svend: The Exodus Traditions in Psalm 105, ASTI XI, FS Gillis Gerleman, 1978, 22-30.

Holmes, Sören: Joshua. The Hebrew and Greek Texts, 1914.

Holzinger, Heinrich: Einleitung in den Hexateuch, 1893.

ders.: Genesis, KHC I, 1898.

ders.: Exodus, KHC II, 1900.

ders.: Numeri, KHC IV, 1903.

ders.: Das Buch Josua, KHC VI, 1901.

Honor, Leo L.: The Role of Memory in Biblical History, Mordecai M. Kaplan Jubilee Volume, 1953, 417-435.

Huffmon, Herbert B.: The Exodus, Sinai and the Credo, CBQ 27, 1965, 101-113.

Humbert, Paul: Dieu fait sortir, Hiphil de yaṣa', ThZ 18, 1962, 357-361.

ders.: Dieu fait sortir, Note complementaire, ebd., 433-436.

Hyatt, J.Philip: Were there an Ancient Historical Credo and an Independant Sinai Tradition? FS Gordon May, 1970, 152-170.

Irvin, Dorothy: siehe Thompson, Thomas L.

Jacob, Edmond: Der Prophet Hosea und die Geschichte, EvTh 24, 1964, 281-290.

Janssen, Ernst: Das Gottesvolk und seine Geschichte. Geschichtsbild und Selbstverständnis im palästinischen Schrifttum von Jesus Sirach bis Jehuda ha-Nasi, Neukirchen 1971, 212S.

Jaros, Karl: Sichem. Eine archäologische und religionsgeschichtliche Studie mit besonderer Berücksichtigung von Jos. 24, OBO 11, 1976.

Jasper, F.N.: Early Israelite Traditions and the Psalter, VT 17, 1967, 50-59.

Jaussen, Antonius: Coutumes des Arabes au pays de Moab, 1948.

Jefferson, Helen G.: Psalm LXXVII, VT 13, 1963, 87-91.

Jenni, Ernst: Zwei Jahrzehnte Forschung an den Büchern Josua bis Könige, ThB 27, 1961, 1-32; 96-146.

ders.: Das hebräische Pi'el. Syntaktisch-semasiologische Untersuchung einer Verbalform im Alten Testament, 1968.

ders.: בוא , kommen, THAT I, 265-269.

ders.: יצא , hinausgehen, THAT I, 755-761.

Jepsen, Alfred: Zur Chronologie des Priesterkodex, ZAW 47, 1929, 251-255.

ders.: Die Quellen des Königsbuches (1939/1953), 1956².

Jeremias, Christian: Die Erzväter in der Verkündigung der Propheten, in: FS Walther Zimmerli, 1977, 206-222.

Jeremias, Jörg: Die Deutung der Gerichtsworte Michas in der Exilszeit, ZAW 93, 1971, 330-354.

ders.: Gott und Geschichte im Alten Testament, EvTh 40, 1980, 381-396.

ders.: Der Prophet Hosea, ATd 24/1, 1983.

Jirku, Anton: Die älteste Geschichte Israels im Rahmen lehrhafter Darstellungen, 1917.

ders.: Altorientalischer Kommentar zum Alten Testament, 1923.

Jolles, Andr: Einfache Formen, 1958.

Jones, Bruce W.: The Prayer in Daniel IX, VT 18, 1968, 488-493.

Junker, Hubert: Die Entstehungszeit des Psalm 78 und das Deuteronomium, Biblica 34, 1953, 487-500.

Kaiser, Otto: Einleitung in das Alte Testament, 1984⁵.

ders.: Traditionsgeschichtliche Untersuchung von Genesis 15, ZAW 70, 1958, 107-126; jetzt in: ders.: Von der Gegenwartsbedeutung des Alten Testaments, 107-126.

ders.: Das Buch des Propheten Jesaja, Kapitel 1-12, ATD 17, 1981⁵.

ders.: Das Buch des Propheten Jesaja, Kapitel 13-39, ATD 18, 1973.

ders. (Hg.): Texte aus der Umwelt des Alten Testaments (TUAT), 1982 ff.

Kallai, Zecharia: Conquest and Settlement of Trans-Jordan. A Historiographical Study, ZDPV 99, 1983, 110-118.

Kapelrud, Arvid S.: The Role of the Cult in Old Israel, in: Hyatt, James Philip: The Bible in Modern Scholarship, 1965, 44-56.

ders.: Tradition and Worship: The Role of the Cult in Tradition, Formation and Transmission, in: Knight, D.A. (ed.): Tradition and Theology in the Old Testament, 1977, 101-124.

Keller, Carl Adolf: שבע , sbᶜ ni: schwören, THAT II, 1976, 855-863.

Kellermann, Diether: גור ThWAT I, 979-991.

Kessler, Rainer: Die Querverweise im Pentateuch. Überlieferungsgeschichtliche Untersuchung der expliziten Querverbindungen innerhalb des vorpriesterlichen Pentateuchs, Diss. Ev. Theol., 1972.

Kiesow, Klaus: Exodustexte im Jesajabuch. Literarkritische und motivgeschichtliche Analysen, OBO 24, 1979.

Kilian, Rudolf: Die vorpriesterlichen Abrahamsüberlieferungen, literarkritisch und traditionsgeschichtlich untersucht, BBB 24, 1966.

ders.: Der heilsgeschichtliche Aspekt in der elohistischen Geschichtstradition, ThGl 56, 1966, 369-384.

Kirk, G.S.: The Homeric Poems as History, CAH II,2, 820-850.

Klein, Hans: Ort und Zeit des Elohisten, EvTh 37, 1977, 247-260.

Klein, Ralph W.: The Massage of P, FS Hans Walter Wolff, 1981, 57-66.

Knight, Douglas A.: Revelation through Tradition, in: Knight, D.A.: Tradition and Theology in the Old Testament, 1977, 143-180.

Koch, Klaus: "...denn seine Güte währet ewiglich,,,", EvTh 21, 1961, 531-544.

ders.: Die Hebräer vom Auszug aus Ägypten bis zum Großreich Davids, VT 19, 1969, 37-81.

ders.: Die Sohnesverheißung an den ugaritischen Daniel, ZA 24, 1976, 211-221.

ders.: Was ist Formgeschichte?, 1981[4].

ders.: Geschichte, Geschichtsschreibung, Geschichtsphilosophie II, Altes Testament, TRE 12, 1984, 569-586.

ders.: Auf der Suche nach der Geschichte, Rez. zu John van Seters: In Search of History,... (1983), Bib. 67, 1986, 1986, 109-117.

Köhler, Ludwig: Hebräische Vokabel I, ZAW 54, 1926, 287-293.

ders.: Horniß oder Fallsucht, Kleine Lichter, 1945, 17-22

ders. - Baumgartner, Walter: Lexicon in veteris testamenti libros, 1953.

König, Eduard: Das Deuteronomium, KAT III, 1917.

Köster, Helmut: Formgeschichte/Formenkritik II. Neues Testament, TRE 11, 1983, 286-299.

Kohata, Fujiko: Jahwist und Priesterschrift in Exodus 3-14, BZAW 166, 1986.

ders.: Verzicht auf die Quellenschriften? - Konsequenzen aus Textbeobachtungen in Exodus 3-14, AJBI 12, 1986, 3-28.

Krecher, Joachim - Müller, Hans-Peter: Vergangenheitsinteresse in Mesopotamien und Israel, Saeculum 26, 1975, 13-44.

Kraus, Hans Joachim: Psalmen 1-59, 60-150, BK XV/ 1+2, 1987⁵.

ders.: Theologie der Psalmen, BK XV/ 3, 1979.

ders.: Geschichte der historisch-kritischen Erforschung des Alten Testaments, 1982³.

Kreuzer, Siegfried: Rezension zu Johann Maier: Die Tempelrolle, Amt und Gemeinde 33, 1982, 99f.

ders.: Der lebendige Gott. Bedeutung, Herkunft und Entwicklung einer alttestamentlichen Gottesbezeichnung, BWANT 116, 1983.

ders.: Die Ammoniter, in: Dexinger, Ferdinand - Oesch, Josef - Sauer, Georg: Jordanien, 1985, 44-48.

ders.: 430 Jahre, 400 Jahre oder 4 Generationen - zu den Zeitangaben über den Ägyptenaufenthalt der "Israeliten", ZAW 98, 1986, 199-210.

ders.: Anton Jirkus Beitrag zum "formgeschichtlichen Problem" des Tetrateuch, AfO 33, 1986, 65-76.

Krüger, Thomas: Geschichtskonzepte im Ezechielbuch, Diss. Ev.Theol. München, 1986.

Kühlewein, Johannes: Geschichte in den Psalmen, CThM A, 2, 1973.

Kutsch, Ernst: "Bund" und Fest. Zu Gegenstand und Terminologie einer Forschungsrichtung, ThQ 150, 1970, 229-310.

ders.: Neues Testament - Neuer Bund? Eine Fehlübersetzung wird korrigiert, 1978.

ders.: Bund I. Altes Testament, TRE 7, 1981, 397-403.

Lanczkowski, Günter: Geschichte, Geschichtsschreibung, Geschichtsphilosophie I. Religionsgeschichtlich, TRE 12, 1984, 565-569.

Lang, Bernhard: Glaubensbekenntnisse im Alten und Neuen Testamemt. Conc (D) 14, 1978, 499-503.

Lapointe, Roger: Tradition and Language: The Import of Oral Expression, in: Knight, D.A. (ed.): Tradition and Theology in the Old Testament, 1977, 125-142.

Lauha, Aare: Die Geschichtsmotive in den alttestamentlichen Psalmen, AASF 56/1, 1945.

ders.: Das Schilfmeermotiv im Alten Testament, VTS 9, 1963, 32-46.

Laurin, Robert B.: Tradition and Canon, in: Knight, D.A. (ed.): Tradition and Theology in the Old Testament, 1977, 275-300.

Leclereq, Jaques: siehe Buis, Pierre

Lemaire, André: Les écoles et la formation de la Bible dans l'ancien Israel, OBO 39, 1981.

ders.: La Haute Mésopotamie et l'origine des Bene Jacob, VT 34, 1984, 95-101.

Lescow, Theodor: Redaktionsgeschichtliche Analyse von Micha 1-5, ZAW 94, 1972, 46-85.

ders.: Redaktionsgeschichtliche Analyse von Micha 6-7, ebd., 182-212.

L'Heureux, Conrad E.: Searching for the Origins of God, FS Frank Moore Cross, 1981, 33-57.

Licht, Jacob: Biblical Historicism, in: Hayim Tadmor - Moshe Weinfeld (Hg.): History, Historiography and Interpretation. Studies in Biblical and Cuneiform Literatures, 1983, 107-120.

Liedke, Gerhard: רין, THAT I, 445-448.

Lipinski, Eduard: Aramäer und Israel, TRE III, 1978, 590-599.

Lisowsky, Gerhard: Konkordanz zum hebräischen Alten Testament, 1958.

Liverani, Mario: The Amorites, in: Wiseman, Donald J. (ed.): Peoples of Old Testament Times, 1973, 100-133.

ders.: Memorandum on the Approach to Historiographic Texts, Or 42, 1973, 178-194.

Liwak, Rüdiger: Überlieferungsgeschichtliche Probleme des Ezechielbuches. Eine Studie zu postezechielischen Interpretationen und Kompositionen, Diss.Ev.Theol. Bochum 1976.

ders.: Der Prophet und die Geschichte. Eine literar-historische Untersuchung zum Jeremiabuch, BWANT 121, 1987.

Loewenstamm, Samuel E.: Rezension zu W.Beyerlin: Herkunft und Geschichte der ältesten Sinaitraditionen, IEJ 12, 1962, 160-164.

ders.: The Traditions of the Exodus in its Development, 1965.

Lohfink, Norbert SJ: Das Hauptgebot. Eine Untersuchung literarischer Einleitungsfragen zu Dtn. 5-11, AnBib 20, 1963.

ders.: Die Landverheißung als Eid. Eine Studie zu Gen. 15, SBS 28,. 1967.

ders.: Das kleine geschichtliche Credo, ThPh 46, 1971, 19-39.

ders.: Dtn. 26,5-9: Ein Beispiel altisraelitischer Geschichtstheologie, Kerygma und Mythos VI/7, 1976, 100-107.

ders.: Heilsgeschichte. Die Geschichtstheologie eines heilsgeschichtlichen Paradebeispiels der letzten Jahrzehnte, in: ders.: Unsere großen Wörter. Das Alte Testament zu Themen dieser Jahre, 1977, 76-91.

ders.: Kerygmata des deuteronomistischen Geschichtswerkes, FS Hans Walter Wolff, 1981, 87-100.

ders.: Glauben lernen in Israel, Katechetische Blätter 108, 1983, 84-99.

Long, Burke O.: Recent Field Studies in Oral Literatures and their bearing on Old Testament Criticism, VT 26, 1976, 187-198.

Lopez, F.G.: Analyse littéraire de Deutéronome V.-I, RB 84, 1977, 481-522; RB 85, 1978, 5-49.

ders.: Deutéronome VI et la Tradition - Redaction du Deutéronome, RB 85, 1978, 161-200.

Loretz, Oswald: Die Psalmen, Teil II. Beitrag der Ugarit-Texte zum Verständnis von Kolometrie und Textologie der Psalmen. Psalm 90-150, AOAT 207/2, 1979.

Loza, J.: Les catéchéses étiologiques dans l'Ancien Testament, RB 78, 1971, 481-500.

Lubscyk, Hans: Der Auszug aus Ägypten. Seine theologiegeschichtliche Bedeutung in prophetischer und priesterlicher Überlieferung, EThSt 14, 1963.

Lundbom, J.: siehe Botterweck, G. Johannes

Luria, B.Z.: The Exile from Samaria, ErIs 17, 1984, 10*, 215-225.

Maag, Victor: Der Hirte Israels, SThU 28, 1958, 2-28, jetzt in: Kultur, Kulturkontakt und Religion, FS Victor Maag, 1980, 111-144.

ders.: Sichembund und Vätergötter, FS Walter Baumgartner, VTS 16, 1967, 205-218.

MaCarthy, Dennis J.: What was Israel's Historical Creed? Lexington Theological Quaterly 4, 1969, 46-53, jetzt in: ders.: Institution and Narrative. Collected Essays, AnBib 108, 1985, 312-319.

ders.: Treaty and Covenant. A Study in Form in the Ancient Oriental Documents and the Old Testament (1963), New edition completely rewritten, AnBib 21 A, 1981.

ders.: Compact and Kingship: Stimuli for Hebrew Covenant Thinking, in: Tomoo Ishida (ed.): Studies in the Period of David and Solomon and other Essays, 1982, 75-92.

McEvenue, Sean E.: The Narrative Style of the Priestly Writer, AnBib 50, 1971.

ders.: The Elohist at Work, ZAW 96, 1984, 315-332.

MacKenzie, R.A.F.: Faith and History in the Old Testament, 1963.

McKenzie, Steven L.: The Jacob Tradition in Hosea XII, 4-5, VT 36, 1986, 311-322.

Malamat, Abraham: Exile, Assyrian, EJ VI, 1034-1036.

ders.: The Aramaeans, in: Wiseman, Donald J. (ed.): Peoples of Old Testament Times, 134-155.

Mand, Fritz Lothar: Die Eigenständigkeit der Danklieder des Psalters als Bekenntnislieder, ZAW 70, 1958, 185-199.

Margulis, B.: The Plague Tradition in Psalm 105, Biblica 50, 1969, 491-496.

Markert, Ludwig: Amos, Amosbuch, TRE 2, 471-487.

Marti, Karl: Das erste officielle Bekenntnis, ZThK 2, 1892, 29-73.

ders.: Das Buch Jesaja, KHC X, 1900.

ders.: Das Dodekapropheton, KHC XIII, 1904.

Mayes, A.D.H.: Israel in the Pre-Monarchic Period, VT 23, 1973, 151-170.

Martin-Achard, Robert: Abraham I. Im Alten Testament, TRE 1, 364-372.

ders.: גור , als Fremdling weilen, THAT I, 409-412.

ders.: ענה, II. elend sein, THAT II, 341-350.

Mauchline, John: Gilead und Gilgal. Some Reflections on the Israelite Occupation of Palestine, VT 6, 1956, 19-33.

Merendino, Rosario Pius: Das deuteronomische Gesetz. Eine literarkritische, gattungs- und überlieferungsgeschichtliche Untersuchung zu Dt. 12-26, BBB 31, 1969.

Milgrom, Jacob: The Alleged "Demythologization and Secularization" in Deuteronomy (Review Article), IEJ 23, 1973, 156-161.

Millard, Alan R.: A Wandering Aramean, JNES 39, 1980, 153-155.

Mittmann, Siegfried, Num. 20,14-21, eine redaktionelle Kompilation, FS Karl Elliger, AOAT 18, 1973, 143-149.

Mölle, Herbert: Der sogenannte Landtag zu Sichem, Forschung zur Bibel 42, 1980.

de Moor, Johannes C.: Mondelinge Overlevering in Mesopotamie, Ugarit, en Israel, 1955.

Morag, Shelomo: Oral Traditions and Dialects - Towards a Methodology for Evaluating the Evidence of an Oral Tradition. Proceedings of the International Conference on Semitic Studies, 1965, 180-189.

Moran, Willim L.: Rezension zu Klaus Baltzer: Das Bundesformular, Bibl 43, 1962, 100-106.

ders.: The End of the Unholy War and the Anti-Exodus, Bibl 44, 1963, 333-342.

Mowinckel, Sigmund: Psalmenstudien I-VI, 1921-1924.

ders.: Die vermeintliche "Passahlegende" Ex. 1-15, StTh 5, 1951, 66-68.

ders.: The Psalms in Israel's Worship, 1962.

ders.: Israelite Historiography, ASTI 2, 1963, 4-26.

ders.: Tetrateuch - Pentateuch - Hexateuch, BZAW, 90, 1964.

Muilenberg, James: The Form and Structure of the Covenantal Formulation, VT 9, 1959, 347-356.

Müller, Augustin R.: Der Text als russische Puppe? Zu P. Weimars "Die Berufung des Mose", BN 17, 1982, 56-72.

Müller, Hans-Peter: Formgeschichte, Formenkritik I. Altes Testament, TRE 11, 1983, 271-285.

Müller, Karlheinz: Geschichte, Heilsgeschichte und Gesetz, in: Maier, Johann - Schreiner, Josef (Hg.): Literatur und Religion des Frühjudentums. Eine Einführung, 1973, 73-105.

Neef, Heinz-Dieter: Die Heilstraditionen Israels in der Verkündigung des Propheten Hosea, BZAW 169, 1987.

Neufeld, E.: Insects as Warfare Agents in the Ancient Near East (Ex. 23,28; Dtn. 7,20; Jos. 24,12; Jes. 18,20), Orientalia 49, 1980, 30-57.

Nicholson, Ernest W.: Deuteronomy and Tradition, 1967.

ders.: Exodus and Sinai in History and Tradition, 1973.

Nielsen, Eduard: Oral Tradition. A Modern Problem in Old Testament Introduction, SBTh 11, 1954.

ders.: Shechem. A Traditio-Historical Investigation, 1955.

ders.: The Traditio-historical Study of the Pentateuch since 1945, with special Emphasis on Scandinavia (1982), in: ders.: Law, History and Tradition, 1983, 138-154.

Norin, Stig: Er spaltete das Meer. Die Auszugsüberlieferung in Psalmen und Kult des Alten Israel, CB.OT 9, 1977.

North, Christopher R.: The Old Testament Interpretation of History (1946), 1953.

ders.: History, IDB II, 1962, 607-612.

Noth, Martin: Das System der zwölf Stämme Israels (1930), BWANT IV, 1, Neudruck 1966.

ders.: Num 21 als Glied der "Hexateuch"-Erzählung, ZAW 58, 1940/41, 161-189.

ders.: Überlieferungsgeschichtliche Studien, I. Die sammelnden und bearbeitenden Geschichtswerke im Alten Testament (1943), Schr. d. Königsberger Gel. Ges., geisteswiss. Kl. XVIII, 2, Neudruck 1957.

ders.: Überlieferungsgeschichte des Pentateuch, 1948.

ders.: Die Nachbarn der israelitischen Stämme im Ostjordanland, ZDPV 68, 1949/51, 1-50 = Aufsätze zur bibl. Landes- und Altertumskunde I, 434-475.

ders.: Josua, HAT I, 7, 1971[3].

ders.: Geschichte Israels (1950[1]) 1981[9].

ders.: Das 2. Buch Mose. Exodus, ATD 5 (1958), 1973[5].

Oded, Bustenay: Judah and the Exile, in: Hayes, John H. - Miller J.Maxwell: Israelite and Judaean History, 1977, 435-488.

ders.: Observations on Methods of Assyrian rule in Transjordania after the Palestinian Campaign of Tiglat-Pileser III., JNES 29, 1970, 177-186.

Oeming, Manfred: Bedeutung und Funktionen von "Fiktionen" in der alttestamentlichen Geschichtsschreibung, EvTh 44, 1984, 254-266.

Oesch, Josef M.: Petucha und Setuma. Untersuchung zu einer überlieferten Gliederung im hebräischen Text des Alten Testaments, OBO 27, 1979.

Östborn, Gunnar: Yahweh's Words and Deeds. A Preliminary Study into the Old Testament Presentation of History, Uppsala Universitets Arsskrift 7, 1951.

Oesterley, W.O.E.: The Psalms, 1953.

Oliva, Manuel: Revelacion del nombre de Yahweh en la "Histoire sacerdotal" Ex. 6,2-8, Biblica 52, 1971, 1-19.

Oßwald, Eva: Parallelen zur deuteronomistischen Geschichtsbetrachtung, MIO 15, 1969, 268-296.

dies.: Das Bild des Mose in der kritischen alttestamentlichen Wissenschaft seit Julius Wellhausen, Theologische Arbeiten 18, 1962.

Otto, Eberhard: Geschichtsbild und Geschichtsschreibung in Ägypten, WO 3, 1964/66, 161-176.

Otto, Eckart: Das Mazzotfest in Gilgal, BWANT 107, 1975.

ders.: Stehen wir vor einem Umbruch in der Pentateuchkritik? VuF 22, 1977, 82-97.

ders.: Jakob in Sichem, BWANT 110, 1979.

Otzen, Benedikt: אבד, ThWAT I, 20-24.

Peckham, Brian: The Composition of Deuteronomy 5-11, in: FS David Noel Freedman, 1982, 217-240.

Pedersen, Johannes: Passahfest und -legende, ZAW NF 11, 1934, 161-175.

Perlitt, Lothar: Bundestheologie im Alten Testament, WMANT 36, 1969.

ders.: Der Vater im Alten Testament, in: Tellenbach, Hubertus (Hg.): Das Vaterbild in Mythos und Geschichte, 1976, 50-101.

ders.: Motive und Schichten der Landtheologie im Deuteronomium, in: Strecker, Georg (Hg.): Das Land Israel in biblischer Zeit, GTA 25, 1981, 46-58.

ders.: Deuteronomium, EKL^3 I, 823-825, 2.Lfg., 1985.

Pisano, Stephan: Additions or Omissions in the Books of Samuel, OBO 57, 1984.

van der Ploeg, Johannes Petrus Maria: Le Role de la Tradition Orale dans la Transmission du Texte de l'Ancien Testament, RB 54, 1947, 5-41.

Plöger, Josef G: Literarkritische, formgeschichtliche und stilkritische Untersuchungen zum Deuteronomium, BBB 26, 1967.

Polzin, Robert: Reporting Speech in the Book of Deuteronomy: Towards A Compositional Analysis of the Deuteronomic History, FS Frank Moore Cross, 1981, 193-211.

ders.: The speaking person and his voice in 1. Samuel, VTS 36, 1985, 218-229.

Porteous, Norman W.: Magnalia Dei, FS Gerhard von Rad, 1971, 417-427.

ders.: Old Testament and History, ASTI 8, 1972, 21-77.

Porter, Joshua Roy: Old Testament Historiography, in: Anderson, G.W. (ed.): Tradition and Interpretation, 1979, 125-162.

Preuss, Horst Dietrich: Verspottung fremder Religionen im Alten Testament, BWANT 92, 1971.

ders.: בוא, ThWAT I, 536-586.

ders.: יצא, ThWAT III, 795-822.

Pritchard, James B.: The Ancient Near East in Pictures Relating to the Old Testament, 1954.

Procksch, Otto: Geschichtsbetrachtung und geschichtliche Überlieferung bei den vorexilischen Propheten, 1902.

ders.: Die Elohimquelle. Das Nordhebräische Sagenbuch, 1906.

von Rad, Gerhard: Das erste Buch Mose, Genesis, ATD 2-4, 1976[10].

ders.: Das fünfte Buch Mose, Deuteronomium, ATD 8, 1968[2].

ders.: Das formgeschichtliche Problem des Hexateuch, BWANT 78, 1938, jetzt: ThB 8, 9-86.

ders.: Der Anfang der Geschichtsschreibung im Alten Israel (1944), jetzt: ThB,8, 1958, 148-188.

ders.: Theologie des Alten Testaments, Bd. I (1957), 1969[6]; Bd.II (1960), 1968[4+5].

ders.: Literarkritische und überlieferungsgeschichtliche Forschung im Alten Testament, VuF 1948/49, Lfg. 3 (1950), 172-194.

ders.: Hexateuch oder Pentateuch? Rezension zu Noth, Martin: Überlieferungsgeschichtliche Studien I (1943), VuF 1947/48, Lfg, 1/2 (1949), 52-56.

ders.: Gesammelte Studien zum Alten Testament, Theologische Bücherei 8 (Altes Testament), 1958 (1965[3]).

ders.: Beobachtungen zur Moseerzählung Exodus 1-14, EvTh 31, 1971, 579-588 = Ges.Stud. II, 1973, 189-198.

Ramsey, George W.: The Quest for the Historical Israel Reconstructing Israel's Early History (1981), 1982.

Rehm, Martin: Das erste Buch der Könige. Ein Kommentar, 1979.

ders.: Das zweite Buch der Könige. Ein Kommentar, 1982.

Reichert, Andreas: Der Jehovist und die sogenannten deuteronomistischen Erweiterungen im Buch Exodus, Diss. Ev.Theol., 1972.

Reindl, Josef: לחץ, ThWAT IV, 547-552.

Reiter, Josef: Der Bundesschluß im Land Moab. Eine exegetische Studie zu Deuteronomium 29, 1-20, Diss. Kath.Theol., Wien 1984.

Rendtorff, Rolf: Geschichte und Überlieferung, in: FS Gerhard von Rad, 1961, 81-94; jetzt in: ders.: Gesammelte Studien zum Alten Testament, ThB 57, 1975, 25-38.

ders.: Das überlieferungsgeschichtliche Problem des Pentateuch, BZAW 147, 1976.

ders.: The "Yahwist" as Theologian? The Dilemma of Pentateuchal Criticism, JSOT 3, 1977, 2-10 = VTS 28, 1974, 158-166.

ders.: Pentateuchal Studies on the Move, JSOT 3, 1977, 43-45.

ders.: Genesis 15 im Rahmen der theologischen Bearbeitung der Vätergeschichten, FS Claus Westermann, 1980, 74-81.

ders.: Das Alte Testament, 1983.

Rengstorf, Karl Heinrich: μαθητής , II: Der Begriff im Alten Testament und im Judentum, ThWNT IV, 428-434.

Richter, Wolfgang: Beobachtungen zur theologischen Systembildung in der alttestamentlichen Literatur anhand des "kleinen geschichtlichen Credo", in: FS Michael Schmaus, Bd. I, 1967, 175-212.

ders.: Die sogenannten vorprophetischen Berufungsberichte. Eine literaturwissenschaftliche Studie zu 1.Sam 9,1-10,16; Ex 3f. und Ri 6,11b-17, FRLANT 101, 1970.

Ringgren, Helmer: Oral and Written Transmission in the Old Testament, 1950, 34-59.

ders.: לאה , ThWAT IV, 409-411.

Roberts, Jim Jack M.: Myth versus History, CBQ 38, 1976, 1-13.

Robinson, Alan: Process Analysis Applied to the Early Tradition of Israel: A Preliminary Essay, ZAW 94, 1982, 549-566.

Robinson, Theodore H.: Hosea bis Micha, HAT I, 14, 1964.

Roccati, Alessandro: La Littérature Historique sous l'Ancien Empire Egyptien, Litteratures Anciennes du Proche Orient, 1982.

De Roche, M.: Jeremiah 2,2-3 and Israel's Love for God during the Wilderness Wanderings, CBQ 45, 1983, 364-376.

Rösel, Hartmut N.: Die Überleitungen vom Josua- ins Richterbuch, VT 30, 1980, 342-350.

Rose, Martin: Yahweh in Israel - Qaus in Edom, JSOT 4, 1977, 28-34.

Rost, Leonhard: Das kleine geschichtliche Credo, in: Das kleine Credo und andere Studien zum Alten Testament, 1965, 11-25.

Le Roux, J.H.: Exodus and Sinai according to Gerhard von Rad, Old Testament Essays 1, 1983, 105-113.

ders.: A Confessional Approach to the Old Testament, Old Testament Essays 1, 1983, 114-129.

Rudolph, Wilhelm: Hosea, KAT XIII/1, 1966.

ders.: Joel, Amos, Obadja, Jona, KAT XIII/2, 1971.

ders.: Micha, Nahum, Habakuk, Zephanja, KAT XIII/3, 1975.

Ruppert, Lothar: Herkunft und Bedeutung der Jakob-Tradition bei Hosea, Bib 52, 1971, 488-504.

ders.: Die Aporie der gegenwärtigen Pentateuchdiskussion und die Josefserzählung der Genesis, BZ 29, 1985, 31-48.

Ruprecht, Eberhard: Die Frage nach den vorliterarischen Überlieferungen in der Genesisforschung des ausgehenden 18.Jh., ZAW 94 (1972), 293-314.

Saebø Magne: Offenbarung in der Geschichte und als Geschichte, StTh 35, 1981, 55-71.

ders.: Offenbarung oder Verhüllung? Bemerkungen zum Charakter des Gottesnamens in Ex 3,13-15, FS Hans Walter Wolff, 1981, 43-55.

Saggs, Henry William Frederick: The Encounter with the Divine in Mesopotamia and Israel, III: The Divine in History (64-92), 1978.

Sauer, Georg: Die Sprüche Agurs, BWANT 84, 1963.

ders.: Erwägungen zum Alter der Psalmendichtung in Israel, ThZ 22, 1966, 81-95.

ders.: Die chronologischen Angaben in den Büchern Deuteronomium bis 2.Könige, ThZ 24, 1968, 1-14.

ders.: Die Tafeln von Deir Calla, ZAW 81, 1969, 145-156.

ders.: Vom Exoduserleben zur Landnahme, ZThK 80, 1983, 26-32.

ders.: Bileam und sein Zauber, in: Dexinger, Ferdinand - Sauer, Georg - Oesch, Josef: Jordanien, 1985, 73-78.

Sawyer, John F.A.: ישע, ThWAT III, 1035-1059.

Schildenberger, Johannes: Psalm 78 (77) und die Pentateuchquellen, Lex tua veritas, FS Hubert Junker, 1961, 231-256.

ders.: Literarische Arten der Geschichtsschreibung im Alten Testament, Bibl. Beiträge NF 5, 1964.

Schmid, Hans Heinrich: Das alttestamentliche Verständnis von Geschichte in seinem Verhältnis zum gemeinorientalischen Denken, WuD 13, 1975, 11-29.

ders.: Der sogenannte Jahwist. Beobachtungen und Fragen zur Pentateuchforschung, 1976.

ders.: In Search of New Approaches in Pentateuchal Research, JSOT 3, 1977, 33-42.

ders.: Gerechtigkeit und Glaube: Genesis 15, 1-6 und sein biblisch-theologischer Kontext, EvTh 40, 1980, 396-420.

Schmid, Herbert: Mose. Überlieferung und Geschichte, BZAW 110, 1968.

Schmid, Rudolf: Meerwunder- und Landnahmetraditionen, ThZ 21, 1965, 260-268.

Schmidt, Hans: Erklärung des 118. Psalms, ZAW 40, 1922, 1-14.

ders.: Die Psalmen, HAT I,15, 1934.

Schmidt, Johann Michael: Erwägungen zum Verhältnis von Auszugs- und Sinaitradition, ZAW 82, 1970, 1-31.

ders.: Vergegenwärtigung und Überlieferung. Bemerkungen zu ihrem Verständnis im dtn.-dtr. Überlieferungsbereich, EvTh 30, 1970, 169-200.

Schmidt, Ludwig: Menschlicher Erfolg und Jahwes Initiative. Studien zu Tradition, Interpretation und Historie in den Überlieferungen von Gideon, Saul und David, WMANT 38, 1970.

ders.: Überlegungen zum Jahwisten, EvTh 37, 1977, 230-247.

ders.: Pentateuch, in: Boecker, H.J. u.a.: Altes Testament, Neukirchener Arbeitsbücher, 1983, 80-101.

Schmidt, Werner H.: Die deuteronomistische Redaktion des Amosbuches. Zu den theologischen Unterschieden zwischen dem Prophetenwort und einem Sammler, ZAW 77, 1965, 168-193.

ders.: Exodus, BK II, 1974 ff.

ders.: Jahwe in Ägypten. Unabgeschlossene historische Spekulation über Moses Bedeutung für Israels Glauben, Sefer Rolf Rendtorff, DBAT, Beiheft 1, 1975, 94-112.

ders.: Ein Theologe in salomonischer Zeit? Plädoyer für den Jahwisten, BZ 25, 1981, 82-102.

ders.: Alttestamentlicher Glaube in seiner Geschichte, Neukirchener Studienbücher 6, 1982[4].

ders.: Einführung in das Alte Testament, 1982[2].

ders.: Altes Testament, in: Strecker, Georg (Hg.): Theologie im 20. Jahrhundert. Stand und Aufgaben, 1983, 1-60.

ders.: Exodus, Sinai und Mose, Erwägungen zu Ex 1-19 und 24, EdF, 191, 1983.

Schmitt, Götz: Der Landtag zu Sichem, AzTh I, 15, 1964.

Schmitt, Hans-Christoph: Die Krise der "Heilsgeschichte", Dt.Pfr.Bl. 80, 1980, 390-395.

ders.: Redaktion des Pentateuch im Geiste der Prophetie. Beobachtungen zur Bedeutung der "Glaubens"- Thematik innerhalb der Theologie des Pentateuch, VT 32, 1982, 170-189.

ders.: Die Hintergründe der "neuesten Pentateuchkritik" und der literarische Befund der Josefsgeschichte Gen 37-50, ZAW 97, 1985, 161-179.

Schmitt, Rainer: Abschied von der Heilsgeschichte? Untersuchungen zum Verständnis von Geschichte im Alten Testament, EHS XXIII/195, 1982.

Schottroff, Willy: "Gedenken" im Alten Orient und im Alten Testament, WMANT 15, 1964.

Schreiner, Josef: Die Entwicklung des israelitischen "Credo", Concilium 2, 1966, 757-762.

Schröter, Ulrich: Jeremias Botschaft für das Nordreich, zu N.Lohfinks Überlegungen zum Grundbestand von Jeremia XXX-XXXI, VT 35, 1985, 312-329.

Schult, Herrmann: שמע, THAT II, 974-982.

Schulte, Hannelis: Die Entstehung der Geschichtsschreibung im Alten Testament, BZAW 128, 1972.

Schwertner, Siegfried: עמל, THAT II, 332-335.

Seebass, Horst: Mose und Aaron, Sinai und Gottesberg, Abhandlungen zur Evangelischen Theologie 2, 1962.

ders.: Der Erzvater Israel und die Einführung der Jahweverehrung in Kanaan, BZAW 98, 1966.

ders.: Landverheißung an die Väter, EvTh 37, 1977, 210-229.

ders.: Erwägungen zum altisraelitischen System der zwölf Stämme, ZAW 90, 1978, 198-220.

ders.: Engel. II: Altes Testament, TRE IX, 1982, 583-586.

ders.: Elohist, TRE IX, 1982, 520-524.

ders.: Josua, BN 28, 1985, 53-65.

Seeberg, Alfred: Der Katechismus der Urchristenheit. Mit einer Einführung von Ferdinand Hahn, ThB 26, 1966.

Seeligmann, Isaak Leo: Hebräische Erzählung und biblische Geschichtsschreibung, ThZ 18, 1962, 305-325.

Seitz, Gottfried: Redaktionsgeschichtliche Studien zum Deuteronomium, BWANT 93, 1971.

Sellin, Ernst: Gilgal. Ein Beitrag zur Geschichte der Einwanderung Israels in Palästina, 1917.

ders.: Das Zwölfprophetenbuch. Erste Hälfte: Hosea bis Micha, KAT XII, 1929^{2+3}.

van Seters, John: Confessional Reformulation in the Exilic Period, VT 22, 1972, 448-459.

ders.: Abraham in History and Tradition, Yale University Press, 1975.

ders.: The Yahwist as Theologian? A Response, JSOT 3, 1977, 15-19.

ders.: Histories and Historians of the Ancient Near East: The Israelites, Orientalia 50, 1981, 137-185.

ders.: In Search of History. Historiography in the Ancient World and the Origins of Biblical History, Yale University Press, 1983.

ders.: Joshua 24 and the Problem of Tradition in the Old Testament, in: In the Shelter of Elyon, FS Gösta W. Ahlström, JSOT Suppl. 31, 1984, 139-158.

Seybold, Klaus: Gericht Gottes. I: Altes Testament, TRE XII, 459-466.

Simpson, Cuithbert Aikman: The Early Traditions of Israel. A Critical Analysis of the Pre-deuteronomic Narrative of the Hexateuch, 1948.

Ska, Jean-Louis: La Place d'Ex 6,2-8 dans la narration de l'exode, ZAW 94, 1982, 530-548.

Skinner, John: Genesis, ICC, 1930^2.

Skweres, Dieter Eduard: Die Rückverweise im Buch Deuteronomium, AnBib 79, 1979.

Smend, Rudolf: Das Mosebild von Heinrich Ewald bis Martin Noth, Beiträge zur Geschichte der biblischen Exegese 3, 1959.

ders.: Jahwekrieg und Stämmebund. Erwägungen zur ältesten Geschichte Israels, FRLANT 84, 1966^2.

ders.: Elemente alttestamentlichen Geschichtsdenkens, ThSt (b) 95, 1968.

ders.: Das Gesetz und die Völker. Ein Beitrag zur deuteronomistischen Redaktionsgeschichte, FS Gerhard von Rad, 1971, 494-509.

ders.: Tradition and History. A Complex Relation, in: Knight, D.A.: Tradition and Theology in the Old Testament, 1977, 49-68.

ders.: Die Entstehung des Alten Testament, ThW 1 (1978), 1984^3.

ders.: Theologie im Alten Testament, in: Verifikationen, FS Gerhard Ebeling, 1982, 11-26.

ders.: Ein halbes Jahrhundert alttestamentliche Einleitungswissenschaft, ThR 49, 1984, 3-30.

von Soden, Wolfram: Grundriß der Akkadischen Grammatik AnOr 33, 1952.

ders.: Akkadisches Handwörterbuch, Bd. I, A-L, 1965; Bd. II, M-S 1972; Bd. III, S-Z, 1981.

ders.: Jahwe "er ist, er erweist sich", WO 3, 1966, 177-187, jetzt in: ders.: Bibel und Alter Orient, BZAW 162, 1985, 78-88.

ders.: Verschlüsselte Kritik an Salomo in der Urgeschichte des Jahwisten? WO 7, 1974, 228-240, jetzt in: Bibel und Alter Orient. Altorientalische Beiträge zum Alten Testament von Wolfram von Soden, BZAW 162, 1985, 174-186.

ders.: Abraham treibt Geier zurück: Was soll Gen 15,11 besagen? FS Georg Molin, 1983, 359-366, jetzt in: ders.: Bibel und Alter Orient, BZAW 162, 1985, 213-218.

Soggin, J.Alberto: Kultätiologische Sagen und Katechese im Hexateuch, VT 10, 1960, 341-347, jetzt auch in: ders.: Old Testament and Oriental Studies, Biblica et Orientalia 29, 1975, 72-77.

ders.: Geschichte, Historie und Heilsgeschichte im Alten Testament, ThLZ 89, 1964, 721-736.

ders.: Joshua, OTL 1972.

ders.: Judges, OTL 1981.

ders.: Geschichte als Glaubensbekenntnis - Geschichte als Gegenstand wissenschaftlicher Forschung. Zu einem Grundproblem der Geschichte Israels, ThLZ 110, 1985, 161-172.

Speiser, Ephraim A.: Genesis, AncB 1964.

ders.: The Biblical Idea of History in its Common Near Eastern Setting, IEJ7, 1957, 201-216; jetzt in: Goldin, Judah (ed.): The Jewish Expression, 1976, 1-17.

Sperber, Alexander: The Bible in Aramaic, Vol. I, The Pentateuch according to Targum Onkelos, 1959.

Spieckermann, Hermann: Juda unter Assur in der Sargonidenzeit, FRLANT 129, 1982.

Stähli, Hans-Peter: ירא , THAT I, 765-778.

ders.: עבר , THAT II, 200-204.

Steck, Odil Hannes: Bemerkungen zu Jesaja 6, BZ 16, 1972, 188-206, jetzt in: ders.: Wahrnehmungen Gottes im Alten Testament, ThB 70, 1982, 149-170.

ders.: Strömungen theologischer Tradition im Alten Israel, in: ders.: Zu Tradition und Theologie im Alten Testament, Bibl.theol.Studien 2, 1978, 27-56; jetzt in: ders.: Wahrnehmungen Gottes im Alten Testament, ThB 70, 1982, 291-317.

Steuernagel, Carl: Deuteronomium und Josua, HK AT I, 3, 1900.

ders.: Das Deuteronomium, HK AT I, 3/1, 1923².

Stolz, Fritz: Das Alte Testament, 1974.

ders.: Das erste und zweite Buch Samuel, ZBK 1981.

Strauß, Hans: Das Meerlied des Mose - ein "Siegeslied" Israels? ZAW 97, 1985, 103-109.

Strobel, August: Der spätbronzezeitliche Seevölkersturm BZAW 145. 1976.

Sumner, W.A.: Israel's Encounters with Edom, Moab, Ammon, Sihon and Og according to the Deuteronomist, VT 18, 1968, 216-228.

Tadmor, Hajim: Treaty and Oath in the Ancient Near East: A Historian's Approach, Shnaton 5-6, 1982, 149-173.

ders. - Weinfeld, Moshe (Hg.): History, Historiography and Interpretation. Studies in Biblical and Cuneiform Literatures, 1983.

ders.: Autobiographical Apology in the Royal Assyrian Literature, in: ders. - Moshe Weinfeld (Hg.): History, Historiography and Interpretation. Studies in Biblical and Cuneiform Literatures, 1983, 36-57.

Talmon, Shemaryahu: The 'Desert Motif' in the Bible and in Qumran Literature, in: Altmann, Amnon (ed.): Biblical Motifs. Origins and Transformation, 1966, 31-63.

ders.: Typen der Messiaserwartung um die Zeitenwende. Probleme biblischer Theologie, FS Gerhard von Rad, 1971, 571-588.

Tengström, Sven: Die Hexateucherzählung. Eine literaturgeschichtliche Studie, CB OTS 7, 1976.

Thiel, Winfried: Die deuteronomistische Redaktion von Jeremia 1-25, WMANT 41, 1973.

ders.: Die deuteronomistische Redaktion von Jeremia 26-45, WMANT 52, 1981.

ders.: Die soziale Entwicklung Israels in vorstaatlicher Zeit (1980), 1985².

ders.: Soziale Wandlungen in der frühen Königszeit Alt-Israels, in: Klengel, Horst (Hg.): Gesellschaft und Kultur des Alten Orients 15, 1982, 235-246.

ders.: Verfehlte Geschichte im Alten Testament, Theol. Beitr. 17, 1986, 248-266.

Thompson, John A.: The Cultic Credo and the Sinai Tradition, RTR 27, 1968, 53-64.

Thompson, Thomas L.: The Historicity of the Patriarchal Narratives. The Quest for the Historical Abraham, BZAW 133, 1974.

ders. - Irvin, Dorothy: The Joseph and Moses Narratives, in: Hayes, John H. - Miller, J.Maxwell: Israelite and Judean History, SCM, 1977, 149-212.

Trompf, G.W.: Notions of Historical Recurrence in Classical Hebrew Historiography, VTS 30, 1979, 213-229.

ders.: Deuteronomy and Deuteronomic School (1972), Nachdruck 1983.

ders.: On "Demythologization and Secularization" in Deuteronomy, IEJ 23, 1973, 230-233.

ders.: Devine Intervention in War in Ancient Israel and in the Ancient Near East, in: Tadmor, Hayim - Weinfeld, Moshe (Hg.): History, Historiography and Interpretation. Studies in Biblical and Cuneiform Literatures, 1983, 121-147.

Weippert, Helga: Das deuteronomistische Geschichtswerk. Sein Ziel und Ende in der neueren Forschung, ThR 50, 1985, 213-249.

Weippert, Manfred: Fragen des israelitischen Geschichtsbewußtseins, VT 23, 1973, 415-441.

ders.: Edom und Israel, TRE IX, 291-299.

Weiser, Arthur: Ps 77. Ein Beitrag zur Frage nach dem Verhältnis von Kult und Heilsgeschichte, ThLZ 72, 1947, 133-140, jetzt in: ders.: Glaube und Geschichte im Alten Testament, 1961, 280-290.

ders.: Einleitung in das Alte Testament, 1963⁵.

ders.: Die Psalmen, ATD 14/15, 1966⁷, 1981⁹.

Welch, Adam C.: The Scource of Nehemia 9, ZAW 47, 1929, 130-137.

Wellhausen, Julius: Die Composition des Hexateuchs und der Historischen Bücher des Alten Testaments, JDTh 21, 1876; 22, 1877; 1889²; Nachdruck 1963⁴.

ders.: Prolegomena zur Geschichte Israels, 1899⁵; 1927⁶; Nachdruck 1981.

ders.: Grundrisse zum Alten Testament (Hg. Rudolf Smend), Theol. Bücherei 27, 1965.

Welten, Peter: Geschichte und Geschichtsdarstellung in den Chronikbüchern, WMANT 42, 1973.

ders.: Gott Israels - Gott vom Sinai. Zur Gottesfrage in der heutigen alttestamentlichen Wissenschaft, Berl.Th.Z. 1, 1984, 225-239.

Wenham, Gordon J.: Review of H.H.Schmid: Der sogenannte Jahwist, JSOT 3, 1977, 57-60.

Westermann, Claus: Zum Geschichtsverständnis des Alten Testaments, Probleme biblischer Theologie, FS Gerhard von Rad, 1971, 611-619.

ders.: אדן, THAT II, 182-200.

ders.: Genesis, BK I/1, Gen 1-11, 1974; I/2, Gen 12-36, 1981; I/3, Gen 37-50, 1982.

ders.: Die Verheißungen an die Väter, FRLANT 116, 1976.

ders.: Vergegenwärtigung der Geschichte in den Psalmen, in: ders.: Lob und Klage in den Psalmen, 1977, 165-194.

Wevers, John William: Deuteronomium, Septuaginta: Vetus testamentum Graecum, auct. Acad. Scientiarum Gottingensis ed., Vol. 2, 1977.

ders.: The History of the Greek Deuteronomy, Mitteilungen des Septuaginta-Unternehmens XIII, 1978.

Utzscheider, Helmut: Hosea. Prophet vor dem Ende. Zum Verhältnis von Geschichte und Institution in der alttestamentlichen Prophetie, OBO 31, 1980.

de Vaulx, J.: Les Nombres, Sources bibliques, 1972.

de Vaux, Roland: Method in the Study of Early Hebrew History, in: Hyatt, James Philip: The Bible in Modern Scholarship, 1965, 15-29.

ders.: Histoire ancienne d'Israel, des origines à l'installation en Canaan, 1971.

ders.: L'itinéraire des Israelites des Cades aux plaines de Moab, Hommage André Dupont- Sommer, 1971, 331-342.

Veijola, Timo: Das Königtum in der Beurteilung der deuteronomistischen Historiographie, AASF.B 198, 1977.

ders.: Davidsverheißung und Staatsvertrag. Beobachtungen zum Einfluß altorientalischer Staatsverträge auf die biblische Sprache am Beispiel von Psalm 89, ZAW 95, 1983, 9-31.

Vuilleumier, Ren : Les traditions d'Israel et la libert du proph te: Os e, RhPhR 59, 1979, 491-498.

Vink, J.G.: The Date and Origin of the Priestly Code in the Old Testament, OTS 15, 1969.

Vollmer, Jochen: Geschichtliche Rückblicke und Motive in der Prophetie des Amos, Hosea und Jesaja, BZAW 119, 1971.

Vriezen, Theodorus Christian: The Credo in the Old Testament, in: Studies on the Psalms, OTSWA 1963, 5-17.

Wagner, Norman E.: A Response to Professor Rolf Rendtorff, JSOT 3, 1977, 20-27.

Wagner, Siegfried: מוסב , ThWAT IV, 750-759.

Walkenhorst, Karl-Heinz: Der Sinai im liturgischen Verständnis der deuteronomistischen und priesterlichen Tradition, BBB 33, 1969.

Waßermann, Günther: Das kleine geschichtliche Credo (Deut 26,5ff.) und seine deuteronomische Übermalung, Theol.Vers. II, 1970, 27-46.

Weimar, Peter: Untersuchungen zur priesterschriftlichen Exodusgeschichte, in: ders. - Zenger, Erich: Exodus, SBS 75, 1975.

ders.: Untersuchungen zur Redaktionsgeschichte des Pentateuch, BZAW 146, 1977.

ders.: Die Berufung des Mose. Literaturwissenschaftliche Analyse von Exodus 2,23 - 5,5, OBO 32, 1980.

ders.: Die Meerwundererzählung - Eine redaktionskritische Analyse von Ex 13,17-14,31, ÄAT 9, 1985.

Weinberg, Joel P.: Das Beit 'Abot im 6.-4. Jh. v.u.Z., VT 23, 1973, 400-414.

Weinfeld, Mose: The Origin of Humanism in Deuteronomy, JBL 80, 1961, 241-247.

Whybray, Roger N.: Response to Professor Rendtorff, JSOT 3, 1977, 11-14.

Widengren, G.: Oral Tradition and Written Literature among the Hebrews in the Light of Arabic Evidence, with Special Regard to Prose Narratives, Acta Orientalia 23, 1959, 201-262.

Wijngaards, Joanne N.M.: The Formulas of the Deuteronomic Creed (Dt 6, 20-23; 26, 5-9), Pontificia Universitas Gregoriana, 1963.

ders.: הוציא and העלה a Twofold Approach to the Exodus, VT 15, 1965, 91-102.

ders.: The Dramatization of Salvific History in the Deuteronomic Schools, OTS XVI, 1969.

Wilcke, Claus: Zum Geschichtsbewußtsein im Alten Mesopotamien, in: Archäologie und Geschichtsbewußtsein, 1982, 31-52.

Wildberger, Hans: Jesaja 1-12, BK X,1, 1972.

ders.: Jesaja 13-27, BK X,2, 1978.

ders.: Jesaja 28-39, BK X,3, 1982.

Wilhelm, Gerhard: Tell Balata, AfO 23, 1969/70, 183-185, AfO 24, 1973, 213-215.

ders.: Tell er-Ras, AfO 23, 1969/70, 185-186.

Willi, Thomas: Die Chronik als Auslegung, FRLANT 106, 1972.

Willi-Plein, Ina: Vorformen der Schriftexegese innerhalb des Alten Testaments. Untersuchungen zum literarischen Werden der auf Amos, Hosea und Micha zurückgehenden Bücher im hebräischen Zwölfprophetenbuch, BZAW 123, 1971.

Wiseman, Donald John: The Vassal-Treaties of Esarhaddon, Iraq 20, 1958, 1-99.

Wolff, Hans Walter: Das Geschichtsverständnis der alttestamentlichen Prophetie, EvTh 20, 1960, 218-235, jetzt in: ders.: Gesammelte Studien zum Alten Testament, ThB 22, 1973², 289-307.

ders.: Das Kerygma des Jahwisten, EvTh 24, 1964, 73-98, jetzt in: ders.: Gesammelte Studien zum Alten Testament, ThB 22, 1973², 345-373.

ders.: Der Aufruf zur Volksklage, ZAW 76, 1964, 48-56, jetzt in: ders.: Gesammelte Studien zum Alten Testament, ThB 22, 1973², 392-401.

ders.: Zur Thematik der elohistischen Fragmente im Pentateuch, EvTh 27, 1969, 59-72, jetzt in: ders.: Gesammelte Studien zum Alten Testament, ThB 22, 1973², 402-417.

ders.: Gespräch mit Gerhard von Rad, FS Gerhard von Rad, 1971, 648-658.

ders.: Dodekapropheton, BK XIV/1, Hosea, 1976³; XIV/2, Joel, Amos, 1975²; XIV/4, Micha, 1982.

van der Woude, Adam Simon: Uittocht en Sinai (1960), 1961.

ders.: Micha II,7a und der Bund Jahwes mit Israel, VT 18, 1968, 388-391.

Wright, G.Ernest: Recent European Study in the Pentateuch, in: Journal of Bible and Religion 18, 1950, 216-225.

ders.: The Faith of Israel, Interpr. Bible I, 350 f.

ders.: Exegesis of Deuteronomy, Interpr. Bible II, 483-485.

ders.: Shechem, The Biography of a Biblical City, 1965.

ders.: (Hg.): The Fifth Campaign at Balatah (Shechem), BASOR 180, 1965, 7-41.

ders. - Boling, Robert G.: Joshua, AncB 6, 1982.

Würthwein, Ernst: Die Bücher der Könige, 1.Könige 1-16, ATD 11/1, 1977; 1.Könige 17 - 2.Könige 25, ATD 11/2, 1984.

Wyatt, Nicolas: Some Observations on the Idea of History among West Semitic Peoples, UF 11, 1979, 825-832.

Zenger, Erich: Wo steht die Pentateuchforschung heute? BZ 24, 1980, 101-116.

ders.: Tradition und Interpretation in Exodus XV,1-21, VTS 32, 1981, 452-483.

ders.: Auf der Suche nach einem Weg aus der Pentateuchkrise, ThRv 78, 1982, 353-362.

ders.: Israel am Sinai. Analysen und Interpretationen zu Exodus 17-34, 1982.

Zimmerli, Walther: Einzelerzählungen und Gesamtgeschichte im Alten Testament, in: Das Alte Testament als Anrede, 1956, 9-36.

ders.: Ezechiel, BK XIII/1+2, 1979[2].

ders.: Alttestamentliche Traditionsgeschichte und Theologie, FS Gerhard von Rad, 1971, 632-647, jetzt in: Studien zur alttestamentlichen Theologie und Prophetie, ThB 51, 1974, 9-26.

ders.: Zwillingspsalmen, in: Wort, Lied und Gottesspruch, FS Joseph Ziegler, 1972, 105-113, jetzt in: ders.: Studien zur alttestamentlichen Theologie und Prophetie, Gesammelte Aufsätze II, ThB 51, 1974, 261-271.

ders.: Grundriß der alttestamentlichen Theologie, ThW 3 (1972), 1982[4].

ders.: 1.Mose 12-25, Abraham, ZBK.AT 1.2, 1976.

Zirker, Hans: Die kultische Vergegenwärtigung der Vergangenheit in den Psalmen, BBB 20, 1964.

Zobel, Hans-Jürgen: Einleitungswissenschaft, I.Altes Testament, TRE 9, 1982, 460-469.

ders.: ישראל, ThWAT III, 986-1012.

ders.: Prophet in Israel und Juda. Das Prophetenverständnis des Hosea und Amos, ZThK 82, 1985, 281-299.

Zuber, Beat: Vier Studien zu den Ursprüngen Israels, OBO 9, 1976.

ders.: Nomadentum und Seßhaftigkeit, in: ders.: Vier Studien zu den Ursprüngen Israls, OBO 9, 1976, 99-138.

ders.: Die mündliche Tradition, in: ders.: Vier Studien zu den Ur-
    sprüngen Israels. Die Sinaifrage und Probleme der Volks- und
    Traditionsbildung, OBO 9, 1976, 73-98.

15. Stellenregister

15.1. Biblische und nach-biblische Texte

Es sind alle im Text genannten Stellen aufgeführt. "A" (z.B. 84A) verweist auf die Anmerkungen. "+A" (z.B. 83+A) bedeutet, daß die Stelle sowohl im Text als bei den Anmerkungen genannt ist. Ausführlichere Behandlung eines Textes ist durch Fettdruck hervorgehoben. Erwähnungen des betreffenden Textes oder einzelner Verse innerhalb dieser Abschnitte sind nicht eigens angeführt.

A. Altes Testament

D. Nach-neutestamentliche Schriften

Apost. Konstitutionen

VI,3   8
VI,20   8
VIII,12,1-15 7

15.2. Assyrische Königsinschriften

Adad Nirari I	ARI § 382		165
	ARI § 512		165
Salamanassar III	Monolith-Inschrit	Z. 95	196A
	Schwarzer Obelisk	Z. 99	196A
	Stier-Inschrift	Z. 72.93.101	196A
	Basalt-Stele	Z. 15	196A
Assarhaddon III	Prisma Ninive A	Z.54ff	196A
Assurbanipal	Prisma Ninive C		196A

BEIHEFTE ZUR ZEITSCHRIFT FÜR DIE
ALTTESTAMENTLICHE WISSENSCHAFT

JÜRGEN VAN OORSCHOT

Gott als Grenze

Eine literar- und redaktionsgeschichtliche Studie zu den Gottesreden des Hiobbuches

Groß-Oktav. X, 259 Seiten. 1987. Ganzleinen DM 82,—
ISBN 3 11 011163 2 (Band 170)

MARVIN A. SWEENEY

Isaiah 1—4 and the Post-Exilic
Understanding of the Isaianic Tradition

Large-octavo. X, 212 pages. 1988. Cloth DM 98,—
ISBN 3 11 011034 2 (Volume 171)

IAN W. PROVAN

Hezekiah and the Books of Kings

**A Contribution to the Debate about the Composition
of the Deuteronomistic History**

Large-octavo. XIII, 218 pages. 1988. Cloth DM 90,—
ISBN 3 11 011557 3 (Volume 172)

WOLFGANG WERNER

Studien zur alttestamentlichen Vorstellung
vom Plan Jahwes

Groß-Oktav. XII, 334 Seiten. 1988. Ganzleinen DM 140,—
ISBN 3 11 011255 8 (Band 173)

ETAN LEVINE

The Aramaic Version of the Bible

Contents and Context

Large-octavo. XIV, 258 pages. 1988. Cloth DM 118,—
ISBN 3 11 011474 7 (Volume 174)

Preisänderungen vorbehalten

Walter de Gruyter   **Berlin · New York**